EL
LIBRO
DE LAS
SEÑALES

EL LIBRO DE LAS SEÑALES

31 PROFECÍAS INDISCUTIBLES DEL APOCALIPSIS

DR. DAVID JEREMIAH

GRUPO NELSON
Desde 1798

NASHVILLE   MÉXICO DF.   RÍO DE JANEIRO

© 2019 por Grupo Nelson®
Publicado en Nashville, Tennessee, Estados Unidos de América.
Grupo Nelson es una marca registrada de Thomas Nelson.
www.gruponelson.com

Título en inglés: *The Book of Signs*
© 2019 por David Jeremiah
Publicado por W Publishing, una marca de Thomas Nelson.
Publicado en asociación con Yates & Yates, www.yates2.com

A menos que se indique lo contrario, todas las citas bíblicas han sido tomadas de la Santa Biblia, Versión Reina-Valera 1960 © 1960 por Sociedades Bíblicas en América Latina, © renovada 1988 por Sociedades Bíblicas Unidas. Usada con permiso. Reina-Valera 1960® es una marca registrada de la American Bible Society y puede ser usada solamente bajo licencia.

Las citas bíblicas marcadas «NTV» son de la Nueva Traducción Viviente, © Tyndale House Foundation, 2010. Usada con permiso de Tyndale House Publishers, Inc., 351 Executive Dr., Carol Stream, IL 60188, Estados Unidos de América. Todos los derechos reservados.

Las citas bíblicas marcadas «LBLA» son de La Biblia de las Américas®, © 1986, 1995, 1997 por The Lockman Foundation. Usada con permiso.

Las citas bíblicas marcadas «NVI» son de la Santa Biblia, Nueva Versión Internacional® NVI®. Copyright © 1999, 2015 por Biblica, Inc.® Usada con permiso de Biblica, Inc.® Reservados todos los derechos en todo el mundo.

Las citas bíblicas marcadas «RVA» son de la Reina-Valera Antigua.

Las citas bíblicas marcadas «RVR95» son de la Santa Biblia, Versión Reina-Valera 1995 © 1995 por Sociedades Bíblicas Unidas. Usada con permiso.

Todos los derechos reservados. Ninguna porción de este libro podrá ser reproducida, almacenada en algún sistema de recuperación, o transmitida en cualquier forma o por cualquier medio —mecánicos, fotocopias, grabación u otro—, excepto por citas breves en revistas impresas, sin la autorización previa por escrito de la editorial.

Los sitios web, números telefónicos y datos de compañías y productos mencionados en este libro se ofrecen solo como un recurso para el lector. De ninguna manera representan ni implican aprobación ni apoyo de parte de Grupo Nelson, ni responde la editorial por la existencia, el contenido o los servicios de estos sitios, números, compañías o productos más allá de la vida de este libro.

Editora en Jefe: *Graciela Lelli*
Traducción, edición y adaptación del diseño al español: *Grupo Scribere*

ISBN: 978-1-40411-071-7

19 20 21 22 LSC 9 8 7 6 5 4 3 2 1

Dedicado a cuatro estudiosos de la profecía que han tenido una gran influencia en mi vida: los doctores J. Dwight Pentecost y Tim LaHaye, quienes viven ya en el cielo; y los doctores Ed Hindson y Mark Hitchcock, quienes aún están en este mundo.

CONTENIDO

Prólogo ix

PARTE 1: SEÑALES INTERNACIONALES

Capítulo 1: Israel 3
Capítulo 2: Europa 16
Capítulo 3: Rusia 28
Capítulo 4: Babilonia 42
Capítulo 5: Estados Unidos 55

PARTE 2: SEÑALES CULTURALES

Capítulo 6: El materialismo 71
Capítulo 7: La inmoralidad 83
Capítulo 8: El islam radical 96
Capítulo 9: La persecución 109
Capítulo 10: La guerra espiritual 125
Capítulo 11: La apatía 139

PARTE 3: SEÑALES CELESTIALES

Capítulo 12: El arrebatamiento 155
Capítulo 13: La resurrección 168
Capítulo 14: El cielo 181
Capítulo 15: El tribunal de Cristo 193

Capítulo 16: Las recompensas — 205
Capítulo 17: La adoración — 218

PARTE 4: SEÑALES DE LA TRIBULACIÓN

Capítulo 18: Los cuatro jinetes — 233
Capítulo 19: El anticristo — 246
Capítulo 20: El falso profeta — 259
Capítulo 21: Los mártires — 270
Capítulo 22: Los 144.000 — 284
Capítulo 23: Los dos testigos — 297
Capítulo 24: El dragón — 310
Capítulo 25: La marca de la bestia — 323
Capítulo 26: El Armagedón — 335

PARTE 5: SEÑALES DEL FIN

Capítulo 27: El regreso del Rey — 349
Capítulo 28: El milenio — 362
Capítulo 29: El juicio ante el gran trono blanco — 377
Capítulo 30: Un cielo nuevo y una tierra nueva — 389
Capítulo 31: La ciudad santa — 403

Epílogo — 417
Notas — 423
Índice — 445
Agradecimientos — 459
Acerca del autor — 463

PRÓLOGO

¿Recuerdas la última vez que circulaste por una carretera interestatal o una autopista? Quizás fue hace apenas unas horas, o tal vez mucho más. De cualquier manera, estoy seguro de que tu experiencia al conducir incluyó interactuar con señales; probablemente con muchas señales, si vives como yo cerca de una ciudad importante.

Muchas de las señales colocadas a lo largo de nuestras modernas carreteras son informativas; nos dicen lo que necesitamos saber. «Interestatal 5 a San Diego», por ejemplo, o «Salida a 74,5 millas (120 km)». Otras señales nos invitan; buscan captar nuestra atención y despertar nuestro interés. Piensa en señales como: «¡Bienvenido a Texas!» o «¡Buena comida en esta dirección!». Algunas de las señales más importantes que encontramos en nuestras carreteras son de advertencia; nos alertan de posibles peligros en el camino. Por ejemplo, siempre presto atención cuando veo una señal que indica «Desvío», o «Carril derecho cerrado».

Ya sea que nos brinden información, nos inviten o nos adviertan, cada señal que encontramos en el camino tiene el propósito de ayudarnos a ir desde donde estamos hasta donde queremos estar. De manera análoga, Dios en Su providencia ha colocado una serie de señales de fundamental importancia a lo largo de la carretera que llamamos historia humana. A menudo vemos estas señales como profecías, y hemos conocido de ellas a través del vehículo profético de la Palabra de Dios, la Biblia.

Algunas de las señales que encontramos en la Escritura son informativas, otras nos invitan y muchas otras nos hacen advertencias sobre el camino por el que transitamos; advertencias que se aplican tanto a nuestro presente como a nuestro futuro. Todas estas señales son importantes, y ninguna debe ser ignorada.

Es por eso que he escrito este libro.

¿POR QUÉ ESTUDIAR LAS SEÑALES?

A lo largo de la historia de la iglesia, las partes proféticas de la Escritura han recibido una enorme atención literaria. Innumerables libros, escritos desde una gran variedad de perspectivas teológicas y posiciones sobre cómo interpretar la Escritura, afirman ofrecer información sobre los cientos de temas relacionados con la profecía bíblica. Estos estudios pueden generar muchas preguntas, inquietudes e incluso confusión en nuestra mente. A veces es difícil comprender cómo pasajes oscuros, lugares distantes y símbolos desconocidos pueden tener algún significado para nosotros. Después de todo, si no podemos entender lo que enseña la Biblia, ¿cómo puede esto guardar relación con lo que experimentamos hoy?

Esta necesidad de entender ha sido una de las principales bases de mi ministerio durante décadas; e incluye la necesidad de comprender y aplicar las verdades comunicadas a través de la profecía bíblica. Mi interés en ese tema como predicador y escritor siempre se ha fundamentado en mi amor por la Biblia, la cual creo que es la Palabra inspirada de Dios. Me parece fascinante que la Biblia dedique más espacio al tema de la profecía que a cualquier otro tema. ¡Hay más de mil doscientas profecías en la Palabra de Dios concernientes solo a la primera y a la segunda venida de Jesucristo!

Obviamente, la profecía es importante para Dios, y Él desea que entendamos Sus planes. Nos ha dado Sus señales por algún motivo.

No es casual que las personas siempre se hayan sentido fascinadas con el futuro. En los tiempos inciertos y llenos de ansiedad en que vivimos, todos anhelamos ver hacia adelante para conocer y quizás evitar el desastre. Por lo tanto, considero que es un privilegio ayudar a las personas a encontrar su lugar en el gran esquema de sucesos proféticos presagiados por los profetas de Dios, recogidos en la Escritura y confirmados por los hechos de hoy.

A medida que leas *El libro de las señales*, encontrarás un análisis exhaustivo de estas profecías y señales. No solo verás cómo la Palabra de Dios ofrece una visión del futuro, sino también cómo la Escritura fomenta la fe a través de los sucesos del pasado y brinda aliento ante la incertidumbre del presente.

¿QUÉ SON LAS SEÑALES?

Antes de proseguir, veamos a qué me refiero cuando digo «señales». La definición convencional de una señal bíblica es un tanto amplia. Puede ser un suceso, un símbolo, un objeto, un lugar o una persona cuya existencia u ocurrencia indique algo importante en el plan de Dios para la historia. Estas señales pueden presentarse de muchas formas, pero todas expresan un significado específico, nos ayudan a saber a qué debemos prestar atención o indican lo que acontecerá.

Descubrirás en estas páginas que Dios ha tenido el cuidado de comunicarse con nosotros de una forma que podamos entender. Jesús mismo habló sobre las señales que confirmaban su primera venida, las que presagiaban su segunda venida y las que resumían tanto los elementos generales como los específicos del fin de la era. Estas serán examinadas detenidamente aquí, así como otros pasajes de la Escritura en los que las señales son un tema importante.

Igualmente, Jesús nos dijo que nos mantuviéramos atentos y no nos dejáramos engañar por señales que indiquen que el tiempo del fin está cerca. Según nos acerquemos a ese momento, muchas personas afirmarán ser el Mesías y tener las respuestas para un mundo lleno de problemas. A medida que analicemos las señales en este libro, se revelará que podemos esperar un período de caos internacional y cultural con la posibilidad de una guerra interminable y terrible. Al parecer ya nos preparamos para este período, pues continúa el desarrollo armamentístico en todo el mundo: actualmente hay al menos un arma y varios miles de kilogramos de explosivos por cada hombre, mujer y niño en la tierra. Por último, cada vez habrá más enfermedades y devastación. Incluso hoy en día, millones de personas en el mundo sufren por la escasez de alimentos, la propagación de nuevas enfermedades, la resistencia a los antibióticos y los efectos devastadores de los desastres naturales.

Ver estas señales en las noticias, la televisión, la Internet e incluso en nuestra propia vida puede generar desesperación, ansiedad y desconcierto, no solo por la circunstancia en que se encuentra el mundo, sino también por nuestra preocupación por aquellos que no conocen al Señor y podrían «quedarse atrás» para enfrentar la tribulación. Pero cuando Jesús nos dijo que abriéramos los ojos, lo hizo para animarnos a poner nuestra mirada en Él, no porque esto haga que desaparezcan todos los problemas del mundo (y los nuestros), sino porque Él es el Príncipe de Paz.

En las páginas que siguen, te aliento a que estudies conmigo para descubrir juntos lo que la Escritura revela sobre las señales de los tiempos y las señales del plan de Dios para el futuro, hasta el paraíso recobrado. Espero que comprendas, como me ha ocurrido a mí, que entender las señales que se presentan en las cinco partes de este libro te ayudará a vivir con confianza, esperanza y un renovado sentido de propósito.

El tiempo del fin puede estar cerca, pero como cristianos, nuestro futuro está seguro. Ciertamente, vivimos en un mundo caótico, pero podemos tener seguridad y paz porque Dios es el autor de la historia y porque el regreso del Príncipe de Paz puede estar más cerca de lo que pensamos.

A la espera de Su regreso,
David Jeremiah

PARTE 1

SEÑALES INTERNACIONALES

Las treinta y una profecías indiscutibles del Apocalipsis forman una historia que se puede contar en cinco actos. En el primer acto, aparecen cinco naciones específicas: Israel, Europa, Rusia, Babilonia y Estados Unidos.

Según la Biblia, el regreso del pueblo judío a su tierra natal se predice una y otra vez como un precursor del tiempo del fin. También se nos dice que la consolidación del poder mundial bajo un líder supremo en Europa es uno de los antecedentes esenciales para la venida del anticristo. El profeta Ezequiel habla de un día en el que Rusia liderará una alianza de naciones que atacará a Israel, lo que dará inicio a una guerra mundial como ninguna que se haya visto o imaginado. Y durante el período de la tribulación podemos esperar que el orden financiero mundial final se establezca en una ciudad llamada Babilonia, que llegará al poder de nuevo como la capital comercial reconstruida del mundo. Y aunque Estados Unidos no se menciona claramente en la profecía bíblica, desempeñará un papel de varias maneras: en alianzas clave con otros países, como una fuerza detrás de las misiones mundiales y como amigo del pueblo judío.

Veamos las señales internacionales que precederán el juicio venidero de Dios.

CAPÍTULO 1

ISRAEL

El 14 de mayo de 1948 fue un día crucial en la historia de la humanidad. Esa tarde, un automóvil que transportaba al líder judío, David Ben-Gurion, descendió velozmente por el bulevar Rothschild en Tel Aviv y se detuvo en el Museo de Arte de esa ciudad. Solo faltaban unos minutos para las cuatro en punto, y adentro, líderes judíos y representantes de la prensa de todo el mundo esperaban su llegada. Ben-Gurion subió los escalones. Precisamente a las cuatro en punto, hora local, se dirigió al podio, pidió que hicieran silencio y leyó estas históricas palabras:[1]

> Este derecho es el derecho natural del pueblo judío de ser dueño de su propio destino, como todas las otras naciones, en un Estado soberano propio.
>
> Por consiguiente nosotros [...] estamos reunidos aquí [...] y, en virtud de nuestro derecho natural e histórico y basados en la resolución de la Asamblea General de las Naciones Unidas, proclamamos el establecimiento de un Estado judío en *Eretz Israel*, el Estado de Israel.[2]

A 6.000 millas (9.656 km) de distancia, el presidente Truman se encontraba sentado en el Despacho Oval y leía una declaración. Firmó su aprobación y anotó la hora: 6:10 p. m. Un minuto después, el secretario de prensa de la Casa Blanca la leyó al mundo. Estados Unidos reconocía oficialmente el nacimiento de la moderna nación de Israel.

La profecía de Isaías, escrita 740 años antes del nacimiento de Jesús, declaraba: «¿Quién oyó cosa semejante? ¿quién vio tal cosa? ¿Concebirá la tierra en un día? ¿Nacerá una nación de una vez?» (Is 66.8). Ese día nació el Israel secular.

En las últimas siete décadas, esta pequeña nación de solo 8,5 millones de habitantes se ha convertido en el centro geopolítico del mundo.[3] ¿Por qué es así? ¿Por qué un joven país con un territorio más pequeño que Nueva Jersey se menciona en las noticias de la noche más que cualquier otra nación, excepto Estados Unidos?

Para responder estas preguntas, debemos entender qué sucedió ese día en 1948, qué sucede hoy en Israel y cómo estos sucesos afectan al mundo entero. En busca de respuestas, no recurriremos a las noticias de la noche ni a la primera plana de los periódicos, sino a la Biblia.

EL PACTO ABRAHÁMICO

La historia de Israel comienza en el Libro de Génesis. El Dios todopoderoso del cielo y la tierra hizo un pacto vinculante con Abraham, quien iba a ser el padre de la nación judía. Las estipulaciones de ese pacto se recogen en Génesis 12.1-3, donde Dios expresó:

> Vete de tu tierra y de tu parentela, y de la casa de tu padre, a la tierra que te mostraré. Y haré de ti una nación grande, y te bendeciré, y engrandeceré tu nombre, y serás bendición. Bendeciré a los que te bendijeren, y a los que te maldijeren maldeciré; y serán benditas en ti todas las familias de la tierra.

El pacto de Dios con Abraham consiste en cuatro promesas incondicionales. En primer lugar, Dios prometió bendecir a Abraham. Esa promesa se ha cumplido ampliamente; Abraham ha sido bendecido de muchas maneras. Durante miles de años, Abraham ha sido venerado por judíos, cristianos y musulmanes por igual.

En segundo lugar, Dios prometió que haría surgir de Abraham una gran nación. Actualmente, más de seis millones de judíos viven en Israel.[4]

Otros cinco millones viven en Estados Unidos, y una importante población judía permanece dispersa por todo el mundo.[5]

En tercer lugar, Dios prometió hacer de Abraham una bendición para muchos. Solo piensa lo que se hubiera perdido el mundo si no fuera por los judíos. Sin ellos, no tendríamos Biblia. No habría Diez Mandamientos, la base de la jurisprudencia en la mayoría de las naciones civilizadas del mundo. Sin los judíos, no habría existido Jesús. Sin el Jesús judío, no habría cristianismo.

Por último, Dios prometió bendecir a los que bendijeran a Israel y maldecir a los que lo maldijeran, y ha cumplido fielmente Su promesa. Creo que una de las razones por las que Estados Unidos ha sido bendecido como nación es que se ha convertido en una patria para el pueblo judío. Aquí los judíos pueden conservar su religión. Aquí tienen oportunidades económicas, sociales y educativas. Hoy, la iglesia cristiana en Estados Unidos se opone firmemente a la repetición de toda otra manifestación de antisemitismo.[6]

El pacto de Dios con Abraham revela tanto la misión como el futuro de la nación elegida por Dios. El estudio de estas promesas nos será de gran ayuda para comprender la inestabilidad actual en el Medio Oriente, el futuro de la nación israelí y cómo el destino de las naciones de hoy se verá afectado por su postura hacia el pueblo elegido de Dios.

Este documento histórico incluye siete características importantes. El pacto abrahámico es:

UN PACTO INCONDICIONAL

En Génesis 12.1-3, Dios declaró siete veces de una forma enfática lo que haría por Abraham. Su pacto con Abraham era incondicional, y lo ratificó en una ceremonia descrita en Génesis 15. En *The Jeremiah Study Bible* [Biblia de estudio Jeremiah], explico el significado de esta ceremonia:

> Para establecer y confirmar un pacto en los días de Abram, por lo general las dos partes caminaban entre las piezas de los animales de sacrificio y expresaban: «Que me suceda lo que les ha ocurrido a estas criaturas si rompo el pacto» […]

Como este fue el pacto soberano de Yahvéh con Abram, no un acuerdo entre iguales, los símbolos de Dios (un horno humeante y una antorcha de fuego) pasaron entre las piezas de los animales; Abram no lo hizo. El Señor hizo el pacto sin condiciones, independientemente de Abram, y lo cumpliría según Su tiempo.[7]

No quedó estipulado que se pudiera revocar este pacto, y no estaba sujeto a enmienda o anulación.

UN PACTO PERSONAL

En Su pacto con Abraham, Dios prometió bendiciones fuera de lo común, no solo a los descendientes de Abraham, sino también al mismo Abraham: «Te bendeciré, y engrandeceré tu nombre» (Gn 12.2).

En Génesis 12.1-3, Dios se dirigió personalmente a Abraham once veces. Las promesas son, en última instancia, de largo alcance y eternas, pero se hicieron primero a Abraham personalmente, y todas se han cumplido.

Dios le ordenó a Abraham que viajara a la tierra que les prometió a sus descendientes, y, como más tarde describió Moisés, Abraham vio que era una tierra rica «que fluye [destila] leche y miel» (Éx 3.8, 17; 13.5; 33.3). Sus rebaños aumentaron exponencialmente, y se convirtió en un hombre rico en extremo (Gn 13.2). Sí, esta tierra sería la posesión eterna de sus descendientes, pero también fue el hogar personal de Abraham durante toda su vida (25.7-8).

La promesa de Dios de hacer grande el nombre de Abraham también se ha cumplido ampliamente. Incluso en su época, Abraham era conocido como un líder rico y poderoso que era muy respetado y temido.

UN PACTO NACIONAL

En el segundo versículo del pacto de Dios con Abraham, Él dijo: «Y haré de ti una nación grande». La grandeza máxima de la nación de Israel será en el milenio, pero según todos los estándares comunes, Israel es hoy una gran nación. El profesor Amnon Rubinstein nos ofrece un impresionante resumen de los logros nacionales de Israel:

Pequeño en tamaño, no mucho mayor que una franja costera en el Mediterráneo, ha resistido los continuos ataques, las guerras, los boicots y el terrorismo árabe. Se ha transformado de un país pobre y rural en una potencia industrial y postindustrial [...]. Ha reducido las brechas sociales, educativas y de salud [...] entre árabes y judíos. Algunos de sus logros no tienen precedentes.[8]

UN PACTO TERRITORIAL

De todas las promesas de Dios a Abraham en el pacto, creo que la más asombrosa es Su promesa con respecto a la tierra. Dios le dijo a Abraham que dejara su país, su familia y la casa de su padre y que fuera «... a la tierra que te mostraré» (Gn 12.1). Dios llevó a Abraham a la tierra que pertenecería para siempre a sus descendientes.

La tierra prometida a Abraham y sus descendientes se describió con límites geográficos precisos. Incluye, como límite occidental, todo el territorio costero del mar Mediterráneo, y como límite oriental el río Éufrates. El profeta Ezequiel fijó el límite norte en Hamat, cien millas (unos 160 km) al norte de Damasco (Ez 48.1), y el límite sur en Cades, cerca de cien millas (unos 160 km) al sur de Jerusalén (v. 28). Si los israelíes estuvieran ocupando actualmente toda la tierra que Dios les dio, controlarían todos los territorios de Israel, el Líbano y la Ribera Occidental de Jordania, así como partes sustanciales de Siria, Irak y Arabia Saudita.

Lo extraño es que Israel nunca ha ocupado en su larga historia tanto territorio, ni siquiera en sus días de gloria bajo David y Salomón. Esto ha provocado que muchos eruditos bíblicos espiritualicen el significado del término *tierra* y lo equiparen con el cielo. Otros afirman que estas promesas estaban condicionadas y que no se cumplieron por la desobediencia de Israel. En refutación de estas interpretaciones, el doctor John F. Walvoord expresó:

> El término *tierra* [...] utilizado en la Biblia, significa exactamente eso. No se trata del cielo. Se trata de un territorio en el Medio Oriente. A fin de cuentas, si todo lo que Dios le había prometido a Abraham era el cielo, podría haberse quedado en Ur de los caldeos. ¿Por qué hacer ese largo viaje? ¿Por qué ser un peregrino y un errante? No, Dios se refería a la tierra.[9]

Cualquier lectura normal de la Escritura reconoce a Canaán como un lugar real, un territorio, una extensión de tierra que pertenece para siempre a los descendientes de Abraham.

El que Israel haya perdido la posesión de la tierra en tres períodos de su historia no es un argumento en contra de su posesión final. La ocupación no es lo mismo que la propiedad. Después de cada despojo, Dios trajo de regreso a Israel a su tierra, originalmente prometida. Dios ha cumplido Su promesa a Abraham, y eso nos da una seguridad absoluta de que lo seguirá haciendo en el futuro.

La agitación sobre el derecho de Israel a su tierra no cesará hasta el final, pues lo estipulado sobre este punto en el pacto abrahámico es la base del odio que sienten las naciones del Medio Oriente por Israel en la actualidad.

Pero ignorar el cuidado y la protección de Dios hacia Israel es extremadamente peligroso. La tierra de Israel es tan importante para Él que, según Deuteronomio 11.12, es una «tierra de la cual Jehová tu Dios cuida; siempre están sobre ella los ojos de Jehová tu Dios, desde el principio del año hasta el fin».

UN PACTO RECÍPROCO

Dios también le prometió protección a la nación que descendería de Abraham: «Bendeciré a los que te bendijeren, y a los que te maldijeren maldeciré» (Gn 12.3). Los líderes y las naciones que se alían con Israel para preservarlo, protegerlo y defenderlo también serán preservados, protegidos y defendidos. Por otro lado, aquellos que se oponen al bienestar de Israel se estarán enfrentando a Dios, lo que significa que no permanecerán en pie por mucho tiempo.

El profeta Zacarías declaró que Dios saquearía a las naciones que saquearan a Israel, «... porque el que os toca, toca a la niña de su ojo» (Zac 2.8). La historia cuenta la trágica historia de lo sucedido a las naciones y a los líderes que se atrevieron a oprimir a Israel. Egipto, la primera nación que esclavizó a Israel, fue doblegado por diez plagas devastadoras (Éx 7–12). Los amorreos, que se opusieron a la marcha de Israel hacia la tierra prometida, fueron derrotados (Nm 21.21-30).

Uno de los ejemplos más notables de la venganza de Dios contra un enemigo de Israel fue la aniquilación de los madianitas que se unieron a Moab para intentar detener a Israel. Luego de tratar de sobornar sin éxito al profeta Balaam para que pronunciara una maldición sobre Israel, usaron a las mujeres madianitas para seducir a los hombres de Israel y hacerlos caer en la inmoralidad y la idolatría. Moisés preparó a Israel para la guerra, para que llevaran a cabo «... la venganza de Jehová en Madián» (Nm 31.3). La batalla fue rápida y decisiva. Todas las ciudades madianitas fueron incendiadas, y los israelitas tomaron como botín grandes cantidades de oro, plata, bronce, estaño, plomo y madera, junto con los bueyes, las ovejas y los asnos (Nm 31; Ap 2.14).

Babilonia, el imperio que destruyó Jerusalén y deportó a los judíos de su tierra natal, fue derrotada contundentemente setenta años después por los persas. Y uno de los peores perseguidores de los judíos en la historia, el gobernante grecoseléucida Antíoco IV, murió de manera horrible poco después de conocer que su ejército había sido derrotado en la rebelión judía de los Macabeos.[10]

En los tiempos modernos, Rusia confinó a los judíos en guetos y los hostigó con pogromos durante el gobierno de los zares, quienes fueron derrocados por la rebelión comunista de 1917. Bajo el comunismo, a los judíos se les prohibió practicar sus ritos religiosos, y muchos fueron arrestados, deportados o ejecutados. La Alemania de Hitler, que asesinó a unos seis millones de judíos, fue aplastada en la Segunda Guerra Mundial.

La guerra de los seis días, en 1967, es hoy el ejemplo moderno más espectacular del castigo de Dios sobre aquellos que maldicen a Israel. Aunque Israel se convirtió en una nación independiente en 1948, los palestinos y los Estados islámicos que lo rodeaban no reconocieron su condición de Estado y juraron su exterminio. En 1967, la República Árabe Unida (RAU) se alió con Jordania, Siria y guerrilleros palestinos para atacar a Israel desde el norte, el sur y el este. Sus enemigos lo superaban abrumadoramente en hombres. Los ejércitos árabes contaban con más de 500.000 soldados; Israel tenía solo 75.000. Los árabes desplegaron 5.000 tanques y 900 aviones de combate, mientras que los israelíes disponían de solo 1.000 tanques y 175 aviones. Sin embargo, cuando el humo se disipó seis días después, la RAU había perdido casi toda su fuerza aérea (unas 20.000 vidas), e Israel había tomado importantes territorios antes controlados por los árabes, incluida la península del Sinaí, los Altos del Golán, la Franja de Gaza y Cisjordania.[11]

En un poderoso discurso ante la Asamblea General de las Naciones Unidas el 1 de octubre de 2015, el primer ministro israelí, Benjamín Netanyahu, resumió la milagrosa preservación del pueblo judío:

> En cada generación, siempre hubo quienes se levantaron para destruir a nuestro pueblo. En la antigüedad, enfrentamos la destrucción a manos de los antiguos imperios de Babilonia y Roma. En la Edad Media, enfrentamos la Inquisición y la expulsión. Y en los tiempos modernos, enfrentamos los pogromos y el Holocausto. Sin embargo, el pueblo judío perseveró.
>
> Y ahora ha surgido otro régimen que jura destruir a Israel. Sería prudente que ese régimen considerara esto: hoy estoy aquí representando a Israel, un país joven de 67 años, pero que es el Estado-nación de un pueblo de casi 4.000 años de antigüedad. Sin embargo, los imperios de Babilonia y Roma no están representados en esta sala. Tampoco lo está el Tercer Reich de los mil años. Esos imperios, aparentemente invencibles, han desaparecido hace mucho tiempo. Pero Israel vive. El pueblo de Israel vive.[12]

La historia demuestra que Israel permanece en pie sobre las tumbas de todos sus enemigos.

UN PACTO UNIVERSAL

Aquí llegamos a la razón global de todas las promesas que hemos estudiado en el pacto de Dios con Abraham: «Y serán benditas en ti todas las familias de la tierra» (Gn 12.3).

Esta es la razón de la promesa de Dios a Abraham y Su propósito al crear un nuevo pueblo para sí. Los descendientes de Abraham debían convertirse en los depositarios de la gloria, la sabiduría, el amor y la gracia redentora de Dios. Esta gracia salvadora iba a desbordarse de los judíos hacia el resto del mundo.

A través de Abraham, Dios le dio a conocer al mundo Su Palabra escrita.

Con las posibles excepciones de Lucas y Hechos, todos los libros de la Biblia fueron escritos por judíos.[13] Y a través de Abraham, Dios entregó a Su Hijo al mundo, y bendijo a toda la humanidad con el medio para escapar de las garras del pecado y la muerte: «Para que en Cristo Jesús la bendición de Abraham alcanzase a los gentiles, a fin de que por la fe recibiésemos la promesa del Espíritu» (Gá 3.14). Todas las demás promesas en el pacto de Dios con Abraham apoyan esta promesa universal que incluye a cada persona que alguna vez haya vivido.

UN PACTO ETERNO

La promesa de Dios a Abraham llegó en tres etapas. Se inició en Génesis 12.1-3, se formalizó en Génesis 15.1-21 y luego se amplificó en Génesis 17.1-18.21. En Génesis 17, Abraham se acercaba a su centésimo cumpleaños y su fe se había debilitado: habían pasado casi veinticinco años desde su primer encuentro con el Señor. Entonces apareció Dios y le recordó a Abraham que Su promesa era una promesa para siempre, una promesa eterna: «Estableceré mi pacto contigo y con tu descendencia, como pacto perpetuo, por todas las generaciones. Yo seré tu Dios, y el Dios de tus descendientes. A ti y a tu descendencia les daré, en posesión perpetua, toda la tierra de Canaán, donde ahora andan peregrinando. Y yo seré su Dios» (vv. 7-8, NVI).

La promesa a Abraham es una promesa eterna porque es un pacto incondicional que se basa en la gracia y la soberanía de Dios todopoderoso. Puede haber retrasos, aplazamientos y castigos, pero un pacto eterno no puede ser derogado por un Dios que no puede negarse a sí mismo.

¿POR QUÉ DIOS ELIGIÓ A ISRAEL?

Cuando comencé a estudiar las profecías, recuerdo haber leído una breve y excéntrica frase sobre Israel del periodista británico William Norman Ewer: «How odd of God to choose the Jews» [«Qué extraño que Dios eligiera a los judíos»]. Si se toma en serio, esta ocurrencia poética expresa una observación válida. ¿No parece un poco extraño que de todos los pueblos de la tierra, Dios seleccionara a este en particular para que fuera Su nación elegida? ¿Por qué escogería Dios a los judíos?

La Biblia nos dice que Su elección de Israel no tuvo nada que ver con el mérito. No fue porque Israel fuera más numeroso que otros pueblos en el mundo; era el pueblo más insignificante (Dt 7.7). No fue porque Israel fuera más perceptivo de Dios que otras naciones; Israel no conocía a Dios (Is 45.4). No fue porque Israel fuera más justo que otras naciones; Dios manifestó que eran un pueblo rebelde y duro de cerviz (Dt 9.6-7).

Entonces, ¿por qué Dios escogió a los judíos? La respuesta es: porque era Su propósito soberano hacerlo.

EL REGRESO AL DIOS DE ISRAEL

Durante mis años como pastor, muchas veces me han preguntado si considero que el regreso de Israel a su tierra da cumplimiento a todas las profecías bíblicas con respecto a su futuro. Lo que la gente realmente pregunta es lo siguiente: «Ahora que Israel ha sido restaurado a su tierra, ¿es este el fin?».

Muchos suponen que sí, pero tengo que decirles que la respuesta es ¡no! Lo que está sucediendo hoy en Israel es principalmente el resultado de un movimiento sionista secular, mientras que Ezequiel se refería al regreso espiritual del pueblo de Dios a Él:

> Y yo os tomaré de las naciones, y os recogeré de todas las tierras, y os traeré a vuestro país. […] Os daré corazón nuevo, y pondré espíritu nuevo dentro de vosotros; y quitaré de vuestra carne el corazón de piedra, y os daré un corazón de carne. Y pondré dentro de vosotros mi Espíritu, y haré que andéis en mis estatutos, y guardéis mis preceptos, y los pongáis por obra. Habitaréis en la tierra que di a vuestros padres, y vosotros me seréis por pueblo, y yo seré a vosotros por Dios. (Ez 36.24, 26-28)

El regreso de los judíos a la nación refundada de Israel es la primera etapa de esa reunión, pero ciertamente no cumple con los requisitos de un retorno espiritual al Señor. Pero podemos estar seguros de que sucederá, tal como Dios lo prometió:

- «Y derramaré sobre la casa de David, y sobre los moradores de Jerusalén, espíritu de gracia y de oración; y mirarán a mí, a quien traspasaron» (Zac 12.10).
- «Y luego todo Israel será salvo, como está escrito: Vendrá de Sion el Libertador, que apartará de Jacob la impiedad. Y este será mi pacto con ellos, cuando yo quite sus pecados» (Ro 11.26-27).

Todavía hay dos profecías fundamentales con respecto a Israel que no se han cumplido: Israel aún no ocupa toda la tierra que originalmente se le prometió, y su pueblo aún no se ha vuelto a Cristo. Las numerosas profecías del regreso de Israel a su patria se cumplieron explícitamente en 1948, cuando Israel comenzó a retornar a su tierra. Esto nos da la seguridad de que la restauración completa se avecina y que las profecías sobre el regreso de Israel a Dios también se cumplirán.

Mientras aguardamos el cumplimiento de estas profecías, Israel continúa creciendo como nación. Contra todo pronóstico, el pueblo de Israel es líder en el Medio Oriente en cuanto a productividad, riqueza, orden, libertad y poder militar. Sin embargo, a medida que estas fortalezas aumentan, la nación se encuentra más y más aislada, y es aterrorizada constantemente por la hostilidad asesina de los vecinos circundantes.

Los sucesos más dramáticos están aún por llegar. Israel es hoy una isla de menos de nueve millones de inmigrantes rodeados por un mar de 300 millones de enemigos, muchos de ellos ansiosos por borrar del mapa a la pequeña nación. Desde un punto de vista puramente humano, parece inevitable que, tarde o temprano, Israel sea destruido. Ciertamente, Israel ha sido atacado una y otra vez desde su fundación, a veces en guerras totales y también de forma incesante por terroristas. El pueblo judío ha sobrevivido al mantenerse vigilante, pero anhela la paz. Según la Biblia, un futuro líder cumplirá este anhelo al negociar un acuerdo de paz con los enemigos de Israel. Pero la Escritura también nos dice que este plan de paz fracasará, e Israel será atacado de nuevo, esta vez como nunca antes. Innumerables ejércitos se amontonarán contra la nación acorralada, y quedará sin esperanza humana de victoria. Solo el regreso de Cristo, Su juicio y Su reinado traerán finalmente la verdadera paz a Israel.

Es entonces cuando el pacto de Dios con Abraham alcanzará su cumplimiento final. Los judíos volverán al Señor, y serán Su pueblo, y Él será su Dios. Las fronteras de la tierra se expandirán para alcanzar las dimensiones descritas en Génesis 15 y Ezequiel 48. El regreso de Cristo también cumplirá la profecía de que Dios reuniría a los judíos. «He aquí que yo los reuniré de todas las tierras a las cuales los eché [...] y los haré volver a este lugar, y los haré habitar seguramente; y me serán por pueblo, y yo seré a ellos por Dios» (Jer 32.37-38).

Ezequiel deja claro que esta reunión significa que Él hará regresar a cada judío vivo a la tierra. Pues el Señor declaró que los reuniría de nuevo en su propia tierra «... sin dejar a nadie atrás» (Ez 39.28, NVI).

Esta profecía se está cumpliendo hoy ante nuestros ojos. En el 2006, Israel se convirtió en el hogar de la comunidad judía más grande del mundo. Cuando se fundó el Estado judío en 1948, regresaron 650.000; para el año 2065 se espera que la población de Israel supere los 20 millones.[14]

El resurgimiento de Israel en su antigua patria prepara el escenario para el cumplimiento final de las profecías bíblicas. El regreso de los judíos a su tierra natal también es significativo en otro sentido: señala el lugar donde nos encontramos en la cronología de la historia. Como advirtió Milton B. Lindberg: «Sin la existencia de la nación de Israel, no podríamos decir con certeza que estamos en los últimos días. ¡Ese suceso específico, más que cualquier otro, es la señal más importante de que vivimos en los momentos finales antes de la venida de Jesús!».[15]

¿QUÉ SIGNIFICA TODO ESTO PARA MÍ?

El cumplimiento del pacto de Dios con Abraham nos afecta mucho a cada uno de nosotros. Hemos demostrado por qué es importante que nuestra nación continúe apoyando y protegiendo a Israel. Las naciones que ofrecen su amistad a Israel serán bendecidas; las que no lo hagan serán maldecidas.

La materialización de los sucesos proféticos relativos a Israel también nos ubica en los últimos días de la cronología de la historia. La supervivencia milagrosa del pueblo del pacto de Dios, los judíos, demuestra la capacidad de Dios para cumplir Su propósito en circunstancias en que eso parecería imposible. La existencia de Israel hoy es la prueba principal de que se cumplirán las profecías bíblicas sobre el futuro. Esto no solo se refiere al futuro de Israel, sino también al de nuestro mundo, de nuestra nación; a tu futuro y al mío. La asombrosa historia de los judíos revela la realidad de Dios: Su poder sobrecogedor, la autenticidad de Sus promesas, la certeza de Su existencia, la urgencia de Su llamado a nosotros y Su declaración de propiedad sobre nuestro ser.

Ese día histórico de 1948, cuando Israel fue restablecido como nación, se ha descrito como «el suceso más espectacular en casi dos milenios de la historia judía».[16] Cuando el presidente Truman leyó esa declaración y Estados Unidos se convirtió oficialmente en el primer país que reconoció el nacimiento del moderno Estado de Israel, ¡la profecía de la Biblia de hace 2.500 años finalmente se cumplió!

Pero he aquí el resto de la historia. Más tarde, cuando el gran rabino de Israel, Isaac Halevi Herzog, llamó a la Casa Blanca, le expresó a Truman: «Dios lo puso en el vientre de su madre para que fuera el instrumento mediante el cual lograr el renacimiento de Israel luego de dos mil años». Uno de los hombres del presidente contó que al mirar a Truman después de la declaración del rabino vio lágrimas que corrían por sus mejillas.[17]

Tenía siete años cuando se estableció la nación de Israel en 1948. Ahora creo que la restauración del pueblo judío a su tierra es la señal profética más importante que ha ocurrido en mi vida. Más que cualquier otra señal descrita en este libro, el futuro profético de la nación de Israel da respuesta a la pregunta: «¿Es este el fin?». Pero un cumplimiento profético aún mayor se espera para un día futuro desconocido: ¡el regreso del Mesías judío al pueblo judío!

CAPÍTULO 2

EUROPA

Cuando era un adolescente, Albert Einstein tuvo un sueño que probablemente cambió el curso de la historia en la ciencia.

En el sueño, Einstein caminaba por un campo cuando divisó un grupo de vacas a una distancia lejana, todas apoyadas contra una cerca eléctrica. Las vacas comían de la hierba que antes había estado fuera de su alcance debido a la cerca. Más allá de las vacas, Einstein vio a un granjero que trabajaba en el extremo opuesto de la cerca, y probablemente reparaba lo que había causado el corte de la electricidad.

De repente, vio como el grupo de vacas saltaba hacia atrás al unísono para separarse de la cerca. Supuso, con razón, que la electricidad se había restablecido. Einstein siguió caminando. Cuando llegó hasta el granjero, le comentó lo gracioso que había sido ver a todas las vacas saltar al mismo tiempo. Pero el granjero parecía confundido. Le dijo a Einstein que eso no era lo que había sucedido. Desde su perspectiva, las vacas habían saltado hacia atrás una a una, primero la más cercana a él.

Al despertar, el sueño quedó en la mente de Einstein. En realidad, continuó reflexionando sobre él durante décadas. Al final, sus continuas meditaciones sobre ese tema se convirtieron en uno de los factores que contribuyeron a su teoría general de la relatividad.[1]

¿Te imaginas a alguien que haya tenido un sueño más importante que ese?

En realidad sí.

Hace más de dos mil años, Dios le dio a Daniel una visión que reconocemos como la visión profética más completa que jamás se haya recibido. Dios también le envió un sueño similar al hombre más poderoso del mundo en aquel momento. Si miramos hacia atrás, podemos ver los efectos de esos sueños a lo largo de la historia, e incluso en el futuro.

Específicamente, la visión de Daniel funciona como una señal de lo que podemos esperar que suceda en Europa antes y durante el tiempo del fin.

LA INTERPRETACIÓN DE DANIEL PARA EL REY

Si bien no era raro que Dios se comunicara con Su pueblo a través de sueños y visiones, es sorprendente que Él le haya dado la mejor visión de todos los tiempos, no solo a Daniel, sino también a uno de los gobernantes gentiles más malvados de la historia: el rey Nabucodonosor.

Era el segundo año del reinado de Nabucodonosor en Babilonia. Aunque todos sus enemigos habían sido sometidos o estaban en cautiverio, estaba preocupado por el futuro. Su inquietud se debía a un sueño que le había enviado Dios, una pesadilla que no pudo entender, aunque presentía sus implicaciones funestas. Entonces llamó a sus consejeros. Como había olvidado detalles importantes del sueño, exigió que sus consejeros no solo lo interpretaran, sino que también le dieran una descripción vívida de él.

La exigencia no tenía precedentes, y sus consejeros la consideraban injusta. Como no pudieron complacerlo, Nabucodonosor ordenó la ejecución de todos los sabios de Babilonia (Dn 2.12-13).

Cuando Daniel, el cautivo judío, se enteró del edicto del rey, él y sus amigos le pidieron a Dios una visión del sueño de Nabucodonosor y su interpretación. Entonces Daniel habló con el encargado de ejecutarlos y le dijo: «... No mates a los sabios de Babilonia; llévame a la presencia del rey, y yo le mostraré la interpretación» (v. 24).

Daniel pronto se presentó ante Nabucodonosor, quien le preguntó si podía revelar el significado de su sueño. Daniel le explicó que no podía, pero que tenía conexiones con Alguien que sí podía: «... El misterio que el rey demanda, ni sabios, ni astrólogos, ni magos ni adivinos lo pueden revelar al rey. Pero hay un Dios en los cielos, el cual revela los misterios, y él ha hecho saber al rey Nabucodonosor lo que ha de acontecer en los postreros días. He aquí tu sueño, y las visiones que has tenido en tu cama (vv. 27-28).

Según explicó Daniel, así como Dios envió el sueño a Nabucodonosor, de igual modo Dios se lo reveló a él y le dio su interpretación (v. 19). Luego el profeta judío se presentó ante el rey y reveló el futuro de su nación.

Daniel describió la visión del rey: «Tú, oh rey, veías, y he aquí una gran imagen. Esta imagen, que era muy grande, y cuya gloria era muy sublime, estaba en pie delante de ti, y su aspecto era terrible. La cabeza de esta imagen era de oro fino; su pecho y sus brazos, de plata; su vientre y sus muslos, de bronce; sus piernas, de hierro; sus pies, en parte de hierro y en parte de barro cocido» (vv. 31-33).

Esta visión nos muestra la historia de la civilización humana, escrita por Dios mismo.

Daniel le expresó a Nabucodonosor que su sueño era sobre los reinos de este mundo. Explicó que la imagen metálica representaba cuatro potencias mundiales gentiles sucesivas que gobernarían a Israel en los tiempos siguientes.

LA VISIÓN DE DANIEL DEL FUTURO

A través de Daniel, Dios le brindó a Nabucodonosor un resumen de los días restantes del mundo. Sabemos esto porque habló específicamente de «los días venideros» (v. 28, NVI). Reveló el significado de las cinco partes de la estatua: la cabeza de oro, el pecho y los brazos de plata, el vientre y los muslos de bronce, las piernas de hierro y los pies formados en parte de hierro y en parte de barro cocido.

El primer imperio mundial, representado por la cabeza de oro de la estatua, era el reino de Babilonia de Nabucodonosor. Las palabras de Daniel al rey son claras: «Tú, oh rey, eres rey de reyes; porque el Dios del cielo te ha dado reino, poder, fuerza y majestad. Y dondequiera que habitan hijos de hombres, bestias del campo y aves del cielo, él los ha entregado en tu mano, y te ha dado el dominio sobre todo; tú eres aquella cabeza de oro» (vv. 37-38).

Nabucodonosor habría entendido que la cabeza de oro se refería a su reino, ya que la principal deidad de Babilonia era Marduk, conocido como «el dios de oro». El historiador Heródoto describió la imagen de Marduk como una visión deslumbrante: una estatua de oro sentada en un trono de oro ante una mesa y un altar de oro. Plinio nos dice que las túnicas de los sacerdotes de Marduk estaban entretejidas con oro.[2]

El segundo imperio mundial revelado en el sueño del rey estaba representado por el pecho de plata de la imagen, del cual salían dos brazos también de plata (v. 32). Este era el Imperio medo-persa, que conquistó Babilonia en el año 539 A. C. y se mantuvo en el poder durante unos 200 años. Más adelante, Daniel declaró claramente que la monarquía dual de los medos y los persas tomaría el control del imperio de Nabucodonosor (5.28). En Daniel 8.20, las dos naciones se confirman de nuevo como el sucesor de Babilonia.

El tercer imperio mundial estaba representado por el vientre y los muslos de bronce de la imagen. Daniel le comunicó al rey que sería un «reino de bronce, el cual dominará sobre toda la tierra» (2.39). Este es el Imperio griego, el reino de Filipo II de Macedonia y su hijo, Alejandro Magno. La historia confirma que Grecia fue el imperio que sucedió a los medo-persas, pero también Daniel menciona a Grecia específicamente en Daniel 8.21. Bajo Alejandro, el Imperio griego abarcó más territorio que cualquiera de los imperios anteriores. Es apropiado que la parte media de bronce de la imagen simbolizara este tercer reino. Los soldados de Alejandro se protegían con cascos y corazas de bronce, y llevaban escudos y espadas de ese metal.

En la imagen, el cuarto imperio está simbolizado por sus piernas de hierro. Daniel describe este imperio como «... sólido como el hierro. Y así como el hierro todo lo rompe, destroza y pulveriza, este cuarto reino hará polvo a los otros reinos» (2.40, NVI). Los historiadores nos dicen que Roma no solo fue la sucesora del Imperio griego, sino que a menudo se usaba el hierro para describir la fortaleza del Imperio romano: *el gobierno de hierro de Roma, el puño de hierro de Roma, las legiones de hierro de Roma.*

La historia confirma la explicación de Daniel sobre el sueño de Nabucodonosor. Los babilonios fueron derrotados por los medo-persas, los medo-persas fueron conquistados por los griegos, y luego los reinos existentes fueron incorporados a un reino conocido como el Imperio romano. Este imperio surgió cincuenta años antes de que naciera Jesús, y continuó en el poder durante su ministerio terrenal. Fue el poder romano el que puso a Jesús en la cruz. Fueron los romanos los que gobernaron despiadadamente durante los primeros días de la iglesia.

Que Roma esté representada en la estatua por sus dos piernas de hierro también es significativo:

> Para el año 395 A. C., el Imperio romano se había dividido en dos áreas de gobierno: el de Occidente (que hablaba latín) con su capital en Roma, y el de Oriente (que hablaba griego) con su capital en Constantinopla (la actual Estambul, en Turquía), que abarcaba la tierra de Israel. Esta división del imperio está representada en las dos piernas de la estatua.[3]

La división del poderoso Imperio romano en dos unidades políticas no era la única división que sufriría ese reino. Daniel notó que en el sueño del rey los pies y los dedos estaban compuestos de una mezcla de hierro y barro cocido. Aunque se encontraban en la parte inferior de la imagen, al parecer esas extremidades eran importantes, pues Daniel dedica tanto tiempo a hablar de ellas como de todas las otras partes de la imagen combinadas.

Daniel le explicó al rey el significado del material que formaba los pies de la imagen: «Y por ser los dedos de los pies en parte de hierro y en parte de barro cocido, el reino será en parte fuerte, y en parte frágil. [...] se mezclarán por medio de alianzas humanas; pero no se unirán el uno con el otro, como el hierro no se mezcla con el barro» (2.42-43).

Según Daniel, habría otra división en el Imperio romano, simbolizada por sus diez dedos. Daniel predice un momento en que el Imperio romano estaría formado por diez reinos o líderes. Dado que la progresión descendente de una parte de la estatua a la otra representa el paso del tiempo, la etapa de «los pies y los dedos» debe ser posterior a la etapa de las «piernas». Pero no encontramos nada en la historia que concuerde con una coalición romana décupla. Eso nos indica que este quinto y último reino aún no ha cumplido su papel en la historia humana.

Daniel nos brinda otra información que nos permite comprender el momento escogido para los sucesos que se muestran en el sueño de Nabucodonosor. Nos dice que esta forma final del Imperio romano existirá cuando Dios establezca Su reino terrenal. «En los días de estos reyes el Dios del cielo levantará un reino que no será jamás destruido, ni será el reino dejado a otro pueblo; desmenuzará y consumirá a todos estos reinos, pero él permanecerá para siempre» (v. 44).

EL EXTRAORDINARIO SUEÑO DE DANIEL

Años después del sueño de Nabucodonosor, Daniel tuvo una visión propia que amplía nuestra comprensión del sueño del rey. En la visión de Daniel, un viento poderoso agitaba el océano: «Y cuatro bestias grandes, diferentes la una de la otra, subían del mar» (7.3). Estas bestias simbolizan los mismos reinos gentiles que habían aparecido en el sueño del rey, pero esta vez se revela su verdadero carácter. La primera visión (Dn 2) representa los reinos del mundo según los valora el ser humano: majestuosos, grandes e impresionantes por sus logros. En la segunda visión (Dn 7), los reinos se muestran como bestias salvajes que se atacan unos a otros en una lucha a muerte. Esta segunda visión nos da la valoración de Dios sobre estos reinos: destructivos, divisivos y crueles. Si bien las dos visiones eran diferentes en su presentación, ambas tenían el mismo propósito: ¡mostrar a Daniel y su pueblo lo que sucedía en el mundo!

¿Por qué escogió Dios ese momento específico para revelar una profecía tan importante? Su pueblo se encontraba en un momento crítico de su historia. En el año 722 A. C., Asiria conquistó el reino del norte, Israel, y se llevó cautivo a su pueblo. Doscientos años después, el reino de Judá se encontraba en cautiverio en Babilonia. Si hubieras sido judío en aquel tiempo, podrías haberte preguntado: *¿Nos habrá abandonado Dios?* A través de estas dos visiones, Dios le aseguró a Su pueblo: *Este no es el fin. Habrá un tiempo en el que volveré a estar dedicado a ti como nación. Pero quiero que sepas qué pasará entre ahora y entonces.*

Mucho de lo que le fue revelado a Daniel en estos sueños ya sucedió. Pero no todo. Tres de los reinos en la profecía han surgido y han desaparecido, y el cuarto reino también ha hecho su aparición en la historia. Pero la segunda visión de Daniel incluye información adicional sobre sucesos que aún están por llegar. Veamos cómo lo describió Daniel: «Después de esto miraba yo en las visiones de la noche, y he aquí la cuarta bestia, espantosa y terrible y en gran manera fuerte, la cual tenía unos dientes grandes de hierro; devoraba y desmenuzaba, y las sobras hollaba con sus pies, y era muy diferente de todas las bestias que vi antes de ella, y tenía diez cuernos» (7.7). Daniel explica que los diez cuernos son diez reyes que surgirán de este reino (v. 24).

Sabemos que esta profecía de Daniel sobre los diez reinos es para el futuro, no solo porque la variante del Imperio romano con diez líderes no existió, sino también porque ningún reino de esas características ha sido aplastado repentinamente como Daniel 2 indica que ocurrirá. El Imperio romano de los tiempos de Jesús no terminó de golpe. Fue debilitándose gradualmente a lo largo de muchos siglos hasta que la parte occidental, el Imperio romano de Occidente, cayó en el año 476 A. D., y la parte oriental, el Imperio bizantino, cayó en el año 1453 A. D. Entonces, debemos concluir que debe aparecer alguna forma del Imperio romano en el tiempo del fin, porque, según Daniel, existirá antes de la venida de Cristo para reinar sobre la tierra.

RENACIMIENTO DEL IMPERIO ROMANO

La manifestación futura del Imperio romano que profetizó Daniel será una confederación de diez líderes mundiales y abarcará el mismo territorio que el Imperio romano histórico. ¡Hoy vemos que esa coalición toma forma ante nuestros ojos! Comenzó ya en 1930, cuando el político francés, Aristide Briand, intentó agrupar a veintiséis naciones en lo que en un principio llamó «Estados Unidos de Europa» y luego modificó a «Unión Europea». En su propuesta, expresó: «Hoy, las naciones de Europa deben unirse para vivir y prosperar». La prensa europea prestó poca atención a la idea de Briand, y no surgió nada de ella.[4]

Sin embargo, el llamado a la unidad europea de Briand solamente se adelantaba a los acontecimientos, todavía restaba una guerra mundial.

Menos de veinte años después, uno de los líderes más respetados del mundo hizo el mismo llamado:

> En 1946, después de la devastación de Europa durante la Segunda Guerra Mundial, Winston Churchill declaró enérgicamente que «la tragedia de Europa» solo podría resolverse si los problemas del antiguo nacionalismo y la soberanía pudieran dar paso a un sentido de «agrupación nacional» europea. Manifestó que el camino hacia la paz y la prosperidad europeas en el escenario mundial era claro: «Debemos construir unos Estados Unidos de Europa».[5]

La exhortación de Churchill propició una serie de pasos tendientes a la unificación. La Conferencia del Benelux, en 1948, celebrada en Bruselas, Bélgica, sentó las bases de una nueva organización para «unir a los países europeos económica y políticamente con el fin de garantizar una paz duradera».[6] Solo tres naciones asistieron a la reunión: Bélgica, los Países Bajos y Luxemburgo. Estas naciones vieron la unidad como su única esperanza de supervivencia en el mundo de la posguerra.

Otro paso se dio en abril de 1951, cuando estos tres países firmaron el Tratado de París con otras tres naciones: Alemania Occidental, Francia e Italia, y formaron un mercado común para el carbón y el acero en un ambiente de paz.

El 25 de marzo de 1957, tuvo lugar un gran paso hacia la unificación europea cuando se firmaron los Tratados de Roma en el Capitolio, una de las famosas siete colinas de esa ciudad. En esta ocasión, Italia, Francia y Alemania Occidental se unieron a los Países Bajos, Luxemburgo y Bélgica y crearon la Comunidad Económica Europea (CEE), el mercado común.

En 1973, el Reino Unido, Irlanda y Dinamarca se incorporaron a la CEE, y Grecia lo hizo en 1981, para formar una confederación de diez naciones. El 1 de enero de 1986, España y Portugal entraron en la unión, y la CEE adoptó oficialmente el objetivo de una Europa políticamente unificada. En 1987 se implementó el Acta Única Europea. Con la caída del Muro de Berlín en 1989, Alemania se reunificó y Alemania Oriental se integró en la membresía. En 1993, se eliminaron las fronteras económicas entre las naciones de la comunidad europea. Austria, Finlandia y Suecia se integraron a la unión en 1995. En 2002, se produjeron 80.000 millones de monedas para su uso en las naciones de la eurozona, y se introdujo así la nueva unidad monetaria, el euro.

La marcha hacia la unificación europea continuó el 1 de mayo de 2004, cuando se incorporaron Chipre, la República Checa, Estonia, Hungría, Letonia, Lituania, Malta, Polonia, Eslovaquia y Eslovenia, lo que elevó el total de miembros a veinticinco naciones y amplió la población de la Unión Europea (UE) para superar a América del Norte como la mayor zona económica del mundo. Rumania y Bulgaria fueron admitidas en la UE en el 2007, y Croacia se unió en el 2013, mientras que el Reino Unido votó para salir de ella en junio de 2016.[7]

Poco a poco, pero sin detenerse, las naciones de Europa se han unido y han creado una réplica moderna del Imperio romano. Europa está más integrada hoy que en cualquier otro momento desde los tiempos de la antigua Roma. Muchos consideran que la UE es la segunda fuerza política más poderosa de nuestro mundo.

CONSOLIDACIÓN DEL GOBIERNO EUROPEO

Actualmente, el gobierno de la UE está organizado en tres cuerpos: el Parlamento Europeo, el Consejo de la Unión Europea y la Comisión Europea. El Parlamento está compuesto por 751 miembros electos que aprueban leyes junto con el Consejo. Su presidente es elegido para servir por un período de dos años y medio.

El Consejo está formado por los jefes de gobierno de cada uno de los estados miembros. Este organismo participa con el Parlamento en la aprobación de leyes y establece una política exterior común y políticas de seguridad.

El tercer cuerpo de gobierno de la UE, la Comisión Europea, está compuesto por un comisionado de cada país. Aquí se elaboran nuevas leyes y se implementan políticas y financiamientos. Otras entidades gubernamentales de la UE incluyen el Tribunal de Justicia, el Tribunal de Cuentas, el Banco Central Europeo y el Banco Europeo de Inversiones.[8]

A medida que observamos esta evolución hacia un poder más centralizado en las naciones europeas, podemos notar que hay un nuevo imperio en desarrollo, un imperio que ocupa el mismo territorio que el antiguo Imperio romano. De regreso a Daniel, para comprender mejor esta coalición naciente, quedamos intrigados por su descripción de ella como una mezcla de dos materiales que no se unen. Sabemos que el hierro representaba la fuerza del antiguo Imperio romano. Sin embargo, en este imperio recién constituido, la profecía nos dice que el hierro se mezclará con el barro cocido. El barro simboliza la debilidad y la inestabilidad.

La mejor interpretación de esta mezcla inestable es que representa los diversos elementos raciales, religiosos y políticos que conformarán esta forma final del Imperio romano. En realidad, eso es lo que vemos hoy en la coalición europea. Si bien la UE tiene una gran influencia económica y política, las culturas y las lenguas de sus diversos miembros son tan diversas que no pueden mantenerse juntas, al igual que el hierro y el barro cocido, a menos que un líder extremadamente poderoso imponga la unidad.

VIGILANCIA RENOVADA

A partir de este breve estudio de la Europa moderna y la antigua Roma, podemos comenzar a comprender cómo Europa representa una señal clave del tiempo del fin. De nuestro estudio surgen tres aspectos en particular que deberían incrementar nuestra vigilancia.

LA CONSOLIDACIÓN DEL PODER MUNDIAL

Desde la época del Imperio romano, no ha habido nación o imperio con el poder de gobernar el mundo conocido. Pero ese momento se acerca. En el futuro, el mundo se unificará bajo un líder dominante.

En la segunda visión de Daniel, la cuarta bestia tenía diez cuernos que crecían de su cabeza: «... La cuarta bestia será un cuarto reino en la tierra [...] y a toda la tierra devorará, trillará y despedazará. Y los diez cuernos significan que de aquel reino se levantarán diez reyes...» (Dn 7.23-24). La cuarta bestia representa el cuarto reino sucesivo después de Babilonia, que la historia identifica como el Imperio romano. Pero como Roma nunca fue gobernada simultáneamente por diez reyes, sabemos que esos reyes aún no han llegado al escenario de la historia mundial para gobernar un imperio recién formado que abarca el territorio del antiguo Imperio romano.

Hoy, la concentración de poder en la UE marca el inicio de este nuevo orden mundial.

LA LLEGADA DE UN LÍDER MUNDIAL

Según la profecía de Daniel, un líder supremo surgirá de entre la confederación de diez líderes en Europa: «... tras ellos se levantará otro, el cual será diferente de los primeros, y a tres reyes derribará. Y hablará palabras contra el Altísimo, y a los santos del Altísimo quebrantará, y pensará en cambiar los tiempos y la ley; y serán entregados en su mano hasta tiempo, y tiempos, y medio tiempo» (vv. 24-25). Este líder surgirá del grupo de los diez para tomar el control de la coalición europea y convertirse en el último dictador mundial. Lo conocemos como el anticristo. No debemos pasar por alto esto: la UE es un preludio de la venida del anticristo.

A Paul-Henri Spaak, primer presidente del Parlamento Europeo, se le atribuye una declaración sorprendente: «No necesitamos otro comité. Ya tenemos demasiados. Lo que queremos es un hombre de suficiente autoridad para mantener la lealtad de todas las personas y sacarnos del pantano económico en el que nos estamos hundiendo. Envíanos a un hombre así, sea dios o demonio, y lo recibiremos».[9]

Declaraciones como esta deberían helarnos hasta la médula, pues demuestran que el mundo realmente abrazará el poder que buscará esclavizarlo. La UE es la leña que aguarda la chispa del anticristo para inflamar al mundo con un mal sin precedentes. Sin duda es un momento para estar vigilantes.

LA CONDICIÓN PARA EL TRATADO CON ISRAEL

La profecía de Daniel nos habla de un tratado que se firmará entre el pueblo judío y el líder del Imperio romano reorganizado: «Por otra semana confirmará el pacto con muchos; a la mitad de la semana hará cesar el sacrificio y la ofrenda...» (9.27). Israel firmará un tratado con el anticristo, y este tratado se establecerá para durar una «semana», en lenguaje profético, una «semana de años», o siete años. Este tratado será un intento de resolver la disputa árabe-israelí. Después de tres años y medio, ese tratado se romperá y comenzará la cuenta regresiva para el Armagedón.

LEER LAS SEÑALES DE ADVERTENCIA

El escenario ahora está listo en Europa para que ocurran estos eventos. Israel está de vuelta en su tierra, y las naciones del antiguo Imperio romano se están reunificando. Las profecías de Daniel nos muestran que las manecillas del reloj profético avanzan hacia la medianoche. Se ha emitido la advertencia y haremos bien en atenderla.

A medida que el reloj profético avanza hacia el final, no debemos esperar hasta que sea demasiado tarde para evadir el peligro. La exhortación de Pablo debería animarnos a actuar: «... es ya hora de levantarnos del sueño; porque ahora está más cerca de nosotros nuestra salvación que cuando creímos» (Ro 13.11).

Los titulares de hoy confirman la sensatez de la advertencia de Pablo: es hora de despertarnos y darnos cuenta de que las cosas no permanecerán indefinidamente como están ahora. Según nos indican las señales en las profecías de Daniel, la situación está llegando a un punto crítico. Los acontecimientos nos empujan hacia el momento en que las advertencias serán ya demasiado tarde, y nos veremos atrapados en una tormenta de fuego generada por el gran mal que trastornará al mundo antes de que Cristo finalmente regrese para arreglar las cosas.

¿Le prestas atención a las advertencias? ¿Estás preparado para comparecer ante Dios? ¿Has aceptado Su oferta de salvación? Mediante los acontecimientos que nos rodean, Él nos indica que la oportunidad pronto desaparecerá. ¡Por favor, no esperes a que sea demasiado tarde!

CAPÍTULO 3

RUSIA

El presidente ruso, Vladimir Putin, subió a la cubierta oscilante de un minisubmarino, se introdujo en la cápsula, y la nave descendió al mar Negro. El propósito de la excursión de Putin, según se dijo, era ver los restos de un antiguo barco. Pero pronto quedó claro que la arqueología no estaba entre los intereses de Putin. La nave se estabilizó y partió hacia la ciudad costera de Sebastopol en Crimea. Emergió cerca de un yate, que llevó al presidente ruso hasta el puerto y allí lo desembarcó, en suelo de Crimea.

Era agosto del 2015, menos de dieciocho meses después de que Rusia le arrebatara a Ucrania la península de Crimea. En el momento de la ocupación, Ucrania había estado haciendo propuestas a occidente sobre la posibilidad de unirse a la Unión Europea. Para evitar eso, que impediría las ambiciones de Putin de recrear un bloque soviético, Rusia no solo se anexó a Crimea, sino que también infiltró soldados en el este de Ucrania. El propósito de Putin era generar caos en esa nación, que ya se recuperaba de la inestabilidad política. Era su manera de decir: «Crimea es territorio ruso. No necesito una invitación. Puedo venir aquí cuando quiera y de la manera que quiera».

Momentos después de la llegada de Putin a Sebastopol, un periodista de la BBC cuestionó la legitimidad de la anexión. Putin respondió: «El futuro de Crimea fue determinado por las personas que viven en esta tierra. Votaron para unirse a Rusia. Eso es todo».[1]

Dada la historia de Putin, esta ocupación agresiva y su actitud inflexible no son sorprendentes. Comenzó su carrera como oficial ruso de la KGB en 1975, cuando Rusia, la nación dominante de la URSS (Unión de Repúblicas Socialistas Soviéticas), era una gran potencia mundial, superada solo por Estados Unidos. Rusia era temida en todo el mundo por su gran cantidad de armas nucleares y la amenaza de la toma del poder por los comunistas. Putin se retiró de la KGB en 1991, entró en la política, y llegó al poder bajo la administración de Boris Yeltsin. Cuando Yeltsin renunció en diciembre de 1999, Putin se convirtió en presidente interino. Fue elegido oficialmente en marzo de 2000 y ocupó los cargos de presidente (2000-2008) y primer ministro (2008-2012), antes de ser elegido de nuevo como presidente en 2012 y reelegido para otro mandato en 2018.

A mitad de la carrera de Putin hacia el poder, las políticas del presidente Ronald Reagan acabaron con la amenaza ruso-soviética sin disparar un tiro. La caída del comunismo y la desintegración de la URSS deben haber sido un duro golpe para el joven y ambicioso político. Muchos creen que a partir de ese momento, Putin ha estado impulsado por la determinación de devolverle a Rusia a su antigua gloria.

EL DESPERTAR RUSO

Muchos recordamos la guerra fría entre Rusia y Estados Unidos, de 1947 a 1991. Durante ese período, la posibilidad de una guerra nuclear fue una amenaza constante para el mundo. Pero ese temor fue atenuado por el poder militar estadounidense y las fuertes alianzas occidentales. Ahora, en ausencia de la determinación estadounidense y ante al caos reinante en el Medio Oriente, ¿qué evitará que la antigua némesis del mundo, Rusia, vuelva a levantarse?

Al parecer, Putin se da cuenta de que esta es su oportunidad y la está aprovechando. Bajo su liderazgo, Rusia se ha tornado cada vez más agresiva en el escenario mundial, y cada vez más peligrosa. En marzo de 2018, un exespía ruso llamado Sergei Skripal fue encontrado en un banco de un parque en Gran Bretaña. Su hija de treinta y tres años estaba a su lado. Ambos habían sido envenenados con un agente nervioso, y ambos fueron hospitalizados durante semanas antes de poder trasladarlos a un lugar seguro. Luego, la policía británica vinculó este ataque con un envenenamiento similar que involucró a una mujer llamada Dawn Sturgess y su compañero, Charlie Rowley. La señora Sturgess no sobrevivió, pues estuvo expuesta a un agente nervioso al manipular un recipiente de perfume contaminado.

Después de una extensa investigación, la inteligencia británica identificó a dos hombres como los principales sospechosos en ambos ataques. Se supone que ambos eran miembros del GRU, que es el servicio de inteligencia militar de Rusia. La primera ministra británica, Theresa May, dijo que los ataques fueron dirigidos «casi con toda seguridad» por miembros de alto rango del gobierno ruso.[2]

No hay dudas de que Putin quiere ser reconocido como un líder mundial, de una potencia mundial. ¿A dónde conducirán sus ambiciones? Por mucho que nos gustara pensar que sus acciones simplemente son las andanzas de un soñador que se extralimita, hay buenas razones para creer que la amenaza rusa es real. En realidad tenemos pruebas de que, en algún momento, Rusia iniciará una guerra mundial como ninguna otra. Las acciones agresivas de Rusia hoy se proyectan como una sombra hacia el futuro descrito por el profeta Ezequiel.

LA AGRESIÓN RUSA

Hace aproximadamente 2.500 años, Ezequiel predijo el retorno de Rusia al poder en los últimos días. En los capítulos 38 y 39 de su profecía, describió la invasión de Israel por diez entidades, incluida Rusia y una coalición de naciones mayoritariamente islámicas.

La nación que hoy conocemos como Rusia ocupa un lugar destacado en estas Escrituras. En la lista de diez nombres de Ezequiel, el tercer nombre, Ros (Ez 38.2, LBLA), identifica a la nación gobernada por el líder de la coalición que atacará a Israel.

Tenemos al menos dos razones de peso para creer que Ros y Rusia son la misma nación. Primero, no es difícil ver la similitud fonética entre Ros y Rusia. El doctor John F. Walvoord, expresa: «En el estudio de cómo las palabras antiguas llegaron a los idiomas modernos, es bastante común ver que las consonantes permanecen iguales y se cambian las vocales. En la palabra "Ros", si la vocal "o" se cambia por "u", se convierte en la raíz de la palabra moderna "Rusia"».[3]

En segundo lugar, la Biblia indica que Israel está ubicada en el «medio» de la tierra: «Así ha dicho Jehová el Señor: Esta es Jerusalén; la puse en medio de las naciones y de las tierras alrededor de ella» (Ez 5.5). Entonces, cuando encontramos referencias geográficas en la profecía, estas se dan en relación con la ubicación de Israel.

El profeta Daniel describió al gobernante que lideraría un ataque contra Israel en el fin de los días como el «rey del norte» (Dn 11.5-35). La profecía de Ezequiel dice que los ejércitos invasores llegarán a Israel «de los confines del norte» (Ez 38.6, 15). Solo un país ocupa una posición geográfica en «los confines del norte» en relación con Israel. Esa nación es Rusia, cuya superficie terrestre se extiende desde el Báltico hasta el mar de Bering.

LA ALIANZA RUSA

Ahora que hemos identificado a la nación que Ezequiel denomina «Ros» como la Rusia de hoy, pasaremos a los otros nueve nombres que figuran en su profecía: nombres que identifican al líder y las naciones que forman la alianza que atacará a Israel.

EL COMANDANTE DE LA ALIANZA

Los dos primeros versículos de Ezequiel 38 expresan: «Y vino a mí la palabra del Señor, diciendo: Hijo de hombre, pon tu rostro hacia Gog, de la tierra de Magog, príncipe de Ros, Mesec y Tubal...» (LBLA). A diferencia de los otros nombres en esta profecía, «Gog» no se refiere a una nación, sino a una persona. La palabra «Gog» significa «alto» o «supremo». Algunos estudiosos creen que «Gog» no es un nombre personal, sino un título, como «presidente» o «faraón».

Gog es el líder de los ejércitos que invadirán a Israel, y Dios le ordena a Gog que sea un guarda o comandante de estas naciones: «Disponte y prepárate, tú y toda la multitud que se ha reunido alrededor tuyo, y sé para ellos guarda» (v. 7, LBLA).

LOS PAISES DE LA ALIANZA

Esto es lo que sabemos sobre los países nombrados en esta futura coalición que atacará a Israel.

- **Magog:** Según Génesis 10.2, Magog fue el segundo hijo de Jafet y el nieto de Noé. La mayoría de los estudiosos identifican la tierra que Magog fundó como el territorio de los escitas, que vivían en las montañas alrededor de los mares Negro y Caspio. Me gusta identificar esta área como la patria de los países cuyo nombre actual termina en «-stán», que fueron miembros del antiguo Imperio soviético: Kazajistán, Kirguistán, Uzbekistán, Turkmenistán, Tayikistán y quizás Afganistán. Según Mark Hitchcock: «Estas naciones hoy tienen una cosa en común: el islam. Y dentro de sus fronteras albergan una población combinada de 60 millones».[4]

- **Tubal y Mesec:** Tubal y Mesec fueron los hijos quinto y sexto de Jafet y, por lo tanto, nietos de Noé (Gn 10.2). Los descendientes de estos hombres establecieron ciudades o territorios que llevaban sus nombres. C. I. Scofield identifica a Mesec como «Moscú» y a Tubal como «Tobolsk».[5] Otros académicos los identifican como territorios en la Turquía moderna.

- **Persia:** Según Ezequiel 38.5, Persia también participará en la invasión rusa de Israel. Persia cambió su nombre a Irán en 1935 y luego, en 1979, lo cambió nuevamente a República Islámica de Irán. Irán y Rusia serán las fuerzas principales en este intento final de borrar a Israel del mapa. Hoy, Irán está ejerciendo su influencia malévola no solo en el Medio Oriente, sino también en Occidente.

- **Etiopía:** Esta es la primera de las dos naciones del norte de África nombradas como parte de la coalición. Etiopía fue fundada por Cus, nieto de Noé a través de su segundo hijo, Cam (Gn 10.6). Cuando Ezequiel transmitió esta profecía, Etiopía era la tierra al sur de Egipto. Hoy, esa región es Sudán. Junto con Irán, Sudán es uno de los enemigos más feroces de Israel.

- **Fut:** Fut se refiere a Libia, la tierra al oeste de Egipto. Como Etiopía, fue fundada por un hijo de Cam, en este caso Fut (Gn 10.6). La Libia de hoy, junto con Irán y Siria, es otro de los estados islámicos amigos de Rusia.

La moderna Libia fue gobernada durante cuarenta y un años por el notorio dictador Muamar el Gadafi. Incluso ahora, el legado de Gadafi sigue causando problemas en Libia, que se encuentra devastada por la guerra civil y la violencia callejera de los islamistas que compiten por su control. Además, el gobierno libio ha estado renovando los lazos con Rusia con la esperanza de comprar armamento.[6]

- **Gomer:** Gomer fue el primer hijo de Jafet y el nieto de Noé (Gn 10.2). Debido a la similitud entre las palabras «Gomer» y «germano», muchos han enseñado que Gomer fue el fundador de la nación que hoy es Alemania. Con la idea de que Gomer representa a la Alemania moderna, John Phillips escribió sobre la muerte y el caos que esa nación ha causado en el pasado: «Una Alemania unida y más grande ("Gomer y todas sus bandas") estuvo a punto de ganar la Segunda Guerra Mundial [...]. Se necesitó todo el poderío combinado del Imperio británico, la Unión Soviética y Estados Unidos para derrotarla. ¿Qué pasaría si una Alemania unida y antisemita buscara probar fortuna en una alianza con una Rusia antisemita?».[7]
- **Togarma:** Togarma fue el tercer hijo de Gomer, hijo de Jafet (Gn 10.3) y bisnieto de Noé. Ezequiel localizó esta nación: «... la casa de Togarma, de los confines del norte, y todas sus tropas...» (Ez 38.6). Algunos comentaristas identifican a Togarma con Turquía, y señalan una posible conexión etimológica entre el nombre Togarma y los nombres de Turquía y Turkestán.[8]

Estas son las naciones que formarán una coalición y marcharán contra Israel, y crearán las condiciones para que se desate una gigantesca guerra mundial centrada en Tierra Santa. Aunque los ejércitos de Rusia y Turquía liderarán la coalición desde el norte, estarán acompañados por Irán desde el este, Sudán y Libia desde el sur, y (posiblemente) Alemania como una coalición de naciones europeas desde el oeste. Para empeorar todavía más la situación de Israel, Ezequiel agregó que los atacantes tendrán a «muchos pueblos» de su lado (v. 9).

EL ATAQUE RUSO

Después de enumerar a los aliados de Rusia, Ezequiel describió la invasión de Israel (38.7-17). Al leer esta parte de la Escritura, recuerda que esta es una profecía contra Rusia y las naciones invasoras. «Así dice el Señor Dios: "He aquí estoy contra ti..."» (v. 3, LBLA). La frase «contra ti» se refiere a Rusia, y «ellos» (a partir del v. 8, LBLA), se refiere a Israel.

¿POR QUÉ RUSIA Y SUS ALIADOS ATACARÁN A ISRAEL?

¿Cuál es el propósito de esta invasión? Ezequiel nos dio tres motivos que surgen de los corazones malvados de los atacantes de Israel. (Hay una cuarta razón que nace del corazón de Dios. Esta se revelará más adelante en el capítulo).

Primero, los rusos irán a apoderarse de la tierra de Israel: «... Subiré contra una tierra indefensa [...] para poner tus manos sobre las tierras desiertas ya pobladas...» (vv. 11-12).

En segundo lugar, el propósito será robar la riqueza de Israel: «Para arrebatar despojos y para tomar botín [...]. ¿... para quitar plata y oro, para tomar ganados y posesiones, para tomar grandes despojos?» (vv. 12-13).

Tercero, el gran ejército del norte tratará de asesinar al pueblo de Israel: «Y subirás contra mi pueblo Israel como nublado para cubrir la tierra...» (v. 16). Ya hemos señalado el odio que sienten los pueblos islámicos por Israel, un odio que ha existido desde que Abraham exilió a Ismael (Gn 21.8-19). Ese odio solo puede ser satisfecho con la aniquilación de la nación judía.

¿DÓNDE OCURRIRÁ LA INVASIÓN?

Ezequiel identificó el país que iba a ser invadido como «...la tierra salvada de la espada, recogida de muchos pueblos, a los montes de Israel...» (Ez 38.8).

En el capítulo 38, Ezequiel afirmó cinco veces al menos que Israel sería el objetivo de la coalición rusa. Ya esto hace que la profecía de Ezequiel sea sorprendente, pues Israel es una de las naciones más pequeñas de la tierra. Rusia es casi 800 veces más grande que Israel. Sin embargo, Israel está en el centro de una de las guerras mundiales finales, y es el objetivo de una coalición enorme liderada por una superpotencia mundial.

¿CUÁNDO OCURRIRÁ LA INVASIÓN?

Ezequiel profetizó que deben darse tres condiciones antes de que Rusia invada a Israel. Dos de ellas ya han aparecido en la historia; la tercera aún no se ha dado.

Primero, Israel debe habitar su propia tierra. Ezequiel nos dice en repetidas ocasiones que el pueblo disperso de Israel será reunido en su patria original (dos veces en 38.8; luego en 38.12; 39.25, 27-28). También recogió esta promesa de Dios en un capítulo anterior: «Y yo os tomaré de las naciones, y os recogeré de todas las tierras, y os traeré a vuestro país» (36:24). Obviamente, la profecía de Ezequiel no pudo haberse cumplido antes de 1948, pues los judíos aún no se habían reunido en su antigua tierra.

Ezequiel agrega otro punto sobre la ocupación por parte de Israel de sus tierras, antes de la invasión rusa. Nos dijo que Gog, el líder de la coalición, iría a la tierra cuyos habitantes «… han sido recogidos de muchas naciones en los montes de Israel, que habían sido una desolación continua…» (38.8, LBLA). Los judíos no solo regresarán a su tierra natal, sino que también ocuparán «los montes de Israel». Mark Hitchcock explica cómo se ha cumplido esta profecía: «Antes de la guerra de los seis días, las montañas de Israel estaban en manos de los jordanos árabes, con la excepción de una pequeña franja al oeste de Jerusalén. Solo después de esa guerra es que las montañas de Israel han pertenecido a Israel».[9]

Ezequiel 36-37, los capítulos anteriores a la descripción de la invasión rusa, predicen la reunión de la nación de Israel, algo que ya ha ocurrido. Ezequiel 40-48, los capítulos posteriores a la descripción de la invasión, tratan sobre el milenio, que será el momento del renacer espiritual de Israel. La invasión de Gog y Magog se llevará a cabo entre el renacimiento nacional y el renacimiento espiritual de Israel.

En segundo lugar, Israel debe ser próspero en su tierra. Ezequiel profetizó además que cuando el pueblo judío regresara a su tierra natal, Dios lo bendeciría más que antes: «Os haré morar como solíais antiguamente, y os haré mayor bien que en vuestros principios; y sabréis que yo soy Jehová» (36.11).

La Israel restaurada se volvería extremadamente rica y despertaría la envidia de las naciones hostiles a su alrededor. Hoy, Israel ocupa el tercer lugar en cuanto a compañías en la lista de Nasdaq, después de Estados Unidos y China.[10] Se ha «ganado el sobrenombre de "Startup Nation" [País de las compañías emergentes] principalmente porque tiene [el] mayor número de nuevas empresas por habitante del mundo».[11] Israel también es hogar de dieciocho personas que poseen más de mil millones de dólares y de más de 105.000 millonarios.[12]

La prosperidad actual de Israel es indiscutible. Esta es la segunda de las tres condiciones que existirán antes de que se produzca la invasión rusa.

La tercera condición necesaria antes de la invasión rusa es la paz. Ezequiel nos dice que la coalición del norte descenderá sobre un pueblo cuya paz es tan segura que no estará armado ni tomará medidas defensivas. Gog se jacta: «Subiré contra una tierra indefensa, iré contra gentes tranquilas que habitan confiadamente; todas ellas habitan sin muros, y no tienen cerrojos ni puertas» (38.11).

Esta es una condición que aún no se ha dado. Nunca ha habido un momento en la existencia de Israel en que no haya estado preocupado por su defensa. Israel siempre ha estado rodeado de enemigos. Incluso hoy, Israel se encuentra rodeado por vecinos extremadamente hostiles, mucho mayores en tamaño, que lo amenazan desde todas las direcciones. Ya ha librado numerosas guerras en su breve historia moderna, y su vecino cercano, Irán, está ansioso por aniquilarlo. Israel no tiene paz, ni está cerca de ella. Eso significa que la invasión rusa no es inminente.

Sin embargo, llegará un momento en que Israel tendrá paz en su tierra. El profeta Daniel nos dice cómo se logrará esta paz: «Por otra semana [el anticristo] confirmará el pacto con muchos» (Dn 9.27). Cuando aparezca el anticristo, uno de sus primeros proyectos será resolver la disputa árabe-israelí. En nombre de la coalición europea de naciones, hará un pacto con los judíos para garantizar su seguridad. Este pacto, que será por un período de siete años (v. 27), hará que Israel baje la guardia y centre su atención en la prosperidad. Israel será, por primera vez, una nación «indefensa» y, por lo tanto, un blanco perfecto para la agresión rusa.

Entonces, podemos precisar el momento de la invasión rusa. Ocurrirá después de que Israel regrese a su tierra, después de haber alcanzado una gran prosperidad y después de la implementación del tratado de paz de siete años con el anticristo.

LA ANIQUILACIÓN DE RUSIA

En sus guerras, Israel siempre se ha enfrentado a enemigos superiores en número, pero esta vez será tan grande la superioridad que enfrentará que no habrá forma humana de que la nación sobreviva. He aquí la descripción de Ezequiel sobre el avance de la coalición: «Vendrás de tu lugar, de las regiones del norte, tú y muchos pueblos contigo [...] subirás contra mi pueblo Israel como nublado para cubrir la tierra...» (Ez 38.15-16). Como una nube que cubre la tierra con su sombra, así los ejércitos de la alianza rusa cubrirán a Israel.

Pero cuando no haya esperanza de supervivencia para Israel, Dios intervendrá: «En aquel tiempo, cuando venga Gog contra la tierra de Israel, dijo Jehová el Señor, subirá mi ira y mi enojo. Porque he hablado en mi celo, y en el fuego de mi ira...» (vv. 18-19).

Recuerda que cuando analizamos las tres razones del ataque de Rusia a Israel, mencioné una cuarta razón que se antepone a las demás. Esa razón es preparar las condiciones para el castigo de Dios a Rusia y sus aliados por su historia de rebelión contra Él: «... y sabrán las naciones que yo soy Jehová, el Santo en Israel» (39.7). Dios usará las tendencias malvadas de estas naciones aliadas para incitarlas a atacar a Israel, y entonces llevar a cabo Su juicio contra ellos por su historial de opresión humana.

Ezequiel describió cuatro calamidades que descenderán sobre los ejércitos invasores cuando Dios intervenga para proteger a Su pueblo.

TERREMOTOS MONUMENTALES

La primera calamidad que profetizó Ezequiel fue un «… gran temblor sobre la tierra de Israel» (38.19). Este terremoto será mayor que cualquier otro visto en la tierra. Será de una magnitud superior a lo que registra la escala de Richter. Los edificios altos e incluso las montañas se derrumbarán. Aunque Israel será el epicentro, toda criatura viviente en la tierra sentirá los efectos de este sismo colosal.

CONFUSION MILITAR

La brusca sacudida, los escombros y las nubes de polvo y humo del terremoto generarán una enorme confusión entre los ejércitos invasores (v. 21). El doctor Walvoord explica: «En el caos total, no habrá comunicación entre los ejércitos invasores y comenzarán a atacarse entre sí».[13] Este suceso será similar a otro de la historia de Israel, pero en una escala exponencialmente mayor (ver 2 Cr 20.22-25). Dios protegerá a Su pueblo en el futuro como lo ha hecho en el pasado.

UNA GRAN EPIDEMIA

La tercera arma de Dios contra la coalición rusa será una epidemia: «Y yo litigaré contra él con pestilencia y con sangre…» (Ez 38.22). Los cadáveres no enterrados yacerán en todas partes y causarán una plaga que infectará la tierra. Miles de los invasores morirán a causa de esto.

MULTIPLES CALAMIDADES

Un diluvio de fuego y azufre también caerá sobre Rusia y sus aliados, así como Dios hizo llover fuego y azufre sobre Sodoma y Gomorra (v. 22). Estas calamidades enviadas por Dios se extenderán también a las tierras de Magog. «Enviaré fuego sobre Magog, y sobre los que moran con seguridad en las costas; y sabrán que yo soy Jehová» (39.6). Los que permanezcan en Magog no escaparán al castigo.

LOS RESULTADOS DE LA INVASIÓN RUSA

La intervención sobrenatural de Dios para proteger a Israel y juzgar a la coalición rusa dejará los cuerpos de los invasores esparcidos y apilados en campos, montañas, llanuras, hondonadas y lagos de Israel. Será un testimonio espeluznante del innoble final de aquellos que desafían a Dios. La eliminación de estos restos se puede resumir en cuatro variantes: aves, bestias, incineración y entierro. Así como Ezequiel 38 detalla la destrucción de los ejércitos del norte, el capítulo 39 describe cómo se eliminarán sus restos.

LAS AVES Y LAS BESTIAS

Ezequiel recoge la invitación de Dios a todas las aves del mundo y las bestias del campo para ir a Israel y devorar los miles de cuerpos que yacerán por doquier. Dios expresa que estas víctimas son un «sacrificio» para los carroñeros que cumplirán Sus órdenes y limpiarán la tierra para Su pueblo (39.17-20).

LA INCINERACIÓN

La fallida invasión rusa no solo dejará grandes cantidades de cuerpos, también el material bélico de la coalición quedará esparcido por el territorio. ¿Cómo se desecharán estas armas ahora inútiles? Ezequiel expresa: «Los moradores de las ciudades de Israel saldrán, y encenderán y quemarán armas, escudos, paveses, arcos y saetas, dardos de mano y lanzas; y los quemarán en el fuego por siete años» (v. 9).

LOS ENTIERROS

Los buitres y demás animales carroñeros que Dios invitará a devorar los cuerpos de los invasores caídos dejarán los huesos y otras partes no comestibles. Será necesario que los israelíes entierren lo que dejen los carroñeros. Dios declara: «Daré a Gog lugar para sepultura allí en Israel [...]. Y la casa de Israel los estará enterrando por siete meses para limpiar la tierra» (vv. 11-12). Que se necesiten siete meses para enterrar a todos los muertos nos da una idea del tamaño gigantesco del ejército invasor. Solo cuando hayan terminado los enterramientos, la tierra podrá declararse ceremonialmente limpia de nuevo (Nm 19.11-22).

LA APLICACIÓN A RUSIA

En Ezequiel 38-39, encontramos una profecía convincente con respecto a la destrucción definitiva de Rusia, una nación que durante mucho tiempo ha estado opuesta a Dios y ha desestabilizado el mundo. Hoy, podemos ver que el carácter histórico de esa nación se reafirma cuando busca expandir su poder y su influencia destructiva, especialmente en el Medio Oriente. Es solo una cuestión de tiempo para que Rusia extienda sus garras sobre la rica y libre nación de Israel. Pero Dios le ha prometido a Israel un futuro glorioso, y como muestran estos dos capítulos proféticos, Él mantendrá Su promesa de una manera espectacular y gratificante.

El mundo entero se maravillará de cómo Dios derribará a un enemigo poderoso y protegerá a Su pueblo. Cuando esto suceda, el mundo se sobrecogerá ante el nombre y el poder de Dios: «Y seré engrandecido y santificado, y seré conocido ante los ojos de muchas naciones; y sabrán que yo soy Jehová» (Ez 38.23).

Comprendo por qué la gente se estremece hoy con los titulares. Las noticias diarias muestran una desintegración alarmante del orden mundial y la seguridad. Vemos un creciente desorden, y la perspectiva de caos en el futuro, y nos preguntamos si Dios ha apartado Su rostro de nosotros.

Hace algunos años, el difunto pastor Ray Stedman participó en una conferencia en Inglaterra. Cada sesión de la conferencia comenzaba con canciones. Una noche, el líder dirigía a los fieles en el coro «Nuestro Dios reina». Stedman miró la hoja con la letra de la canción, redactada por el personal de la iglesia. Lo que vio le hizo sonreír. Alguien, al tratar de escribir el título «Nuestro Dios reina», en realidad había escrito «Nuestro Dios renuncia».[14]

Permíteme asegurarte que nuestro Dios nunca renunciará. Los que confiamos en Él no tenemos razón para temer. Cuando leemos Ezequiel 38-39, lo que se destaca es Su soberanía. Él tiene el control. Dios prepara este escenario para demostrarle a Su pueblo, Israel, que Él es su Dios y que es digno de su confianza. Israel no tiene esperanza sin Dios, y Dios ganará la batalla por ellos. La impía Rusia no es rival para el Rey de reyes.

El Dios de Israel es también nuestro Dios, lo que significa que nada de lo que temamos es rival para el Rey de reyes. Cuando parezca que no hay esperanza, la esperanza tan solo espera el momento adecuado para hacerse evidente. Podemos confiar en Dios.

CAPÍTULO 4

BABILONIA

Cuando el lujoso transatlántico *Titanic* zarpó en 1912, era el barco más grande e imponente jamás construido. Con casi tres campos de fútbol de eslora, tenía un interior que rivalizaba con las mansiones más opulentas y ofrecía a sus pasajeros lujos sin precedentes, que incluían una piscina climatizada, un baño turco, una cancha de squash y una residencia canina. El comedor de primera clase servía cenas de diez platos. Una *suite* de primera clase costaba lo que hoy serían 50.000 dólares, pero muchas de las personas más ricas y prominentes del mundo compraron boletos para disfrutar del prestigio y el lujo de ese viaje inaugural.

Se promocionó que el *Titanic* era insumergible, por lo que solo llevaba veinte botes salvavidas, de los sesenta y cuatro necesarios para evacuar a sus 2.228 pasajeros. Como el barco era «insumergible», el capitán y los miembros de la tripulación ignoraron las advertencias sobre icebergs a la deriva en el Atlántico norte y situaron solo un vigía poco eficiente la noche fatal en que el barco colisionó. El agua comenzó a penetrar de inmediato en la nave, e inundó suficientes compartimientos herméticos como para que el hundimiento fuera inevitable. La evacuación comenzó, pero con una cantidad insuficiente de botes salvavidas y una tripulación no entrenada en la evacuación, solo se salvaron 705 personas, y 1.523 perecieron.[1]

La tragedia del *Titanic* demuestra cómo el orgullo y la arrogancia del ser humano llevan a la destrucción. Fue el orgullo, por el prestigio y la opulencia del barco, lo que llevó a muchas personas ricas y prominentes a realizar el viaje. Fue una actitud arrogante pensar que el barco era insumergible, no tener en cuenta la necesidad de botes salvavidas, navegar precipitadamente en aguas infestadas de icebergs y descuidar el entrenamiento de los tripulantes para la evacuación.

Como veremos en este capítulo, a principios de la historia humana una ciudad se fundó con este mismo orgullo y arrogancia y tuvo un final ignominioso similar. Esa ciudad no es otra que la infame Babilonia.

BABILONIA

Babilonia es la segunda ciudad más mencionada en la Biblia. En la RVR1960, aparece 298 veces en 264 versículos. Estas referencias nunca son positivas. Los orígenes de Babilonia eran paganos, humanistas y de rebeldía contra Dios: atributos impíos que han quedado asociados al nombre de la ciudad y lo han hecho infame para siempre.

El doctor Charles H. Dyer, estudioso del Antiguo Testamento, resume la prominencia que de forma temprana alcanzó Babilonia:

> Durante casi dos mil años, Babilonia fue la ciudad más importante del mundo. Fue el centro comercial y financiero de toda Mesopotamia, el centro de una «X» geográfica que unía el Oriente con el Mediterráneo y Egipto con Persia. Sus escribas y sacerdotes difundían su patrimonio cultural por todo el mundo conocido. Las artes de la adivinación, la astronomía, la astrología, la contabilidad y el derecho mercantil privado provienen de Babilonia.[2]

Aunque Babilonia ya no existe como una potencia cultural y financiera, la influencia que ha tenido en el mundo continúa incluso hoy. En el primer libro de la Biblia, aprendemos que Babilonia fue el sitio de la torre de Babel, el primer intento del hombre por establecer un orden mundial sin la influencia de Dios (Gn 11). En el último libro de la Biblia vemos que una Babilonia revivida será el centro de un orden financiero mundial que dominará el período de la tribulación.

¿Por qué Babilonia? ¿Qué misterio permanece latente en esa antigua y caída potencia que la elevará de nuevo a una posición de dominio mundial? El doctor Henry Morris explica:

> Babilonia tiene en realidad una de las mejores perspectivas de reconstrucción, más allá de cualquier indicio profético. Su ubicación es la mejor del mundo para cualquier tipo de centro internacional. No solo se encuentra en la hermosa y fértil llanura del Éufrates y el Tigris, sino que está cerca de algunas de las reservas de petróleo más grandes del mundo…
>
> Babilonia está muy cerca del centro geográfico de todas las masas terrestres del planeta. Se encuentra a una distancia navegable del Golfo Pérsico y en la encrucijada de tres grandes continentes: Europa, Asia y África.
>
> Por lo tanto, no existe un lugar mejor para un centro de comercio mundial, un centro de comunicación mundial, un centro financiero mundial, un centro de educación mundial o, especialmente, ¡una capital mundial! […].
>
> El más grande historiador de la época moderna, Arnold Toynbee, solía subrayar… que Babilonia sería el mejor lugar del mundo para construir una futura metrópolis cultural mundial.[3]

EL RENACER DE BABILONIA

El Libro de Apocalipsis revela que cuando el anticristo tome las riendas del gobierno mundial, su administración se dividirá entre tres centros de poder. Roma será su base política (Ap 17); Jerusalén será su centro de control para la religión (2 Ts 2.4); y Babilonia se convertirá en su centro financiero y económico (Ap 18).

Juan enumera veintiocho mercancías que formarán la base del comercio mundial de Babilonia en los tiempos del fin:

> Mercadería de oro, de plata, de piedras preciosas, de perlas, de lino fino, de púrpura, de seda, de escarlata, de toda madera olorosa, de todo objeto de marfil, de todo objeto de madera preciosa, de cobre, de hierro y de mármol; y canela, especias aromáticas, incienso, mirra, olíbano, vino,

aceite, flor de harina, trigo, bestias, ovejas, caballos y carros, y esclavos, almas de hombres. (Ap 18.12-13)

Lo sorprendente de esta lista es que estas mercancías son tan deseadas hoy como lo fueron en la época de Juan. Desde luego, la lista no es solo literal, al identificar las posesiones que los hombres se han esforzado por obtener a lo largo de la historia, también es un símbolo de la interminable búsqueda de la riqueza material por parte de la humanidad. Esa búsqueda continuará hasta el momento del regreso de Cristo.

Ten en cuenta que los primeros productos de la lista son oro, plata y piedras preciosas. Esto puede indicar un colapso futuro de las monedas globales, lo que obligaría a un retorno a los estándares de valor perenne, como los metales y las piedras preciosas.

Cuando Babilonia se convierta en el centro comercial del mundo, los bancos y corporaciones internacionales establecerán sus operaciones allí. Henry Morris explica:

> Los banqueros internacionales, los directores de corporaciones, los magnates del comercio y la navegación, y sus huestes de subordinados ansiosos de poder y dinero, quienes antes orbitaban alrededor de Nueva York y Ginebra, Londres y París, Moscú y Berlín, Johannesburgo y Tokio, ahora verán que es extremadamente ventajoso centrar todas sus operaciones en la gran Babilonia.[4]

En resumen, buscarán que Babilonia resurja como el ave fénix de su oscuridad actual y se convierta en el centro financiero del mundo.

Pero Dios no permitirá que el mal que constantemente fluye de Babilonia asole el mundo para siempre. La destrucción de Babilonia será total e irrevocable, incluso el sitio donde una vez estuvo quedará desierto. Según el profeta Isaías:

> Nunca más será habitada, ni se morará en ella de generación en generación; ni levantará allí tienda el árabe, ni pastores tendrán allí majada; sino que dormirán allí las fieras del desierto, y sus casas se llenarán de hurones; allí habitarán avestruces, y allí saltarán las cabras salvajes. (Is 13.20-21)

Jeremías aporta más detalles sobre la desolación de Babilonia, y la describe como un montón de ruinas, un desierto seco objeto de horror y de burla, una guarida de chacales y hienas aullantes que los viajeros evitarán, un lugar que nunca más será habitado (Jer 51.26, 37, 43).

LAS RAZONES PARA LA DESTRUCCION DE BABILONIA

En Apocalipsis 18, el apóstol Juan vio a un ángel que descendía del cielo cuyo esplendor era tan radiante que iluminaba toda la tierra. Este ángel pronuncia el juicio contra la ciudad de Babilonia: «Y clamó con voz potente, diciendo: Ha caído, ha caído la gran Babilonia» (Ap 18.2).

La palabra que se usa aquí para «caído» es una palabra que significa «caer instantáneamente». Es decir, la destrucción de Babilonia no tendrá lugar durante un largo período de tiempo, sino que sucederá en un momento; en realidad, en una hora, según encontramos más adelante en el capítulo (18.19).

¿Por qué Dios está tan decidido a juzgar y destruir a Babilonia? Pues porque no puede permitir que las influencias de una ciudad tan antagónica a Su pueblo contaminen Su reino venidero. Juan identifica cinco de estas influencias; aquí las consideraremos una por una.

BABILONIA SERÁ DESTRUIDA POR SU INIQUIDAD

Juan escribe: «Babilonia [...] se ha hecho habitación de demonios y guarida de todo espíritu inmundo, y albergue de toda ave inmunda y aborrecible» (18.2).

En la época de Daniel, Babilonia estaba infestada de magos, adivinos y astrólogos que servían como asesores cercanos del rey Nabucodonosor. Este ocultismo demoníaco se multiplicará exponencialmente cuando la marioneta de Satanás, la bestia, se apropie del sistema babilónico. Una vasta red de actividades demoníacas centradas en Babilonia se extenderá por todas las naciones con la intención de poseer las mentes de cada persona en la tierra.

BABILONIA SERÁ DESTRUIDA POR SU INFLUENCIA

En el siguiente versículo, Juan agrega: «Porque todas las naciones han bebido del vino del furor de su fornicación; y los reyes de la tierra han fornicado con ella, y los mercaderes de la tierra se han enriquecido de la potencia de sus deleites» (18.3).

Es fácil imaginar que los periódicos y los canales de televisión alabarán a Babilonia por su sabiduría, liberalismo y tolerancia; retórica engañosa llena de eufemismos para encubrir la inmoralidad desenfrenada y la profunda depravación que brotará de la ciudad como pus de una llaga. Las personas adineradas acudirán a Babilonia para disfrutar de libertinajes que harán que los libertinajes de Las Vegas, París y Hong Kong parezcan insulsos. Los gobiernos y las corporaciones harán que estos sórdidos placeres parezcan normales y difundirán su influencia por todo el mundo.

El conferencista bíblico, John Phillips, cree que Babilonia se convertirá en el centro de la delincuencia organizada mundial: «El crimen organizado, que ya es enormemente rico y poderoso, feudal, despiadado y omnipresente, trasladará su sede a Babilonia. No cabe duda de que estas organizaciones, que controlan el tráfico de los vicios del mundo y se introducen en todo tipo de negocios legítimos, finalmente verán a la bestia como su líder».[5]

En el período de la tribulación, la influencia diabólica de Babilonia dominará la vida social, política, cultural y económica de la humanidad. La única manera de librar al mundo de esta influencia tóxica es destruir la ciudad que la genera.

BABILONIA SERÁ DESTRUIDA POR SU INFIDELIDAD

La tercera razón para el juicio de Dios contra Babilonia es que «... sus pecados han llegado hasta el cielo, y Dios se ha acordado de sus maldades» (18.5).

La palabra griega que aquí se traduce como «llegado» trasmite una imagen fascinante. Significa «estar pegados o soldados juntos». Es una alusión deliberada a la antigua torre de Babel, que predice que la Babilonia revivida construirá su propia torre de pecados, y apilará uno sobre otro como ladrillos hasta que alcancen el cielo. Así como Dios destruyó la torre de Babel original, también demolerá esta réplica profana para librar a la tierra de la diabólica infidelidad de la bestia.

BABILONIA SERÁ DESTRUIDA POR SU INSOLENCIA

«Cuanto ella se ha glorificado y ha vivido en deleites, tanto dadle de tormento y llanto; porque dice en su corazón: Yo estoy sentada como reina, y no soy viuda, y no veré llanto» (18.7).

La nueva Babilonia revivida realmente se jactará de su opulencia, su libertinaje, su ocultismo y su crueldad, y pensará que su poder y el pavor que inspira la hacen superior e invulnerable. Pero así como el *Titanic*, considerado insumergible, yace en el fondo del océano, de igual modo la soberbia de Babilonia la derribará, como siempre ocurre: «Antes del quebrantamiento es la soberbia, y antes de la caída la altivez de espíritu» (Pr 16.18).

BABILONIA SERÁ DESTRUIDA POR SU INHUMANIDAD

Entre los productos del comercio global de Babilonia, la última y escalofriante mercancía de la lista es «esclavos, almas de hombres» (Ap 18.13). Babilonia será el centro del tráfico sexual en todo el mundo, y secuestrará a miles de hombres y mujeres para la prostitución forzada.

En el período de la tribulación, Babilonia despreciará por completo la idea de que el ser humano fue creado a imagen de Dios. El sistema verá a las personas como lo hacían los simios inteligentes en la película *El planeta de los simios*, simplemente como animales que se podían comprar, vender, usar y desechar a voluntad.

La inhumanidad de Babilonia también se manifestará en la gran masacre que llevará a cabo contra el pueblo de Dios: «Y en ella se halló la sangre de los profetas y de los santos, y de todos los que han sido muertos en la tierra» (18.24). «Vi a la mujer ebria de la sangre de los santos, y de la sangre de los mártires de Jesús...» (17.6). En el período de la tribulación, Babilonia ejecutará a los profetas de Dios y a todos los que rechazan la marca de la bestia. En realidad, bastará con ser creyente y defender la pureza moral y la ética cristiana para que una persona sea condenada a muerte.

LA REALIDAD DE LA DESTRUCCIÓN DE BABILONIA

La nueva torre de depravación de Babilonia, construida a partir de los ladrillos de sus pecados, se elevará a niveles sin precedentes y finalmente impulsará a Dios a actuar. Juan describe la prontitud del juicio de Dios de esta manera: «Por lo cual en un solo día vendrán sus plagas; muerte, llanto y hambre, y será quemada con fuego; porque poderoso es Dios el Señor, que la juzga» (18.8).

Juan describe el carácter total y definitivo de la destrucción de Babilonia:

> Y un ángel poderoso tomó una piedra, como una gran piedra de molino, y la arrojó en el mar, diciendo: Con el mismo ímpetu será derribada Babilonia, la gran ciudad, y nunca más será hallada. Y voz de arpistas, de músicos, de flautistas y de trompeteros no se oirá más en ti; y ningún artífice de oficio alguno se hallará más en ti, ni ruido de molino se oirá más en ti. Luz de lámpara no alumbrará más en ti, ni voz de esposo y de esposa se oirá más en ti... (Ap 18.21-23)

La palabra «más», que aparece seis veces en este pasaje, se traduce del término griego que quiere decir «de ningún modo» o «nunca más». Es una imagen de lo que sucede cuando Dios pronuncia Su juicio, el cual es repentino, total y definitivo.

En el momento previo a su destrucción, Babilonia estará realizando todas las actividades normales de toda metrópolis, así como las de las empresas mundiales de la élite de poder: los ricos y poderosos, los líderes de las naciones, de la banca y el comercio. La gente estará trabajando, comprando, casándose y asistiendo a fiestas, teatros, presentaciones orquestales y eventos deportivos. Miles de líneas de comunicación estarán activas entre bancos, agencias gubernamentales, sedes corporativas y subsidiarias de todo el mundo.

Entonces, de repente, en tan solo una hora, todo dejará de existir.

Babilonia desaparecerá. Y al ser el centro de una vasta red global interconectada, arrastrará al mundo con ella. El sistema financiero mundial y el mercado global colapsarán, así como los bancos y las corporaciones. Todas las acciones corporativas y las monedas nacionales se volatilizarán. Las cuentas bancarias desaparecerán y los trabajadores quedarán desempleados. La destrucción de Babilonia provocará una depresión global que eclipsará cualquier desastre que el mundo haya conocido.

LAS REACCIONES A LA DESTRUCCIÓN DE BABILONIA

El mundo quedará sobrecogido y horrorizado ante la caída de Babilonia. El impacto catastrófico que tendrá hará que todo el mundo se tambalee. Para comprender el alcance de este impacto, examinemos las reacciones de tres grupos específicos que serán los más gravemente afectados por el colapso de la ciudad.

LOS MONARCAS SE LAMENTARÁN

«Y los reyes de la tierra que han fornicado con ella, y con ella han vivido en deleites, llorarán y harán lamentación sobre ella, cuando vean el humo de su incendio, parándose lejos por el temor de su tormento, diciendo: ¡Ay, ay, de la gran ciudad de Babilonia, la ciudad fuerte; porque en una hora vino tu juicio!» (18.9-10).

Cuando el imperio político y financiero de la bestia se derrumbe con la destrucción de Babilonia, desaparecerá todo el poder y la riqueza de los gobernantes del mundo, y quedarán destrozados al ver sus sueños destruidos y su gloria perdida.

LOS MERCADERES SE LAMENTARÁN

«Y los mercaderes de la tierra lloran y hacen lamentación sobre ella, porque ninguno compra más sus mercaderías [...]. Los mercaderes [...] que se han enriquecido a costa de ella, se pararán lejos por el temor de su tormento, llorando y lamentando, y diciendo: ¡Ay, ay, de la gran ciudad, que estaba vestida de lino fino, de púrpura y de escarlata, y estaba adornada de oro, de piedras preciosas y de perlas! Porque en una hora han sido consumidas tantas riquezas...» (18.11, 15-17).

La palabra «mercaderes», utilizada aquí, es la traducción de la palabra griega *émporos*, que se refiere específicamente a comerciantes mayoristas que manejan enormes cantidades de productos. Con la caída de Babilonia, los mercados bursátiles del mundo colapsarán sin esperanza de recuperación, lo que acabará con toda posibilidad de inversión en los negocios de los comerciantes. Sin bancos que puedan dar crédito, su ruina será repentina y total. En solo una hora, el dios de las riquezas será reducido a cenizas.

LOS MARINEROS SE LAMENTARÁN

«Y todo piloto, y todos los que viajan en naves, y marineros, y todos los que trabajan en el mar, se pararon lejos; y viendo el humo de su incendio, dieron voces, diciendo: ¿Qué ciudad era semejante a esta gran ciudad? Y echaron polvo sobre sus cabezas, y dieron voces, llorando y lamentando, diciendo: ¡Ay, ay de la gran ciudad, en la cual todos los que tenían naves en el mar se habían enriquecido de sus riquezas; pues en una hora ha sido desolada!» (18.17-19).

Imagina al capitán de un barco mercante cargado de productos importados que navega por el Golfo Pérsico hacia Babilonia. Las aguas están llenas de barcos similares que transportan carga hacia ese destino. De repente, el capitán pierde el aliento al divisar enormes columnas de humo negro que se elevan en el horizonte, y en su parte inferior brillan llamas que con furia devoran la ciudad. El capitán gime y tira de su cabello al comprender el significado de lo que ve. El mercado hacia donde se dirige su carga ya no existe. La financiación para futuros contratos tampoco. Está arruinado, al igual que los demás transportadores marítimos del mundo. Todo el transporte marítimo comercial ha quedado repentina y literalmente muerto en el agua.

EL REGOCIJO POR LA DESTRUCCIÓN DE BABILONIA

Cuando Babilonia sea destruida, los monarcas, los mercaderes y los marineros del mundo se lamentarán. Pero los santos, los apóstoles y los profetas en el cielo se regocijarán: «Alégrate sobre ella, cielo, y vosotros, santos, apóstoles y profetas; porque Dios os ha hecho justicia en ella» (18.20).

¡Qué contraste de emociones! Mientras los oportunistas que se beneficiaron de Babilonia lamentan su destrucción, los santos, los apóstoles y los profetas en el cielo, que fueron martirizados por el sistema babilónico, se regocijarán al ver el fin de su maldad diabólica. Desde el momento de su fundación, Babilonia ha instaurado en el mundo un sistema impío que desafía a Dios. Ha esclavizado al pueblo de Dios, ha hecho pedazos a sus hijos, los ha hervido en aceite, los ha echado en hornos y en fosos de leones, los ha clavado en cruces y pronto infligirá horrores similares a todos los que rechacen la marca de la bestia.

Pero Dios promete justicia a los que sufren por Él. Como nos asegura repetidamente: «… Mía es la venganza, yo daré el pago…» (Heb 10.30). Durante la tribulación, los mártires claman por justicia bajo el altar en el cielo y preguntan: «… ¿Hasta cuándo, Señor, santo y verdadero, no juzgas y vengas nuestra sangre en los que moran en la tierra?» (Ap 6.10). Se les dice que descansen y tengan confianza que Dios ciertamente vengará su sufrimiento en el momento adecuado. Esa justicia prometida llegará con fuerza y rapidez con la destrucción de Babilonia, y provocará una exclamación de júbilo en los apóstoles y los profetas, no con un sentimiento de venganza por la persecución sufrida, sino en gratitud porque al fin se ha eliminado de la tierra un mal insidioso.

Cuando te tratan injustamente o sufres algún tipo de abuso, o cuando ves que otros son promovidos a tus expensas por medios deshonestos, ¿te preguntas si Dios te ha olvidado? ¿Acaso te preguntas, como los mártires que esperan en el cielo, cuánto tiempo pasará antes de que Dios arregle las cosas? Es una experiencia común que a menudo lleva a las personas a cuestionar el cristianismo. «Si Dios es bueno, ¿por qué no erradica el mal?».

La Biblia aborda ampliamente esta antigua pregunta en los Libros de Job, Habacuc y en el Salmo 73. Pero mientras reflexionamos sobre estas explicaciones más profundas, es útil saber que Dios nunca ignora el mal. Su juicio contra los que nos hacen el mal puede no ser inmediato. Sin embargo, la Biblia enseña que cuando sea el momento adecuado, Él vengará todo mal cometido contra los suyos, desde la seducción que realizó Satanás en el Edén hasta la destrucción de Babilonia.

NUESTRA RESPUESTA A LA DESTRUCCIÓN DE BABILONIA

Ahora que hemos visto cómo responderán los monarcas, los mercaderes, los marineros, los santos, los apóstoles y los profetas a la destrucción de Babilonia, queda por determinar una respuesta adicional: ¿cómo responderemos tú y yo? Juan nos indica el camino cuando escribe: «Y oí otra voz del cielo, que decía: Salid de ella, pueblo mío, para que no seáis partícipes de sus pecados, ni recibáis parte de sus plagas» (Ap 18.4). Dios nos llama a salir de Babilonia, es decir, a separarnos del espíritu impío de la época, del espíritu de Babilonia que ahora impregna nuestra cultura.

Me temo que en la actualidad muchos creyentes no prestan atención a este llamado. Intentan mantener la doble ciudadanía, en Jerusalén y en Babilonia, algo que Pablo nos dice que es imposible: «... porque ¿qué compañerismo tiene la justicia con la injusticia? ¿Y qué comunión la luz con las tinieblas? ¿Y qué concordia Cristo con Belial? ¿O qué parte el creyente con el incrédulo? ¿Y qué acuerdo hay entre el templo de Dios y los ídolos? Porque vosotros sois el templo del Dios viviente...» (2 Co 6.14-16).

Al ser el templo de Dios, debemos mantener la casa limpia para que Él la ocupe. Debemos eliminar las contaminaciones del amor propio, el placer mundano y la ambición materialista.

Juan nos advierte que salgamos de Babilonia: «... para que no seáis partícipes de sus pecados, ni recibáis parte de sus plagas» (Ap 18.4). Las atracciones impías de Babilonia son como un cebo en una trampa, atraen a las víctimas para arrastrarlas a compartir la destrucción reservada para esa ciudad y su sistema diabólico. Incluso antes de que esta plaga de destrucción descienda, la seguridad que ofrece Babilonia es una farsa. Las cuentas bancarias, las inversiones, el crecimiento económico e incluso el oro y la plata resultarán inestables como un castillo de naipes.

Solo encontramos la verdadera seguridad en Dios. Cuando renegamos de Babilonia y permanecemos en Jerusalén, podemos compartir la confianza de Pablo en la promesa de Dios: «Por lo cual estoy seguro de que ni la muerte, ni la vida, ni ángeles, ni principados, ni potestades, ni lo presente, ni lo por venir, ni lo alto, ni lo profundo, ni ninguna otra cosa creada nos podrá separar del amor de Dios, que es en Cristo Jesús Señor nuestro» (Ro 8.38-39). Nada nos puede separar de Dios, ya sea la creciente inestabilidad de la cultura actual o la persecución, las hambrunas y la angustia de la tribulación venidera.

El sistema mundial es tan precario como las placas tectónicas que se mueven debajo de California. Pero las promesas de Dios nunca cambian; permanecen inquebrantables y sólidas. Lamentamos con razón ver a tantas personas que se dirigen precipitadamente hacia Babilonia, como si fueran leminos que se lanzan al mar. Pero también es justo celebrar el venidero triunfo del bien sobre el mal, que eliminará para siempre a este enemigo perenne de Dios que tanto sufrimiento ha causado a Su pueblo.

CAPÍTULO 5

ESTADOS UNIDOS

Cuando sale el sol cada mañana en Washington D. C., sus rayos inciden en el lado este de la estructura más alta de la ciudad, el Monumento a Washington de 555 pies (169 m) de altura. La primera parte del monumento que refleja los rayos del sol es la cara este del piramidión de aluminio, en la que están inscritas las palabras en latín *Laus Deo* (Alabado sea Dios). Esta oración de alabanza, visible solo a los ojos del cielo, refleja de manera tácita el reconocimiento único que hace nuestra nación del lugar de Dios en su fundación y su continuidad.[1]

¿Son estas palabras una expresión grandiosa pero vacía de devoción nacional, o reflejan una realidad? En su libro *The Light and the Glory* [La luz y la gloria], Peter Marshall y David Manuel hacen una pregunta profunda:

> ¿Y si el descubrimiento de América por parte de Colón no hubiera sido en modo alguno casual? ¿Y si fuera simplemente el primer capítulo de un drama extraordinario? ¿Tenía Dios un plan especial para América? [...] ¿Y si tenía sobre todo un plan para aquellos que traería a Estados Unidos, un plan que consideraba a este continente como el escenario de una nueva era en la historia de la redención humana?[2]

El presidente Ronald Reagan creía que Dios tenía un plan para nuestra nación. Escribió: «Siempre he pensado que esta tierra ungida fue apartada de una manera poco común, que un plan divino colocó este gran continente entre los océanos para que fuera encontrado por personas de todos los rincones de la tierra que tuvieran un amor especial por la fe y la libertad».³

ESTADOS UNIDOS Y LA SOBERANÍA DE DIOS

Parece claro que Dios tiene un plan para Estados Unidos. Es cierto que no hay ninguna referencia directa a ese plan en el Antiguo o el Nuevo Testamento, pero eso no descarta que Dios tenga un propósito soberano para Estados Unidos en Su plan redentor.

Como lo sugieren Marshall y Manuel, la mano de Dios en Estados Unidos comenzó con su descubridor. En la rotonda del Capitolio, en Washington D. C., hay una gran pintura titulada *La llegada de Cristóbal Colón*, que representa su arribo a las costas de América. Como afirma Marshall, cuando Colón descubrió el Nuevo Mundo, Dios tenía Su mano sobre el timón de la nave y la trajo aquí.

Si miramos atrás, al pasado de nuestra nación, podemos ver que los líderes de Estados Unidos recurrían a Dios en busca de guía. Vemos a Washington arrodillado en la nieve de Valley Forge. Vemos a nuestros padres fundadores de rodillas en el primer Congreso Continental. Vemos a Lincoln orando en un momento de crisis nacional. Vemos que Woodrow Wilson leía su Biblia de noche a la luz de la Casa Blanca. Washington resumió la dependencia que la nación tiene de Dios cuando expresó: «Ningún pueblo puede estar más obligado que el de Estados Unidos a reconocer y adorar Su mano invisible, la cual conduce los asuntos de los hombres».⁴

Desde luego, Estados Unidos no se convirtió en la tierra de los libres y el hogar de los valientes por un destino ciego o un conjunto de coincidencias. Un Dios benévolo ha estado pendiente de esta nación desde sus inicios.

¿Por qué Dios ha bendecido a esta nación por encima de cualquier otra? ¿Por qué Estados Unidos en su corta historia ha superado la riqueza, el poder y la influencia de todas las civilizaciones antiguas y modernas? ¿Puede Dios haber bendecido tanto a una nación sin tener un propósito fundamental? ¿Cuál es el plan de Dios para Estados Unidos? ¿Cuál es su lugar en la profecía del tiempo del fin?

Para entender el lugar de Estados Unidos en la profecía del tiempo del fin, primero debemos explorar las razones por las que obtuvo el favor de Dios, y luego mostraremos lo que esto significa en relación con los acontecimientos venideros.

ESTADOS UNIDOS HA SIDO LA FUERZA QUE HA IMPULSADO LAS MISIONES MUNDIALES

Dios ha bendecido a Estados Unidos porque hemos sido la rampa de lanzamiento del gran movimiento misionero mundial. Después de la Segunda Guerra Mundial, los estadounidenses iniciaron 1.800 agencias misioneras y enviaron a más de 350.000 misioneros.[5] Incluso antes del uso generalizado de la Internet, los estudiosos creían que «más del 95 % de la población del mundo (personas de todas las culturas, idiomas y países) tendrá acceso al evangelio a través de una parte de la Escritura en su idioma, de la distribución de literatura, las transmisiones de radio, las grabaciones de audio, la película *Jesús* o simplemente a través del mensaje de un evangelista».[6]

Estos logros se deben en gran parte al celo misionero de las iglesias en Estados Unidos.

ESTADOS UNIDOS HA SIDO AMIGO DEL PUEBLO JUDÍO

El apoyo histórico de Estados Unidos a Israel no se debe tanto a los esfuerzos de los cabilderos judíos en Washington ni a la presencia de grupos judíos en nuestra sociedad, sino a la tradición judeocristiana de nuestra nación. La determinación del presidente Truman de reconocer a Israel como un estado moderno se vio impulsada por su firme creencia de que, en el Libro de Deuteronomio, Dios le dio la tierra de Israel al pueblo judío para siempre.

Cuando se fundó el moderno estado de Israel, las naciones árabes circundantes inmediatamente le declararon la guerra. Pocos pensaron que Israel podría sobrevivir, y las naciones occidentales no querían verse envueltas en el conflicto. Truman recibía presiones para no intervenir.

El político y diplomático judío Abba Eban voló a París para reunirse con una delegación estadounidense con respecto al reconocimiento. El secretario de Estado, George Marshall, tuvo que regresar a casa para recibir tratamiento médico, y su adjunto, John Foster Dulles, asumió el liderazgo de la delegación.

Más adelante Eban escribió que Dulles fue la clave del éxito en las conversaciones. «Detrás de su manera seca, que recordaba a las salas de tribunal estadounidenses, había una curiosa cepa de misticismo protestante que lo llevó a darle al tema de Israel una importancia mayor que la esperada según su peso geopolítico».[7]

Lo que Eban llamó «una curiosa cepa del misticismo protestante» es el amor histórico que los cristianos tienen por la tierra y el pueblo de Israel, basado en la tradición religiosa y la Escritura que comparten. Esto, más que nada, ha consolidado la amistad entre Estados Unidos e Israel.

Dios prometió bendecir a los que bendicen a Israel (Gn 12.3). Él ha cumplido ampliamente esa promesa. Estados Unidos ha sido bendecido con creces como nación porque hemos bendecido a los judíos.

ESTADOS UNIDOS HA SIDO UNA NACIÓN LIBRE

En mi estudio de la Escritura, he observado que los principios de la libertad están unidos a los principios del cristianismo. Estados Unidos es hoy el laboratorio donde esos principios combinados pueden desarrollarse y convertirse en un ejemplo para todo el mundo. La Biblia afirma: «Conoceréis la verdad, y la verdad os hará libres» (Jn 8.32).

Nunca podemos dar por sentado que existe libertad en nuestro mundo. Freedom House, una organización de vigilancia independiente, estudia los desafíos a la democracia y a la libertad en todo el orbe. En el 2018, su informe anual indicó que solo el 45 % de la población mundial vive en naciones clasificadas como «libres», es decir, naciones que garantizan elecciones libres y justas, los derechos de las minorías, la libertad de prensa y el estado de derecho.[8] En realidad, en un mundo caído, la tendencia es siempre a alejarse de la libertad y acercarse al despotismo y la tiranía.

En su discurso inaugural en 1981, el presidente Ronald Reagan habló de nuestra libertad con estas conmovedoras palabras: «Ningún arsenal, o arma en los arsenales del mundo, es tan formidable como la voluntad y el coraje moral de los hombres y mujeres libres. Es un arma que nuestros adversarios en el mundo de hoy no tienen. Es un arma que nosotros, como estadounidenses, sí tenemos. Que se enteren los que practican el terrorismo y los que rapiñan a sus vecinos».[9]

Estados Unidos ha aprendido lo que nuestros adversarios represivos y terroristas no entienden: la libertad sin ley es anarquía, la libertad para desafiar la ley es rebelión, pero la libertad limitada por la ley es la piedra angular de la civilización. Nosotros, los estadounidenses, hemos tratado de compartir lo aprendido y hemos llevado la libertad dondequiera que hemos ido. Hemos tratado de que las personas comprendan que la libertad es lo que permite la vida que Dios quiso que tuviéramos desde el principio.

Estados Unidos se ha convertido en el paraíso de la libertad humana; un gran oasis en un desierto global de problemas, sufrimiento, represión y tiranía. ¡Nuestra nación es la prueba irrefutable de que la libertad produce buenos resultados!

En la actualidad, nuestra tradición de libertad se ve amenazada por la erosión de nuestra cultura. Ante las fuertes críticas que reciben libertades de larga data, algunos estadounidenses, especialmente aquellos con riqueza, han decidido que Estados Unidos ya no es el mejor lugar para vivir. Lamentablemente, si nuestra cultura continúa desechando los principios que hicieron grande a nuestra nación, es difícil esperar que la bendición de Dios todopoderoso continúe.

ESTADOS UNIDOS SE BASÓ EN DIOS Y SU PALABRA

Que los fundadores de Estados Unidos insistieran en el principio de la libertad no es un misterio. Su dependencia del Dios de la Biblia los llevó a someterse a Él como la máxima autoridad para la ley, en lugar de posicionarse como autócratas con la audacia de controlar las vidas de sus súbditos. Y debido a que se sometieron a la autoridad de Dios, Él ha bendecido a esta nación como a ninguna otra. El salmista escribió: «Bienaventurada la nación cuyo Dios es Jehová, el pueblo que él escogió como heredad para sí» (Sal 33.12). El Libro de Proverbios agrega: «La justicia engrandece a la nación; mas el pecado es afrenta de las naciones» (14.34).

La dependencia de Dios caracterizó nuestra filosofía de gobierno a través de varias generaciones y dio lugar a las bendiciones de Dios para nuestra nación. Nuestros líderes afianzaron el gobierno con una cuerda de salvamento entre la nación y Dios; la autoridad y las bendiciones fluían hacia abajo mientras que la dependencia y la acción de gracias fluían hacia arriba.

George Washington sentó las bases de la autoridad gubernamental de la nación cuando afirmó: «Es imposible gobernar correctamente el mundo sin Dios y la Biblia».[10] Esa filosofía permaneció intacta hasta la época de Abraham Lincoln, quien expresó: «Es mi constante ansiedad y oración que tanto yo como esta nación estemos del lado del Señor».[11]

Benjamin Franklin argumentó su solicitud de que cada día de la Convención Constitucional se iniciara en oración: «He vivido mucho tiempo y, entre más vivo, veo más pruebas convincentes de esta verdad: que Dios gobierna en los asuntos de los hombres». Y continuó: «Sin Su ayuda y aprobación, el éxito que tendremos en esta construcción política no será mayor que el de los constructores de Babel».[12]

En 1911, el presidente Woodrow Wilson expresó:

> La Biblia [...] es la única fuente suprema de revelación del significado de la vida, la naturaleza de Dios, la naturaleza espiritual y las necesidades de los hombres. Es la única guía de la vida que realmente conduce al espíritu en el camino de la paz y la salvación. Estados Unidos nació como nación cristiana. Estados Unidos nació para ejemplificar esa devoción por los elementos de justicia que se derivan de las revelaciones de la Sagrada Escritura.[13]

Hoy, nuestra tradición de dependencia nacional de Dios es objeto de ataques. Hay fuerzas dentro de nuestro país que amenazan con cortar su cuerda divina de salvamento. En la actualidad, la actitud de muchos en nuestra cultura se puede ejemplificar con los intentos legales de eliminar las palabras *bajo Dios* del Juramento de lealtad. Esas dos palabras se añadieron al juramento en 1954, en parte para distinguir a nuestra nación del comunismo ateo de la Unión Soviética. Pero aunque esas palabras llegaron tarde al juramento, sin duda reflejan lo que ha sido parte de la tradición de Estados Unidos desde el principio.

Nuestros líderes comprendieron que una vez que Estados Unidos dejara de reconocer que estábamos bajo Dios, se derrumbaría nuestra base para la libertad y el gobierno equitativo. El presidente Calvin Coolidge lo expresó adecuadamente: «Las bases de nuestra sociedad y nuestro gobierno descansan tanto en las enseñanzas de la Biblia que sería difícil justificarlas si la fe en estas enseñanzas dejara de ser casi universal en nuestro país».[14] En otras palabras, si Estados Unidos abandona su posición de estar bajo Dios, ya no podremos esperar que Sus bendiciones continúen sobre esta nación.

EL SILENCIO DE LA BIBLIA SOBRE EL FUTURO DE ESTADOS UNIDOS

El doctor Tim LaHaye escribió: «Una de las cosas más difíciles de aceptar para los estudiosos estadounidenses de las profecías es que Estados Unidos no se menciona de forma clara en la profecía bíblica».[15] En realidad, no se puede encontrar una mención específica a Estados Unidos en la Biblia. Esto puede deberse a que, en el gran plan de la historia, Estados Unidos es un recién llegado. Nuestra nación tiene menos de 250 años, y es mucho más joven que las naciones que figuran en la profecía bíblica. Realmente, la Biblia no hace mención de la mayoría de las naciones del mundo moderno. Los antiguos profetas se preocupaban principalmente por la Tierra Santa y sus vecinos cercanos. La mayoría de las zonas alejadas de Israel no figuran en la profecía bíblica.

El doctor LaHaye continúa con esta pregunta:

«¿Tiene Estados Unidos un lugar en la profecía del tiempo del fin?». Mi primera respuesta es no, ¡no hay nada sobre EE. UU. en la profecía! Al menos nada que sea específico. Hay una alusión a un grupo de naciones en Ezequiel 38.13 que podría tenerse en cuenta, pero incluso esa alusión no es específica. La pregunta es: ¿por qué? ¿Por qué el Dios de la profecía no se referiría a la superpotencia suprema en los tiempos del fin en preparación para el gobierno mundial del Anticristo?[16]

Podemos entender mejor este asunto si vemos algunas de las mejores consideraciones que los estudiosos de las profecías nos han brindado sobre por qué Estados Unidos está ausente de las profecías del tiempo del fin. He aquí algunas explicaciones posibles para el silencio de la Biblia sobre el futuro de Estados Unidos.

ESTADOS UNIDOS SE INCORPORARÁ A LA COALICIÓN EUROPEA

Nuestra primera respuesta proviene del experto en profecía bíblica, John Walvoord, quien escribió:

> Aunque la Escritura no habla de forma clara sobre el papel de Estados Unidos en relación con el Imperio romano revivido, está claro que habrá una fusión del poder en Occidente. A diferencia de las coaliciones lideradas por Estados Unidos, esta coalición estará liderada por otros: el Grupo de los Diez [...]. La mayoría de los ciudadanos de Estados Unidos ha venido de Europa, y sus simpatías estarían más naturalmente con una alianza europea que con Rusia [...] Asia y África [...]. Europa y Estados Unidos pueden estar en alianza formal con Israel para hacer frente a los países islámicos radicales del Medio Oriente.[17]

Según esta teoría, aunque Estados Unidos no se menciona por su nombre en la profecía, será parte del reordenamiento político que presagia el fin de los tiempos. Y podemos ver señales de tal reordenamiento en los últimos años.

En abril del 2007, el presidente George W. Bush dio la bienvenida a la Casa Blanca al presidente de la Comisión Europea, José Manuel Durão Barroso, y a la presidenta de turno del Consejo Europeo, la canciller alemana, Angela Merkel. El presidente les agradeció a ambos su participación en «el plan de integración económica transatlántica que los tres hemos firmado hoy. Es un reconocimiento de la importancia del comercio. Es un compromiso para eliminar las barreras comerciales. Es un reconocimiento de que cuanto más se acerquen Estados Unidos y la UE, mejor estarán nuestros pueblos».[18]

A primera vista, no hay nada amenazador en semejante acuerdo; al parecer se trata simplemente de liberalizar el comercio entre naciones. Pero acuerdos como este tienen implicaciones que van más allá del comercio. ¿Qué significa esto para Estados Unidos?

ESTADOS UNIDOS SERÁ INVADIDO POR FUERZAS EXTERNAS

Quizás el silencio de la Escritura sobre el futuro de Estados Unidos indica que para cuando llegue la tribulación habrá perdido su influencia en el mundo y ya no será una potencia mundial. La sed de petróleo de Estados Unidos y su incapacidad para cerrar la brecha entre la oferta y la demanda podrían limitar nuestra capacidad de defender nuestras fronteras y proteger a nuestra nación. Una vez más, John Walvoord aborda el tema:

> Algunos sostienen que la ausencia total de cualquier referencia bíblica a Estados Unidos en el tiempo del fin indica que esta nación se encontrará paralizada por un ataque nuclear o con armas de destrucción masiva, o por alguna otra catástrofe importante [...]. En el mundo posterior al 9/11, la detonación de una bomba sucia, un dispositivo nuclear o un arma biológica en territorio de Estados Unidos es una posibilidad temible pero real. Un ataque de este tipo podría matar a millones de personas, paralizar la economía y convertir a Estados Unidos en una potencia de segunda clase de la noche a la mañana.[19]

Desde el uso de la primera bomba atómica en Hiroshima en agosto de 1945, Estados Unidos ha disfrutado de un cierto halo de invencibilidad basado en el miedo. Tanto los amigos como los enemigos sabían que usaríamos todas y cada una de las armas en nuestro formidable arsenal para proteger a nuestra nación. Según Ed Timperlake, que prestó servicios en la Oficina del Secretario de Defensa, «el personal de la Fuerza Aérea y la Armada continúa vigilante las 24 horas del día, los siete días de la semana dentro de la tríada nuclear compuesta por bombarderos estratégicos, misiles balísticos intercontinentales con base en tierra y submarinos nucleares con misiles balísticos».[20]

Sin embargo, en el mundo de hoy, ese poder y esa vigilancia ya no disuaden a los enemigos decididos a atacar a Estados Unidos. En un artículo publicado en el *Washington Times*, Timperlake observa que la inestabilidad política en Pakistán podría dar lugar a que ojivas nucleares cayeran en manos de yihadistas islámicos radicales. «No hay duda —continúa Timperlake—, de que un arma nuclear en manos de fanáticos yihadistas será utilizada. La única disuasión contra su uso sería desatar una búsqueda mundial del dispositivo antes de que Israel, París, Londres, Nueva York o Washington D. C. desaparezca en un instante».[21] Timperlake prosigue y afirma que los yihadistas no son nuestra única amenaza, también lo son las naciones sin escrúpulos que posean armas nucleares. «¿Qué piensan de Corea del Norte, un estado criminal, o de Irán, una nación profundamente antisemita? —pregunta—. Cualquiera de estos países, por muchas razones perversas, puede entregar un dispositivo a un grupo terrorista».[22]

Estos enemigos tienen diferentes agendas, pero comparten un desprecio común por la vida humana y sienten un odio profundo por Estados Unidos. Si bien nos gustaría no escuchar las predicciones de un desastre inminente, expertos como Timperlake y otros consideran que un ataque de importancia a nuestro país en el futuro cercano es prácticamente inevitable.

ESTADOS UNIDOS SERÁ VÍCTIMA DE LA DECADENCIA MORAL

El promedio de vida de las civilizaciones más grandes del mundo ha sido de unos 200 años. Durante ese lapso de dos siglos, cada una de esas naciones transitó por las siguientes etapas: de la sumisión a la fe espiritual, de la fe espiritual al coraje, del coraje a la libertad, de la libertad a la abundancia, de la abundancia a la complacencia, de la complacencia a la apatía, de la apatía a la dependencia, y de la dependencia de nuevo a la sumisión.[23]

¿En qué punto se encuentra Estados Unidos en ese ciclo? En 1947, el doctor Carle Zimmerman, un sociólogo con visión de futuro, escribió un libro titulado *Family and Civilization* [Familia y civilización]. Identificó once «síntomas de decadencia final», observables en la caída de las civilizaciones griega y romana. Veamos cuántos caracterizan a nuestra sociedad:

- Divorcio sin imputación de culpa
- Bajos índices de natalidad; un incremento del irrespeto por la paternidad y la maternidad
- Ritos / ceremonias matrimoniales sin sentido
- Difamación de héroes nacionales del pasado
- Aceptación de formas matrimoniales alternativas
- Actitudes generalizadas de feminismo, narcisismo y hedonismo
- Propagación de un sentimiento contrario a la familia
- Aceptación de la mayoría de las formas de adulterio
- Niños rebeldes
- Incremento de la delincuencia juvenil
- Aceptación generalizada de todas las formas de perversión sexual[24]

Uno no puede leer listas como estas y dudar de que Estados Unidos esté desechando su privilegiada posición como nación más bendecida. Recuerda, Dios bendijo a este país por una razón: nuestra nación se fundó en la obediencia a Él. Pero ahora que los motivos de Sus bendiciones se están erosionando, podemos esperar que las bendiciones también desaparezcan. Es una simple cuestión de causa y efecto: si elimina la causa, el efecto cesa. Una vez, invitamos a Dios a nuestra nación y le dimos la bienvenida como nuestro invitado más honorable. Pero ahora nuestra cultura parece empeñada en excluirlo.

Hace casi seis décadas, el presidente Herbert Hoover hizo una advertencia a la que Estados Unidos parece no haberle prestado atención. Afirmó: «Nuestro mayor peligro no es la invasión de ejércitos extranjeros. Nuestro mayor peligro es que nos suicidemos mediante la complacencia con el mal».[25]

Me entristece decirlo, pero creo que los síntomas indican con certeza que Estados Unidos se encuentra infectado con la enfermedad mortal de la decadencia moral. Y a medida que la infección corroe nuestros cimientos, podemos esperar que la ley de causa y efecto entre en acción. La Escritura a menudo nos alerta que incluso un Dios paciente no tolerará para siempre las transgresiones de los hombres. Si ignoramos las directivas divinas, no podemos esperar la bendición de Dios. Una extremidad que se separa a sí misma del tronco no continuará viviendo.

ESTADOS UNIDOS SE VERÁ IMPOTENTE DEBIDO AL ARREBATAMIENTO

Si el arrebatamiento ocurriera ahora y todos los verdaderos creyentes en Jesucristo fueran llevados al cielo en un instante, Estados Unidos, como lo conocemos hoy, podría desaparecer. Se estima que Estados Unidos perdería a millones de ciudadanos en el arrebatamiento.[26] El país no solo perdería gran parte de su población, también perdería lo mejor, la «sal» y la «luz» de la nación. ¿Puedes imaginar el caos en que se sumiría nuestro país si desaparecieran todas las personas piadosas y solamente quedaran los que han rechazado a Dios? No es una imagen bonita.

Los que amamos a Cristo no solo conoceremos el gozo de estar con nuestro amado Señor, también estaremos a salvo de los horrores que el mundo sufrirá a manos de los que quedarán atrás luego del arrebatamiento. Es como una operación quirúrgica a la inversa, en la que se extirpan todas las células sanas y solamente se dejan las cancerosas para que se destruyan unas a otras. Sin embargo, no podemos evitar sentir tensión en nuestros corazones. Sí, Dios nos salvará, pero cosas que nunca hemos visto están a punto de suceder, y se aproximan cambios que nunca hemos imaginado. Sin embargo, a pesar de la inquietud, nos acercamos con confianza a los acontecimientos que estamos anticipando, pues sabemos que el Creador del universo es quien los dirige. Él conoce el fin desde el principio, y como somos Sus amigos, nos permite conocer los secretos eternos de Su voluntad.

En un artículo sobre Estados Unidos en la profecía bíblica, Herman A.

Hoyt hace un planteamiento que resulta una conclusión apropiada para este capítulo. Él expresa:

> Dado que la promesa de la venida de Cristo en busca de la iglesia siempre se le ha presentado a Su pueblo como un suceso que podría ocurrir en cualquier momento, seguramente los acontecimientos actuales en relación con Estados Unidos deben ser un nuevo estímulo para esperar Su venida dentro de poco. En estos días de crisis, nuestra confianza no debe descansar en una nación que puede desaparecer en breve, sino en Aquel que hace todas las cosas según el consejo de Su propia voluntad.[27]

El doctor Hoyt tiene razón; ¿de qué debemos preocuparnos? Nunca hemos depositado nuestra confianza en gobiernos, civilizaciones o culturas. Estas instituciones serán arrastradas por los vientos de la historia. Son útiles mientras están aquí, pero nunca han sido dignas de nuestra confianza. Siempre hemos depositado nuestra confianza en Aquel que está por encima de las instituciones, por encima de la historia e incluso por encima del tiempo mismo; Aquel mediante cuyo poder y permiso estas cosas existen, y quién conoce sus tiempos y el final de sus días. Solo Él es digno de nuestra lealtad suprema.

PARTE 2

SEÑALES CULTURALES

La historia marcha indetenible hacia su destino final, y a su paso encontramos varios signos culturales de lo que está por venir, señales que ya hoy en día están apareciendo a nuestro alrededor.

La «religión» más poderosa de hoy es el materialismo, señal innegable de que nos acercamos a esos últimos días de los que Pablo advirtió a Timoteo, y los mismos que Daniel y Ezequiel predijeron. Los signos de la decadencia moral son también evidentes: la ruptura de la vida familiar, la drogadicción, el alcoholismo, las adicciones descontroladas, los juegos de azar y los videojuegos, la estafa, la intimidación, los altos índices de criminalidad y las poblaciones carcelarias.

El surgimiento del islam radical está preparando el escenario para los sucesos de Ezequiel 38-39. El profeta habla de una enorme coalición que invadirá a Israel en los últimos tiempos. Al presente, todas son naciones islámicas, excepto Rusia. La Biblia predice que los cristianos sufrirán aún más persecución y que la batalla espiritual se intensificará en la medida en que se acerca el final de nuestra época. Por último, quizás presenciamos la mayor amenaza cultural de todas: los cristianos apáticos, esos a los que no les importan las señales de nuestro siglo.

En la presente sección abordaremos seis importantes señales culturales del fin de los tiempos.

CAPÍTULO 6

EL MATERIALISMO

En marzo del 2018 la revista *Forbes* calificó al inversionista y filántropo Warren Buffett como la tercera persona más rica del mundo.[1] Sin embargo, este hombre de negocios ha decidido vivir de la forma más austera. Un artículo publicado algunos meses después amplía:

> Siempre hemos admirado al señor Buffett por su ética laboral, el apego a sus raíces en Nebraska y por mantener un estilo de vida que resulta modesto para alguien con un capital neto que supera los ochenta mil millones de dólares. Comenzó a ganarse la vida repartiendo periódicos hace siete décadas, en Washington D. C. Allí vivió su adolescencia por varios años mientras su padre trabajaba en la Cámara de Representantes de Estados Unidos. Hoy vive en la misma casa de Omaha que compró en 1958. Su énfasis en la frugalidad y la filantropía constituyen lecciones de vida para sus seguidores y poseen la misma relevancia que los principios de inversión de valor que ha predicado durante décadas como presidente y director ejecutivo de Berkshire Hathaway.[2]

Buffett, que se considera un agnóstico religioso, está en el negocio de hacer capital y puede que ame el dinero. Pero su manera de vivir no nos presenta a una persona de por sí materialista.

Si todos fuéramos así, incluidos algunos cristianos.

El dinero emite un canto de sirenas, si lo escuchamos, de seguro nos destruye. La carrera desenfrenada del amor al dinero conduce, sin remedio, a un estilo de vida materialista. El diccionario *Merriam-Webster* lo define como: «preocuparse o enfatizar exageradamente las cosas materiales en lugar de las intelectuales y espirituales». Tal existencia se reduce a una incesante acumulación de capital en los bancos o a un monopolio sostenido de posesiones. También se expresa como una mejora constante de las propiedades debido a un deseo, no solo de obtener más, sino de mejorar más.

El materialismo tiene un costo que puede ser sutil o bastante obvio. Es el enemigo declarado de la satisfacción. Siempre que el deseo de más y mejor supera al de la estabilidad financiera, el resultado es una deuda contundente. El descontento y la falta de economía pueden afectar, por generaciones, nuestra comodidad y nuestras relaciones.

Peor aún es cómo el materialismo puede incidir negativamente en nuestro caminar con Dios y cuán desvergonzado es y llegará a ser en estos últimos tiempos. El pastor y orador, doctor Mark Hitchcock, describe la inevitable culminación de esta creciente tendencia materialista:

> Durante la venidera tribulación, el abismo entre ricos y pobres crecerá más que nunca. La comida será tan cara que solo los más poderosos tendrán bastante. La hambruna golpeará implacablemente a la clase media hasta que la misma desaparezca. La gran mayoría de la gente se hundirá en la miseria, pero los ricos continuarán disfrutando de las comodidades de su lujoso estilo de vida. Habrá una división mundial entre los que «tienen» y la multitud de los que «no tienen» [...] Esto hará que el sufrimiento de los desposeídos sea aún más insoportable, al ver cómo unos pocos privilegiados disfrutan del lujo.[3]

El apóstol Juan, frente a la visión del fin de los tiempos, describe la extrema escasez de necesidades humanas básicas que ocurrirá durante el período de la tribulación:

> Cuando el Cordero rompió el tercer sello, oí al tercero de los seres vivientes, que gritaba: «¡Ven!». Miré, ¡y apareció un caballo negro! El jinete tenía una balanza en la mano. Y oí como una voz en medio de los cuatro seres

vivientes, que decía: «Un kilo de trigo, o tres kilos de cebada, por el salario de un día; pero no afectes el precio del aceite y del vino» (Ap 6.5-6, NVI).

En los días de Juan, un kilo de trigo era la cantidad mínima que una persona necesitaba para sobrevivir. Durante la tribulación, ese mínimo de supervivencia costará el salario de un día completo. Esto quiere decir que la gente común se verá obligada a buscar alimentos más baratos y menos nutritivos para no morir de hambre. La sal, el aceite, la carne o la leche serán inasequibles. Los ricos, por su parte, no sufrirán dichas carencias. Será un período de prosperidad para ellos; podrán almacenar grandes cantidades de alimentos, los suministros para condimentarlos a gusto y lujos como el aceite y el vino.

CONSIDERACIONES AL MATERIALISMO

La Biblia, severa, directa e inequívocamente nos advierte sobre el amor al dinero y las posesiones. En el Sermón del Monte, Jesús lo resumió en «o lo uno o lo otro»: «Ninguno puede servir a dos señores; porque o aborrecerá al uno y amará al otro, o estimará al uno y menospreciará al otro. No podéis servir a Dios y a las riquezas» (Mt 6.24).

¿Por qué es tan terrible el amor al dinero? El clérigo irlandés, Donagh O'Shea, nos ofrece una clara explicación:

> El dinero significa muchas cosas diferentes y es más de lo que aparenta. Es el mayor contrincante del Señor […]. No es solo el papel, el metal o el plástico. Es nuestro amor por lo material, nuestra salida para no depender de los demás, nuestra seguridad contra la muerte, nuestro esfuerzo por controlar la vida…
>
> Es mucho más fácil amar a las cosas que a las personas. Los objetos están muertos, así que puedes poseerlos fácilmente […]. Si no puedes amar a la gente, comienzas a amar al dinero. Nunca daña tus sentimientos ni cuestiona tus decisiones, pero tampoco te responde porque está muerto […]. Después de un tiempo, surge el problema: pareces un cadáver […].

Poco a poco, dejas de amar a la gente y eso significa que quizás ya estás en la tumba [...]. El dinero es neutral. Sin embargo, un apego excesivo a él no lo es. Es una especie de religión opuesta [...]. La religión de Dios es la del amor. El instinto del amor es compartir, es entregar; pero el dios de las riquezas lucha por acumular ganancias.[4]

Por favor, no me malinterpretes, muchas personas se equivocan en esta parte: el dinero en sí no es malo, es solo un medio de intercambio beneficioso. El problema es el *amor* al dinero. Puedes tenerlo y amar al Señor; pero como Jesús expresó, no puedes amar a Dios y a las riquezas.

El dinero y las posesiones siempre han hecho que la gente se aleje del Señor, aunque, en nuestra cultura actual vemos que el problema se agudiza cada vez más. Por supuesto, sabemos que este descenso vertiginoso hacia un materialismo más profundo se intensificará en la medida en que se acerca el final. Claramente, el apóstol Pablo lo advirtió:

> En los postreros días vendrán tiempos peligrosos. Porque habrá hombres amadores de sí mismos, avaros, vanagloriosos, soberbios, blasfemos, desobedientes a los padres, ingratos, impíos, sin afecto natural, implacables, calumniadores, intemperantes, crueles, aborrecedores de lo bueno, traidores, impetuosos, infatuados, amadores de los deleites más que de Dios, que tendrán apariencia de piedad, pero negarán la eficacia de ella. (2 Ti 3.1-5)

En este visionario, aunque breve, pasaje, Pablo enumera diecinueve características que dominarán a la sociedad antes del regreso de Cristo. Y no se refiere solamente a los no convertidos. Como bien señala, muchos creyentes profesos tendrán «apariencia de piedad» pero esta «apariencia» carecerá de poder en sus vidas. Afirmarán que aman a Dios. Sin embargo, sus vidas mostrarán que su verdadero amor es el placer, el poder y las posesiones. Quizás sería productivo examinar las diecinueve características impías, pero nos limitaremos a las dos primeras, porque nos brindan información valiosa sobre el tema de este capítulo.

LOS AMADORES DE SÍ MISMOS

Cuando destronamos a Dios de Su legítima posición como Señor de nuestras vidas, el yo lo remplaza de manera automática. El ego pasa a ser nuestro primer amor, y Dios deja de ser el centro de nuestra existencia. Una vieja superstición afirma que las brujas oran el «Padre nuestro» al revés. Comienzan así: «El pan nuestro de cada día, dánoslo hoy» y terminan diciendo «santificado sea tu nombre», «hágase tu voluntad». En apariencia, es la misma oración, pero al invertir el orden se altera sutilmente el significado. Se coloca el yo en primer lugar y a Dios en último lugar, lo que refleja un cambio total de prioridades.

Esta sencilla inversión de una plegaria demuestra cómo el amor propio impregna de forma sutil los corazones de las personas piadosas y crece hasta el punto de sustituir a Dios. Puede suceder incluso cuando creemos que nuestro cristianismo está intacto porque nos comportamos como tal, aunque en nuestro corazón hemos invertido nuestras lealtades sin darnos cuenta. Dicho proceso ocurre a plena luz del día en la iglesia actual. Muchos que ahora calientan las bancas aparentan piedad, pero viven igual que los ateos.

En lo secular, el amor propio es más obvio, e incluso descarado. Los famosos estafadores financieros de nuestra generación, Bernie Madoff, Dennis Kozlowski, Martha Stewart, Kenneth Lay y Bernard Ebbers, cometieron sus fechorías solo para beneficiarse a sí mismos. Igual ocurre con los piratas informáticos que falsifican identidades y vacían cuentas bancarias privadas, así como los estafadores telefónicos que timan a las personas mayores para robarles sus ahorros. No les importa a quién o cuánto lastiman, siempre que obtengan lo que quieren; demuestran el espíritu de la era, que Pablo identifica como una señal ominosa de que el fin de los tiempos se acerca rápidamente.

AMANTES DEL DINERO (AVAROS)

Sin dudas, es tan inevitable como la puesta del sol al día siguiente: los que se aman a sí mismo serán amantes del dinero. ¿Por qué? Porque les proporciona los medios para autocomplacerse. Esto explica por qué Pablo le advirtió a Timoteo que, en los postreros días, las personas serían cada vez más «amantes del dinero». Ese creciente y excesivo deseo de riquezas domina a la sociedad de hoy. Es el combustible que impulsa los motores de nuestro comercialismo desenfrenado. Es la norma según la cual se juzga el estado, el valor y el éxito de las personas.

Wilfred J. Hahn opina cómo la administración del dinero domina nuestra cultura: «¿No es increíble que algo inanimado como el dinero, que en un momento sirvió solo como medio de intercambio, se convierta en algo tan grande y complejo que requiera miles de personas para gestionar quién lo debe y quién lo posee? [...] Este fenómeno evidencia cuán controlador se ha vuelto el sistema monetario».[5]

El filósofo británico, Simon Critchley, nos revela en qué se ha convertido el dinero, al calificarlo como la «religión» dominante de nuestro tiempo: «En el mundo aparentemente impío del capitalismo financiero global, el dinero es lo único en lo que realmente debemos tener fe. Ese es el único, verdadero Dios en el que todos creemos [...]. Y cuando escasea las personas experimentan algo parecido a una crisis de fe».[6]

En una ilustración bastante clara, John Piper demuestra la insensatez de confiar ciegamente en la influencia y el prestigio de las riquezas:

> Imagínense a 269 personas que, después de un accidente aéreo en el mar de Japón, entran en la eternidad. Antes de estrellarse, viajaban juntos un político destacado, un ejecutivo corporativo millonario, un chico *playboy* con su chica *playmate*, y un muchacho misionero que regresaba de visitar a los abuelos.
>
> Después de estrellarse, todos se presentan ante Dios, ya no hay más Mastercards, talonarios de cheques, líneas de crédito, traje y corbata para impresionar, manuales para ser exitosos ni reservaciones para el Hilton. Aquí están, a cara descubierta, el político, el ejecutivo, el *playboy* y el muchacho misionero, sin nada, absolutamente nada, en sus manos. Poseen solo lo que trajeron en sus corazones. Cuán miserable y trágico lucirá en ese día el avaro. Será como un hombre que pasó toda su vida comprando boletos de tren y, al final, tuvo tantos en los bolsillos que perdió el último viaje.[7]

COMBATE EL MATERIALISMO

Según la Biblia, el antídoto del materialismo es la generosidad. Para concluir, veamos cuatro formas para combatir la progresiva tendencia humana de amar las riquezas y las posesiones más que a Dios y a los demás. Todo empieza en cómo vemos el dinero.

CAMBIA TU PERCEPCIÓN DEL DINERO

Desde el día en que obtuvimos nuestro primer cheque nos preguntamos: *¿Qué me compraré?* Percibimos el salario como algo «nuestro». Bueno, debe pertenecernos porque nos lo ganamos trabajando. Nos irritan los impuestos, la atención médica e incluso nuestra jubilación porque nos quitan una tajada. Vemos lo que nos llevamos a casa y sacamos una parte para el pago de alquileres, facturas y necesidades diarias. ¿Qué nos queda? Esa cantidad la protegeremos como un león cuida su presa.

¿Y, además, tenemos que darle una parte a personas y organizaciones que ni siquiera trabajaron para obtenerlo? Pues, me lo están poniendo difícil.

El mayor paso para superar el materialismo en nuestras vidas es cambiar el concepto que tenemos del dinero. Cuando recordamos que «toda buena dádiva y todo don perfecto descienden de lo alto...» (Stg 1.17) entendemos que, para empezar, nada bueno nos pertenece realmente. Es de Dios, y nos lo da para que lo glorifiquemos a Él. Cuando pensamos en el dinero como uno de los innumerables buenos regalos de nuestro Padre que nos ama, descansamos al saber que Él conoce nuestras necesidades, que Su provisión es segura y que Sus almacenes son infinitos.

Veámoslo de esta forma: haces un gráfico circular para ver adónde se va tu dinero. En este modelo, la cantidad con la que trabajas es fija. Cada gasto en cada categoría le resta una parte al conjunto hasta que el círculo se completa. Es un sistema cerrado. Fuera de él, no queda nada para ti.

Sin embargo, Dios es eterno. No obra en gráficos circulares, trabaja en raudales, en ríos de bendiciones. Sus provisiones jamás se agotan.

Si Él es el que satisface todas nuestras necesidades, y nunca se queda sin suministros, podemos dejar de pensar en nuestro dinero como un pastel que desaparece tajada a tajada. Debemos más bien pensar en nosotros mismos como administradores de Su gracia. Podemos ofrecerles a los demás todo aquello que Dios nos da, sin temor a quedarnos sin nada.

ANTES DE HACER COSAS GRANDES, HAZ COSAS PEQUEÑAS

No nos volveremos generosos en un día, pero podemos empezar a hacer pequeñas cosas que no considerábamos importantes:

- Aumenta la propina que le dejas al camarero en el restaurante.
- Lleva cierta cantidad de dinero para regalarlo a alguien que lo necesite. Pídele a Dios que te revele formas de expresarle amor y generosidad a las personas con las que interactúas a diario.
- Comprométete a ayudar financieramente a la iglesia y descubre el placer y el impacto del diezmo.

En 1981, Albert Lexie comenzó a trabajar en el Hospital de Niños de Pittsburgh. Limpiaba y lustraba zapatos a cinco dólares el par. Los clientes, satisfechos, le daban propinas, por lo general uno o dos dólares. ¡Una Navidad, un cliente le dio a Albert cincuenta dólares por darle brillo a un par de zapatos! Una propina así no era algo común. Con el paso de los años, y los cambios de estilos, el negocio de limpiabotas disminuyó.

Albert se retiró en el 2013, después de treinta y dos años de trabajo. Hubo una fiesta de despedida. El personal y los administradores del centro expresaron lo mucho que iban a extrañarlo. Salió por la puerta en su último día, pero su influencia en ese hospital continuó.

¿Por qué? Porque durante todos sus años de labor, Albert Lexie donó más del treinta por ciento de sus ganancias al Free Care Fund del hospital, para que los padres con bajos ingresos monetarios pudieran pagar la atención médica de sus hijos. ¿Y las propinas? Donó cada centavo al centro hospitalario, más de doscientos mil dólares en total.[8]

La generosidad se forja de la misma manera en que desarrollamos cualquier hábito positivo: a través de pequeños cambios incrementales que mantenemos a largo plazo. Es mucho mejor comenzar poco a poco que hacerle un enorme regalo o caridad a una iglesia y sentirnos complacidos porque «ya hemos hecho nuestra parte».

La generosidad no es algo de un solo día, o un mes o un año. Es un estilo de vida.

EMPIEZA A DAR MÁS DE LO QUE PUEDES

El siguiente paso después de dar un poco es dar mucho. En una de sus cartas a los creyentes en Corinto, Pablo informó sobre la generosidad de los cristianos de Macedonia:

> Ahora quiero que sepan, amados hermanos, lo que Dios, en su bondad, ha hecho por medio de las iglesias de Macedonia. Estas iglesias están siendo probadas con muchas aflicciones y además son muy pobres. Pero a la vez rebosan de abundante alegría, la cual se desbordó en gran generosidad. Pues puedo dar fe de que dieron no solo lo que podían, sino aún mucho más. Y lo hicieron por voluntad propia. Nos suplicaron una y otra vez poder tener el privilegio de participar en la ofrenda para los creyentes de Jerusalén. (2 Co 8.1-4, NTV)

Los creyentes macedonios daban de su pobreza, no de su abundancia. No se contentaban con ofrecer un poco. Querían dar todo lo que tenían y más.

Bueno, quizás aquí hagas la pregunta: «¿Cuánto debo dar?». Si eres alguien que presupuesta y administra sus gastos, es posible que quieras una regla estricta, un porcentaje. Deseas saber cuán grande es el trozo de pastel que requiere dicha generosidad. En su libro más conocido, *Mero cristianismo*, C. S. Lewis intentó responder esa pregunta:

> No creo que se pueda establecer cuánto es lo que debamos dar. Temo que la única regla segura es dar o compartir algo más de lo que nos sobre. En otras palabras: si lo que gastamos en comodidades, lujos, diversiones,

etc., es el promedio común entre los que tienen los mismos ingresos que nosotros, con toda probabilidad estamos dando muy poco. Si lo que gastamos en obras de caridad no nos afecta del todo, diríamos que estamos dando muy poco. Debe haber cosas que quisiéramos hacer porque lo que destinamos a gastos de caridad nos lo impide.[9]

La respuesta a la pregunta «¿cuánto debo dar?» es «más de lo que puedes ganar». Todos gastamos mucho más en cosas inútiles que en las que Dios desea en Su corazón, digamos, la propagación del evangelio o el cuidado de los pobres.

ASEGÚRATE DE QUE MARCHAS HACIA TU TESORO

Muchas personas conocen las siguientes palabras de Jesús: «No os hagáis tesoros en la tierra, donde la polilla y el orín corrompen, y donde ladrones minan y hurtan; sino haceos tesoros en el cielo, donde ni la polilla ni el orín corrompen, y donde ladrones no minan ni hurtan. Porque donde esté vuestro tesoro, allí estará también vuestro corazón» (Mt 6.19-21).

La mayoría de nosotros desconocemos este sabio consejo del apóstol Pablo:

> Enséñales a los ricos de este mundo que no sean orgullosos ni que confíen en su dinero, el cual es tan inestable. Deberían depositar su confianza en Dios, quien nos da en abundancia todo lo que necesitamos para que lo disfrutemos. Diles que usen su dinero para hacer el bien. Deberían ser ricos en buenas acciones, generosos con los que pasan necesidad y estar siempre dispuestos a compartir con otros. De esa manera, al hacer esto, acumularán su tesoro como un buen fundamento para el futuro, a fin de poder experimentar lo que es la vida verdadera. (1 Ti 6.17-19, NTV)

No te crees rico, ¿verdad?, ¡pues lo eres! Según *Forbes*: «El individuo común, que recibe solo un cinco por ciento de la distribución de ingresos en Estados Unidos es más rico que el 68 % de los habitantes del mundo».[10]

Sean cual sean tus ingresos, o te alejas o te acercas a tu tesoro. El Señor Jesús nos da la opción. Cada latido del corazón nos acerca más a la eternidad. Si, egoístamente, nos pasamos la vida amontonando riquezas en la tierra, entonces la malgastamos. Pero si tu tesoro está en el cielo, siempre te aproximas a él.

A lo largo de la historia diversas culturas han enterrado a los muertos con elementos que pudieran necesitar en la otra vida. ¡Mira las lujosas tumbas de los faraones egipcios, repletas de oro, joyas preciosas, armas e incluso comida! O el enorme ejército subterráneo de soldados de terracota enterrado con Qin Shi Huang, el primer emperador de China, destinado a protegerlo en el más allá. No importa quiénes somos o cuánto poseemos en este mundo: no nos llevaremos nada a la tumba.

El exitoso autor, Stephen King, en su discurso a los graduados del Vassar College en 2001, expresó:

Hace unos años atrás descubrí lo que significa «desnudo nací, desnudo moriré». Me vi tirado en una zanja al lado de un camino en medio del campo, cubierto de sangre y fango de pies a cabeza. La tibia rota de mi pierna derecha se asomaba por un costado de mis *jeans*, como la rama de un árbol derribado en una tormenta eléctrica. Pero cuando estás abandonado en una cuneta, con el pelo lleno de trozos de vidrio, nadie acepta una Mastercard.

Desnudos y pobres, así venimos al mundo. Nos enterrarán con ropas. Sin embargo, estaremos en quiebra de todas formas; no poseemos nada. ¿Warren Buffet? marcha a la quiebra, ¿Bill Gates? marcha a la quiebra, ¿Tom Hanks? marcha a la quiebra, ¿Steve King? ¡ya quebró! no tengo un mísero centavo. Todo el dinero que ganan, las acciones que compran, los fondos mutuos que negocian, no son más que humo y espejismos. Cuando llegas retrasado un cuarto de hora no importa si te guiaste por un Timex o por un Rolex.

Así que los exhorto a considerar sus vidas como un constante regalo para los demás. ¿Y por qué no? Si, de todas formas, todo lo que poseen es prestado. Lo que entregan es lo que realmente perdura...

[Este mundo necesitado] no es un cuadro bonito, pero tenemos el poder de ayudar, el poder de cambiar. ¿Por qué negarnos? ¿Acaso nos lo vamos a llevar? ¡Es absurdo!

En la vida, cuando en vez de dinero damos tiempo y espíritu, somos recompensados. Nos recuerda que sí marchamos a la quiebra, pero que en este momento estamos obrando correctamente. Es ahora que podemos hacerles un gran bien a los demás y a nosotros mismos.

Entonces, les pido que comiencen a dar y que sigan haciéndolo. Creo que al final verán que obtuvieron mucho más de lo que alguna vez poseyeron y que hicieron más bien del que imaginaron.[11]

Hace algunos años apareció un video en Internet en el cual se veía a una vendedora de rosas en un tren subterráneo de la ciudad de Nueva York. Cada una costaba un dólar. Se le acercó un hombre que le preguntó cuánto debía pagarle por todas. Le dio 140 dólares por el paquete completo de flores, no se lo llevó y le pidió que se las regalara a otras personas. El tren se detuvo, el hombre se bajó y la vendedora, completamente aturdida, rompió en sollozos.

María López, quien filmó el encuentro, dijo al *Huffington Post*: «Ella lloró al ver que aún existen personas generosas. Es un pequeño pero enorme gesto de humanidad y a la vez un testimonio de la falta de amor y de altruismo que hay en el mundo. Creo que la gente anhela ver cosas como esta».[12]

¡Sí, la gente sí lo desea! Y cuando abrimos nuestras manos para ofrecer los dones de Dios en lugar de cerrarlas con todas las fuerzas del egoísmo, decidimos enseñarle al mundo una mejor manera de vivir: el camino del amor. En estos últimos días, desechemos el materialismo y practiquemos la generosidad. Usemos los recursos que tenemos para bendecir a otros y honrar al Señor.

CAPÍTULO 7

LA INMORALIDAD

El 8 de mayo de 2011, Tony Bennett subió al escenario del Centro Jacob Javits y cantó algunas baladas para iniciar un programa destinado a una organización benéfica famosa de la ciudad de Nueva York. Las más prestigiosas celebridades de Nueva York se apiñaron en masa para escucharlo. La voz atemporal de Bennett emocionó a la multitud, y todos se maravillaron ante la perpetua capacidad del cantante de ochenta y cinco años para encantar a una audiencia.

Sin embargo, más tarde en la noche fue el propio Bennett quien se sintió alborozado al escuchar a una intérprete exactamente sesenta años menor que él. La portentosa voz de Lady Gaga lo cautivó. Se encontró con ella en los camerinos, le facilitó canciones de su compositor favorito, Cole Porter, y lleno de ímpetu le pidió que cantara en su álbum de 2011, *Duets II*.[1] Unos años más tarde, los dos colaboraron en otro llamado, *Cheek to Cheek* [Mejilla con mejilla], y la canción de apertura fue *Vale todo*, de Porter.[2]

Fue una elección acertada. La canción *Vale todo* es un número extremadamente alegre y pegajoso; siempre sonríes cuando lo tarareas. Pero la letra, escrita en 1934, celebra la caída moral del siglo veinte en Estados Unidos. La canción alardea de cómo han cambiado los tiempos y afirma, burlona, que los puritanos están en *shock*. Se jacta de que la profanidad y la desnudez están de moda. Esta canción, con su ritmo contagioso de vanguardia, representa el relativismo moral que ha infectado nuestra cultura, dejando a Occidente al borde del colapso espiritual.

Resulta irónico que esta filosofía arruinó la propia vida de Porter. El famoso compositor creció en una granja de Indiana. Su madre iba a la iglesia, pero su pequeño hijo no estaba impresionado. Sus palabras lo demuestran: «Nunca sentí que se tomara en serio la religión, o que le importara para algo. Iba a la iglesia a lucir sus sombreros nuevos».[3]

Porter aprendió a tocar el violín a los seis años y el piano a los ocho. Escribió su primera melodía para Broadway en 1915 y compuso para cantantes como Tony Bennett y Frank Sinatra. Muchas fueron éxitos rotundos: «I've Got You Under My Skin» [Te tengo bajo mi piel], «Night and Day» [Noche y día], «Just One of Those Things» [Una de esas cosas], «Don't Fence Me In» [No me encierres] y «I Get a Kick Out of You» [Me vuelves loco].

Sus admiradores ignoraban que sus canciones de amor eran para sus novios, que su matrimonio era una farsa, y que su música financiaba una cantidad interminable de fiestas al estilo *Vale todo*.

Practicó lo que cantaba, *Vale todo*. Pero después de sufrir un accidente ecuestre, jamás recuperó ni la salud ni la felicidad. Se volvió solitario y pasó sus últimos años deprimido, enfermo, bebiendo y drogándose. En 1964, lo remitieron, por última vez, a un hospital de California. La enfermera que lo atendió quizás se preguntaba cómo alguien tan famoso lucía tan desanimado. Después de llenar varios incisos del cuestionario, llegaron al tema de la religión del paciente.

—¿Religión? —preguntó la enfermera.

—No, ninguna —respondió Porter.

La enfermera insistió:

—¿Protestante?

—No, ninguna.

Después de eso llamó a alguien para que destruyera sus fotografías pornográficas y partió de este mundo. Uno de sus amigos expresó: «Estaba terriblemente solo al final, nada ni nadie estuvo allí para acompañarlo».[4]

Su secretaria lamentó que su jefe nunca encontrara las fuerzas que produce la fe en Dios. «Sin fe, uno es como un vitral en la oscuridad —dijo—. Cómo descubrir su oscuridad individual —agregó—, es un enigma».[5]

La misma oscuridad ha descendido sobre nuestro mundo. La cultura estadounidense se parece al vitral que no deja pasar la luz. Vivimos en un mundo donde vale todo, pero nada satisface.

LA EXPRESIÓN DE NUESTRA DECADENCIA MORAL

La Biblia predijo que vendrían tiempos decadentes como los actuales. Cuando habló de Su segunda venida, el Señor Jesús indicó: «Mas como en los días de Noé, así será la venida del Hijo del Hombre» (Mt 24.37).

¿Cómo eran esos «días de Noé»? Génesis 6.5 relata: «Y vio Jehová que la maldad de los hombres era mucha en la tierra, y que todo designio de los pensamientos del corazón de ellos era de continuo solamente el mal». Así describe la sociedad que pereció bajo el diluvio.

Quizás nuestra nación no ha llegado a los excesos de los días de Noé. Pero «nuestra brújula moral ha perdido el "verdadero norte". La aguja busca orientarse, pero gira sin rumbo».[6]

En 2 Timoteo 3.1-5 leemos:

> También debes saber esto: que en los postreros días vendrán tiempos peligrosos. Porque habrá hombres amadores de sí mismos, avaros, vanagloriosos, soberbios, blasfemos, desobedientes a los padres, ingratos, impíos, sin afecto natural, implacables, calumniadores, intemperantes, crueles, aborrecedores de lo bueno, traidores, impetuosos, infatuados, amadores de los deleites más que de Dios, que tendrán apariencia de piedad, pero negarán la eficacia de ella…

La descripción de la generación de Noé y la predicción de Pablo sobre aquella de los últimos días resume la depravación del hombre, sí, la *depravación total* de la raza humana. Sé que dicho término es controvertido y que, ciertamente, se malinterpreta.

Depravación total no significa, como piensa la mayoría de la gente, que los seres humanos son tan depravados como pueden ser. Eso supondría, entonces, que no hay ningún bien en los humanos. Pero sabemos que no es así. No todos los hombres son borrachos, delincuentes, adúlteros o asesinos. Muchos son nobles, generosos, abnegados, con un alto concepto de la moral y el amor. La depravación total define la extensión, no el nivel, de nuestro pecado. Quiere decir que no nos hace tan malos como pudiéramos, sino más bien que afecta cada área de nuestra existencia al corromper cada parte de nuestra humanidad en diversos niveles. Charles Swindoll escribió:

> Si la depravación fuera azul, seríamos azules por todas partes. Córtennos en cualquier lugar y sangraremos azul. Rebanen nuestras mentes y encontrarán pensamientos azules. Seccionen nuestra visión y encontrarán imágenes azules llenas de codicia y lujuria. Cercenen nuestros corazones y brotarán emociones azules de odio, venganza y culpa. Tajen nuestras voluntades y hallarán decisiones y respuestas de color azul oscuro.[7]

Tal depravación, o impiedad, es la principal causa del declive moral de Estados Unidos. Consumimos lo que *nos gusta* y no lo que *es bueno*. En los días de Noé, cada pensamiento e intento del corazón era de continuo el mal. Ahora poseemos la tecnología para tomar las imaginaciones más espeluznantes de la mente humana y proyectarlas en una pantalla que un niño puede sostener en su mano. Esto ha provocado que la cultura occidental se vuelva grosera. Nos hemos convertido en personas profanas, con cada vez menos restricciones en el comportamiento y el lenguaje y con un respeto cada vez menor por la vida humana.

En su libro *Vanishing Grace* [La desaparición de la gracia] Philip Yancey resumió el caos moral de nuestra nación:

> He visto con mis propios ojos cómo la tasa de divorcio se ha duplicado, los suicidios de adolescentes y delitos violentos se han triplicado, y los nacimientos fuera del matrimonio se han sextuplicado. Somos menos del 5 % de la población mundial, pero tenemos cerca de una cuarta parte de los prisioneros del mundo (casi el mismo número que Rusia y China juntos). Nos hemos acostumbrado a las personas sin hogar durmiendo en los parques y debajo de los puentes, algo casi desconocido en mi infancia. Las

principales causas de muerte son las autoinfligidas, dadas por los efectos secundarios del tabaco, la obesidad, el alcohol, las enfermedades de transmisión sexual, las drogas y la violencia.[8]

LA EXPLICACIÓN DE NUESTRA DECADENCIA MORAL

Es hora de preguntar: ¿cómo la moral de occidente cayó en una pendiente tan resbaladiza? ¿Qué nos pasó? Puedo explicarlo de dos maneras: histórica y bíblicamente.

LA EXPLICACIÓN HISTÓRICA

La explicación histórica se remonta a la Ilustración del siglo dieciocho. Durante la Edad Media, el mundo occidental, a pesar de su oscuridad y corrupción, mantuvo un atisbo de la verdad objetiva. No había dudas de la existencia de Dios, lo que proporcionó una base para creer en valores absolutos del bien y del mal. En la década del 1500, la Reforma fortaleció esta verdad. Pero pisándole los talones a la Reforma, el pensamiento secular de la Ilustración (o la Era de la Razón) irradiaba desde Francia como un campo de fuerza hacia toda Europa y el Nuevo Mundo.

Muchos de los pensadores de la Ilustración no pudieron abandonar totalmente sus ideas sobre la existencia de Dios. Lo que hicieron fue minimizarlo mediante la religión deísta: la enseñanza de que el Creador, si existe, no está interesado ni participa en los asuntos del mundo. Profesaban que los humanos eran la verdadera fuerza moral en el universo.

Dave Breese, en su libro *Seven Men Who Rule the World from the Grave* [Siete hombres que gobiernan el mundo desde la tumba], escribió:

> Fue a principios del 1900 que las ideas de Darwin florecieron por completo. Para entonces, la evolución estaba en camino de conquistar el mundo académico y los procesos mentales del hombre promedio. Prácticamente todos creían que la historia avanzaba desde lo primitivo y animal hacia lo

sublime e incluso lo angélico [...]. El darwinismo, en un santiamén, persuadió a la sociedad... de que ningún problema era irresoluble, de que ninguna dificultad era insuperable. Con suficiente tiempo, todo saldría bien. La humanidad tenía un potencial que de forma inevitable se manifestaría.[9]

Fue John Dewey, un tímido estudioso de Vermont, quien introdujo la creciente ola de secularismo humanista dentro del sistema educativo estadounidense. El principio fundamental de Dewey fue el rechazo de la verdad absoluta e inmutable. Creía que la verdad final era ilusoria.[10] Breese explica: «Este humanismo, que Dewey promulgaba... se generalizó en las escuelas de nuestro país, especialmente en el nivel de posgrado. A partir de ese momento, el punto de vista rector fue que no existía ningún punto de vista rector».[11]

En este contexto, el relativismo moral entró en la cultura pop haciendo estragos entre las décadas de 1920 y 1960, y preparó el escenario para la revolución sexual entre la década de 1960 y 1980. Hollywood tomó las riendas y los valores morales de Estados Unidos decayeron como los gráficos económicos de la Gran Depresión.

Mientras tanto, el secularismo, la eliminación del teísmo o la conciencia de Dios de la vida pública, se ha convertido en la religión *de facto* de Estados Unidos. «Una cosmovisión secular», secular —escribe Ravi Zacharias— es, sin duda alguna y con todo propósito, el poder subyacente que impulsa a la cultura occidental en estos momentos».[12]

Albert Mohler nos ayuda a comprender cómo llegamos a nuestra posición actual. En la época de la antigüedad premoderna y el período medieval, *era imposible no creer*. No existía una alternativa intelectual a la creencia en Dios. En la era moderna, se hizo *posible no creer* cuando los filósofos comenzaron a postular alternativas. Hoy en día los secularistas afirman que es *imposible creer*. Las alternativas a Dios se han vuelto dominantes. Los cristianos se han convertido en «proscritos intelectuales» en el mundo secular, comenta Mohler. «El secularismo en Estados Unidos ha propiciado una revolución moral única y perpetua [...] La historia del surgimiento del secularismo es un sorprendente cambio intelectual y moral».[13]

En resumen, no se sabe cómo terminará una sociedad al estilo «vale todo». O, mejor dicho, sabemos dónde termina esa cultura. Tarde o temprano se asemejará a los días de Noé.

LA EXPLICACIÓN BÍBLICA

Si de veras quieres entender lo que sucede hoy con la moral de occidente, recorre la cadena teológica desde el rechazo del Creador hasta el colapso moral que describe Pablo en Romanos 1:

> Porque la ira de Dios se revela desde el cielo contra toda impiedad e injusticia de los hombres que detienen con injusticia la verdad; porque lo que de Dios se conoce les es manifiesto, pues Dios se lo manifestó. Porque las cosas invisibles de él, su eterno poder y deidad, se hacen claramente visibles desde la creación del mundo, siendo entendidas por medio de las cosas hechas, de modo que no tienen excusa. (vv. 18-20)

Sea por un telescopio o un microscopio, me sorprende la simetría, el alcance y el orden sistemático de la creación. El Salmo 19.1 expresa que el universo mismo demuestra que la existencia de Dios es innegable: «Los cielos proclaman la gloria de Dios y el firmamento despliega la destreza de sus manos» (NTV).

La razón fundamental para el rechazo de la humanidad de esta evidencia obvia es que la existencia de un Creador implica Su autoridad sobre toda Su creación. Si estamos sujetos a un Hacedor, no somos autónomos, porque la moral está intrínsecamente arraigada en Su carácter santo. No podemos vivir como quisiéramos o debiéramos hacerlo. La pureza personal de Dios proporciona una base moral para el universo y sienta las pautas por las cuales vivimos vidas saludables y santas.

En su afán por escapar esta evidencia obvia, nuestra sociedad ha optado por creer lo increíble: que todo surgió de la nada en una inexplicable explosión de materia densa originada también de manera inexplicable; que ese lodo primordial saltó por casualidad de la muerte a la vida; que las moléculas progresaron de la aleatoriedad a la complejidad; y que los humanos somos el producto de estos accidentes, simples trozos de carbono destinados a morir tan rápido como surgimos, seres de un universo sin propósito que enfrentan un futuro sin esperanza. Tales son las bases del secularismo que hunde progresivamente las creencias y el comportamiento.

El apóstol Pablo describe dicho hundimiento gradual:

INGRATITUD

Pablo escribió: «Pues habiendo conocido a Dios, no le glorificaron como a Dios, ni le dieron gracias, sino que se envanecieron en sus razonamientos, y su necio corazón fue entenebrecido» (Ro 1.21).

IDOLATRÍA

«Profesando ser sabios, se hicieron necios, y cambiaron la gloria del Dios incorruptible en semejanza de imagen de hombre corruptible, de aves, de cuadrúpedos y de reptiles» (1.22-23).

El Señor creó el corazón humano con un vacío que solo puede llenar Su amor. Ese hueco necesita estar lleno de algo. Cuando rechazamos al verdadero Dios, inevitablemente formamos otros dioses para llenarlo. Eso se llama idolatría.

Un ídolo es lo que va primero en tu vida. Es aquello que priorizas y amas más que a Jesucristo. En nuestra era materialista, millones de personas sirven al dios del dinero, las posesiones y la acumulación de riqueza. Cuando nuestro deseo de éxito económico eclipsa nuestro amor por el Señor, se vuelve tan idolátrico como inclinarse ante una imagen hecha por el hombre.

No te equivoques: cuando rechazamos al Dios-creador de la Escritura, enseguida buscamos un sustituto. Si lo despreciamos, nos apartamos de Su amor y provisión y nos convertimos en nuestro propio dios.

Donald Baillie nos ayuda a visualizar lo que sucede apenas nos apartamos del amor del Padre. Describe a la humanidad como un círculo que tiene a Dios por centro:

> En ese círculo todos debiéramos estar de pie, nuestras manos entrelazadas en amor, mirando al centro, a la Luz que es el Creador. Veríamos a todos nuestros semejantes alrededor del círculo a la luz del Amor central

que brilla sobre ellos y hermosea sus rostros. Danzaríamos con ellos en el juego de Dios, al ritmo del amor universal. Pero ¿qué ha sucedido? Todos le hemos dado la espalda al Señor y a nuestros compañeros de ronda. Nuestras miradas se han desviado, así que no podemos ver ni la Luz central ni los demás rostros del círculo. ¡Incluso, en esa posición, resulta difícil darles la mano a nuestros compañeros! Por eso, en lugar de jugar el juego divino, jugamos, cada uno, nuestro propio juego egoísta. Cada uno de nosotros desea ser el centro, y la confusión es enorme. No conocemos verdaderamente ni a Dios ni a nuestros prójimos. Ahí radica el problema.[14]

INMORALIDAD

En Romanos 1.24-25 Pablo continúa: «Por lo cual también Dios los entregó a la inmundicia, en las concupiscencias de sus corazones, de modo que deshonraron entre sí sus propios cuerpos, ya que cambiaron la verdad de Dios por la mentira, honrando y dando culto a las criaturas antes que al Creador, el cual es bendito por los siglos. Amén».

Cuando renunciamos al verdadero Dios de los cielos, los demás dioses nos llevan al deterioro de la moral, a la sensualidad, a los pecados sexuales y a una vida impulsada por la lujuria. De hecho, este pasaje afirma que el Señor entrega a las personas a tal tipo de depravación. ¿Cómo puede un Dios de amor simplemente entregarlos a los males que prefieran? «Él no provoca la muerte de nadie; la ley natural de las consecuencias lo hace. El Santo no puede permanecer en la presencia del pecado, por eso abandonó a Su propio Hijo en el Calvario cuando Cristo cargó con la iniquidad del mundo».[15]

Qué triste es andar en un camino descendente cuando Dios nos ofrece uno ascendente. En cuanto nos desviamos de Sus sendas, marchamos a las profundidades de los días de Noé.

INIQUIDAD

Cuando una cultura niega a su Creador, adora a sus propios dioses y sucumbe a una existencia plagada de lujuria que, sin remedio, se vuelve demasiado sexual. Pablo lo expresó bastante claro: «Por esto Dios los entregó a pasiones vergonzosas; pues aun sus mujeres cambiaron el uso natural por el que es contra naturaleza, y de igual modo también los hombres, dejando el uso natural de la mujer, se encendieron en su lascivia unos con otros, cometiendo hechos vergonzosos hombres con hombres, y recibiendo en sí mismos la retribución debida a su extravío» (1.26-27).

Los titulares de los últimos años no hacen más que reflejar cómo se cumple este pasaje en nuestra sociedad. Tal espiral descendente de indecencia conduce a una completa ruina moral. El doctor Donald Gray Barnhouse considera cómo dichos versículos señalan el final inevitable de nuestro descenso:

> Observamos una humanidad que el Creador ha abandonado y la escena es espantosa. El desamparo ocurre porque el alma humana se alejó sucesivamente de Dios. Los pasos de extravío fueron graduales. Comenzaron por no reconocer al Señor en la adoración y la acción de gracias, y transitaron por las diversas etapas desde la deificación de la razón humana hasta la locura última del hombre en la forma más corrupta de las prácticas idólatras. Luego de apartarse de su Hacedor el hombre elaboró un dios a su imagen.[16]

Aunque el pasaje es atroz, el doctor Martyn Lloyd-Jones explica que es solo un vistazo de algo aún peor:

> El infierno es lo que se describe aquí, pero infinitamente peor y por la eternidad. ¡Eso es el infierno! Es un estado existencial lejos de Dios y de todas las restricciones de Su santidad. Sí, ¡es todo lo descrito en este pasaje, pero multiplicado sin límites, por siempre y para siempre! En otras palabras: ¡el infierno son las personas que viven, por los siglos de los siglos, la clase de vida que están viviendo ahora, solo que mucho peor! ¡Eso es el infierno![17]

Sé que algunos de ustedes están pensando: *¡Vaya!, ¿tenemos que lidiar con esto? ¿Por qué no nos enfocamos en la gracia de Dios y dejamos el tema del pecado?* Bueno, antes de ignorar el pecado y disfrutar de la gracia de Dios, necesitamos escuchar las palabras del teólogo Cornelius Plantinga, Jr.:

> Hablar de gracia sin pecado es [...] minimizar la cruz de Jesucristo, pasar por alto la lucha que sostuvieron los santos de todas las épocas por perdonar, aceptar y rehabilitar a los pecadores, incluyéndose ellos mismos, y por tanto, restarle peso a esa gracia que Dios siempre nos ofrece por medio de la sangre. ¿Cuál es el significado del desgarramiento y el sufrimiento en el Gólgota sino ese? Hablar de gracia sin enfrentar cara a cara estas realidades, sin reconocer de forma honesta y dolorosa nuestro propio pecado y sus efectos, es reducir la gracia a un mero adorno en la música de la creación, es reducirla solo a una nota de gracia. En resumen, para la Iglesia cristiana (incluso en sus hoy populares servicios de búsqueda) ignorar, expresarla con un eufemismo o silenciar de otro modo la realidad mortífera del pecado, es cortar el nervio central del evangelio. Porque la cruda verdad es que, sin una revelación completa del pecado, el evangelio de la gracia se vuelve impertinente, innecesario y, al final, en extremo aburrido.[18]

EL ESCAPE DE NUESTRA DECADENCIA MORAL

Uno de mis momentos más memorables como maestro de la Palabra de Dios tuvo lugar la noche del domingo 28 de abril de 1995. Había empezado a enseñar el Libro de Romanos en nuestro servicio vespertino, y el pasaje en mi programa era Romanos 1.29-32.

Queríamos tomar la Santa Cena al comienzo del servicio. Pero después de estudiar dichos versículos de Romanos, decidí enseñarlos primero y luego realizar la Santa Cena.

Repasé las palabras que Pablo usó para describir la corrupción y la depravación del hombre, y luego celebramos la Santa Cena. Algo hermoso sucedió en mi corazón durante el culto, y sentí que también estaba ocurriendo en los corazones de muchos de nuestros hermanos. Vi lágrimas correr y, ¡yo mismo contuve las mías!

El lunes por la mañana, aún algo desconcertado por lo que había pasado la noche anterior, leí las siguientes palabras en el libro de Plantinga *Not the Way It's Supposed to Be: A Breviary of Sin* [No es lo que se supone que es: Breviario del pecado]:

> El autoengaño sobre nuestro pecado es un narcótico, una supresión tranquilizadora y desorientadora del sistema nervioso central del espíritu. Lo destructivo aquí es que, al no tener oídos para las notas equivocadas en nuestras vidas, no podemos tocar las correctas o, incluso, reconocerlas en las actuaciones de otras personas. Con el tiempo nos volvemos tan religiosamente desafinados que pasamos por alto tanto la exposición como el resumen de los temas principales que Dios juega en la vida humana. Las melodías de la creación y la música aún mayor de la gracia pasan de lado junto a nuestros cráneos, sin vivificarnos y sin dejar rastros. La idea de que la raza humana necesita un Salvador suena pintoresca.[19]

Pensé: *¿Cuántas veces* la música de la gracia sonó en nuestros cráneos *durante la Santa Cena?* Pero ese domingo por la noche, todos vislumbramos nuestra pecaminosidad y comprendimos con cuánto desespero necesitábamos un Salvador. Después fuimos capaces de reconocer que Jesús vino y, a través de Su muerte, limpió nuestras almas de toda esa fealdad e inmundicia. No recuerdo haber estado más agradecido por la gracia y el perdón de lo que estaba esa noche. Quizás entendí por primera vez lo que el doctor Martyn Lloyd-Jones afirmó sobre la gracia: «No existe una palabra más maravillosa que "gracia". Significa concederle a alguien un favor o una bondad inmerecida. No es solo un regalo gratuito, ¡no!: es un regalo gratis para quienes merecen exactamente lo opuesto, y se nos da mientras estamos "sin esperanza y sin Dios en el mundo"».[20]

La carta a Romanos 1 pone de manifiesto lo que sería de nosotros separados de la gracia divina y de la muerte de Cristo. ¡No es de extrañar que Pablo dijera que no se avergonzaba del evangelio! Es una gran noticia para ti y para mi saber que podemos escapar de la decadencia moral en nuestro mundo y en nuestros corazones si confiamos en la vida, la muerte y la resurrección de Jesucristo.

¿Te volverás a Él?

CAPÍTULO 8

EL ISLAM RADICAL

Georges Sada, general durante el gobierno de Saddam Hussein, fue un héroe del ejército, el principal piloto de la fuerza aérea de Irak, y el hombre al que Saddam llamaba para conocer la verdad sobre asuntos militares. En su libro *Saddam's Secrets* [Los secretos de Saddam], Sada reflexiona sobre el impacto del islam en el mundo:

> Con frecuencia me preguntan sobre el islam militante, la amenaza del terrorismo global y también sobre el significado de las palabras árabes *fatah* y *jihad*. Lo que normalmente respondo es que para los seguidores del ala militante del islam, estas doctrinas expresan la creencia de que Alá les ha ordenado conquistar las naciones del mundo, tanto por invasión cultural como por la espada. En algunos casos consiste en el traslado de miles de familias musulmanas a tierras extranjeras. Construyen mezquitas y cambian la cultura de adentro hacia afuera, a la vez que se niegan a asimilar o asumir las creencias o valores de la nación que pretenden conquistar para el islam. En realidad, es una doctrina maligna y odiosa... pero los seguidores de este tipo de islam la están implementando en algunos lugares hoy en día.[1]

Sada les advirtió a los estadounidenses que la revolución islámica no es un problema del Medio Oriente o de Europa. Su objetivo final es la conquista de Occidente y Estados Unidos:

No los detendrán por medios pacíficos. No les interesan las soluciones políticas. No les importa el bienestar. Las causas de su animosidad no son ni el hambre, ni la pobreza, ni alguna otra cosa. El único objetivo delante de sus ojos es: la conquista total de Occidente y la destrucción de cualquiera que no se incline ante ellos y ante su ideología peligrosa y obsoleta de odio y venganza.[2]

Los norteamericanos no parecen tomar en serio la amenaza del islam. De hecho, el Pew Research Center nos dice que los ciudadanos estadounidenses ignoran el peligro potencial de los musulmanes radicales. Una encuesta reciente indicó que «solo el 16 % del público posee amplios conocimientos sobre las creencias y prácticas religiosas de los musulmanes, mientras que más de ocho de cada diez dicen que saben poco (57 %) o nada (26 %)».[3]

Según Sada, el pueblo de Estados Unidos es muy vulnerable a la propagación del islam militante porque nuestros enemigos se aprovechan de los rasgos que consideramos socialmente positivos:

Entre los aspectos más agradables del pueblo estadounidense están su generosidad y su amabilidad. Por eso resulta a veces demasiado ingenuo y confiado. Es amigable, se abre a la gente y se sorprende cuando lo apuñalan por la espalda. Muchos jóvenes soldados valientes han muerto en Irak por esta razón; pero considero que una gran parte del problema es, simplemente, que el Departamento de Estado y algunos en el gobierno no entienden la verdadera naturaleza del enemigo.[4]

No se puede pasar por alto que el auge del islam radical y la prevalencia del terrorismo han golpeado a Occidente. Ejemplo claro es el 9/11. Sufrimos el impacto cada vez que esperamos en una línea de seguridad del aeropuerto, cuando oímos informes de otro ataque, o cuando vemos las noticias y escuchamos a los comentaristas describir cómo está creciendo la cultura islámica en nuestra propia tierra.

Pero el islam radical, más que una amenaza para nuestro estilo de vida, es una señal de los últimos días:

El aumento del terror islámico prepara el escenario para los acontecimientos de Ezequiel 38-39. Estos capítulos profetizan que en los últimos tiempos una inmensa coalición de naciones, todas ellas islámicas hoy, excepto Rusia, invadirán Israel. Esta nación ha proclamado que un nuevo «eje del terror», Irán, Siria y el gobierno palestino dirigido por Hamas, está sembrando las semillas de la Primera Guerra Mundial del siglo veintiuno. El auge del islam, y en especial el terrorismo islámico radical, presagia sorprendentemente las certeras profecías de Ezequiel.[5]

¿ES EL ISLAM MILITANTE O PACÍFICO?

No hace mucho, Fox News emitió un programa especial llamado «Islam radical: Terror en sus propias palabras», con impresionantes clips de la televisión islámica donde aparecían clérigos y líderes políticos que abogaban por atacar a Estados Unidos e Israel. El documental incluía segmentos de televisión islámica en donde los niños, a través de canciones, expresaban sus deseos de participar en la *jihad* violenta o de convertirse en terroristas suicidas. También transmitió imágenes de una manifestación islámica radical en California, donde le dijeron a la audiencia: «Un día verán la bandera del islam sobre la Casa Blanca».[6]

Ante tales informes, uno de los enigmas más inquietantes del islam es que algunos líderes musulmanes afirman ser un pueblo amante de la paz. Sin embargo, resulta que los terroristas islámicos continúan asesinando brutalmente a cualquier persona o grupo que les haga alguna objeción. El exradical chiita musulmán, Reza F. Safa, preguntó:

> Si el islam es una religión pacífica, ¿por qué Mahoma participó en cuarenta y siete batallas? ¿Por qué, en todas las campañas en que los ejércitos musulmanes han luchado a lo largo de la historia, han matado a hombres, mujeres y niños que no se arrodillaron ante el señorío islámico? Hombres como Saddam, Jomeini, Ghadafi, Idi Amin, entre otros muchos dictadores musulmanes, ejemplifican hoy lo que representa un reinado de terror.
> Si el islam es pacífico, ¿por qué hay tantos versículos en el Corán sobre dar

muerte a los infieles y a aquellos que se resistan a aceptarlo? Si es pacífico, ¿por qué no hay ni un solo país musulmán que permita la libertad de culto y de expresión? ¡No hay ni uno! Si el islam es pacífico, ¿quién les concede esta terrible violencia a cientos de grupos islámicos en todo el mundo que matan a personas inocentes en nombre de Alá?[7]

Para comprender las contradicciones del islam debemos profundizar brevemente en la historia de cómo se originó la religión y cuáles son sus creencias actuales.

LA HISTORIA DEL ISLAM

Islam significa «sumisión». Un musulmán es «alguien que se somete a Dios». Hoy en día hay alrededor de 1.800 millones de musulmanes en el planeta. Alrededor de 3,45 millones viven en Estados Unidos, lo cual representa cerca del 1,1 % de la población adulta. Si bien es común que asociemos el islam con el Medio Oriente, las poblaciones musulmanas más grandes se encuentran en la región de Asia y el Pacífico.[8]

Según la tradición islámica, el fundador del islam, Mahoma, nació en La Meca (en la actual Arabia Saudita) en el año 570 A. C. La Meca fue un próspero centro de peregrinación religiosa, lleno de templos y estatuas dedicadas a los muchos dioses que el pueblo árabe adoraba por aquel entonces.

El padre de Mahoma murió antes de que él naciera, y su madre falleció cuando solo tenía seis años. Fue criado por su abuelo paterno; creció y llegó a ser camellero y luego comerciante. A los veintiséis años, se casó con una rica propietaria de caravanas llamada Khadija. Ella tenía cuarenta años y se había divorciado cuatro veces. A pesar de su edad, la pareja tuvo seis hijos con Mahoma.

Debido a sus profesiones, Mahoma permaneció en contacto con cristianos y judíos que le hicieron cuestionar la religión de su pueblo. Recibió su primera revelación a los cuarenta años mientras meditaba en una cueva fuera de La Meca. A partir de ese momento, según su testimonio, Dios se le apareció algunas veces para entregarle revelaciones que luego él transmitió a su pueblo. Estos mensajes, que Mahoma recibió a lo largo de su vida, forman los versos del Corán que los musulmanes consideran la palabra divina de Dios.

En el mundo árabe del siglo siete, la gente adoraba a más de 360 dioses, uno por cada día del año lunar. Dentro de ellos estaba el dios de la luna, contraparte masculina de la diosa sol femenina, y uno de cuyos nombres era Alá, preferido por la familia de Mahoma.

Cuando Mahoma comenzó a promover su nueva religión, elevó al dios de la luna, Alá, y lo declaró como el único Dios verdadero. Su devoción a Alá fue feroz. Al establecer y difundir su religión del islam, Mahoma asesinó a miles de personas que se resistieron a la conversión.[9]

La oposición en La Meca obligó a Mahoma y a sus seguidores a huir a Medina en el 620 A. C. Allí se convirtió en el jefe de la primera comunidad musulmana. En el 631 A. C., regresó a La Meca, donde murió al año siguiente. La decisión de quién sería su sucesor provocó amargas divisiones dentro de la comunidad islámica. Hoy el fraccionamiento permanece a través de las sectas islámicas conocidas como chiitas y sunitas. El conflicto entre ellas es uno de los principales problemas en Irak y en todo el mundo islámico.

A la muerte de Mahoma, el grupo que conocemos como sunní siguió el liderazgo de Abu Bakr, sucesor al cual Mahoma eligió personalmente. Al presente los sunitas comprenden alrededor del 90 % del mundo islámico. Creen que los dones espirituales de Mahoma murieron con él y que su única autoridad hoy en día es el Corán.

Los chiitas, por su parte, siguieron a Ali, el yerno de Mahoma. Ellos creen que Ali había heredado los dones espirituales de Mahoma. Winfried Corduan explica: «Los chiitas piensan que sus líderes, los imanes, tienen la misma autoridad que el Corán. Creen que el Duodécimo Imán se ocultó hace cientos de años y que continúa vivo hasta que regrese como el Mahdi... ¡El mesías musulmán!».[10]

Abu Bakr y sus sucesores lanzaron guerras santas que extendieron el islam desde el norte de España hasta la India y amenazaron a la Europa cristiana. Los cristianos resistieron la amenaza, y luego de múltiples guerras, los invasores islámicos volvieron a los países del Medio Oriente, donde aún dominan. Sin embargo, su celo para que su religión controle el mundo sigue siendo fuerte y constituye todavía una amenaza para todos los que no se mantienen vigilantes.

LAS PRÁCTICAS DEL ISLAM

Los musulmanes sunitas ordenan cinco actos de adoración, que se conocen como los cinco pilares del islam. El culto musulmán chií comprende ocho prácticas rituales, pero estas abarcan los mismos cinco pilares que practican los sunitas; son los siguientes:[11]

- Recitar *La shahada*: La shahada es el credo islámico: «No hay más dios que Alá, y Mahoma es su profeta». Todo musulmán tiene el deber de recitarla.
- Orar (*azalá*): los musulmanes oran postrados cinco veces al día mirando hacia la Meca: temprano en la mañana, al mediodía, por la tarde, a la puesta del sol y una hora después de la puesta del sol.
- Dar limosna (*azaque*): Los musulmanes deben dar el 2,5 % de sus ingresos a los necesitados. Pueden dar más para obtener más recompensa divina, pero el 2,5 % es el mínimo obligatorio.
- Ayunar (*sawm*): Los musulmanes se abstienen de alimentos en el día durante el mes lunar de Ramadán. Este mes se dedica a la meditación, la reflexión y termina con una festividad.
- Realizar la peregrinación (*hajj*): Las personas física y económicamente capaces deben visitar La Meca al menos una vez durante su vida. El viaje, por lo general, tarda más o menos una semana e incluye muchas paradas en otros lugares sagrados del camino.

EL ODIO DEL ISLAM

Sin duda, la palabra más aterradora asociada con el Islam es *jihad*. A veces llamado el «sexto pilar» del Islam, *jihad* significa «lucha». La «*jihad* mayor» es la lucha interna de cada musulmán por someterse a Alá. La «*jihad* menor» es la lucha exterior para defender a la comunidad islámica. Esa es la *jihad* que aterroriza el corazón de cualquiera que rechace el islam radical. Estos musulmanes interpretan la *jihad* como la defensa violenta del islam y la expansión del mismo incluso por medio de una agresión mortal.

El odio que los musulmanes tienen por los judíos está bien documentado. Pero el asentamiento de Israel en su tierra natal en 1948 llevó este rencor a un nivel de furia asesina. Militantes y radicales se refieren a Israel como «el pequeño Satanás» y a Estados Unidos como «el gran Satanás», y están decididos a borrar a ambos países del mapa.

Aunque la mayoría de los musulmanes del mundo intentan vivir en paz con sus vecinos, la cantidad de radicales que predican la violencia y el terror se está multiplicando en todo el planeta.

Hoy, mientras escribo estas palabras, no hay una sola nación de mayorías musulmanas que no persiga a los cristianos. Como advirtió el general Sada: «No podemos bajar la guardia en nombre de la tolerancia y el multiculturalismo».

LAS ESPERANZAS DEL ISLAM

El islam radical tiene una visión de su futuro que no augura nada bueno para quienes se interponen en el camino. Para comprenderla mejor, analizaremos brevemente algunos de los objetivos que el mundo islámico pretende alcanzar.

EL ISLAM PRETENDE GOBERNAR EL MUNDO

Una cosa es leer sobre la determinación musulmana de apoderarse del mundo; otra muy distinta es verlo en acción con nuestros ojos, como ocurre en Europa. La migración social más sorprendente de nuestra época es la conquista islámica de dicho territorio. Tony Blankley, del *Washington Times,* dio la voz de alarma sobre esta infiltración islámica:

> La amenaza de los islamistas radicales que se apoderan de Europa es tan grande para Estados Unidos como lo fue la de los nazis que se apoderaron de Europa en la década de 1940...

Sin dudas, el resurgimiento de un islam militante provocó que Estados Unidos participara en dos guerras en países musulmanes en dos años. Además, interrumpió la alianza de nuestro país con Europa, provocó la mayor reorganización del gobierno estadounidense en medio siglo (con la creación del Departamento de Seguridad Nacional), cambió los resultados de las elecciones en Europa y amenazó la estabilidad de la mayoría de los gobiernos en el Medio Oriente.[12]

Podemos detectar y resistir de forma eficaz los efectos de la *jihad* en el terrorismo militante, pero tenemos problemas para hacer lo mismo con la estrategia más sutil, esa que los musulmanes llaman *fatah*, la cual consiste en infiltrarse, mudándose a un país en números lo suficientemente grandes como para insertar la influencia del islam. En los lugares donde una invasión militar no tendrá éxito, los métodos lentos, sistemáticos e implacables de *fatah* están conquistando naciones enteras. Dos ilustraciones son aleccionadoras, la primera, referente a Francia:

> Lo que estamos viendo en muchos lugares es una «revolución demográfica». Algunos expertos consideran que para el año 2040, el 80 % de la población de Francia será musulmana. Para dicha fecha, esa mayoría controlará el comercio, la industria, la educación y la religión en ese país. Por supuesto, también al gobierno, y ocupará todos los puestos claves en el Parlamento francés. De seguro, un musulmán será presidente.[13]

La conquista islámica también está ocurriendo en Inglaterra, donde los musulmanes avanzan en su objetivo de dominación aprovechando la política británica de tolerancia pluralista. Un ejemplo ocurrió en septiembre del 2006 cuando el secretario de asuntos del Reino Unido, John Reid, dio un discurso a los padres musulmanes en el este de Londres, alentándolos a proteger a sus hijos de convertirse en terroristas suicidas. Un líder musulmán fundamentalista, vociferando, hizo callar al orador. Le gritó: «¿Cómo te atreves a venir a un área musulmana? [...] Estoy más que furioso: John Reid no debería venir a un área musulmana». Los musulmanes no solo están emigrando en masa hacia los países occidentales, sino que también reclaman el derecho de mantener sus asentamientos fuera del alcance de los ciudadanos nativos.[14]

A principios del 2008, Rowan Williams, el arzobispo de Canterbury, en Inglaterra, dio al mundo un ejemplo sorprendente de la afirmación del general Sada sobre la ingenuidad occidental con respecto a las intenciones islámicas. Williams le dijo a un corresponsal de la BBC que la creciente población islámica en Gran Bretaña facilitaba su recibimiento y aceptación. Expresó que «el Reino Unido debía enfrentar el hecho que parece inevitable de que el sistema legal del islam, la sharia, se incorpore a la ley británica». Su término para esta combinación de leyes fue «acomodación constructiva».[15] La sharia, que se deriva del Corán y las enseñanzas de Mahoma, es el sistema legal que rige la vida de los musulmanes. En Occidente, la ley es bastante benigna y se centra principalmente en la familia y los negocios. Pero en los países musulmanes, puede incluir cosas como asesinatos por honor en casos de presunta inmoralidad.

Es posible que escuche otros términos utilizados para describir el objetivo islámico de la dominación mundial. Por ejemplo, la «*jihad* biológica» o «*jihad* demográfica» es la estrategia no violenta de los musulmanes que se mudan a Europa y al oeste y tienen más bebés que sus anfitriones. Dentro de varias generaciones, esperan repoblar las tradicionales culturas cristianas con su propia gente, y, de hecho, están en camino de alcanzar esa meta. Según un informe del Vaticano, la Iglesia católica romana ha declarado que: «Por primera vez en la historia, ya no estamos en la cima: los musulmanes nos han sobrepasado».[16]

EL ISLAM ESPERA TRAER DE VUELTA A SU MESÍAS

En el 2005, el Consejo de Seguridad de las Naciones Unidas convocó al presidente iraní, Mahmoud Ahmadinejad, para que explicara su determinación de desarrollar armas nucleares. Terminó su discurso con esta oración: «Te ruego que apresures la aparición de tu último depósito, el prometido, ese ser humano perfecto y puro, el que llenará este mundo de justicia y paz».[17] El «prometido» en la oración de Ahmadinejad fue una referencia al Duodécimo Imán, una figura en la enseñanza chiita que es paralela a la figura de Al-Mahdi en la enseñanza sunita. En esencia, ambos títulos se refieren al mesías islámico que aún está por venir.

El islam chií cree que el Duodécimo Imán, sin dudas, aparecerá durante un tiempo de confusión a nivel mundial. Si bien la esperanza de un mesías islámico es del todo inútil, el caos que sus líderes extremos están creando para generar esa esperanza es bastante palpable. Las creencias y acciones del islam radical darán cumplimiento a muchas de las profecías bíblicas concernientes a los tiempos finales. Ya estamos sintiendo la presión de tales sucesos inminentes en la rápida propagación de tal islam en nuestro tiempo.

LA RESPUESTA A LA AMENAZA ISLÁMICA

¿Cómo estamos respondiendo al auge del islam radical? Me parece que, no muy bien. En general, los que administran nuestra cultura y políticas están facilitando inadvertidamente la agenda radical de la conquista islámica. No podemos permitir que esta amenaza nos siga engañando. Hay personas que están dispuestas a desechar ciertas verdades en nombre de la tolerancia y la adaptación; pero nosotros debemos mantener nuestras posiciones y reafirmarlas.

Advierto que hay dos verdades que la gente confunde mucho. Es de suma importancia que las afirmemos para mantener una comprensión clara del enorme abismo entre el cristianismo y el Islam.

«ALÁ» NO ES OTRO NOMBRE PARA EL DIOS DE LA BIBLIA

A mediados de agosto del 2007, el obispo católico holandés Muskens dijo que «desea que todos llamen a Dios "Alá"». Durante una entrevista en la televisión holandesa explicó: «Alá es un nombre hermoso para Dios. ¿Por qué no llamar a Dios Alá de ahora en adelante?». Un analista de noticias católico romano no estuvo de acuerdo con el obispo, y expresó: «Las palabras y los nombres tienen significados. Referirse a Dios como Alá significa algo».[18]

¡Así mismo es! Stan Goodenough les recordó a los lectores del *Jerusalem Newswire*, que, en el nombre de Alá, las personas secuestran aviones y los utilizan para causar desastres indescriptibles, se colocan bombas en el cuerpo para luego explotar en lugares públicos y aniquilar a personas inocentes, y en nombre de Alá, «millones de personas oran por la destrucción de Israel y Estados Unidos». Goodenough señaló que Dios se le presentó a Moisés con el nombre de Jehová. Y, además, afirmó: «También tiene muchos otros que describen aspectos de su naturaleza y carácter. "Alá" no es uno de esos nombres».[19]

El obispo Muskens seguramente conoce los nombres bíblicos de Dios. Entonces, ¿qué estaba pensando cuando instó a los cristianos a llamar a Dios «Alá»? Una declaración en el sitio electrónico de su diócesis lo explica: «Si los musulmanes y los cristianos se dirigen a Dios con el mismo nombre, lograremos una vida armoniosa entre las dos religiones».[20] Supongo que cuando los líderes islámicos vieron esto sus mezquitas armaron una buena algarabía para celebrar el triunfo. Su política de *fatah* estaba funcionando muy bien. Deben haber estado encantados cuando el portavoz del Consejo de Relaciones Americano-Islámico aceptó la propuesta de Muskens, al expresar: «Refuerza el hecho de que los musulmanes, los cristianos y los judíos adoran al mismo Dios».[21]

Con frecuencia escuchamos esta atroz afirmación, pero nada podría estar más lejos de la verdad. ¡Alá y Dios ni remotamente son lo mismo! El Dios de la Biblia es conocible. Según el Corán, Alá es tan exaltado que nadie lo puede conocer. El Dios de la Biblia es un ser personal con intelecto, emociones y voluntad. La teología musulmana enseña que no podemos concebir a Alá como una persona. El Dios de la Biblia es Padre, Hijo y Espíritu Santo. El Corán niega la Trinidad y la ve como una herejía. El Dios de la Biblia es un Dios de amor. Alá no tiene sentimientos emocionales hacia la humanidad. El Dios de la Biblia es un Dios de gracia. Según el Corán, no hay Salvador. Queda claro que el Dios de la Biblia y Alá no son iguales en absoluto y jamás debemos ponerlos al mismo nivel.[22]

LA BIBLIA ES UN LIBRO DIVINO, EL CORÁN NO

Muchas personas también dicen que deberíamos poner el Corán al mismo nivel que la Biblia. Una comparación de los dos libros muestra el absurdo de tal afirmación. La Biblia es una obra maestra de cohesión, profundidad y consistencia. Dios inspiró a más de cuarenta hombres en un período de mil cuatrocientos años para escribir las palabras inspiradas por Su Espíritu, que muestran un mensaje unificado desde Génesis hasta Apocalipsis (2 Ti 3.16).

Por su parte, el Corán es un libro plagado de contradicciones las cuales, supuestamente, el ángel Gabriel le reveló a Mahoma, quien, como no podía leer ni escribir, fue escuchado por personas que luego recopilaron sus palabras.

Los lectores objetivos que han leído la Biblia y el Corán de inmediato distinguen la diferencia entre la calidad y la comprensibilidad de ambos libros. El historiador Edward Gibbon es un ejemplo de tal lector. Difícilmente Gibbon podría ser cristiano. Sin embargo, describió el Corán como «una rapsodia incoherente de fábulas, preceptos y declamaciones, que unas veces se arrastra en el polvo y otras, se pierde en las nubes».[23]

LOS MUSULMANES ESTÁN DENTRO DEL ALCANCE DE LA GRACIA DE DIOS

Es posible que nos resulte difícil orar por los enemigos declarados que amenazan nuestra destrucción, pero Jesús nos ordena: «Amad a vuestros enemigos, bendecid a los que os maldicen, haced bien a los que os aborrecen, y orad por los que os ultrajan y os persiguen» (Mt 5.44). Creo que eso incluye a los terroristas radicales islámicos.

Tenemos bastante evidencia de que tales oraciones son efectivas. Nuestro programa semanal de televisión, *Turning Point*, [Momento decisivo] está disponible en muchos países árabes. Constantemente recibimos correspondencia de individuos que han venido a Cristo a través del ministerio de la Palabra de Dios gracias a la televisión vía satélite. Hace poco recibimos una carta de un país árabe en la que el escritor nos dijo que había aceptado a Cristo. En una posdata nos suplicó que no le enviáramos ningún material a su dirección, un recordatorio aleccionador del coraje que se necesita para que un musulmán en un país islámico confiese a Cristo como Salvador.

Dios está obrando en el mundo islámico. Muchos musulmanes, en sus sueños, reciben el evangelio. Un árabe saudita tuvo una pesadilla aterradora en la que lo llevaban al infierno. Este sueño vívido y horroroso lo acosaba noche tras noche. Una tarde, Jesús se le apareció en sueños y le dijo: «Hijo, yo soy el camino, la verdad y la vida. Yo puedo salvarte del infierno que viste si me aceptas en tu vida».

Este joven conocía algo de Jesús por las enseñanzas distorsionadas del Corán, pero no conocía al Jesús del Nuevo Testamento. Así que buscó a un cristiano que pudiera ayudarlo. El cristianismo está prohibido en Arabia Saudita; si sorprenden a un cristiano predicando de Cristo a un musulmán, lo decapitan. Así que se demoró en encontrar a la persona. Pero el Señor finalmente lo llevó a un cristiano egipcio que le dio una Biblia. Comenzó a leerla, y cuando llegó al Nuevo Testamento, decidió aceptar a Jesús como su salvador.

Poco después, un enemigo del muchacho descubrió su conversión. Las autoridades lo detuvieron y lo encarcelaron. Allí, lo torturaron y lo condenaron a muerte por decapitación. Sin embargo, en la mañana de su pena de muerte, nadie apareció para escoltarlo desde la celda. Dos días después, las autoridades abrieron la puerta de su prisión y le gritaron: «¡Demonio! ¡Fuera de aquí!».[24]

El hombre supo más tarde que su ajusticiamiento no se había producido porque el mismo día que iba a ser decapitado, el hijo de su acusador había muerto misteriosamente. El nuevo cristiano ahora está trabajando en silencio para llevar a otros musulmanes a la fe en Cristo.

Abraham Lincoln expresó una vez: «La mejor manera de destruir a un enemigo es convertirlo en un amigo». La mejor manera de contrarrestar la amenaza del islam es convertir a los musulmanes en cristianos. Eso no invalidará las profecías de sucesos por venir, pero sí nos dará un papel en el drama que se jugará. Nuestras oraciones, testimonios y amor por nuestros vecinos islámicos pueden no cambiar el rumbo inevitable del mundo, pero sí el de las personas y permitirles escapar de la ira que está por venir. Eso, en efecto, vale la pena hacerlo.

CAPÍTULO 9

LA PERSECUCIÓN

Kelvin Cochran se convirtió rápidamente en el primer afroamericano jefe de bomberos de Shreveport. Ocho años más tarde lo invitaron a dirigir el departamento de bomberos de Atlanta. Bajo su dirección, llegó a ser uno de los sesenta departamentos de Estados Unidos que recibe una calificación de Clase 1.

Aunque Cochran es un cristiano comprometido, obedeció al pie de la letra las reglas del lugar de trabajo en lo concerniente a la fe. Solo hablaba de religión con quienes se le acercaran primero. Dirigía estudios bíblicos en su iglesia y formó un grupo de estudio para hombres, lo que lo motivó a escribir un libro, publicado por medios propios, sobre la verdadera humanidad. Lo entregó solo a las personas con quienes había compartido su fe y, por cortesía, al alcalde de Atlanta y a un reducido grupo de líderes cívicos.

Casi un año después de la publicación del libro, el concejal Alex Wan leyó las pocas páginas que describen el enfoque bíblico de la sexualidad: que el sexo entre hombres y mujeres fuera del matrimonio es contrario a la voluntad de Dios. Ahí comenzaron los problemas. Los principales funcionarios de Atlanta se reunieron al momento, y como informó el *National Review*: «El 6 de enero del 2015, Atlanta, capital del estado de Georgia, despidió a Cochran, sin proporcionarle el debido proceso de los códigos de la ciudad, y según él afirma, sin ofrecerle la oportunidad de responder a su suspensión o a su despido. Consta que, jamás, ningún empleado del departamento de bomberos se quejó de abusos o discriminación».

Sin embargo, Wan dejó en claro por qué despidieron a Cochran: «Cuando eres un empleado de la ciudad y tus pensamientos, creencias y opiniones son diferentes a los de las personas, cuídate de lo que anuncias en público».[1]

Este suceso es solo uno de muchos similares que revelan que la cultura estadounidense se está volviendo cada vez más hostil hacia el cristianismo. Estamos en las primeras etapas de la represión del discurso y las acciones cristianas, es posible que las siguientes medidas sean más severas.

Estados Unidos se fundó sobre los principios cristianos. La Declaración de Independencia reconoce que Dios es la fuente de los derechos humanos y la libertad: «Sostenemos como evidentes por sí mismas dichas verdades: que todos los hombres son creados iguales; que son dotados por su Creador de ciertos derechos inalienables».

Esta premisa fundamental comenzó a deteriorarse a mediados del siglo veinte con el auge económico posterior a la Segunda Guerra Mundial y la cultura de protesta de la década de 1960. Hoy en día, el concepto de libertad ha degenerado en la eliminación de casi todas las restricciones morales. El cristianismo está quedándose rezagado porque su adhesión a la moralidad bíblica está en desacuerdo con la filosofía de la libertad sin restricciones que ahora domina el panorama cultural de Estados Unidos.

Como señaló el doctor Paul Nyquist: «Estamos presenciando un cambio enorme en nuestra cultura: un cambio de clima espiritual que amenaza con alterar la forma de vida que conocemos. La hostilidad y la intolerancia están reemplazando a la tolerancia. El rechazo y el odio están arrinconando a la aceptación».[2]

No es un secreto que el cristianismo está declinando en Estados Unidos. El gobierno, el sistema educativo, la industria del entretenimiento y los medios ya no comparten valores bíblicos; así que la fe cristiana es ahora una subcultura religiosa, cada vez más ridiculizada y marginada.

«Prepárense —urge el doctor Nyquist—. Conforme los cambios culturales afectan al país, pronto seremos desafiados a vivir lo que dice la Biblia sobre enfrentar y responder a la persecución».[3]

LA ESENCIA DE LA PERSECUCIÓN CRISTIANA

Quizás la palabra *persecución* te resulta algo exagerada para describir lo que les sucede hoy a los cristianos en Estados Unidos. Pero *Christianity Today* nos recuerda que «la violencia no es lo que prima en la persecución. Más bien intentan "apretar a los cristianos" en cinco áreas de la vida: la privada, la familiar, la comunitaria, la nacional y la eclesiástica».[4]

Claro que no debemos culpar a la persecución de todo lo malo que nos sucede, porque ella misma ocurre «… por causa de la justicia…» (Mt 5.10). A veces nuestro propio estrés, pecado o malas decisiones provocan las dificultades en nuestras vidas (1 P 4.15). Ser perseguidos por causa de la justicia significa que enfrentamos oposición o sufrimiento por seguir a Cristo.

LAS ETAPAS DE LA PERSECUCIÓN CRISTIANA

Para mostrar la gravedad del problema, veamos cinco etapas de la supresión religiosa en nuestro país.

ETAPA 1: EL ESTEREOTIPADO

Los estereotipos de hoy presentan a los cristianos como iletrados, sin educación, inhibidos, homofóbicos e intolerantes. Las películas y la televisión con frecuencia muestran a un cristiano discrepante, santurrón, que juzga a los demás con dureza. O exhiben a un hipócrita que no vive lo que profesa, como el director de la prisión en *The Shawshank Redemption* [Sueños de libertad], que recita la Biblia, pero abusa de los reclusos.

Aunque algunos cristianos profesos dan mal testimonio de la fe, tales estereotipos no reflejan la realidad del cristianismo auténtico; surgen del creciente prejuicio cultural contra la fe cristiana. Debemos vivir nuestras creencias de manera que mostremos que tales descripciones difamatorias son distorsiones flagrantes de la verdad.

ETAPA 2: LA MARGINALIZACIÓN

Muchos laicos abogan por desplazar el cristianismo del centro de la vida estadounidense. Si la iglesia existe, entonces debe limitarse al ámbito privado. Por eso se debe prohibir la oración pública, eliminar la influencia cristiana en las políticas estatales y secularizar sus festividades. Se debe excluir a los practicantes de los puestos de poder e influencia, que incluyen la política, el mundo académico, el entretenimiento y los medios de comunicación.

Chris Matthews, quien fue un personaje importante de la MSNBC, expresó en su portal de Twitter: «Si eres un político, pero, ante todo, crees en Dios, no hay problema. No te postules para un cargo en el gobierno, postúlate para uno en la iglesia».[5]

ETAPA 3: LA AMENAZA

Un buen número de secularistas no se conforman con prohibir la expresión religiosa en el ámbito académico, institucional, corporativo o público: quieren que los cristianos paguen el precio, incluso si sus acciones privadas entran en conflicto con la agenda progresista.

Por ejemplo, un residente de la Universidad Estatal de California, en Long Beach, fue despedido por hablar de su fe con sus compañeros de trabajo, aunque solo lo hizo en sus horas libres.[6] El gerente de una compañía de seguros nacional fue despedido por expresar su oposición al matrimonio gay en un correo electrónico que escribió desde su computadora personal.[7] Brendan Eich, director ejecutivo de Mozilla, tuvo que renunciar a su empleo cuando descubrieron que había contribuido con mil dólares para apoyar la Propuesta número ocho de California, que definía el matrimonio como la unión de un hombre y una mujer.[8]

ETAPA 4: LA INTIMIDACIÓN

En el 2013, la Unión Estadounidense por las Libertades Civiles (ACLU por sus siglas en inglés) demandó al Mercy Health Partners, un hospital católico, por no ofrecerle servicios de aborto a un cliente que tenía un embarazo difícil. Como lo señaló la *National Review*: «El problema no es si los que requieren ciertos servicios pueden acceder a ellos, sino si tenemos que forzar a los que se oponen a brindarlos».[9]

En el 2014, varios pastores de Houston animaron a sus feligreses a firmar la petición de un referendo sobre la ley que permitía a hombres y mujeres usar los baños de ambos sexos respectivamente. El gobierno de dicha ciudad, bajo la alcaldía de Annise Parker, ordenó a cinco de los pastores que descartaran todos los sermones, mensajes de texto y correos electrónicos sobre temas de homosexualidad o de género. En caso de desacato irían al tribunal y a la cárcel. Más tarde el alcalde Parker derogó las citaciones debido a una reacción negativa en todo el país.[10]

ETAPA 5: EL LITIGIO

Cada vez más cristianos son llevados a los tribunales por negarse a comprometer sus convicciones de fe. Las pequeñas empresas que brindan servicios de bodas están en la primera línea de ataque. Uno de los incidentes más extravagantes fue la multa de 135.000 dólares que le impusieron a una panadería de Oregón, propiedad de una pareja cristiana, que se negó a hacer un pastel de bodas para una pareja de lesbianas.[11] Muchos seguidores de Cristo han pagado un alto precio por defender sus convicciones. Algunos perdieron sus ahorros de por vida; otros fueron forzados a dejar el negocio o ir en bancarrota, y varios, incluso, recibieron amenazas de muerte de activistas. A menos que ocurra un cambio importante, lo más seguro es que se intensifiquen los juicios y sentencias judiciales contra los cristianos que practican su fe.

Creo que Estados Unidos dista aún de la persecución que incluye tortura y asesinato, esa que sufrieron los cristianos del Nuevo Testamento y que ahora se sufre en otros países. Pero uno nunca sabe lo que depara el mañana.

LA HISTORIA DE LA PERSECUCIÓN CRISTIANA

El cristianismo padeció una severa oposición desde su inicio. Cristo mismo enfrentó conspiraciones, arrestos, juicios amañados, azotes y crucifixión.

Advirtió que seguirlo conllevaría a una persecución similar. Observe las palabras a Sus discípulos en Mateo 10: «He aquí, yo os envío como a ovejas en medio de lobos... Os entregarán a los concilios, y en sus sinagogas os azotarán; y aun ante gobernadores y reyes seréis llevados por causa de mí... El hermano entregará a la muerte al hermano, y el padre al hijo; y los hijos se levantarán contra los padres, y los harán morir. Y seréis aborrecidos de todos por causa de mi nombre...» (vv. 16, 17-18, 21-22).

Eugene Peterson escribió: «Las personas, por lo general, rechazan la revelación de Dios. El número de individuos que la aceptan es mucho menor que quienes la desechan. Aquellas culturas o civilizaciones importantes donde ha testificado la han atacado o ignorado».[12]

¿Por qué el regalo de la salvación encuentra una oposición tan persistente? Es porque junto con la salvación viene la sumisión a Dios. Pero desde la caída de la humanidad, los individuos se resisten a obedecer cualquier poder externo: exigen libertad para definir el bien y el mal por sí mismos.

La conducta cristiana enfurece a quienes no lo son porque se sienten juzgados. Les recuerda la responsabilidad moral que Dios plantó en el corazón de cada hombre. Pero como Pablo escribió, es imposible negar la existencia de Dios y los principios de la ley natural porque son demasiado obvios: «... se hacen claramente visibles desde la creación del mundo, siendo entendidas por medio de las cosas hechas, de modo que no tienen excusa» (Ro 1.20).

Cuando el cristianismo despierta la conciencia de los no cristianos, pocas veces estos aceptan el mensaje, lo normal es silenciar al mensajero. Por eso, el cristianismo siempre ha enfrentado persecución.

LA PERSECUCIÓN DE LOS CRISTIANOS EN LA BIBLIA

La persecución en el Nuevo Testamento comienza poco después del nacimiento de Cristo y no termina hasta los capítulos finales de Apocalipsis. Mostramos algunos de los ejemplos más notables:

- El rey Herodes, temeroso de los informes de que el rey, anunciado

por las profecías, había nacido en Belén, trató de proteger su dinastía matando a todos los bebés varones nacidos dentro del tiempo profético (Mt 2.1-16).
- Juan el Bautista, el primero que anunció a Cristo en público, fue decapitado por el hijo de Herodes, Herodes Antipas (Mr 6.25-29).
- El pueblo judío, enojado por el mensaje de Jesús, trató de matarlo antes del exitoso complot de la crucifixión (Lc 4.28-30; 13.31; Jn 5.16, 18; 7.1, 19, 25, 44; 8.37, 40; 11.53).
- A Pedro y a otros apóstoles los arrestaron, golpearon y encarcelaron por predicar a Cristo (Hch 4.1-3; 5.17-18, 22-40; 12.1-4).
- A Esteban lo apedrearon a muerte por predicar a Cristo (7.54-60).
- Los primeros cristianos conversos de Jerusalén huyeron de la persecución de los líderes judíos (8.1).
- Todos los apóstoles murieron de forma violenta a manos de sus perseguidores, excepto Juan, que fue exiliado a la isla de Patmos (Ap 1.9).
- A Pablo lo encarcelaron, lo apedrearon hasta dejarlo casi muerto, cinco veces lo azotaron con treinta y nueve latigazos, tres veces lo golpearon con varas, lo expulsaron de las ciudades, a veces hambriento, con frío y sin ropa adecuada (2 Co 11.22-29).

Poco después de Pentecostés, muchos seguidores de Cristo se vieron obligados a abandonar sus hogares y enfrentaron el encarcelamiento o la muerte. ¿Se volvieron amargos, infelices o resentidos? ¡Jamás! En vez de lamentar su destino, Lucas nos revela que formaron una comunidad floreciente y solidaria: «Y la multitud de los que habían creído era de un corazón y un alma; y ninguno decía ser suyo propio nada de lo que poseía, sino que tenían todas las cosas en común. Y con gran poder los apóstoles daban testimonio de la resurrección del Señor Jesús, y abundante gracia era sobre todos ellos» (Hch 4.32-33).

Cuando Pedro y Juan informaron cómo los habían arrestado, encarcelado y advertido de no predicar a Jesús, oraron así: «Y ahora, Señor, mira sus amenazas, y concede a tus siervos que con todo denuedo hablen tu palabra, mientras extiendes tu mano para que se hagan sanidades y señales y prodigios mediante el nombre de tu santo Hijo Jesús» (vv. 29-30).

La persecución aumentó su dedicación y coraje para proclamar la verdad, eso constituye hoy un ejemplo inspirador para nosotros.

LA PERSECUCIÓN DE LOS CRISTIANOS EN LA HISTORIA

En el primer siglo, durante el imperio de Nerón, los romanos quemaban a los cristianos en estacas de madera o, para entretenerse, se los echaban a los leones en la arena del circo. Más tarde, el emperador Domiciano, también de Roma, se declaró «Señor y Dios» y ejecutaba a los cristianos que se negaran a adorarlo.[13]

Otros imperios, países y religiones también han desenvainado la espada contra los cristianos:

- El Japón del siglo diecisiete hizo ilegal al cristianismo, expulsó a los misioneros y asesinó a los conversos.
- La China del siglo dieciocho también hizo ilegal al cristianismo y persiguió a sus fieles constantemente.
- La Revolución Francesa de 1789 prohibió el cristianismo. Desterraron a los clérigos o los aniquilaron. Profanaron las iglesias y eliminaron todos los aspectos relacionados con el cristianismo.[14]
- El Imperio otomano tiene una larga historia de persecución a los cristianos. Los estimados de muertes cristianas durante la historia del imperio llegan a cincuenta millones.[15]
- Después de la Revolución Rusa de 1917, el Estado promulgó que las iglesias y la enseñanza cristiana eran ilegales. Confiscó todas las propiedades de la iglesia y sentenció a muerte a millones de disidentes.[16]

LA PERSECUCIÓN DE LOS CRISTIANOS EN EL MUNDO ACTUAL

En el otoño del 2018, durante solo un mes, estos titulares resonaron en los medios:

- «Alrededor de siete muertos en ataque a cristianos en Egipto»
- «Un puñado de maíz podrido: Un día en la vida de cincuenta mil cristianos en los campos de prisioneros de Corea del Norte»
- «Ochenta azotes y otras sentencias brutales a cristianos en Irán»
- «China clausura otras seis iglesias cristianas y derriba cruces»[17]

Estos no son sucesos aislados. Cada mes en nuestro mundo moderno:

- 255 cristianos son asesinados.
- 104 cristianos son secuestrados.
- 180 mujeres cristianas son violadas, acosadas sexualmente o forzadas a contraer matrimonio.
- 66 iglesias son atacadas.
- 160 cristianos son detenidos sin juicio y encarcelados.[18]

Por desgracia, estadísticas como estas no logran captar la atención de la mayoría de los cristianos en Estados Unidos; parecen muy distintas a la vida de un creyente en nuestro país. Como estadounidenses de hoy, que nunca hemos vivido en la opresión, tendemos a dar por sentadas nuestras libertades. No nos separan de nuestras familias y amigos, no nos niegan el acceso a necesidades básicas como el agua, los alimentos y la atención médica, ni abusan violentamente de nosotros, no nos encarcelan ni nos asesinan.

Sin embargo, cuando los discípulos le preguntaron a Jesús acerca del fin de los tiempos y la señal de su venida, profetizó que no solo habría guerras, hambre y terremotos, sino que la persecución aumentaría, en especial cuando Su regreso estuviera cerca (Mt 24). De hecho, eso es lo que sucede a escala global: parece que las semillas de la persecución cristiana también van a brotar en Estados Unidos.

LOS EFECTOS SECUNDARIOS DE LA PERSECUCIÓN CRISTIANA

¿Cómo deben reaccionar los cristianos en Estados Unidos ante la persecución? Por naturaleza, nuestra primera respuesta podría ser la ira. Pero el Nuevo Testamento nos muestra otro modo más provechoso de responder. Los primeros seguidores de Cristo sufrieron una severa persecución. Sin embargo, no los vemos enojados. Por el contrario, se beneficiaron del sufrimiento.

Pablo le indicó a la iglesia de Filipos: «Porque a vosotros os es concedido a causa de Cristo, no solo que creáis en él, sino también que padezcáis por él» (Fil 1.29). Él hizo que las tribulaciones se parecieran a un regalo. ¿No es verdad? El impulso natural es decir que nos gustaría devolverlo. Pero rechazar el sufrimiento es perderse las inmensas bendiciones. Vamos a examinar lo que esto significa.

EL SUFRIMIENTO PRODUCE CARÁCTER

Un hombre le pidió a su pastor: «Por favor, ¿podría orar para que Dios me dé paciencia?».

Dos semanas después, regresó y le dijo: «¡Dios mío!, me están pasando cosas terribles. Mi vida se viene abajo, pastor».

«Bueno», respondió el pastor, «querías paciencia. La Biblia dice: "La tribulación produce paciencia", así que oré por algunas tribulaciones. Dios está respondiendo a mis plegarias».

Aunque la persecución viene de los enemigos de Dios, Él la usa para moldearnos a la imagen de Cristo. Como Pablo nos revela: «También nos gloriamos en las tribulaciones, sabiendo que la tribulación produce paciencia; y la paciencia, prueba; y la prueba, esperanza» (Ro 5.3-4).

Contrario a lo que escuchamos con frecuencia, el llamado a seguir a Cristo no es una invitación a una vida fácil. John Ortberg lo expresa así: «Dios no obra produciendo las circunstancias que yo quiero, sino que obra en las circunstancias negativas para producir el yo que Él quiere».[19]

EL SUFRIMIENTO PRODUCE VALOR

El valor refleja el carácter de Cristo en los sucesos adversos; es una virtud importantísima que los cristianos deben desplegar cuando afrontan demandas culturales contrarias a las enseñanzas bíblicas.

Los apóstoles Pedro y Juan enfrentaron tales reclamos cuando los líderes judíos los llevaron a la corte y les exigieron que dejaran de predicar a Cristo. Ellos respondieron: «Juzgad si es justo delante de Dios obedecer a vosotros antes que a Dios; porque no podemos dejar de decir lo que hemos visto y oído» (Hch 4.19-20).

La vida de Pablo, después de su conversión, fue un excelente ejemplo de este tipo de valentía. Como escribió a los filipenses: «Mi ardiente anhelo y esperanza es que en nada seré avergonzado, sino que con toda libertad, ya sea que yo viva o muera, ahora como siempre, Cristo será exaltado en mi cuerpo. Porque para mí el vivir es Cristo y el morir es ganancia» (Fil 1.20-21, NVI).

EL SUFRIMIENTO DEMUESTRA SANTIDAD

A. W. Tozer escribió: «Estar bien con Dios es, con frecuencia, tener problemas con los hombres».[20] Como expresó Pablo: «Y también todos los que quieren vivir piadosamente en Cristo Jesús padecerán persecución» (2 Ti 3.12). La lógica es sencilla: ¿afligirán los enemigos del cristianismo a alguien que no muestra la naturaleza de Cristo?

El escritor de Hebreos dijo: «Porque el Señor al que ama, disciplina» (Heb 12.6). El doctor Martyn Lloyd-Jones escribió: «Si sufres como cristiano y porque eres cristiano, tienes una de las pruebas más seguras de que eres un hijo de Dios».[21]

EL SUFRIMIENTO PRODUCE GOZO

Una fuente de gozo es entender el propósito y los resultados positivos de sufrir persecución. Es lo que les sucedía a Pablo y Silas cuando enfrentaban oposición. En Hechos 16.22-24 leemos que los arrestaron, los golpearon y los metieron en prisión, pero prosigue: «A medianoche, orando Pablo y Silas, cantaban himnos a Dios; y los presos los oían» (v. 25).

¡Los habían azotado, estaban presos, sin un juicio siquiera. Sin embargo, estaban tan llenos de gozo que empezaron a cantar! Aquí vemos que la fuente de gozo es nuestra relación con Dios, y que ella se afirma cuando soportamos valientemente la persecución.

EL SUFRIMIENTO TIENE RECOMPENSAS

En la Escritura aparecen numerosas promesas de recompensa para quienes soportan el sufrimiento. Con frecuencia permitimos que las gratificaciones temporales nublen las recompensas futuras. Moisés pudo haberse conformado con lo inmediato y desechar lo distante. Lo criaron como un príncipe en el palacio real de Egipto; poseía riquezas, placer, estatus y autoridad. Pero la Biblia relata que: «Por la fe Moisés, hecho ya grande, rehusó llamarse hijo de la hija de Faraón, escogiendo antes ser maltratado con el pueblo de Dios, que gozar de los deleites temporales del pecado, teniendo por mayores riquezas el vituperio de Cristo que los tesoros de los egipcios; porque tenía puesta la mirada en el galardón» (Heb 11.24-26).

Moisés no solo estaba dispuesto a darle la espalda al placer, la posición y el poder inmediatos, sino también a enfrentar la aflicción para recibir la recompensa eterna prometida.

¿Cuáles son algunas de las recompensas que Dios tiene para quienes soportan la persecución?

- Serán vengados (Ap 6.9-11; 16.5-7; 18.20; 19.2).
- Se les dará vidas perfectas y plenas, sin dolor (Ap 7.14-17).
- Encontrarán descanso eterno (Ap 14.13).
- Recibirán la corona de la vida eterna (Stg 1.12).
- Ya no tendrán más muerte que temer (1 Co 15.54; Ap 20.14).

Estos son solo algunos de los galardones reservados para quienes sufren persecución por causa de Cristo. Pablo escribió: «Pues tengo por cierto que las aflicciones del tiempo presente no son comparables con la gloria venidera que en nosotros ha de manifestarse» (Ro 8.18).

LAS FUERZAS PARA ENFRENTAR LA PERSECUCIÓN CRISTIANA

Muchos cristianos todavía no se han enfrentado a una seria oposición por sus creencias. Sin haber pasado aún por pruebas, nos preguntamos qué tan fuertes seremos cuando peligren nuestra libertad, nuestro trabajo o nuestra billetera.

Pablo sabía la importancia de preparar a sus conversos para el sufrimiento. Les expresó a los creyentes en Tesalónica: «... [nosotros] enviamos a Timoteo... para confirmaros y exhortaros respecto a vuestra fe, a fin de que nadie se inquiete por estas tribulaciones... Porque también estando con vosotros, os predecíamos que íbamos a pasar tribulaciones, como ha acontecido y sabéis» (1 Ts 3.2-4).

Richard Wurmbrand «fue un ministro evangélico rumano que era judío y que pasó catorce años en prisión y tortura comunista en su tierra natal de Rumania».[22] Su experiencia le permitió ayudar a otros a prepararse para el sufrimiento. Él dijo: «Tenemos que prepararnos ahora, antes de ser encerrados. En la cárcel lo pierdes todo... Allí no queda nada de los placeres de la vida. Nadie resiste a quien no ha renunciado de antemano a los placeres de la vida».[23]

Veamos tres cosas que podemos hacer a fin de prepararnos para la hora de la persecución:

ESTAR FIRMES PARA DEFENDER LA VERDAD

Ser digno del evangelio es defender la verdad de Dios sin doblegarse. Como Pablo instó a los corintios: «Velad, estad firmes en la fe; portaos varonilmente, y esforzaos. Todas vuestras cosas sean hechas con amor» (1 Co 16.13-14).

Dondequiera que estemos, el Señor nos ha llamado a ser sus agentes aquí y ahora. Sea cual sea la situación, nuestra tarea es sencilla: no pensar en el costo o el resultado; solo en lo que decidimos hacer cuando llegue la prueba.

Por naturaleza, buscamos la aprobación de nuestros coetáneos, pero esto es algo que quizás tendremos que desechar. Es estar dispuestos a que nos tilden de puritanos por no aceptar los entretenimientos, las conversaciones y las actividades que promueven la inmoralidad, el sacrilegio o los valores impíos. Es estar preparados para que nos vean como estúpidos por creer en la creación, homofóbicos por rechazar la homosexualidad, antifeministas por oponernos al aborto e intolerantes por profesar la exclusividad de Cristo. Como lo expresó Pablo, debemos estar dispuestos a ser «insensatos por amor de Cristo» (4.10).

Nuestra obligación es defender la verdad bíblica cuando es atacada. Pero lo es también rebatir en amor, para que no demos pie a las etiquetas de odio e intolerancia. Pablo nos ofrece las reglas de compromiso: «Nos maldicen, y bendecimos; padecemos persecución, y la soportamos. Nos difaman, y rogamos» (vv. 12-13). Si enfrentamos persecución, debemos defender nuestra fe con argumentos y civismo: «Estad siempre preparados para presentar defensa con mansedumbre y reverencia ante todo el que os demande razón de la esperanza que hay en vosotros; teniendo buena conciencia, para que en lo que murmuran de vosotros como de malhechores, sean avergonzados los que calumnian vuestra buena conducta en Cristo» (1 P 3.15-16).

BRINDARNOS APOYO MUTUO

Cuando la liberalidad mundana nos ataca, tener un grupo de personas que nos apoye y que comparta nuestras creencias nos ayudará a resistir. Por ello, asistir con regularidad a la iglesia es fundamental para un estilo de vida cristiano saludable. Por «asistir» me refiero a algo más que ir el domingo por la mañana. Recibe las clases, sirve a otros, participa en actividades de divulgación y practica el compañerismo. La iglesia te necesita, y tú la necesitas a ella.

El escritor de Hebreos lo manifiesta: «Y considerémonos unos a otros para estimularnos al amor y a las buenas obras; no dejando de congregarnos, como algunos tienen por costumbre, sino exhortándonos; y tanto más, cuanto veis que aquel día se acerca» (10.24-25). Necesitamos a otros seguidores de Cristo para compartir nuestros ánimos, batallas y victorias.

ENCOMENDARNOS AL CUIDADO DEL SEÑOR

La clave para permanecer firmes ante la persecución es recordar que pertenecemos a Cristo, y que estamos seguros en Sus manos. Por lo tanto, no debemos temerle a la pérdida de nuestra reputación, trabajo, finanzas o, incluso, nuestra vida física. Como dijo Jesús: «Porque todo el que quiera salvar su vida, la perderá; y todo el que pierda su vida por causa de mí, la hallará» (Mt 16.25). Conocer la gloria que nos espera también nos conforta: «Nosotros somos ciudadanos del cielo, de donde anhelamos recibir al Salvador, el Señor Jesucristo» (Fil 3.20, NVI).

Juan Crisóstomo, el arzobispo de Constantinopla, tuvo conflictos con la emperatriz bizantina Eudoxia por predicar contra el mal uso de la riqueza, el abandono de los pobres y la vida licenciosa por parte de las autoridades del imperio. Presentaron cargos falsos de herejía contra Crisóstomo, y lo llevaron ante ella para ser juzgado. Cuando se negó a inclinarse, cuenta la historia que la dama lo amenazó con desterrarlo.

—No puedes desterrarme —respondió Crisóstomo—. Porque este mundo es la casa de mi Padre.

—Te mataré —dijo Eudoxia.

—No, no puedes, porque mi vida está escondida con Cristo en Dios.

—Te quitaré tus tesoros.

—No, no puedes, porque mi tesoro está en el cielo y mi corazón está ahí.

—Pero te alejaré de tus amigos —indicó Eudoxia.

—No, no puedes, porque tengo un amigo en el cielo del que no me puedes separar. No hay nada que puedas hacer para dañarme.

¿Qué hacer con un hombre así? Eudoxia, finalmente, exilió a Crisóstomo en condiciones hostiles que provocaron su muerte.[24]

Nosotros, como Crisóstomo, debemos darnos cuenta de que aquellos que nos persiguen no pueden quitarnos nada que ya no le pertenezca por completo a Cristo. Ahí está la clave para enfrentar la persecución.

Quizás los cristianos en Estados Unidos aún no tengan que enfrentar el martirio. Sin embargo, pueden obtener valor de los mártires a lo largo de los siglos y de aquellos que ahora están sufriendo severas persecuciones en otros países. Si ellos se mantienen firmes ante la tortura y la muerte, nosotros deberíamos estar dispuestos a permanecer inquebrantables ante la represión cristiana que está hoy en aumento en nuestra nación.

CAPÍTULO 10

LA GUERRA ESPIRITUAL

La gran mayoría de los libros sobre estrategia militar cautivan más bien a las personas que desarrollan y participan de este arte. Sin embargo, existe un libro cuyo atractivo es mucho más amplio.

Dicho texto es una lectura recomendada para todos los oficiales de la Agencia Central de Inteligencia y se incluye en el Programa de lectura profesional del Cuerpo de Marinos de Estados Unidos. Pero, al presente, también lo leen y citan líderes de negocios, entretenimiento, educación, deportes, política y muchos otros campos. Su encanto nos asombra aún más al tener en cuenta que fue escrito en la antigua China hace 2.500 años.

El libro se titula *El arte de la guerra,* de Sun Tzu. Si lo lees, encontrarás un buen número de principios a lo largo de trece capítulos. Pero considero que el dieciocho, el último principio del capítulo tres, contiene la información de más relevancia para los miembros de la iglesia:

> De ahí el proverbio: Si conoces al enemigo y te conoces a ti mismo, no debes temer el resultado de cien batallas. Si te conoces a ti mismo, pero no al enemigo, por cada batalla ganada perderás otra; si no conoces al enemigo ni a ti mismo, perderás cada batalla.[1]

Por esta cita, con frecuencia se le atribuye a Sun Tzu la autoría de la frase «Conoce a tu enemigo». Sin embargo, tal idea del sentido común es, de hecho, más antigua que la de Sun Tzu. Moisés conocía el valor de este principio. Cuando envió a los doce espías de Cades a Canaán les ordenó: «Observad la tierra cómo es, y el pueblo que la habita, si es fuerte o débil, si poco o numeroso» (Nm 13.18). Josué hizo lo mismo a orillas del río Jordán antes de entrar a Canaán, y evaluar la fuerza de Jericó (Jos 2.1). Incluso Jesucristo enseñó la importancia de conocer al enemigo: «¿O qué rey, al marchar a la guerra contra otro rey, no se sienta primero y considera si puede hacer frente con diez mil al que viene contra él con veinte mil?» (Lc 14.31).

Quizás te preguntas: *¿Por qué necesito tácticas para conocer a mi enemigo? No soy un soldado ni estoy peleando en la guerra.*

Bueno, te equivocas. Si eres discípulo de Jesús, entonces *sí* estás en una batalla. ¡Que es espiritual! Y si la idea de conocer al enemigo es importante en un combate corriente, tiene aún más sentido en nuestra lid contra huestes espirituales, porque nuestro enemigo es más fuerte y hay mucho más en juego. Además, en la medida en que se acerca el final de nuestra era, podemos estar seguros de que la actividad satánica aumentará: «El Espíritu dice claramente que en los postreros tiempos algunos apostatarán de la fe, escuchando a espíritus engañadores y a doctrinas de demonios» (1 Ti 4.1).

Los escritores bíblicos se esforzaron al máximo para informarnos sobre la naturaleza de nuestro enemigo espiritual, el mismo Satanás. De hecho, abordaron los dos aspectos para la victoria que mencionó Sun Tzu: conócete a ti mismo y conoce a tu enemigo. Nos corresponde aceptar lo que afirma la Biblia y estar preparados para la batalla inminente.

Así que nuestro estudio, de extrema importancia, comienza con el reconocimiento de la realidad y la naturaleza de nuestro enemigo, el diablo.

LA BATALLA ESPIRITUAL ES VERÍDICA

La Palabra de Dios enseña que Satanás es un ángel caído que en un inicio se llamaba Lucifer (Is 14.12). También relata sus actividades en nuestro mundo desde el primer libro hasta el último. Génesis cuenta que el diablo, a través de la serpiente, tentó a Eva y la convenció de que podía ser como Dios si comía del árbol del conocimiento del bien y del mal (Gn 3). En el Libro de Apocalipsis, vemos que al final el Señor desterrará a Satanás y a otros enemigos: «Y el diablo que los engañaba fue lanzado en el lago de fuego y azufre, donde estaban la bestia y el falso profeta; y serán atormentados día y noche por los siglos de los siglos» (Ap 20.10). ¡Estas son buenas noticias para el futuro!

Sin embargo, en el período intermedio desde el pecado humano en el jardín del Edén hasta la expulsión de Satanás en los últimos días, la Biblia nos advierte que estemos alertas ante las asechanzas y el poder del diablo. Efesios 6.12 declara: «Porque no tenemos lucha contra sangre y carne, sino contra principados, contra potestades, contra los gobernadores de las tinieblas de este siglo, contra huestes espirituales de maldad en las regiones celestes».

Esa es nuestra realidad.

Y debemos entenderla porque nos recuerda que los demás no son nuestros verdaderos enemigos. Repetidas veces les echamos la culpa de todo lo que está mal en el mundo a quienes mienten, engañan, dividen y destruyen. Sí, las personas que lo hacen son culpables y Dios los juzgará en Su tiempo. Pero nuestro verdadero enemigo es Satanás, el cual las usa para muchas de sus malas acciones.

En un comentario sobre Efesios y Filipenses, John Phillips escribió:

> Satanás puede usar a la gente para perseguirnos, mentirnos, engañarnos, lastimarnos o incluso matarnos. Pero nuestro enemigo real se esconde en las sombras del mundo invisible y mueve a las personas como peones en el tablero de ajedrez del tiempo. Nos desgastamos en vano al percibir a las personas como enemigas y luchar contra ellas.[2]

Satanás utiliza a la gente para hacer el trabajo sucio; pero lo trágico es que peleamos contra las personas en vez de hacerlo contra él. Debemos centrar nuestros esfuerzos contra el ser que se disfraza de ángel de luz para ocultar su naturaleza destructora (2 Co 11.14).

La Biblia, por medio de estas líneas, nos indica que Satanás tiene un plan estratégico muy bien pensado: «Pónganse toda la armadura de Dios para poder mantenerse firmes contra todas las estrategias del diablo» (Ef 6.11). La palabra *estrategia* se deriva de *estratagema*, que a su vez proviene de la voz griega *stratigéma, -atos* «maniobra militar, ardid de guerra, engaño astuto» ¿Sabías que Satanás tiene una estrategia para ti, para mí y para todas las demás personas del planeta? Y una que no es para bien, sino para mal.

Antes de aprender a combatirlo con el arsenal bélico que el Señor nos entrega, debemos aprender a reconocer su estrategia. Veamos las tres formas comunes que el diablo usa para atacar: engaño, división y destrucción.

SATANÁS ENGAÑA

Aprendemos en Juan 8.44 que Satanás: «No ha permanecido en la verdad, porque no hay verdad en él. Cuando habla mentira, de suyo habla; porque es mentiroso, y padre de mentira». La Nueva Versión Internacional lo expresa de manera enfática: ¡Es el padre de la mentira!

El difunto evangelista Billy Graham expresó:

> ¡El diablo es muy convincente! Jamás va a venir y decirnos: «Mira, estoy a punto de tentarte con una mentirita, ¿sabes? ¡Una que te llevará a la destrucción!». No, él es muy perspicaz y hará todo lo posible para hacernos creer que su camino es el mejor y el del Señor el peor.[3]

Apocalipsis 12.9 afirma que Satanás «engaña al mundo entero». En los últimos días levantará al Anticristo, cuya astucia infligirá un daño incalculable: «Nadie os engañe en ninguna manera; porque no vendrá sin que antes venga la apostasía, y se manifieste el hombre de pecado, el hijo de perdición, el cual se opone y se levanta contra todo lo que se llama Dios o es objeto de culto; tanto que se sienta en el templo de Dios como Dios, haciéndose pasar por Dios» (2 Ts 2.3-4). Necesitamos armarnos contra este engaño.

SATANÁS DIVIDE

Uno de los métodos que Satanás usa para atacar el reino de los cielos es dividirnos. De esa manera no podemos beneficiarnos de la unidad que Cristo desea para nosotros. Pablo, después de saber que tenían problemas entre sí, les rogó a los hermanos de la iglesia de Corinto que recordaran cuán valiosa y necesaria era la unidad: «Os ruego, pues, hermanos, por el nombre de nuestro Señor Jesucristo, que habléis todos una misma cosa, y que no haya entre vosotros divisiones, sino que estéis perfectamente unidos en una misma mente y en un mismo parecer» (1 Co 1.10).

En apariencias, muchos tienen la culpa, pero ¿a quién consideras hoy el verdadero responsable de la creciente división y de las diferencias sociales en nuestro país y en el mundo? ¿Y qué decir de nuestras iglesias, donde las discusiones sin sentido y las torpezas acarrean divisiones y rupturas? ¡Es un testimonio horroroso para quienes nos observan! La respuesta a cada una de estas preguntas es, Satanás, el divisionista por excelencia.

Pablo les advirtió a los romanos: «Y os ruego, hermanos, que vigiléis a los que causan disensiones y tropiezos contra las enseñanzas que vosotros aprendisteis, y que os apartéis de ellos. Porque los tales son esclavos, no de Cristo nuestro Señor, sino de sus propios apetitos, y por medio de palabras suaves y lisonjeras engañan los corazones de los ingenuos» (Ro 16.17-18, LBLA).

SATANÁS DESTRUYE

Durante la tribulación, los demonios abandonarán el infierno e invadirán nuestro mundo para matar y destruir. Se nos advierte que los guiará el ángel del abismo: «cuyo nombre en hebreo es *Abadón*, y en griego se llama *Apolión*» (Ap 9.11). Ambos significan destructor.

En Juan 10.10, Jesús también le llama a Satanás ladrón. Allí leemos: «El ladrón no viene sino para hurtar y matar y destruir». Sin embargo, en el mismo versículo, Jesús asevera: «Yo he venido para que tengan vida, y para que la tengan en abundancia». Las intenciones de Satanás no son las de Cristo. Él nunca entrega, siempre quita; jamás preserva, solo destruye; no añade, resta; ¿dar vida?, ¡ni en sueños!: él la consume.

Si bien debemos estudiar las estrategias de Satanás, la buena noticia es que no hay que temerle ni atribuirle más poder del que realmente posee. El autor Randy Alcorn explica: «Cuando les pedimos a las personas que digan lo opuesto del Señor, con frecuencia contestan "Satanás". Pero eso es falso. Miguel, el arcángel justo, es lo contrario de Satanás. El diablo es finito; Dios es infinito y no tiene igual».[4]

Por fortuna, no estamos solos en nuestros esfuerzos por resistir al diablo.

El Señor nos ofrece Su poder en nuestra lucha contra Satanás. Cuando nosotros, por fe, nos vestimos del Señor Jesucristo (Ro 13.14), nos arropamos con Su fuerza, y comenzamos a ganarle terreno al enemigo porque «… mayor es el [Cristo] que está en vosotros, que el [Satanás] que está en el mundo» (1 Jn 4.4).

NECESITAMOS ARMAS ESPIRITUALES

Ya entendemos la naturaleza de nuestro enemigo, ahora conozcamos las armas espirituales que nos ayudarán a mantenernos firmes en la batalla. El capítulo 6 de Efesios enseña que nuestra armadura consta de cinco piezas defensivas: el cinturón de la verdad, la coraza de justicia, el estar calzados con la disposición para proclamar el evangelio de la paz, el escudo de la fe, el casco de la salvación, y un armamento ofensivo: «la espada del Espíritu, que es la palabra de Dios» (vv. 14-17). Con la armadura de defensa, somos capaces de resistir los ataques de Satanás. Y con el arma de ataque, nos aseguramos de que el diablo huya de la autoridad de la palabra de Dios.

Examinemos nuestras armas una por una.

EL CINTURÓN DE LA VERDAD

La primera instrucción de Pablo es: «Manténganse firmes, ceñidos con el cinturón de la verdad» (v. 14, NVI). Esta pieza, en los días del apóstol, era vital para toda la indumentaria y las armas del soldado.

El atuendo básico del mismo era una túnica, una prenda parecida a una camisa que cubría desde el hombro hasta la rodilla. Encima llevaba una armadura de metal con forma de torso y unas correas protectoras de cuero que se ajustaban desde la cintura hasta los muslos. El cinturón era una banda también de cuero, ancho y grueso, con argollas y ranuras para sujetar diversos artículos: una espada, una cuerda, un saco de raciones, una bolsa de dinero y dardos.

Todo lo que el soldado necesitaba en el combate mano a mano estaba en su cinturón, justo allí, a su alcance. Al correr, se subía la túnica y la metía en el cinturón, dejando libres sus piernas para la velocidad y la maniobrabilidad. Esto se conocía como «ceñirse los lomos». Aunque el cinturón no tenía una función ofensiva, era la pieza que unía todo lo demás; mantenía al guerrero listo para cualquier contingencia.

¿Cuál es el significado para nosotros? Significa que solo la verdad es útil en la vida de un cristiano. La verdad mantiene todo unido y nos prepara. En el centro de nuestras vidas, ponemos «la verdad que está en Jesús» (4.21).

¿Por qué la verdad es nuestra preocupación fundamental? Porque las armas de los principales ataques de Satanás contra los creyentes son la falsedad y el engaño. ¡Él es el gran engañador! Así lo describe la Biblia: «Cuando habla mentira, de suyo habla; porque es mentiroso, y padre de mentira» (Jn 8.44).

LA CORAZA DE JUSTICIA

La coraza del soldado romano común era una armadura hecha de cuero reforzado y endurecido. Si era un oficial, el cuero se recubría con metal para mayor protección. La coraza cubría el torso y protegía los órganos vitales del soldado, en especial el corazón. Un guerrero sin coraza era vulnerable y estaba completamente expuesto al enemigo.

En su carta, Pablo alude de forma metafórica a esta armadura que protegía el corazón. Él dedujo que la justicia actúa como una «coraza» para resguardar el corazón espiritual del cristiano, el centro espiritual de nuestra vida.

¿Cómo nos ponemos la coraza de la justicia? El pastor Erwin Lutzer nos ofrece una buena ilustración:

> Imagina un libro titulado *La vida y los tiempos de Jesucristo*. Contiene todas las perfecciones de Cristo: las obras que hizo, Su santa obediencia, Su pureza, Sus sanas intenciones. Un libro precioso, ¿verdad?
>
> Bueno, ahora imagina otro libro: *La vida y los tiempos de... [escribe tu nombre]*. Abarca todos tus pecados, inmoralidades, promesas rotas y traiciones a amigos. Incluiría pensamientos pecaminosos, motivaciones oscuras y actos de desobediencia.
>
> Finalmente, imagina que Cristo toma ambos textos y les arranca las portadas. Luego toma el contenido de su libro y lo mete dentro de las portadas del tuyo. Cuando examinamos tu libro, el título es: *La vida y los*

tiempos de... [escribe tu nombre]. Abrimos el libro, pasamos las páginas y no encontramos ninguna lista de pecados. Lo que vemos es una larga lista de perfecciones, obediencia, pureza moral y amor perfecto. El libro es tan hermoso que incluso a Dios le encanta.[5]

Hemos recibido la justicia de Cristo por la fe, y ahora podemos poner Su justicia en práctica. Podemos aceptar la obligación y la determinación de vivir lo más cerca posible de la Palabra de Dios y del ejemplo de Jesús.

EL CALZADO DEL EVANGELIO DE LA PAZ

Pablo describe el tercer implemento de guerra en Efesios 6.15: «Estad, pues, firmes... calzados los pies con el apresto del evangelio de la paz» (vv. 14-15). La Nueva Traducción Viviente lo expresa así: «Pónganse como calzado la paz que proviene de la Buena Noticia a fin de estar completamente preparados».

Los zapatos que el apóstol usó para su ilustración no eran los de una persona promedio. Eran las botas de cuero de punta abierta que llevaban los soldados romanos. Tenían clavos en las suelas para agarrarse al suelo, se parecían a nuestras modernas zapatillas de fútbol. No eran para correr o marchar. Estaban diseñadas específicamente para darle estabilidad al soldado en el combate cuerpo a cuerpo.

Los cristianos de aquellos tiempos seguro entendieron el significado: ¡en el combate cuerpo a cuerpo, el primero que pierde su posición es el primero que cae! Del mismo modo que los zapatos con clavos del soldado romano lo sujetaban con firmeza al suelo cuando se enfrentaba a su oponente, la paz nos asegura con fuerza a Dios al afrontar los problemas e incertidumbres que nos asaltan en este mundo caído.

EL ESCUDO DE LA FE

Ahora llegamos al cuarto pertrecho militar que mencionan los versículos finales de Efesios 6: «Sobre todo, tomad el escudo de la fe, con que podáis apagar todos los dardos de fuego del maligno» (v. 16).

El apóstol describe el amplio escudo que usaba la infantería romana para proteger todo el cuerpo. Tenía metro y medio de alto por sesenta centímetros y medio de ancho. Se hacía de cuero estirado sobre madera, y se reforzaba con metal en la parte superior e inferior.

En la antigüedad, los soldados enemigos sumergían las puntas de sus dardos o flechas en una solución de veneno letal. Con solo rozar la piel de un soldado, el veneno se propagaba a través del torrente sanguíneo, produciendo una muerte rápida y dolorosa. Otras veces el enemigo impregnaba sus dardos con brea y les prendía fuego antes de dispararlos contra el campamento romano para incendiarlo.

De todos los implementos de guerra romanos que Pablo describe, este es el único que tiene un propósito claramente especificado. Él nos dice que es para protegernos de «todos los dardos de fuego del maligno».

Según el erudito del Nuevo Testamento Peter O'Brien, los dardos de fuego representan «todo tipo de ataque que el diablo y sus huestes lanzan contra el pueblo de Dios. Son tan variados como las "asechanzas" que los promueven, e incluyen no solo todo tipo de tentación, de comportamiento impío, de dudas y de desesperación, sino también agresiones externas, como la persecución o las falsas doctrinas».[6]

EL CASCO DE LA SALVACIÓN

En sus repetidos itinerarios por las naciones del Imperio romano durante su ministerio, Pablo veía los cascos de los soldados romanos dondequiera.

Los de los soldados comunes estaban hechos de cuero endurecido. Los de los oficiales de alto rango se reforzaban con metal y los de los superiores iban rematados con crestas emplumadas. Tenían el mismo propósito que los actuales: proteger el cráneo y el cerebro de los golpes del enemigo. El casco, como metáfora de la salvación, se encuentra primeramente en Isaías 59.17. El versículo refiere la salvación que Cristo les proveerá a los hombres. En Efesios, 6.17, el apóstol la retoma cuando afirma: «Tomen el casco de la salvación» (NVI).

Esta carta estaba dirigida a los fieles, personas que ya habían recibido la salvación. Por lo tanto, el propósito del casco espiritual no era impartir salvación, sino proteger la seguridad de los creyentes. Tal certeza les transmite el valor para librar sus batallas espirituales contra el gran engañador de la humanidad. La misma idea se refuerza en 1 Tesalonicenses 5.8, donde Pablo llamó al casco «la esperanza de salvación» (NVI).

Al igual que un casco físico protege el cerebro del soldado, el espiritual preserva tu mente de los ataques de las mentiras de Satanás, las filosofías corruptas y los pensamientos confusos, armas que usa para socavar tu compromiso y tu convicción de seguridad en Cristo.

Para ser más específico, el casco es una metáfora de la mente de Cristo. El apóstol llamó a Cristo «poder de Dios, y sabiduría de Dios» (1 Co 1.24) y «hecho por Dios sabiduría» (v. 30). Cuando usas el casco, te amparas en la seguridad de tu salvación y proteges tus pensamientos de los engaños de Satanás con la sabiduría de Dios, la cual recibes por medio de Jesucristo.

LA ESPADA DEL ESPÍRITU

La espada «se refiere a una daga de entre quince y cuarenta y cinco centímetros de largo. Se llevaba en una vaina o una funda en las caderas y se usaba en el combate mano a mano. La espada del Espíritu no es un sable que esgrimes buscando herir al adversario. Es más bien punzante; debe traspasar una zona vulnerable o no es efectiva».[7]

La metáfora de Efesios 6:17 no entraña ambigüedad alguna para los cristianos. Pablo expresa claramente que «la espada del Espíritu [...] es la palabra de Dios». Pero hay dos términos griegos que por regla general se traducen al español como «palabra». El primero y más común es *logos*. Se usa para describir la revelación universal de Dios en la Biblia. Es un vocablo que lo abarca todo y que se refiere a la Biblia completa, a la cual con frecuencia llamamos la Palabra de Dios. La Biblia, de tapa a tapa, es el *logos* de Dios, como en Hebreos 13.7: «Acordaos de vuestros pastores, que os hablaron la palabra de Dios».

Pero el vocablo que aparece en Efesios 6.17 no es *logos*.

La voz que se usa es *rema*. El *rema* de Dios significa «un dicho de Dios». Podemos traducir el versículo de esta manera: «Tomen la espada del Espíritu... que es un dicho de Dios».

La diferencia entre el *logos* de Dios y el *rema* de Dios es fundamental para comprender a fondo esta arma ofensiva. *Logos* expresa la completa revelación de lo que Dios ha dicho en la Biblia. Pero rema es un dicho específico de Dios: un pasaje o versículo que extraemos de la Palabra y que aplicamos de manera específica a una situación inmediata.

Ray Stedman nos ayuda a entender la forma en que la espada del Espíritu actúa en nuestras vidas:

> A veces, estás leyendo un pasaje de la Escritura y es como si las palabras, repentinamente, cobraran vida, carne, huesos y saltaran fuera de la página hacia ti. Otras, es como si se volvieran ojos que te siguen por todos lados o una voz ineludible que resuena en tus oídos a toda hora. Eso es el rema de Dios, los dichos del Señor que son como flechas certeras que hacen diana en el corazón. Es la espada del Espíritu, que es la palabra de Dios.[8]

LA ORACIÓN

Hay otra arma espiritual que tenemos a nuestra disposición en la guerra contra el mal: la oración.

En Efesios 6.10-18, Pablo nos ordenó ponernos la armadura del Señor para que pudiéramos enfrentar las artimañas y las estrategias del enemigo. Ahora llegamos a la posdata de esta famosa porción de la Escritura: «Orando en todo tiempo con toda oración y súplica en el Espíritu, y velando en ello con toda perseverancia y súplica por todos los santos» (v. 18).

Como alguien lo expresara, «orando en todo tiempo» significa que la línea telefónica al cielo jamás se interrumpe. No significa que te pases el día hablando, pero sí que tienes la línea abierta y lista para utilizar. «Orando en todo tiempo» es lo mismo que Pablo recomienda en 1 Tesalonicenses 5.17: «Orad sin cesar». O la parábola de Jesús en Lucas 18.1 sobre: «... la necesidad de orar siempre, y no desmayar». No quiere decir que andes mascullando oraciones a cada resuello. Velo más bien como una conversación incesante en la que le confías a Dios todas las preocupaciones del día, con palabras de agradecimiento, de alabanza, con todo tipo de oraciones que elevas de continuo.

El profesor Donald Whitney, del Seminario Teológico Bautista del Sur, nos ofrece excelentes consejos: «Si alguna vez aprendió un idioma extranjero, sabe que lo aprende mejor cuando realmente tiene que hablarlo. Lo mismo ocurre con el "idioma extranjero" de la oración. Hay muchos buenos recursos para aprender a orar, pero la mejor manera es hacerlo».[9]

El pastor y autor Jack Taylor nos describe una forma práctica de ponernos la armadura de Cristo a través de esta oración, que dice cada mañana mientras se prepara para el día:

Elijo hoy fortalecerme en el Señor, y en el poder de Su fuerza. Confieso que estoy en Cristo y, por lo tanto, estoy metido en el poder de Su fuerza. Decido vestirme de toda la armadura de Dios. La que Él ha provisto para que pueda estar firme contra las asechanzas del enemigo. Sé que la lucha no es contra sangre y carne, sino contra principados, contra potestades, contra los gobernadores de las tinieblas de este siglo, contra huestes espirituales de maldad en las regiones celestes.

Por lo tanto, sí, acepto la armadura que es mía en Jesús...

Visto la coraza de justicia, el Señor Jesucristo, quien se hizo para mí justicia y soy hecho justo en Él.

Ciño mis lomos con la verdad. Acepto sin dudar que Jesús es la Verdad y que la Verdad me ha hecho libre. Desecho el engaño y recibo la Verdad.

Calzo mis pies con el apresto del evangelio de la paz. Ya estoy listo para caminar con mi Señor.

Me pongo el casco de la salvación. La seguridad de que soy salvo cubre y protege mi mente y mis pensamientos. ¡No lo dudo! ¡Soy salvo!

Tomo el escudo de la fe. ¡Confío en la fidelidad del Altísimo! Cubro todo mi cuerpo para que los dardos de fuego de Satanás no puedan tocarme...

Empuño mi arma ofensiva: la Palabra de Dios... la declaro inerrante, confiable, poderosa y viva. ¡La Palabra del Señor para mí!

Aleluya, ahora estoy armado de pies a cabeza para la batalla.[10]

MÁS QUE VENCEDORES

Cuando nos remontamos a las principales guerras que se han librado a lo largo de la historia, casi siempre hay una única batalla o incidente que fue decisivo, un momento específico y determinante que al final condujo a la victoria o la derrota. Por ejemplo, la mayoría de los historiadores coinciden en que la Batalla de Gettysburg fue el punto crítico en la guerra civil estadounidense. El triunfo del Norte allí fue la clave para la victoria en la guerra. De modo similar, la invasión sorpresa de las fuerzas aliadas a Normandía en el Día D marcó el comienzo del fin de la Segunda Guerra Mundial.

Como miembros del reino de Dios, tenemos el consuelo de saber que hubo un día decisivo en la guerra entre Satanás y Dios. Ese punto culminante fue la muerte y resurrección de Jesucristo. A partir de ese momento, Dios aseguró Su victoria y Satanás lo sabe.

Recuerdo haber escuchado una historia sobre Napoleón Bonaparte cuando intentaba conquistar cada civilización en el mundo conocido. En una reunión con sus lugartenientes, extendió un gran mapa del mundo y señaló un solo lugar. «Señores —dijo—, si no fuera por esa mancha roja, podría conquistar el mundo». La mancha roja representaba a Gran Bretaña, el mismo país cuyos ejércitos finalmente derrotaron a Napoleón en la batalla de Waterloo.

De manera similar, me imagino a Satanás rodeado de sus secuaces y hablando de sus planes para la dominación espiritual. Veo a nuestro enemigo apuntar al monte Calvario donde se derramó la sangre de Jesús, y lo oigo decir: «¡Si no fuera por ese punto rojo, podría gobernar el mundo!».

Ese punto rojo es lo que ha marcado la diferencia en nuestra lucha espiritual contra el mal. La verdad es que no tenemos que vivir con temor a Satanás, nuestro enemigo. Tampoco hay que temerles a los demonios bajo sus órdenes. Lo único que debemos hacer como soldados en el ejército de Dios es ocupar nuestras posiciones en la batalla espiritual a la que hemos sido llamados, y resistir. ¡Qué noticias tan maravillosas! Podemos *permanecer firmes* porque estamos armados con la verdad de que ya Dios derrotó completa y eternamente a Satanás.

En este momento, tú y yo somos «más que vencedores por medio de aquel que nos amó» (Ro 8.37). Y a eso digo: «Mas gracias sean dadas a Dios, que nos da la victoria por medio de nuestro Señor Jesucristo» (1 Co 15.57).

CAPÍTULO 11

LA APATÍA

El ya fallecido A. W. Tozer escribió sobre lo que él llamaba «la decadencia de la expectativa apocalíptica» en la iglesia contemporánea. Estimaba que los creyentes estaban olvidando la importancia del regreso de Cristo, y comparó tal actitud con la generación anterior a la suya:

> Los cristianos evangélicos sentían que el fin de los tiempos estaba cerca y muchos estaban sobrecogidos con la inminente llegada de un nuevo orden mundial.
>
> Antes del suceso, Cristo regresaría silenciosamente a la tierra, no para permanecer, sino para llevarse a todos los justos muertos a la eternidad y para glorificar a los santos vivos en un abrir y cerrar de ojos. Él los raptaría para conducirlos a las bodas del Cordero, mientras que la tierra quedaría sumergida en su bautismo de fuego y sangre durante la gran tribulación. Sería un plazo breve que culminaría de forma dramática con la batalla del Armagedón y el victorioso regreso de Cristo y Su novia para reinar mil años.[1]

Sin embargo, en los últimos tiempos, la iglesia ha olvidado esta verdad. Los cristianos, en vez de ser diferentes al mundo y vivir con la expectativa del regreso de su Señor, han llegado a parecerse tanto al mundo que a veces no se puede notar la diferencia entre ambos. Muchas iglesias manifiestan apatía más que seriedad ante la venida del Señor.

Según el diccionario Oxford Español, la apatía es el «Estado de desinterés y falta de motivación o entusiasmo en que se encuentra una persona y que comporta indiferencia ante cualquier estímulo externo». Un cristiano apático es un cínico, alguien que ya no se preocupa por las señales de la época.

Por supuesto, no significa que nosotros, los creyentes, andemos siempre con la cabeza gacha y llena de pensamientos apocalípticos a toda hora. No, ese no es el tema de la Biblia. La venida de nuestro Señor no es un asunto negativo, sino la estrella más brillante y refulgente del horizonte. Pero también es una enseñanza que entraña severas advertencias bíblicas. Como pueblo de Dios, no podemos permitir que dichas verdades sean relegadas.

Llevo más de cincuenta años de ministerio y he visto cómo los predicadores evangélicos han cambiado gradualmente sus actitudes sobre declarar el regreso de Cristo. Cada vez con más frecuencia escucho que el tema «no es de tanta importancia» para un sermón del domingo por la mañana. Si quiere abordar el regreso de Cristo, es lo que dicen, hágalo en un aula del seminario o en un estudio bíblico de un día a la semana. Pero, por favor, no se tome una hora para enseñarle el «fin de los tiempos» a personas llenas de problemas familiares, fracasos en los negocios y muchas otras situaciones emocionales y físicas. ¡No hace falta para nada!

¿Que no hace falta?

Mira, esto lo afirmo con una absoluta seguridad: un minuto después del arrebatamiento, el tema no será «irrelevante» en absoluto. Será la definición misma de *relevante*.

UN TEMA RECURRENTE

Si hay algo bueno en ser un predicador expositivo es que uno tiene cierta protección incorporada para no salirse de áreas de interés especial o detenerse en los temas favoritos. Si enseñas la Palabra de Dios con sistematicidad y eres fiel al texto, entonces tienes que lidiar con las prioridades del Señor cuando, en lo sucesivo, aparecen en la Escritura de una semana a otra.

Y si estás enseñando los Evangelios, llegarás a Mateo 24 y 25 y vas a toparte con la segunda venida de nuestro Señor. A partir del versículo 36 en el capítulo 24, leemos estas palabras:

Pero del día y la hora nadie sabe, ni aun los ángeles de los cielos, sino sólo mi Padre. Mas como en los días de Noé, así será la venida del Hijo del Hombre. Porque como en los días antes del diluvio estaban comiendo y bebiendo, casándose y dando en casamiento, hasta el día en que Noé entró en el arca, y no entendieron hasta que vino el diluvio y se los llevó a todos, así será también la venida del Hijo del Hombre. Entonces estarán dos en el campo; el uno será tomado, y el otro será dejado. Dos mujeres estarán moliendo en un molino; la una será tomada, y la otra será dejada. Velad, pues, porque no sabéis a qué hora ha de venir vuestro Señor. Pero sabed esto, que si el padre de familia supiese a qué hora el ladrón habría de venir, velaría, y no dejaría minar su casa. Por tanto, también vosotros estad preparados; porque el Hijo del Hombre vendrá a la hora que no pensáis (vv. 36-44).

Tal vez recuerdas que los discípulos le hicieron al Señor tres preguntas específicas sobre los acontecimientos futuros. Lo que leemos en el pasaje anterior fue la respuesta a la última pregunta: «Señor, ¿cuándo serán estas cosas?». Les había revelado las catástrofes que ocurrirían en los tiempos postreros, y los discípulos eran tan curiosos como nosotros. «¿Cuándo, Señor, cuándo? ¿*Cuándo* ocurrirá todo esto?».

Jesús les respondió, pero no les dijo todo lo que querían saber; solo lo que *necesitaban* saber. Alguien expresó que una buena predicación es darles a las personas lo que necesitan disfrazado de lo que desean. El predicador por excelencia, nuestro Señor Jesús, les dijo a sus oyentes lo que necesitaban, y estaban absortos, escuchando.

La información que aparece en estos dos capítulos de Mateo se dirige principalmente a aquellos que estarán vivos durante la tribulación. Sin embargo, los creyentes de hoy también deben estar atentos a la voz del Señor. Él viene a buscarnos en el arrebatamiento de la iglesia, que será en un día y una hora desconocidos.

Entonces, ¿por qué debemos preocuparnos? «Después de todo —alguien podría razonar—, si no sabes ni cuándo, ni dónde, ¿para qué preocuparse?». Me recuerda una secuencia de preguntas y respuestas que escuché hace un tiempo:

PREGUNTA: ¿Cuál es la diferencia entre la ignorancia y la apatía?
RESPUESTA: No sé y no me importa.

Eso es lo que muchas personas sienten en cuanto al arrebatamiento: ni saben, ni les importa.

En cambio, la Escritura repite el tema de Su venida una y otra vez, como el claro toque de una enorme campana en una mañana invernal: «¡Prepárense! ¡Alístense! ¡Él viene pronto!».

Algunos ya no le prestan atención al repiqueteo de la campana; se han acostumbrado al sonido, como la gente se acostumbra a la alarma de un antiguo reloj de pie en el estudio.

¿Y tú? ¿Lo oyes al hojear la Biblia?

Escúchalo en la grandiosa exhortación de Pablo a los romanos:

Hagan todo esto estando conscientes del tiempo en que vivimos. Ya es hora de que despierten del sueño, pues nuestra salvación está ahora más cerca que cuando inicialmente creímos. La noche está muy avanzada y ya se acerca el día. Por eso, dejemos a un lado las obras de la oscuridad y pongámonos la armadura de la luz. Vivamos decentemente, como a la luz del día, no en orgías y borracheras, ni en inmoralidad sexual y libertinaje, ni en disensiones y envidias. Más bien, revístanse ustedes del Señor Jesucristo, y no se preocupen por satisfacer los deseos de la naturaleza pecaminosa. (Ro 13.11-14, NVI)

Escúchalo en el enérgico consejo del apóstol a la iglesia de la primera generación en Corinto: «De tal manera que nada os falta en ningún don, esperando la manifestación de nuestro Señor Jesucristo» (1 Co 1.7).

Escúchalo de nuevo en la prisión, cuando les escribió su estimulante carta a los filipenses: «Mas nuestra ciudadanía está en los cielos, de donde también esperamos al Salvador, al Señor Jesucristo» (Fil 3.20).

Escúchalo cuando el autor de hebreos anima a sus lectores: «Preocupémonos los unos por los otros, a fin de estimularnos al amor y a las buenas obras. No dejemos de congregarnos, como acostumbran hacerlo algunos, sino animémonos unos a otros, y con mayor razón ahora que vemos que aquel día se acerca» (Heb 10.24-25, NVI).

Escúchalo en la epístola de Santiago: «Sed también vosotros pacientes; fortaleced vuestros corazones, porque la venida del Señor está cerca» (Stg 5.8, LBLA).

Escúchalo de Pedro: «Ya se acerca el fin de todas las cosas. Así que, para orar bien, manténganse sobrios y con la mente despejada» (1 P 4.7, NVI).

Escúchalo de Juan, ya anciano: «Hijitos, ya es el último tiempo; y según vosotros oísteis que el anticristo viene, así ahora han surgido muchos anticristos; por esto conocemos que es el último tiempo» (1 Jn 2.18).

Escucha el eco de esa sublime campana en las palabras finales de la Biblia: «El que da testimonio de estas cosas dice: Ciertamente vengo en breve. Amén; sí, ven, Señor Jesús» (Ap 22.20).

¿Qué hacemos con énfasis bíblicos como estos? ¿Ignorarlos? ¿Engavetarlos? ¿Pasarlos por alto? ¿Desecharlos para tratar «asuntos personales más relevantes»?

Creo que nos descuidamos de esa manera, en detrimento de nuestro propio daño espiritual.

Si examinas todos esos pasajes te darás cuenta de que, en la mayoría, la verdad *futura* afecta alguna responsabilidad *actual*. Conocer Su inminente retorno es lo que pone urgencia en nuestros pasos, determinación en nuestro servicio y seriedad en nuestros actos y conversaciones. «¡Trabajemos, porque la noche está avanzada!».

Algunos cristianos piensan que tienen suficiente tiempo para ganar a sus amigos y familia para Cristo. Pensamos en términos de estaciones y años, pero es posible que no los tengamos. Quizás no podremos darnos el lujo de esperar el momento ideal cuando todo toma su cauce y las puertas se abren de par en par. ¿Por qué? ¡Porque a lo mejor Jesús viene mañana al amanecer! ¡Él puede aparecer hoy mismo a la medianoche! Y entonces será demasiado tarde, para siempre, eternamente demasiado tarde: «Pasó la siega, terminó el verano, y nosotros no hemos sido salvos» (Jer 8.20).

Sí, a veces las personas comentan y sonríen indulgentes ante las preocupaciones de los «amantes de las profecías». Sin embargo, la verdad es que la enseñanza profética de la Escritura es una de las verdades más prácticas de toda la Palabra de Dios. No podemos apartar y archivar estas grandes enseñanzas en un oscuro «rincón de asuntos curiosos» fuera del bregar de nuestra vida cotidiana. No podemos actuar con indiferencia sobre los problemas proféticos, y decir: «Los eruditos pueden lidiar con estos asuntos. Yo voy a ocuparme de mis hijos y de mi vida diaria».

¡Amigo, no hagas eso! ¡Porque la «bendita esperanza» de Su venida será lo que más impacte tu existencia! En las páginas siguientes del capítulo voy a identificar tres actitudes contra las que nuestro Señor advirtió en Mateo 24.

JESÚS NOS ADVIRTIÓ CONTRA UNA ACTITUD INDIFERENTE

Como ya mencioné en este capítulo, en Mateo 24.37-39 Jesús usó una ilustración que de seguro sus oyentes reconocieron de inmediato:

> Mas como en los días de Noé, así será la venida del Hijo del Hombre. Porque como en los días antes del diluvio estaban comiendo y bebiendo, casándose y dando en casamiento, hasta el día en que Noé entró en el arca, y no entendieron hasta que vino el diluvio y se los llevó a todos, así será también la venida del Hijo del Hombre.

Jesús declaró que Su venida sería semejante a los tiempos del diluvio. ¿Cómo sucedió en aquella época? Génesis 6.5 nos dice que cuando el Señor miró Su creación vio que «la maldad de los hombres era mucha en la tierra, y que todo designio de los pensamientos del corazón de ellos era de continuo solamente el mal».

Bueno, quizás la sociedad presente no ha llegado a tal extremo, pero ¿quién puede negar que vamos en la misma dirección? Contrario a las más fervientes esperanzas de los evolucionistas, la humanidad está cada vez peor. ¡Esa es la verdad: cada vez peor!

¿Y los pensamientos de los hombres? A veces oyes las noticias, observas las vilezas que reportan y te preguntas: ¿cómo pudo ocurrírsele algo tan malvado a esa persona? Así fue antes del diluvio. Quiero que entiendas que cuando el Señor refiere que estaban «comiendo y bebiendo» en los días del diluvio *no* aludía al aumento de la maldad en este mundo. He escuchado a varios predicadores exclamar: «¿Ven lo terrible que era? Estaban todos dándose el gran atracón, hartándose, arrastrándose de la borrachera. ¡Glotonería! ¡Embriaguez!».

Bueno, ¿qué haces con el resto del versículo? A continuación, dice que estaban «casándose y dando en casamiento». Eso es más bien saludable.

Lo que sucede es que Jesús, en ese pasaje, no estaba haciendo alusión a las actividades malvadas de la humanidad. Él quería mostrarnos que los antediluvianos estaban absortos, entretenidos en sus rutinas diarias: cocinaban, sacaban agua del pozo, celebraban bodas, vivían el día a día de una existencia despreocupada.

Pero, ignoraban por completo las advertencias de Noé.

La vida continuó, y el fanático siguió construyendo un barco del tamaño de un campo de fútbol y hablando de la dichosa «lluvia», que nadie conocía. Así que no le prestaron la más ínfima atención.

¿Por cuánto tiempo les predicó sobre la inundación que vendría? ¿Lo recuerdas? ¡Ciento veinte años! Bastante tiempo para predicar un mensaje. ¿De cuántas maneras puedes decir: «Va a llover»? Sin embargo, ese era su mensaje; y lo anunció con fidelidad, a toda hora, lleno de pasión. Su obra fue ser un «pregonero de justicia».

Todos lo evadían, disimulaban con sorna, se encogían de hombros, movían la cabeza en desaprobación. Sus coterráneos quizás argumentaron: «Lo que predicas no es relevante, Noé; no hace falta. Si quieres dar un mensaje habla de las realidades de la vida. Mira, aborda el matrimonio, la crianza de los hijos y el ganarse la vida. No insistas en ese «juicio» futuro que nadie cree. ¡Déjate de eso, predicador!

Comer, beber, casarse, tener hijos, trabajar de nueve a cinco y descansar el fin de semana: la vida continúa. No se volvieron a Dios en arrepentimiento, prefirieron quedarse así. Todos, hombres y mujeres, se conformaron a la cultura y las opiniones imperantes. Y la Biblia nos dice que así será antes de que Jesús regrese otra vez.

Se parece bastante a nuestro mundo actual, ¿no es cierto? Nadie tiene tiempo para la profecía, ni para hablar de la segunda venida. «Oye, tengo que ir a una boda esta tarde»; «tenemos una cena en nuestra casa esta noche»; «queremos tomarnos unas copas después del trabajo»; «vamos a tener un bebé en marzo»; «voy a llevar a los nietos al zoológico»; «al fin obtuve el puesto de gerente, mi carrera está empezando a despegar».

Como en los días de Noé, la gente va por la vida en una especie de marcha indiferente y desenfrenada. Miran al futuro sin tomar en cuenta las advertencias del Señor; viven de la misma manera en que siempre lo han hecho.

Los coetáneos de Noé ignoraron e incluso ridiculizaron sus advertencias. Predicó por 120 años, y nadie fuera de su familia inmediata le creyó. Predicó, predicó y predicó; invitó una y otra vez. Hasta que se fue el día de la última oportunidad, y alguien, en algún lugar, sintió caer la primera gota de lluvia. Entonces fueron rotas todas las fuentes del grande abismo, y las cataratas de los cielos fueron abiertas, y el Señor cerró la puerta del arca.

El apóstol Pedro tiene mucho que aportar al respecto. Observa el increíble paralelismo con el mundo de hoy:

> Ante todo, deben saber que en los últimos días vendrá gente burlona que, siguiendo sus malos deseos, se mofará. ¿Y qué dirán? ¡Escucha! Van a decir: «¿Qué hubo de esa promesa de su venida? Nuestros padres murieron, y nada ha cambiado desde el principio de la creación». ¿No te parece familiar? «Pero intencionalmente olvidan que desde tiempos antiguos, por la palabra de Dios, existía el cielo y también la tierra, que surgió del agua y mediante el agua. Por la palabra y el agua, el mundo de aquel entonces pereció inundado». (2 P 3.3-6, NVI)

¿A qué se refiere? Él nos revela que el tiempo inmediato antes del regreso de Cristo será igual a la época de Noé. Los oyentes se aburrieron de escucharlo. El anciano continuaba con su política equivocada. Seguía anunciando lo que la gente no quería oír. Durante el tiempo que la mayoría pudo recordar, se mantuvo repitiendo una y otra vez que vendrían un «juicio» y una «inundación». ¿Pero dónde estaban? ¿Dónde estaba el agua? ¿Dónde estaba la lluvia?

Y debido a que el juicio del Señor no apareció en sus calendarios mensuales, ellos asumieron que no podía ser verdad.

Jesús nos advirtió que no fuéramos arrogantes. Quizás esa es tu actitud ahora mismo. A lo mejor dices: «Ah, ahí vamos de nuevo. El doctor Jeremiah ya está en otro viaje profético. ¿Qué es esto? ¿Su segundo libro sobre Apocalipsis? ¿O el tercero? ¿No tiene algo diferente que decir?».

He escrito algunos libros sobre el tema porque es importante. Y las personas que se nieguen a creer que es verdad, algún día percibirán su entorno con una actitud diferente. Faltarán sus familiares más cercanos, tocarán a la puerta de un amigo y nadie responderá; el auto estará parqueado a la entrada y las luces de la casa estarán encendidas, pero no habrá moradores adentro. Entonces se preguntarán, presos del pánico y con un nudo en la garganta: *¿Por qué no escuché cuando me hablaron del regreso del Señor?*

Cristo hizo una segunda advertencia.

JESÚS NOS ADVIRTIÓ CONTRA UNA ACTITUD DESCUIDADA

En la lectura anterior, el Señor cuenta una pequeña historia en Mateo 24.42-44:

> Velad, pues, porque no sabéis a qué hora ha de venir vuestro Señor. Pero sabed esto, que si el padre de familia supiese a qué hora el ladrón habría de venir, velaría, y no dejaría minar su casa.
>
> Por tanto, también vosotros estad preparados; porque el Hijo del Hombre vendrá a la hora que no pensáis.

Jesús no dice que Él es un ladrón, sino que compara el *modus operandi* de uno para ejemplificarnos cómo será Su venida. De hecho, la Biblia usa esa misma palabra varias veces.

Presta atención a Lucas 12.39: «Pero sabed esto, que si supiese el padre de familia a qué hora el ladrón había de venir, velaría ciertamente, y no dejaría minar su casa». Y en 1 Tesalonicenses 5.2: «Porque vosotros sabéis perfectamente que el día del Señor vendrá así como ladrón en la noche».

También aparece en 2 Pedro 3.10: «Pero el día del Señor vendrá como ladrón en la noche; en el cual los cielos pasarán con grande estruendo, y los elementos ardiendo serán deshechos, y la tierra y las obras que en ella hay serán quemadas». En Apocalipsis 3.3 leemos: «Acuérdate, pues, de lo que has recibido y oído; y guárdalo, y arrepiéntete. Pues si no velas, vendré sobre ti como ladrón, y no sabrás a qué hora vendré sobre ti». Y el capítulo 16 versículo 15 agrega: «He aquí, yo vengo como ladrón. Bienaventurado el que vela, y guarda sus ropas, para que no ande desnudo, y vean su vergüenza».

¿A qué se refería Jesús? Creo que el mensaje era: «No te descuides, aunque los acontecimientos no se están desarrollando delante de tus ojos». Él nos advirtió contra la mentalidad de: «Bueno, no me robaron este año, así que desconecto la alarma, dejo las puertas abiertas, no recojo el periódico en la entrada y tampoco lo leo; ¿para qué? Nunca me han robado, ni a mí ni a mis vecinos. A mí no me va a pasar».

Tal vez podrías testificar, en carne propia, que a las personas reales sí les roban. Quizás te descuidaste, te lo tomaste a la ligera y lo que pensabas que nunca sucedería, *sucedió*.

Ese era el énfasis del Señor. Nos estaba advirtiendo contra la actitud descuidada, imprudente y de autoengaño que afirma tercamente: «A mí no me va a pasar».

Oye, ¡sí te puede pasar! Jesucristo regresará sin anunciarlo. Un día, Dios proferirá: «Ya es suficiente» y su juicio caerá sobre la tierra y sobre todos los que han rechazado a su Hijo.

Pero hay una tercera advertencia.

JESÚS NOS ADVIRTIÓ CONTRA UNA ACTITUD INSENSIBLE

Jesús contó otra historia para aclarar Su mensaje:

¿Quién es, pues, el siervo fiel y prudente, al cual puso su señor sobre su casa para que les dé el alimento a tiempo? Bienaventurado aquel siervo al cual, cuando su señor venga, le halle haciendo así. De cierto os digo que sobre todos sus bienes le pondrá. Pero si aquel siervo malo dijere en su corazón: Mi señor tarda en venir; y comenzaré a golpear a sus consiervos, y aun a comer y a beber con los borrachos, vendrá el señor de aquel siervo en día que éste no espera, y a la hora que no sabe, y lo castigará duramente, y pondrá su parte con los hipócritas; allí será el lloro y el crujir de dientes. (Mt 24.45-51)

Aquí, el Señor describió a dos siervos que trabajan para un amo ausente. Un siervo es bueno y fiel, el otro malo e incrédulo. El primero representa a los creyentes que estarán en la tierra antes del regreso del Señor. El segundo representa a los no creyentes. Nos enseña que Dios ha confiado a cada persona una vida, posesiones y habilidades en este mundo. Pero cada cual responderá por lo que hizo con aquello que el Señor puso en sus manos.

El siervo malvado muestra la actitud dominante de la demora insensible. No cree que su amo vuelva pronto, así que no piensa dejar de hacer todas las vilezas a las que se ha acostumbrado. Cristo le advirtió que fuera cuidadoso porque no sabía los horarios celestiales.

Incluso como pastor, escucho a la gente decir cosas como: «Sí, creo en la venida del Señor, pero todavía no quiero sentar cabeza, ¿me entiende? Hay algunas locuras que quiero hacer. Tranquilo, todo está bajo control. En cuanto vea algo que se parezca a la segunda venida, organizaré mi vida y estaré preparado para irme al cielo».

En primer lugar, cuestiono la fe sincera de cualquiera que razona de ese modo. Así no piensa un verdadero cristiano. Pero incluso si lo hiciera, ¡qué tonto! ¡Qué locura hacer algo así, porque «vendrá a la hora que no pensáis» (v. 44, RVR95).

Hace poco estaba testificándole a una persona sobre el Señor. Decía que quería ser cristiano, pero que no era «conveniente» para él en ese momento. Así que lo pospuso. No me gustaría estar en el pellejo de ese hombre si él continúa postergando la decisión y un día tiene que presentarse ante el trono del juicio. ¿Puedes oír lo que masculla ante el Señor del universo?: «Bueno, Señor, iba a aceptarte y seguirte, pero, bueno... no me convenía».

La dura realidad es que entonces no será «conveniente» que Dios te deje entrar al cielo, porque no te resultaba «conveniente» aceptar Su provisión para tus pecados.

William Barclay, uno de los grandes comentaristas históricos de la Escritura, relata una fábula en la que tres de los aprendices del diablo venían a la tierra para terminar su aprendizaje. Entablaron una conversación con Satanás, el jefe de los demonios, sobre sus planes para tentar y arruinar al hombre. El primer diablo propuso: —Ya sé lo que voy a hacer, les diré que no hay Dios.

Y Satanás le respondió: —Con eso no engañarás a nadie, ellos saben que hay un Creador.

El segundo comentó: —Les diré que no hay infierno.

—Tampoco engañarás a nadie con esa mentira —respondió Satanás—: Los hombres saben en lo profundo de sus corazones que hay un lugar llamado infierno y un castigo por el pecado.

Entonces el tercero propuso: —Bueno, les diré que no hay prisa.

Y Satanás dijo: —Muy bien, arruinarás a los hombres por millares. El más peligroso de todos los engaños es que tienen mucho tiempo.[2]

A mediados de la década de 1980 estaba trabajando en un proyecto sobre el libro de Apocalipsis titulado *Before It's Too Late* [Antes de que sea demasiado tarde]. Encontré una historia sobre un momento en que el noroeste del Pacífico de Estados Unidos fue testigo de un cataclismo diferente a todo lo que nuestra nación había visto durante generaciones.

El viejo Harry era un hombre terco; se había convertido en una leyenda en el noroeste del Pacífico. Aunque le habían advertido repetidamente que su vida estaba en peligro, lo que hacía era burlarse. La gente, con frecuencia, ignora las alarmas y las señales de peligro. Harry era, digamos, la viva estampa del escepticismo. Vivía al pie de una tranquila montaña.

Por cierto, había estado quieta durante 123 años. A veces se sacudía para escupir un poco de polvo caliente y ceniza o babeaba algo de lava de su cavernoso cráter. De vez en cuando miraba los escarpados campos de nieve y con voz de abismo mascullaba una silenciosa amenaza contra las personas que exploraban el frondoso bosque y los prados alrededor. Algunos pensaban que Pie Grande, la legendaria bestia gigante, acechaba sus pendientes. Sin embargo, el monte Santa Helena estaba hirviendo por dentro, listo para desatar su fuerza sobre los admiradores incrédulos. Era sorprendente y misterioso, pero solo le temían quienes entendían su poder.

En marzo de 1980, un terremoto de 4,1 grados en la escala de Richter se registró cerca del monte Santa Helena, en el suroeste del estado de Washington. Se informó a los guardabosques de posibles peligros por avalanchas que podrían atrapar a esquiadores o escaladores. La mayoría de las personas no estaban preocupadas. El entorno montañoso lucía tranquilo, y mientras la gente esperaba una renovación forestal, la tierra cantaba con una voz renovada, esta vez, más cálida.

Entonces, el 27 de marzo, un guardabosques escuchó lo que él creyó ser un estampido supersónico. La montaña había hecho erupción. Los científicos se apresuraron a evaluar su potencial explosivo. Predijeron un escenario aterrador de destrucción futura. La gente escuchaba, pero muchos no podían comprender un desastre de tal magnitud. El viejo Harry seguramente leyó las noticias mientras desayunaba solo y les daba las sobras a sus dieciséis gatos. «Nadie sabe más de esta montaña que Harry, ella no se atreve a explotar sobre él» se jactó.

Pasaron días y semanas. Algunos se impacientaron con los informes negativos de los geólogos. Las personas dejaron de preocuparse por una posible catástrofe y querían volver a los negocios como de costumbre. Escucharon a los geólogos decir lo que querían oírlos decir. En realidad, no los estaban escuchando en absoluto.[3]

Cuando los oficiales del alguacil ordenaron a todos los residentes en las orillas del Lago Spirit, en la base de la montaña, que abandonaran el lugar por su seguridad, Harry expresó: «Estoy más que bien aquí, solo en mi cabaña. Soy "el monarca de todo lo que abarco". Tengo un montón de whisky. Tengo provisiones para quince años y me estoy dando la buena vida».[4] El domingo por la mañana, el 18 de mayo de 1980, la montaña explotó y arrojó rocas pulverizadas y ceniza hasta casi doscientos metros de altura. La fuerza de la explosión aplastó los árboles, los arrancó de raíz como millones de fichas de dominó que empezaban a partir del cráter. De la vegetación incinerada brotaban ceniza y gases. Los flujos de lodo inundaron los ríos y transformaron las hermosas tierras montañosas en un paisaje espantoso y carbonizado. La venganza de la montaña fue quinientas veces mayor que la bomba nuclear que arrasó Hiroshima.

Cesaron las advertencias. Ya no había tiempo para correr. Nadie volvió a ver a Harry.

¿Una historia de terror? Sí, y más. También es un cuadro real de cómo las personas se niegan obstinadamente a escuchar la verdad, porque están absortas en otras cuestiones.

No seas como uno de ellos.

Quizás la montaña no esté entrando en erupción ahora, pero ¿puedes sentir los temblores de la tierra?

PARTE 3

SEÑALES CELESTIALES

Con el tercer acto, llegamos a la mitad de la historia y vemos un rayo de esperanza.

Todo comienza con el arrebatamiento de la Iglesia como lo describe el apóstol Pablo en 1 Tesalonicenses 4.16: «Porque el Señor mismo con voz de mando, con voz de arcángel, y con trompeta de Dios, descenderá del cielo». ¿Te imaginas lo asombrosa, espléndida y sensacional que será la escena de Cristo descendiendo del cielo?

Pero eso es solo el comienzo. El arrebatamiento incluirá de forma inmediata la resurrección de los creyentes muertos y la transformación de los creyentes vivos, todos los cuales serán transformados «en un abrir y cerrar de ojos». Entonces Jesús los escoltará al cielo, un cielo aún más asombroso de lo que tú y yo alguna vez hayamos imaginado. Allí, los creyentes experimentarán el tribunal de Cristo, donde se entregarán recompensas por el servicio fiel y donde comenzará una celebración de alabanza y adoración como no se ha visto en la tierra.

Continuemos nuestro estudio de las treinta y una señales innegables del Apocalipsis, al observar juntos seis señales celestiales diseñadas para darnos esperanza en un mundo caótico.

CAPÍTULO 12

EL ARREBATAMIENTO

En octubre del 2007, presencié lo que en ese momento fue la mayor evacuación de hogares en la historia de California y la mayor evacuación por incendio en la historia de Estados Unidos. El personal de emergencia evacuó trescientos cincuenta mil hogares, desplazando a casi un millón de californianos, mientras dieciséis incendios simultáneos barrían nuestra comunidad.[1]

Imagina a una persona que no se enteró del llamado a evacuar, se despertó después de que todos los demás se habían ido y se encontró con el humo astringente y las calles vacías, confundido y sorprendido, preguntándose por qué se había quedado atrás. La reacción de esa persona no sería nada en comparación con el impacto de aquellos que presencien la evacuación mundial que está por venir, conocida como el arrebatamiento.

La Biblia nos relata que en ese día, millones de personas desaparecerán de la faz de la tierra en menos de un milisegundo. Y el propósito de esa evacuación es similar al de la evacuación de emergencia de los californianos del sur: evitar una devastación horrenda. Esta evacuación evitará que el pueblo de Dios sufra los efectos desastrosos de los terremotos, el fuego y el caos global que se avecinan.

El arrebatamiento es el evento en el que todos los que han confiado en Jesucristo serán tomados de la tierra de repente y serán llevados al cielo por Él. Está establecido que ocurra en un momento no especificado en el futuro.

La palabra *arrebatamiento* es una traducción de la palabra griega *jarpázo*. Aparece catorce veces en el Nuevo Testamento, y significa «arrebatar por la fuerza». Satanás y sus cohortes demoníacas harán todo lo que esté a su alcance para mantener a los santos aquí en la tierra. Pero las fuerzas angélicas de Cristo los vencerán y tomarán a los creyentes por la fuerza, llevándolos al cielo por el poder omnipotente a Su disposición. El diablo es poderoso; el Señor es todopoderoso.

Mi estudio de la Escritura me convence de que los dos eventos más importantes en la historia del mundo son la primera y la segunda venida del Señor Jesucristo. Prestamos gran atención a Su primera venida, como debemos, pero Su segunda venida no merece menos atención. De hecho, podría defender que se debe hacer un énfasis aún mayor en la segunda venida que en la primera. Por cada profecía en la Biblia sobre el nacimiento de Cristo, Su primera venida, hay ocho sobre Su segunda venida. Los 260 capítulos del Nuevo Testamento contienen 318 referencias a la segunda venida de Cristo.[2]

Creo que habrá dos etapas para la segunda venida de Cristo. Primero, Él vendrá repentinamente en el aire para tomar a los Suyos. Este es el arrebatamiento, la «recogida» de la iglesia, que ocurrirá al comienzo de la tribulación que viene sobre la tierra.

La tribulación será un tiempo prolongado de horror, agonía y devastación como nunca antes se ha visto o imaginado. El arrebatamiento es la provisión de Dios para que Sus santos escapen de la tribulación. Jesús regresará de inmediato antes de este tiempo de juicio mundial para llevar a todos los que han confiado en Él. Como le expresó a la iglesia en Filadelfia: «Ya que has guardado mi mandato de ser constante, yo por mi parte te guardaré de la hora de tentación, que vendrá sobre el mundo entero...» (Ap 3.10, NVI).

ENTENDER EL ARREBATAMIENTO

Si bien 1 Corintios 15 y Juan 14 brindan información sobre el arrebatamiento, es la carta de Pablo a los tesalonicenses la que presenta la verdad más concisa y lógica sobre este evento próximo:

Tampoco queremos, hermanos, que ignoréis acerca de los que duermen, para que no os entristezcáis como los otros que no tienen esperanza. Porque si creemos que Jesús murió y resucitó, así también traerá Dios con Jesús a los que durmieron en Él. Por lo cual os decimos esto en palabra del Señor: que nosotros que vivimos, que habremos quedado hasta la venida del Señor, no precederemos a los que durmieron. Porque el Señor mismo con voz de mando, con voz de arcángel, y con trompeta de Dios, descenderá del cielo; y los muertos en Cristo resucitarán primero. Luego nosotros los que vivimos, los que hayamos quedado, seremos arrebatados juntamente con ellos en las nubes para recibir al Señor en el aire, y así estaremos siempre con el Señor. Por tanto, alentaos los unos a los otros con estas palabras. (1 Ts 4.13-18)

De la carta de Pablo a la iglesia en Tesalónica, hay siete verdades importantes que podemos conocer sobre el arrebatamiento.

EL ARREBATAMIENTO ES UN EVENTO «SIN SEÑAL»

Mateo 24–25 nos da muchas señales que apuntan a la segunda venida del Señor. Incluyen todo el engaño, la guerra, el hambre, las pestes y los terremotos de la tribulación. Pero es importante darse cuenta de que ninguna de estas señales apunta a la primera etapa de Su venida. No se darán señales para prepararnos para la llegada del arrebatamiento. Puede ocurrir en cualquier momento, posiblemente antes de que termines de leer este capítulo.

Al tiempo «en cualquier momento» del regreso de Cristo se le conoce como la doctrina de la *inminencia*. En su libro categórico sobre el arrebatamiento, Renald Showers nos da una exploración profunda de la palabra *inminente*:

La palabra *inminente* significa «cernerse sobre alguien, listo para sobrevenir o alcanzar a alguien; muy cerca en su incidencia». Por lo tanto, un evento inminente es uno que siempre está presto para ocurrir, está siempre listo para sobrevenir o alcanzar a una persona, está siempre a mano en el sentido de que podría suceder en cualquier momento. Otras cosas *pueden* suceder antes del evento inminente, pero nada más *debe* ocurrir antes de que suceda. Si debe ocurrir algo más antes de que pueda ocurrir un evento, ese evento no es inminente.³

Sin ninguna señal, sin ninguna advertencia, Jesucristo regresará para arrebatar a Sus santos y llevarlos al cielo. Pablo entendió las implicaciones de este evento sin señal. Significa que debemos estar listos para el regreso del Señor en cualquier momento y en todos los tiempos. Por lo tanto, instó a Tito a estar siempre «aguardando la esperanza bienaventurada y la manifestación gloriosa de nuestro gran Dios y Salvador Jesucristo» (Tit 2.13).

EL ARREBATAMIENTO ES UN EVENTO SORPRESIVO

El apóstol Pablo escribió: «Pero acerca de los tiempos y de las ocasiones, no tenéis necesidad, hermanos, de que yo os escriba. Porque vosotros sabéis perfectamente que el día del Señor vendrá así como ladrón en la noche» (1 Ts 5.1-2).

Si escuchas o lees a alguien que declara saber cuándo regresará Jesús, debes hacerte el propósito de mantenerte alejado de esa persona tanto en pensamiento como en hechos. Pretender conocer el tiempo exacto del regreso de nuestro Señor es saber lo que ni siquiera los ángeles saben y lo que nuestro Señor no supo mientras estuvo en esta tierra: «Pero del día y la hora nadie sabe, ni aun los ángeles de los cielos, sino sólo mi Padre» (Mt 24.36).

La Biblia no nos da información específica sobre la fecha del regreso del Señor por la razón que mencionamos anteriormente: el conocimiento de que Él podría regresar en cualquier momento nos alienta a estar listos en todo tiempo. «Por tanto, también vosotros estad preparados; porque el Hijo del Hombre vendrá a la hora que no pensáis» (v. 44).

Como dijo San Agustín: «El último día está oculto para que todos los días puedan ser considerados».

EL ARREBATAMIENTO ES UN EVENTO REPENTINO

El apóstol Pablo enfatizó lo repentino del arrebatamiento cuando declaró que sucederá «en un momento, en un abrir y cerrar de ojos...» (1 Co 15.52).

La referencia de Pablo al «abrir y cerrar de ojos» evoca naturalmente la imagen de un ojo parpadeando, lo cual es una metáfora bastante buena para lo que sucede con rapidez. Pero «el abrir y cerrar de ojos» de Pablo probablemente no significa «parpadear»; más bien, es probable que se refiera a la cantidad de tiempo que tarda la luz, que viaja a 186.000 millas (alrededor de 280.000 kilómetros) por segundo, en reflejarse en la retina del ojo. La idea general es que este evento ocurrirá de forma repentina, a la velocidad de la luz. En menos de un nanosegundo, el Señor llamará a todos los creyentes para que compartan Su gloria.

EL ARREBATAMIENTO ES UN EVENTO SELECTIVO

Los tres pasajes principales que enseñan sobre este tema dejan claro que involucra solo a los creyentes.

En Juan 14.1-3, Jesús se dirigió a Sus discípulos como creyentes en Dios y en Él, indicando que lo que iba a decirles era solo para los creyentes. Continuó explicando que pronto se iría para prepararles un lugar en la casa de Su Padre, un lugar reservado solo para miembros de la familia. Luego expresó: «Vendré otra vez, y os tomaré a mí mismo, para que donde yo estoy, vosotros también estéis» (v. 3). Esa próxima venida es el momento del arrebatamiento. Todo el pasaje habla de esto como un asunto familiar reservado solo para aquellos que han puesto su fe en Jesucristo.

Pablo afirmó la naturaleza selectiva del arrebatamiento en 1 Corintios 15.23, donde describió a sus participantes como «... los que son de Cristo, en su venida». Además, en el primer versículo de ese capítulo, identificó a sus lectores como «hermanos» un término que se usa en el Nuevo Testamento casi exclusivamente para describir a los creyentes. Como si de manera intencional eliminara toda posibilidad de malentendidos, Pablo concluyó este pasaje sobre el arrebatamiento con un estímulo dirigido específicamente a la Iglesia: «Así que, hermanos míos amados, estad firmes y constantes, creciendo en la obra del Señor siempre, sabiendo que vuestro trabajo en el Señor no es en vano» (v. 58).

Finalmente, en 1 Tesalonicenses 4.13-18, el pasaje principal de Pablo sobre el arrebatamiento, él afirma su selectividad en tres ocasiones. Primero, comienza su descripción del evento refiriéndose a sus lectores como «hermanos». En segundo lugar, los identifica en el versículo 14 como aquellos que «creen que Jesús murió y resucitó». Tercero, en el versículo 16, describe a los miembros fallecidos de la familia de la iglesia de Tesalónica como muertos «en Cristo».

Estos pasajes no dejan ninguna duda de que el arrebatamiento está restringido exclusivamente para los creyentes. Solo aquellos que son seguidores de Cristo serán llevados al cielo cuando Él regrese.

EL ARREBATAMIENTO ES UN EVENTO ESPECTACULAR

Ninguna escena descrita en la Biblia es más gloriosa, sorprendente o sensacional que la segunda venida de Cristo. Pero, por lo general, es la segunda etapa de Su venida, al final de la tribulación lo que llama la atención. Y por una buena razón. La descripción gráfica del evento hecha por el apóstol Juan no tiene comparación con nada más registrado en la Biblia (Ap 19.11-16).

La etapa final de la segunda venida no solo es un espectáculo glorioso, sino que es un evento mundial que impactará a todas las personas vivas en el planeta en ese momento. Por otro lado, el arrebatamiento es un evento familiar limitado, que afectará solo a los creyentes.

Sin embargo, quiero presentarte mi caso por la espectacularidad del arrebatamiento. Toma asiento en el jurado y juzga si tengo éxito. Llamo como testigo primario al gran apóstol Pablo, quien, por inspiración del Espíritu Santo, registró la descripción preeminente del evento en 1 Tesalonicenses 4. Como muestra A, dirijo tu atención al versículo 16: «Porque el Señor mismo con voz de mando, con voz de arcángel, y con trompeta de Dios, descenderá del cielo».

Mientras lees estas palabras, el Señor Jesucristo está sentado en los cielos a la diestra del Padre todopoderoso. Pero cuando llegue el momento adecuado, iniciará el arrebatamiento levantándose de manera literal y física del trono, entrará en los pasillos de luz y, de hecho, descenderá a la atmósfera del planeta Tierra desde donde se elevó a los cielos en el monte de los Olivos hace dos mil años. No son los ángeles ni el Espíritu Santo, sino el Señor mismo quien viene a llevar a los creyentes a los cielos en el arrebatamiento.

Los detalles de este pasaje ilustran una imagen sensorial increíblemente completa del arrebatamiento. Pablo incluso describió los sonidos que se escucharán: una voz de mando, la voz de un arcángel y la trompeta de Dios. Estas tres alusiones a los sonidos no deben tomarse como coordinadas, sino como subordinadas. Pablo no estaba describiendo tres sonidos separados; estaba describiendo un solo sonido de tres maneras diferentes. Este sonido será como una voz de mando, con autoridad dominante como la voz de un arcángel.

También será como el toque de una trompeta en su volumen y claridad. Y el sonido será dirigido de forma exclusiva, lo escucharán solo aquellos que han depositado su confianza en Cristo. Cuando Jesús resucitó a Lázaro de la muerte, clamó: «... ¡Lázaro, sal fuera!» (Jn 11.43, NVI). He escuchado a estudiantes de la Biblia especular sobre lo que podría haber ocurrido si Jesús hubiera olvidado mencionar el nombre de Lázaro. ¿Habrían salido de sus tumbas todos los muertos dentro del alcance de Su voz? En el arrebatamiento, eso es exactamente lo que sucederá. Su grito de «¡Salgan fuera!» no mencionará a un solo individuo, sino que será escuchado por cada creyente en cada tumba del mundo. Todas esas tumbas se vaciarán, y los creyentes resucitados volarán hacia el cielo.

Este levantamiento de la tumba fue la esperanza que Winston Churchill expresó de manera conmovedora en la planificación de su propio funeral. Tras la oración del arzobispo de Canterbury y el canto de «Dios salve a la reina», un trompetista situado en lo más alto de la cúpula de la catedral de San Pablo tocó «The Last Post» (o «Taps», como lo conocemos). Cuando la última nota triste se desvaneció, «en lo alto de otra galería, sonó el fuerte "Reveille" a todo volumen».[4] El llamado a dormir fue seguido por un llamado a levantarse.

Toda la evidencia muestra con claridad que el arrebatamiento de los santos será un espectáculo cósmico como nada que los humanos hayan visto u oído.

EL ARREBATAMIENTO ES UN EVENTO SECUENCIAL

En 1 Tesalonicenses 4, Pablo identificó cinco aspectos principales del arrebatamiento en su orden secuencial.

EL REGRESO

«Porque el Señor mismo con voz de mando, con voz de arcángel, y con trompeta de Dios...» (1 Ts 4.16).

En el arrebatamiento, es el Señor mismo quien viene. Esto está de acuerdo con las palabras de los dos ángeles que hablaron a los discípulos en el momento de la ascensión de Jesús: «Varones galileos, ¿por qué estáis mirando al cielo? Este mismo Jesús, que ha sido tomado de vosotros al cielo, así vendrá como le habéis visto ir al cielo» (Hch 1.11). Si Jesús debe descender de la misma manera en que ascendió, entonces ciertamente podemos esperar que Su venida sea personal y física.

Y cuando el Señor regrese, Él llevará consigo a todas las almas de los que han muerto como creyentes. Aquí está lo que Pablo escribió sobre eso: «... así también traerá Dios con Jesús a los que durmieron en él» (1 Ts 4.14).

LA RESURRECCIÓN

Cuando Cristo descienda del cielo con voz de mando, comenzará convocando a sí mismo «a los que durmieron» (v. 15). La palabra que se usa para describir ese estado tiene un gran significado para cada creyente de hoy. Pablo expresa que se han quedado dormidos. Para la palabra traducida como *dormido*, él usa la palabra griega *koimáo*, que tiene como uno de sus significados, «dormir en la muerte». La misma palabra se usa para describir la muerte de Lázaro (Jn 11.11), Esteban (Hch 7.60), David (Hch 13.36) y Jesucristo (1 Co 15.20).

Este concepto de muerte se enfatiza en la maravillosa palabra que los primeros cristianos adoptaron para los lugares de sepultura de sus seres queridos. Era la palabra griega *koimetérion*, que significa «una casa de descanso para forasteros, un lugar para dormir». Es la palabra de la que obtenemos nuestra palabra *cementerio*. En los días de Pablo, esta palabra se usaba para posadas o lo que llamaríamos un hotel o motel. Nos registramos en el hotel Hilton o en Ramada Inn, esperando pasar la noche en reposo antes de que nos levantemos por la mañana frescos y listos para partir. Ese es exactamente el pensamiento que Pablo expresó en palabras como *koimáo* y *koimeterion*. Cuando los cristianos mueren, es como si estuvieran durmiendo pacíficamente en un lugar de descanso, listos para ser despertados al regreso del Señor. Las palabras tienen gran importancia, ya que transmiten el concepto cristiano de muerte no como una finalidad trágica, sino como un sueño temporal.

La Biblia enseña que los que duermen en Jesús no serán excluidos del arrebatamiento. De hecho, tendrán el lugar prominente cuando Jesús venga en los cielos: «… nosotros que vivimos, que habremos quedado hasta la venida del Señor, no precederemos a los que durmieron… los muertos en Cristo resucitarán primero» (1 Ts 4.15-16).

LA REDENCIÓN

No solo los que han muerto como creyentes serán transformados como parte de la resurrección, sino que Pablo habló de los «que vivimos y habremos quedado» (v. 15). Ellos también serán transformados. Eso nos llega como la segura palabra de Pablo, quien escribió a sus amigos corintios: «… no todos dormiremos, pero todos seremos transformados» (1 Co 15.51).

En su carta a los romanos, Pablo escribió sobre esta transformación como «… la redención de nuestro cuerpo» (Ro 8.23). En su carta a los filipenses, lo describió como el momento en que el Señor Jesucristo «… transformará el cuerpo de la humillación nuestra, para que sea semejante al cuerpo de la gloria suya…» (Fil 3.21). El apóstol Juan lo expresó de esta manera: «... sabemos que cuando Él se manifieste, seremos semejantes a Él, porque le veremos tal como Él es» (1 Jn 3.2).

¿Cómo serán esos cuerpos? El doctor Arnold Fruchtenbaum escribió:

> Es posible que la información sobre la naturaleza del nuevo cuerpo se pueda obtener de un estudio de la naturaleza del cuerpo resucitado de Jesús... Sabemos que Su voz fue reconocida como la misma que tenía antes de Su muerte y resurrección (Jn 20.16). Además, Sus rasgos físicos fueron reconocidos, aunque no siempre de manera inmediata (Jn 20.26-29; 21.7). Era un cuerpo muy real de carne y hueso y no un cuerpo fantasma, ya que se podía abrazar (Jn 20.17, 27). El Mesías resucitado pudo desaparecer de forma repentina (Lc 24.31) y atravesar las paredes (Jn 20.19). Era un cuerpo que podía comer alimentos (Lc 24.41-43).[5]

EL ARREBATAMIENTO

Aunque los arrebatamientos son extremadamente raros, han ocurrido antes, y volverán a suceder. Hay seis arrebatamientos registrados y descritos en la Biblia. Cuatro de ellos ya han tenido lugar, y dos aún están por venir.

Los cuatro arrebatamientos que ya han ocurrido lo experimentaron Enoc (Heb 11.5); Elías (2 R 2.11); Pablo (2 Co 12.2-4); y Jesucristo (Hch 1.10-11). Los dos arrebatamientos que aún están por suceder son el arrebatamiento de la iglesia, que es el debate de este capítulo, y el arrebatamiento de los dos testigos como se profetizó en Apocalipsis 11.12.

Estos registros afirman la realidad absoluta del arrebatamiento al proporcionarnos prototipos para mostrar que Dios puede llevar a cabo este evento venidero que Él promete a Su pueblo.

Así que aquí hay un resumen de lo que sucede: El Señor Jesucristo regresa del cielo, trayendo las almas de aquellos que ya han muerto con Él. Los cuerpos de esos santos muertos son resucitados y transformados, y luego los cuerpos de aquellos cristianos que están vivos y han quedado hasta Su venida también son transformados.

Cuando esto suceda, Dios se moverá sobre este universo, y todos los que hayan aceptado a Jesucristo como su Salvador, los que hayan sido resucitados y los que nunca hayan muerto, serán arrebatados como partículas de hierro arrastradas por un imán, sacados de la contaminación, succionados del planeta. Va a suceder en un instante. No habrá tiempo para prepararse. No habrá preludio. No habrá preliminares.

LA REUNIÓN

El arrebatamiento establece una encantadora serie de encuentros o reuniones. Pablo escribió: «Luego nosotros los que vivimos, los que hayamos quedado, seremos arrebatados juntamente con ellos en las nubes para recibir al Señor en el aire, y así estaremos siempre con el Señor» (1 Ts 4.17). Nota que Pablo comenzó aquí con la palabra luego, que es un adverbio que indica secuencia. Conecta los eventos anteriores del arrebatamiento que ya hemos considerado con este evento final en un orden definido de reuniones secuenciales de la siguiente manera:

- Los cuerpos muertos reunidos con sus espíritus
- Los creyentes resucitados se reúnen con los creyentes vivos
- Los creyentes resucitados y los creyentes raptados se encuentran con el Señor

Como Pablo señaló, la consecuencia última de esta reunión con el Señor es que no habrá una separación posterior. Después de Su regreso, nuestra unión y comunión con Él será ininterrumpida y eterna. Solo este hecho glorioso nos muestra por qué la palabra *arrebatamiento* es un término totalmente apropiado para este evento.

EL ARREBATAMIENTO ES UN EVENTO QUE NOS DA FUERZAS

Después de completar su descripción del arrebatamiento a los tesalonicenses, Pablo concluyó el pasaje con esta exhortación práctica: «Por tanto, alentaos los unos a los otros con estas palabras» (1 Ts 4.18).

Aquí, el apóstol les estaba diciendo tanto a los tesalonicenses como a los creyentes de hoy, que no es suficiente entender pasivamente lo que se acaba de explicar sobre el arrebatamiento, la muerte cristiana y la resurrección. Nuestra comprensión debería estimularnos hacia una cierta acción, para «alentarnos los unos a los otros». Y en los versículos anteriores da con exactitud el tipo de información que hace posible el verdadero consuelo. Cuando los creyentes sufren la pérdida de miembros de su familia o amigos muy queridos, en las descripciones de Pablo de la muerte y resurrección cristianas encontramos todo lo que se necesita para alentarse mutuamente en estas pérdidas. La muerte cristiana no es permanente; es solo un momento de dormir. Se acerca un momento en que nosotros y nuestros seres queridos nos reuniremos en un encuentro entusiasta, cuando Cristo mismo nos llame fuera de este mundo o fuera de nuestras tumbas para estar con Él para siempre en una relación extática de amor eterno.

El profesor de Biblia del siglo diecinueve A. T. Pierson hizo esta interesante observación sobre estas cosas:

> Es un hecho notable que, en el Nuevo Testamento, hasta donde recuerdo, nunca se dice, después de la resurrección de Cristo, que un discípulo murió, es decir, sin alguna calificación: Esteban *durmió*. David, después de haber servido a su propia generación por la voluntad de Dios, *durmió con sus padres*. Pedro declara: «Sabiendo que en breve *debo abandonar el cuerpo*, como nuestro Señor Jesucristo me ha declarado». Pablo expresa: «El tiempo de mi partida está cercano». (La figura aquí es la de un barco, cuando deja el muelle, suelta los amarres y abre sus velas al viento para alejarse del puerto) [...] La única vez que se usa la palabra «muerto», es con calificativo: «los "muertos en Cristo"», «los "muertos que mueren en el Señor"».[6]

Como Pierson sugiere, Cristo abolió la muerte de forma tan rotunda que incluso el término *muerte* ya no es apropiado para los creyentes. Es por eso que Pablo escribió que debemos alentarnos los unos a los otros con el recordatorio de que, para los cristianos, lo que llamamos muerte no es más que un sueño temporal antes de que seamos llamados a nuestra relación ininterrumpida con Cristo para siempre.

Al comienzo de este capítulo, hablé sobre los incendios forestales que arrasaron San Diego en el 2007. Dos años antes de esos incendios, las autoridades regionales de San Diego instalaron el Reverse 911 (un sistema de comunicación de emergencia). Se pidió a los ciudadanos que vivían en zonas de incendio que registraran su número de teléfono con la agencia para que cuando los incendios futuros los pusieran en peligro, se pudiera emitir una simple llamada de advertencia a todos los que estuvieran en la lista. Este sistema de alerta temprana se utilizó por primera vez para advertir a los residentes sobre los incendios forestales en el 2007. Los propietarios de viviendas que no se registraron no recibieron la llamada. Algunos tenían sistemas telefónicos que eliminaron la llamada de advertencia como un número no reconocido. Otros recibieron la llamada, pero decidieron ignorarla. Algunos de los que no escucharon la advertencia no abandonaron sus hogares y, como resultado, perdieron sus vidas.[7]

Dios ha proclamado las advertencias con voz fuerte y clara. Han venido a través de Sus profetas en el Antiguo Testamento, a través de escritores del Nuevo Testamento, e incluso a través de Jesús mismo. La tormenta de fuego viene como siete años de tribulación, donde ninguna influencia cristiana templará el mal que hundirá a la tierra en un caldero de miseria y devastación. No obstante, puedes evitar la destrucción y ser evacuado. Puedes ingresar tu nombre en la lista de aquellos que escucharán el llamado de la trompeta del arrebatamiento volviéndote a Cristo y comenzando a vivir la vida pura y santa que caracteriza a los que entrarán al cielo. Como escribió el apóstol Juan: «No entrará en ella [la ciudad celestial de Dios] ninguna cosa inmunda, o que hace abominación y mentira, sino solamente los que están inscritos en el libro de la vida del Cordero» (Ap 21.27).

Si tu nombre no aparece en ese libro, cuando ocurra el arrebatamiento, serás excluido y experimentarás los peores horrores que el mundo haya visto. Anhelo que no esperes otro día; vuélvete a Jesucristo ahora, antes de que sea demasiado tarde, y conviértete en uno de los que escucharán Su llamado en ese gran y terrible día.

CAPÍTULO 13

LA RESURRECCIÓN

En la actualidad, se está llevando a cabo un nuevo ensayo clínico de medicamentos en todo Estados Unidos con el potencial de aumentar enormemente nuestra esperanza de vida. Aprobado por la U. S. Food and Drug Administration [Administración de Alimentos y Medicamentos de EE. UU.], este estudio se realizó en tres mil personas de entre setenta y ochenta años para ver si ciertos medicamentos pueden detener o retardar el envejecimiento humano. El fármaco antienvejecimiento más prometedor conocido es la metformina, el medicamento para la diabetes más utilizado en el mundo, y está disponible con facilidad y es relativamente económico.

Hace algunos años, los investigadores en Bélgica comenzaron a probar la metformina en lombrices intestinales, y los resultados fueron sorprendentes. Las pequeñas lombrices envejecieron con mayor lentitud, no desarrollaron arrugas y permanecieron más saludables por más tiempo. Cuando los médicos luego administraron el medicamento a ratones de laboratorio, los resultados fueron similares. Aumentó la longevidad de los animales en casi un 40 % y mejoró la durabilidad de sus huesos. En este nuevo ensayo, los investigadores están probando este medicamento en humanos. Si tienen éxito, ellos afirman, podría hacer que las personas de setenta años sean biológicamente saludables como los de cincuenta años y permitir que las personas vivan bien hasta sus 110 o 120 años.[1]

El avance de la medicina y la tecnología ha creado una serie de desafíos éticos, y es un poco aterrador ver cómo la ciencia ficción cobra vida a nuestro alrededor. Sin embargo, si no fuera por la ciencia médica, muchos de nosotros no estaríamos vivos para leer este libro, o para escribirlo. Estoy agradecido por los profesionales médicos que, por la gracia de Dios, nos han ayudado tanto.

Pero mantengamos las cosas en contexto. Después del diluvio, la duración de la vida se redujo de manera drástica. De acuerdo con Salmos 90, las personas todavía podrían esperar vivir setenta u ochenta años, pero debido a la enfermedad y la mortalidad infantil, la vida promedio durante gran parte de la historia descendió hasta treinta y cinco antes del advenimiento de la medicina moderna a fines del siglo diecinueve. Para 1990, el promedio de vida era de setenta y seis años. Hoy es un poco más alto; pero incluso si los científicos logran que la cifra se eleve por encima de los cien años, sigue siendo solo el destello de un instante en vista de la eternidad.[2] La tecnología nunca puede darnos un cuerpo verdaderamente indestructible o imperecedero, o permitirnos vivir para siempre. Para eso, necesitamos la resurrección.

La Biblia enseña constantemente la realidad de la resurrección, porque Dios nos creó con eternidad en nuestros corazones. Estamos hechos para algo más que el planeta Tierra. Estamos hechos para el cielo, y no vamos a existir allí en una forma incorpórea. Cuando morimos en Cristo, nuestros cuerpos se duermen y son enterrados, y nuestras almas van a estar con Cristo en el paraíso, donde recibimos cuerpos temporales hasta el momento de la resurrección. Pero ¿luego qué? ¿Cómo será la resurrección? ¿Cómo serán nuestros cuerpos resucitados y cómo funcionarán?

El pasaje más extenso sobre este tema es 1 Corintios 15, que comúnmente llamamos el capítulo de la resurrección en la Biblia. Aquí, el apóstol Pablo, escribiendo bajo la inspiración del Espíritu Santo, respondió dos preguntas que le hicieron algunos cristianos en la ciudad de Corinto: «¿Cómo resucitarán los muertos? ¿Con qué cuerpo vendrán?» (1 Co 15.35).

Cuando morimos, nuestros cuerpos son enterrados y van a la tierra. El día de la resurrección, saldrán de la tierra, pero serán diferentes a cuando entraron. Seguirá siendo lo mismo en esencia. Seguiremos siendo humanos y tú seguirás siendo tú. Pero nuestros cuerpos ahora son inferiores a lo que necesitamos para la vida eterna. Cada día que voy al gimnasio recuerdo que, a medida que envejecemos, tenemos que esforzarnos más para mantener el mismo nivel de condición física que teníamos antes. Pero nuestros cuerpos de resurrección serán perfectamente adecuados para la eternidad.

NUESTROS NUEVOS CUERPOS SERÁN INDESTRUCTIBLES

En primer lugar, nuestros nuevos cuerpos serán indestructibles.

En 1 Corintios 15.42 se nos enseña: «Así también es la resurrección de los muertos. Se siembra en corrupción, resucitará en incorrupción». A lo largo de la historia del tiempo, tal como lo conocemos, solo ha habido un cuerpo que no está sujeto a corrupción: el cuerpo del Señor Jesús. Salmos 16.10 anuncia proféticamente de Él: «Porque no dejarás mi alma en el Seol, ni permitirás que tu santo vea corrupción». Jesús fue sepultado, pero al tercer día salió de la tumba. Su cuerpo no incurrió en corrupción.

Nuestros cuerpos actuales se desgastan y envejecen, pero nuestros cuerpos resucitados nunca se desgastarán ni envejecerán. No tendrán capacidad de deterioro ni decadencia. Tu nuevo cuerpo será diseñado para la eternidad. No estará sujeto a accidentes, enfermedades, envejecimiento o muerte. Estará libre de dolor y enfermedad. Nunca se deteriorará y nunca morirá; vivirá más que las estrellas.

El punto de exclamación a esta verdad se encuentra en Romanos 6:8-9, donde se describe el cuerpo de resurrección de Jesús: «Ahora bien, si hemos muerto con Cristo, confiamos que también viviremos con él. Pues sabemos que Cristo, por haber sido levantado de entre los muertos, ya no puede volver a morir; la muerte ya no tiene dominio sobre él» (NVI).

Nota esas palabras sobre Jesús: *Ya no puede volver a morir.*

Desde el momento en que se levantó de la tumba de José de Arimatea, el domingo de Pascua, hay una cosa que Jesucristo no puede hacer. Lo hizo una vez, pero nunca más puede repetir la acción. Es imposible que vuelva a morir. Su cuerpo glorificado es imperecedero e indestructible. Y Su cuerpo glorificado es el patrón para nuestros propios cuerpos de resurrección.

Hebreos 9.27 declara: «... está establecido que los seres humanos mueran "una sola vez"...» (énfasis añadido).

Pienso en eso cuando subo a mi bicicleta o salgo a caminar. A veces mi cuerpo siente su edad y lucho por terminar mi viaje cuesta arriba o mi rutina de ejercicios. Pero he aprendido a usar esas ocasiones para recordarme a mí mismo que un día tendré un cuerpo perfecto e indestructible que nunca podrá agotarse ni desgastarse. Cuando lleguemos al cielo, y regresemos de un largo paseo en bicicleta o de correr un maratón, será tan fácil como salir a encontrarnos con un amigo, debido a nuestros cuerpos indestructibles.

NUESTROS NUEVOS CUERPOS SERÁN IDENTIFICABLES

En 1 Corintios 15.43 se enseña que nuestros cuerpos de resurrección serán gloriosos e identificables. Pablo escribió: «Se siembra en deshonra, resucitará en gloria». Podríamos traducir con precisión la palabra *gloria* como «resplandor». Nuestros nuevos cuerpos quizás tengan realmente una calidad luminiscente. En Éxodo 34.29, Moisés pasó un tiempo con el Señor y le sucedió algo inusual. Su rostro se volvió resplandeciente y comenzó a brillar. Lo mismo le sucedió a Jesús en el monte de la transfiguración (Lc 9.28-30). En Apocalipsis 21, se nos declara que toda la ciudad de la nueva Jerusalén será luminiscente, resplandecerá por la luz que irradia la gloria de Dios. Mateo 13.43 expresa: «Entonces los justos resplandecerán como el sol en el reino de su Padre...».

La gloria que el Señor Jesús tuvo en Su cuerpo glorificado es un modelo de la gloria que tendremos en nuestros propios cuerpos cuando resucitemos de la tumba. Esta es la esencia de nuestra enseñanza sobre la resurrección. Como varios pasajes bíblicos nos declaran, el Señor Jesucristo, en Su propia resurrección, proveyó el pago, la prueba y el modelo para nuestra propia resurrección. La Biblia enseña:

- «Mas nuestra ciudadanía está en los cielos, de donde también esperamos al Salvador, al Señor Jesucristo; el cual transformará el cuerpo de la humillación nuestra, para que sea semejante al cuerpo de la gloria suya, por el poder con el cual puede también sujetar a sí mismo todas las cosas» (Fil 3.20-21).

- «Amados, ahora somos hijos de Dios, y aún no se ha manifestado lo que hemos de ser; pero sabemos que cuando él se manifieste, seremos semejantes a él, porque le veremos tal como él es» (1 Jn 3.2).
- «Y así como hemos traído la imagen del terrenal, traeremos también la imagen del celestial» (1 Co 15.49).

El Hombre celestial es Jesús. Así como ahora tenemos la imagen del antiguo Adán en nuestros cuerpos actuales, llevaremos la imagen del Hombre celestial, Jesús, en nuestros cuerpos de resurrección. Nuestros nuevos cuerpos serán gloriosos.

La Biblia nos da algunos destellos del cuerpo resucitado de nuestro Señor al relatarnos algunas de las cosas que sucedieron durante los cuarenta días entre Su resurrección y la ascensión. Por lo que sabemos en el Nuevo Testamento, Jesús apareció tal vez diez o doce veces durante este período; y cuando miramos esos pasajes, vemos a nuestro Señor con Su cuerpo glorificado.

Lo más importante sobre Su cuerpo, y Él enfatizó esto en diversos momentos, es que era real, literal, físico y tangible. Era el mismo cuerpo que había sido crucificado. En una ocasión, cuando Jesús se apareció a Sus discípulos, les dijo: «Mirad mis manos y mis pies, que yo mismo soy; palpad, y ved; porque un espíritu no tiene carne ni huesos, como veis que yo tengo» (Lc 24.39).

Esto nos enseña que no vamos a ser una especie de fantasma, como un espectro que andará flotando para siempre. Vamos a tener nuestros mismos cuerpos literales, físicos, pero serán levantados, resucitados y glorificados, equipados para la eternidad.

Durante dos de Sus apariciones posteriores a la resurrección, Jesús comió con Sus discípulos, lo que nos muestra que nuestros cuerpos glorificados serán capaces de comer. Considero que son buenas noticias, ¿verdad? Las personas parecen tener curiosidad sobre esto porque a menudo me preguntan si necesitaremos comer en el cielo. Bueno, no sé si *necesitaremos* comer, pero ciertamente disfrutaremos comer y beber como lo hizo Jesús. Otros dos pasajes enfatizan esto.

- «Les mostró las manos y los pies. Y como todavía ellos, de gozo, no lo creían, y estaban maravillados, les dijo: ¿Tenéis aquí algo de comer? Entonces le dieron parte de un pez asado, y un panal de miel. Y Él lo tomó, y comió delante de ellos» (Lc 24.40-43).
- «Les dijo Jesús: Venid, comed. Y ninguno de los discípulos se atrevía a preguntarle: ¿Tú, quién eres? sabiendo que era el Señor. Vino, pues, Jesús, y tomó el pan y les dio, y asimismo del pescado» (Jn 21.12-13).

En Lucas 24, Jesús claramente comió con Sus discípulos; y en Juan 21, hay una fuerte sugerencia de que también comió, porque preparó el alimento para todos. ¡Imagina! Poder comer todo lo que queramos sin aumentar de peso o tener malestar estomacal. Imagina probar comidas que nunca antes hemos tenido. Quizás podamos probar el maná en el cielo. Salmos 78.25 declara acerca de los hijos de Israel en el desierto: «Pan de ángeles comió el hombre...» (LBLA). No quiero ser especulativo, ¡pero imagínate la alegría de comer en una fiesta preparada por chefs angelicales!

El cuerpo de Cristo también se podía tocar. Se podía sujetar. En Juan 20.27, Jesús le dijo a Tomás, a quien le costaba creer que Jesús realmente había resucitado de entre los muertos: «Pon aquí tu dedo, y mira mis manos; y acerca tu mano, y métela en mi costado; y no seas incrédulo, sino creyente».

En Juan 20.17, Jesús tuvo que decirle a María que dejara de sujetarlo. «Suéltame —le dijo—, porque todavía no he vuelto al Padre...» (NVI). Eso implica que Su cuerpo era tangible, se podía tocar, sujetar y abrazar.

Muchas personas me preguntan: «En mi nuevo cuerpo de resurrección, ¿la gente me conocerá? ¿Me reconocerán? ¿Y conoceré a los demás?». Después de la resurrección, Jesús conoció a Sus discípulos y ellos lo conocieron a Él. Reconocieron a Jesús glorificado como el mismo que habían conocido antes de Su muerte. Estaban tan convencidos de la identidad del Cristo resucitado que todos se entregaron a la muerte proclamando la realidad del mensaje de la vida eterna.

Cuando llegues al cielo, conocerás a todas las personas que conociste aquí y ellos te conocerán a ti. Es impensable para mí que en el cielo conozcamos menos que aquí. La Biblia declara: «Ahora vemos por espejo, oscuramente; mas entonces veremos cara a cara. Ahora conozco en parte; pero entonces conoceré como fui conocido» (1 Co 13.12).

Tendremos un mayor sentido de reconocimiento en el cielo que el que hemos tenido aquí en este mundo. Cuando Moisés y Elías aparecieron del cielo para estar con Cristo en el monte de la transfiguración, los discípulos reconocieron instintivamente a Moisés y Elías como personas reales. Ellos los conocieron. Cuando Jesús describió el cielo en Mateo 8.11, dijo: «Y os digo que vendrán muchos del oriente y del occidente, y se sentarán con Abraham e Isaac y Jacob en el reino de los cielos».

La misionera Amy Carmichael escribió sobre esto, diciendo:

> ¿Nos conoceremos en el cielo? ¿Amaremos y recordaremos? No creo que nadie deba preguntarse por esto o dudar por un momento... Porque si pensamos por un minuto, lo sabemos. ¿Serías tú mismo si no amaras y recordaras? [...] Se nos dice que seremos como nuestro Señor Jesús... ¿Y Él no conoce, ama y recuerda? Él no sería Él mismo si no lo hiciera, y nosotros no seríamos nosotros mismos si no lo hiciéramos.[3]

NUESTROS NUEVOS CUERPOS SERÁN INCREÍBLES

Entonces, el cuerpo de resurrección será indestructible. Será identificable. También será increíble. El apóstol Pablo continuó escribiendo en 1 Corintios 15.43: «... se siembra en debilidad, resucitará en poder».

Seremos enterrados en debilidad. Eso es absolutamente cierto, ¿no es así? Un cuerpo muerto no tiene fuerza ni poder. No puede levantar un dedo. Pero cuando salgamos de la tumba, tendremos tanta energía que pensaremos que un rayo nos ha sobrecargado con electricidad.

No necesitamos mucho trabajo aquí en la tierra para agotarnos. Hace algún tiempo, fui con un grupo a África para realizar misiones y trabajo humanitario. Plantamos jardines todo el día en el calor sofocante de lo que entonces era Suazilandia, país ubicado en África Austral, y cada día nos cansábamos más. El calor y el trabajo nos agotaron. Noté que tenía menos energía cada día que pasaba.

Nuestros cuerpos de resurrección no presentarán los mismos problemas. Serán increíbles, llenos de energía, siempre llenos de poder entusiasta, y tal vez capaces de funciones extraordinarias. Cuando lees sobre el Señor Jesús después de Su resurrección, Él podía entrar en cuartos cerrados sin pasar por la puerta. Juan 20.19 narra: «Cuando llegó la noche de aquel mismo día, el primero de la semana, estando las puertas cerradas en el lugar donde los discípulos estaban reunidos por miedo de los judíos, vino Jesús, y puesto en medio, les dijo: Paz a vosotros».

Si el cuerpo glorificado de Cristo podía atravesar las paredes y viajar por impulsos de pensamiento, quizás lo mismo sea cierto para nosotros. Sin ser dogmáticos en los detalles, estoy convencido de que nuestros cuerpos glorificados no tendrán las mismas limitaciones que tenemos hoy. Sin duda, podremos movernos con facilidad, lo que significa que podremos viajar de un lugar a otro. En el viaje mencionado a África, una de las partes más difíciles fue llegar y regresar. Los vuelos fueron agotadores. Qué maravilloso viajar por la nueva tierra sin la fatiga o el estrés de la seguridad del aeropuerto y los asientos hechos para personas pequeñas.

En Su ascensión, Jesús subió al cielo y desapareció en las nubes. No debemos volvernos demasiado especulativos, pero no es difícil visualizar las posibilidades de viajar a través del nuevo cielo, la nueva tierra y la nueva Jerusalén con asombro y júbilo.

NUESTROS NUEVOS CUERPOS SERÁN ILIMITADOS

Nuestros cuerpos serán indestructibles, identificables, increíbles y también ilimitados. En 1 Corintios 15.44-45 se declara: «Se siembra cuerpo animal, resucitará cuerpo espiritual. Hay cuerpo animal, y hay cuerpo espiritual.

Así también está escrito: Fue hecho el primer hombre Adán alma viviente; el postrer Adán, espíritu vivificante».

¿Qué quiso decir Pablo con un cuerpo «espiritual»? Ya he indicado mi firme creencia de que nuestros cuerpos celestiales serán literales, físicos, táctiles, identificables y poderosos. No creo que la palabra *espiritual* en el versículo 44 implique que nuestros cuerpos serán incorpóreos o meras apariciones. Jesús resucitó de entre los muertos con el mismo cuerpo físico que fue crucificado. El apóstol Juan comenzó su primera epístola diciendo: «Lo que era desde el principio, lo que hemos oído, lo que hemos visto con nuestros ojos, lo que hemos contemplado, y palparon nuestras manos tocante al Verbo de vida (porque la vida fue manifestada, y la hemos visto, y testificamos, y os anunciamos la vida eterna, la cual estaba con el Padre, y se nos manifestó)» (1 Jn 1.1-2).

Jesús tenía un cuerpo material y nosotros tendremos cuerpos como Él, así que no vamos a tener cuerpos de fantasmas o espectros. En 1 Corintios 15, Pablo estaba hablando de un cuerpo real. Nuestros nuevos cuerpos existirán en un plano superior. En lugar de ser gobernados por nuestros apetitos, serán gobernados por el Espíritu Santo. Eso es lo que significa un cuerpo espiritual. La diferencia básica entre un cuerpo natural y un cuerpo espiritual es que el primero es adecuado para la vida en la tierra, y nuestros cuerpos espirituales serán adecuados para la vida en el cielo por toda la eternidad con Dios. En nuestros cuerpos actuales, no podríamos funcionar en el reino de los cielos. Pero Dios nos va a dar nuevos cuerpos reales como los que tenemos ahora, solo que completamente transformados.

Piensa en esto de esta manera. ¿Alguna vez has tenido una hora, o tal vez incluso quince minutos, en que sentiste que el Espíritu Santo tenía el control total de quién eras y lo que hacías? Es lo más glorioso tener conciencia de eso.

Marie Monsen, una misionera noruega en China durante las primeras décadas del siglo veinte, vivió en constante peligro, en especial por parte de las bandas de criminales y soldados rebeldes que aterrorizaban el interior de China en aquellos días. En una ocasión, ella estaba con otros tres misioneros noruegos que participaban en una serie de reuniones evangelísticas en cierto pueblo. Llegaron noticias de que una tropa local había sido derrotada en batalla y se dirigía hacia el pueblo con la intención de vengarse. Estaban matando a todos los que encontraban. Incluso mujeres y niños en los campos estaban siendo fusilados. Los misioneros reunieron a los cristianos locales en una casa y les recordaron las promesas de Dios, como 1 Pedro 5.7, que declara que Dios tiene cuidado de nosotros. A medida que avanzaba la noche, Marie sugirió que se fueran a la cama y descansaran todo lo que pudieran, aunque les fuera imposible dormir. Marie se acostó y repitió las promesas de Dios a sí misma durante toda la noche.

Temprano en la mañana siguiente, el extremo de un arma golpeó la puerta, y Marie corrió y la abrió para encontrar a un soldado solitario. Ella lo dejó entrar y cerró la puerta detrás de él. El soldado se sorprendió al encontrar un pequeño grupo de personas sonrientes que lo invitaron a tomar una taza de té. «Probablemente no tengas mucho tiempo para comer, ¿verdad?», Marie le preguntó. El hombre suspiró profundamente y dijo que sería bueno sentarse por un momento de tranquilidad y comer y beber algo. Preguntó quiénes eran y qué estaban haciendo en la ciudad, y ellos le hablaron del Señor.

Al salir, el soldado dijo que nadie más los molestaría. Los soldados saqueadores abandonaron la ciudad veinticuatro horas después, dejando trauma a su paso. Pero en esa pequeña casa, los cristianos habían concentrado toda su energía en las promesas de Dios, quien cumplió Sus palabras para ellos.

Para terminar la historia, Marie dijo algo asombroso: «Fue increíblemente maravilloso experimentar una y otra vez la paz de la que Jesús habló, que el mundo no puede dar. En medio de la confusión y la angustia, uno se encontraba a sí mismo sostenido por una tranquilidad mental tan maravillosa que no se reconocía a sí mismo».[4]

Creo que Marie Monsen experimentó un poco del cielo en el camino hacia el mismo. Cuando lleguemos allí, estaremos en un estado de tranquilidad mental controlada por el Espíritu que difícilmente nos reconoceremos a nosotros mismos. Según la Escritura, cuando nuestros cuerpos resucitados salgan de la tumba, estaremos totalmente en el Espíritu. Tendremos la paz, el gozo y el amor del Espíritu. Vamos a ser personas espirituales. Haremos solo aquellas cosas que agraden al Señor, y nuestra lucha con la carne y con la naturaleza pecaminosa ya no se recordará más. No habrá más tentaciones, ni derrota, ni pecado, ni más influencias de atracciones inmorales. Satanás ya no podrá engañarnos.

¿Exactamente cuándo, cómo y dónde sucederá eso? En 1 Corintios 15, Pablo termina con un gran final de verdad sobre el momento de nuestra resurrección.

> He aquí, os digo un misterio: No todos dormiremos; pero todos seremos transformados, en un momento, en un abrir y cerrar de ojos, a la final trompeta; porque se tocará la trompeta, y los muertos serán resucitados incorruptibles, y nosotros seremos transformados. Porque es necesario que esto corruptible se vista de incorrupción, y esto mortal se vista de inmortalidad, entonces se cumplirá la palabra que está escrita: Sorbida es la muerte en victoria. [...] Mas gracias sean dadas a Dios, que nos da la victoria por medio de nuestro Señor Jesucristo. (vv. 51-54, 57)

Cuando comparamos esto con un pasaje similar en 1 Tesalonicenses 4.13-18, podemos decir que Jesús regresará un día muy pronto, en el aire. El vendrá con voz de mando. La voz de un arcángel se oirá. Una trompeta sonará. Los que han muerto en Cristo saldrán de la tierra y del mar, y de alguna manera Dios volverá a juntar y transformar sus cuerpos al instante, y les dará cuerpos eternos, resucitados e incorruptibles. Entonces, todos los cristianos que aún estén vivos en ese momento serán arrebatados con ellos en el aire, y sus cuerpos también serán transformados de forma inmediata. Todos nosotros seremos conducidos al cielo por el Señor mismo con cuerpos glorificados, así como el de nuestro Cristo resucitado y glorificado.

A menudo digo que creo que voy a estar vivo cuando eso suceda, y creo que cada cristiano debería tener esa esperanza en sus corazones. Tal vez mientras lees esto, estás pensando en los problemas que actualmente enfrentas con tu propio cuerpo. Tal vez has sido herido. Quizás tu cuerpo está enfermo o discapacitado. Permíteme citar a Joni Eareckson Tada porque su perspectiva única se ha formado por sus años de ser cuadripléjica en una silla de ruedas, paralizada por un accidente de buceo. En uno de sus libros escribió:

> Todavía no puedo creerlo. Yo, con los dedos consumidos y doblados, los músculos atrofiados, las rodillas nudosas y sin sentir nada de los hombros hacia abajo, algún día tendré un cuerpo nuevo, ligero, brillante y vestido de rectitud: poderoso y deslumbrante. ¿Te imaginas la esperanza que esto le da a alguien con lesión en la médula espinal como yo? ¿O alguien con parálisis cerebral, lesión cerebral o con esclerosis múltiple? Imagina la esperanza que esto le da a alguien que es maníaco-depresivo. Ninguna otra religión, ninguna otra filosofía promete nuevos cuerpos, corazones y mentes. Solo en el evangelio de Cristo, las personas heridas encuentran una esperanza tan increíble.[5]

No es de extrañar que Pablo dijera que, si solo en esta vida tenemos esperanza, somos muy miserables (1 Co 15.19). Pero tenemos esperanza; tenemos esperanza más allá de esta vida, y es una esperanza segura y cierta, garantizada por la resurrección de Jesús de Nazaret. Un día, todos los dolores, achaques y deficiencias de nuestros cuerpos terrenales desaparecerán, reemplazados por un cuerpo indestructible e indescriptible, modelado según el de Jesús. Por eso me apasiona tanto intentar llevar a las personas al cielo conmigo. No quiero que nadie se pierda lo que Dios ha planeado para Sus hijos.

Jack Welch, quien dirigió la compañía General Electric en algunos de sus días más exitosos, escribió un libro llamado *Winning* [Ganar], que es en esencia un libro de preguntas y respuestas. Tomó las preguntas que la gente le había hecho, compiló sus respuestas en un libro de principios empresariales y de gestión. Mientras hojeaba el libro, me sorprendió una de las preguntas. Alguien le preguntó a Jack Welch: «¿Crees que irás al cielo cuando mueras?».

Por supuesto, estaba interesado en su respuesta. Jack comenzó describiendo algunos de los errores que había cometido en los negocios y en la vida, incluidos dos matrimonios fallidos. Luego dijo: «Con respecto al cielo, ¿quién sabe?. Estoy seguro de que no soy perfecto, pero si se dan algunos puntos por cuidar a las personas con cada fibra de tu ser y entregarte a todo lo que tienes cada día, supongo que tengo una oportunidad».[6]

¡Oh, Jack, quiero decirte que el cielo no se trata de tener una oportunidad! Ni siquiera se trata de cuidar a las personas o de entregarte a todo lo que tienes cada día. El cielo se trata de poner tu confianza en Jesucristo y solo en Él.

Tal vez eso sea más difícil de entender para un hombre de negocios exitoso que para cualquier otra persona, ya que su propia energía, incentivo y visión le han ayudado a alcanzar el éxito. Pero cuando se trata del cielo, esas reglas son desechadas. El cielo no es algo que ganas. Es un regalo. La Biblia enseña: «Porque la paga del pecado es muerte, mas la dádiva de Dios es vida eterna en Cristo Jesús Señor nuestro» (Ro 6.23).

La forma de llegar al cielo es humillarte como un niño pequeño y reconocer que no puedes hacer suficientes cosas buenas para alcanzarlo; nunca puedes llegar al cielo por tu cuenta. No puedes comprar un cuerpo sobrenatural y glorificado. El Señor quiere dártelo gratis, por gracia y por medio de la fe.

La vida en la tierra es frágil e incierta, pero tenemos un Salvador que murió por nuestros pecados de acuerdo con la Escritura y fue enterrado y resucitó al tercer día según la Escritura. Y por la gracia de Dios, esperamos ese maravilloso día en el que seremos levantados incorruptibles y recibiremos nuestros nuevos cuerpos sobrenaturales, creados por Cristo. Esto no será difícil para Dios. La Biblia declara: «¿Por qué les parece a ustedes increíble que Dios resucite a los muertos?» (Hch 26.8, NVI).

El comentarista Matthew Henry, escribió: «¿Y por qué no debería estar en el poder de Dios levantar cuerpos incorruptibles, gloriosos, vivos y espirituales, de las ruinas de esos cuerpos viles, corruptibles y sin vida? ¿Si al principio hizo la materia de la nada? [...] Para Dios todas las cosas son posibles».[7]

Y a eso nosotros decimos: «¡Aleluya!».

CAPÍTULO 14

EL CIELO

Un día de diciembre, Suzanne Edwards encontró un globo azul de helio desinflado en el patio de su casa en Monroe, Georgia. Junto a él había una tierna foto de un hombre, una mujer y un niño pequeño, todos parecían muy felices. También había una nota escrita con trazo infantil. Mientras leía la nota, Suzanne se echó a llorar.

Decía:

Papá, desearía que estuvieras aquí para que pudiéramos divertirnos juntos. Te deseo una Feliz Navidad. Espero que le pidas a Dios que me dé esos regalos. Espero que seas feliz en el cielo. Si estás bien entonces dímelo. Te amo, Alejandro.

El autor de esas palabras lastimeras, como Suzanne supo luego, era Alejandro García Herreros, un niño de siete años que vivía a unas veinte millas (treinta kilómetros) de distancia. Tres años antes, Alejandro vivía con sus padres en Cúcuta, Colombia, donde su padre, Carlos, era un profesor de derecho conocido por sus puntos de vista en pro del cumplimiento de la ley. El 4 de diciembre de 2013, Carlos fue asesinado en la calle. Le dispararon a muerte delante de Alejandro. Producto de esto, su madre se mudó con él a Estados Unidos, pero la Navidad seguía siendo una época pungente y dolorosa para el niño. Al final de cada año, él componía una carta y la enviaba en un globo de helio, con la creencia de que el globo ascendería al cielo y le llevaría el mensaje a su padre.

Con el uso de las redes sociales, Suzanne intentó contactar a la madre de Alejandro diciéndole: «¡Un globo de helio flotó en mi patio hoy y aterrizó en mi corazón!». Escribió también un mensaje para que se lo transmitiera al niño; este decía: «Quiero que sepas que el cielo es un lugar maravilloso, más asombroso de lo que tú o yo podemos imaginar. Es un lugar donde no hay dolor ni preocupaciones. Estoy segura de que tu papá no quería dejarte o hacerte sentir solo o triste… Él siempre te amará y estoy segura de que está orgulloso de ti. ¡Que tengas una Feliz Navidad!».

Cuando su madre le transmitió el mensaje a Alejandro, él lloró, y también lo hicieron millones de personas cuando se descubrió la historia y fue recogida por los principales medios de comunicación del mundo.[1]

También tocó mi corazón. Aunque estoy bien seguro de que un globo de helio no puede llegar a los cielos de los cielos, sí creo que Dios ve cada gorrión que vuela y cae. Él conoce el levantar y el descender de nuestros espíritus. Conoce las angustias y las esperanzas de cada niño. Él, quien dirige los planetas en sus órbitas, sin duda, puede enviar recordatorios del cielo a aquellos en la tierra que lo necesitamos.

Y todos necesitamos estos recordatorios. Necesitamos el consuelo que viene al conocer la verdadera doctrina bíblica del cielo, ese lugar maravilloso, que ha sido una señal del amor de Dios por su creación desde Génesis hasta Apocalipsis y es más sorprendente de lo que tú y yo podríamos imaginar. Dios nos creó para el cielo. Ese es nuestro verdadero hogar. Ese es nuestro país. Ese es nuestro destino. Y cuando ponemos nuestras mentes en las cosas de arriba, podemos experimentar una paz sobrenatural incluso cuando el mundo que nos rodea se está cayendo en pedazos.

En el arrebatamiento de la Iglesia, Jesús acompañará a los creyentes al cielo para vivir con Él allí por siempre. Y como descubriremos en capítulos posteriores, experiencias nuevas e increíbles están reservadas para los creyentes en el cielo mientras la tribulación ocurre en la tierra. En este capítulo, quiero explorar lo que la Biblia enseña sobre la naturaleza del cielo, analizar cómo es ahora y cómo será en el futuro.

LA PROMINENCIA DEL CIELO

Empecemos con algunas verdades fundamentales sobre el cielo. La palabra *cielo* se menciona casi setecientas veces en la Biblia. Treinta y tres de los treinta y nueve libros del Antiguo Testamento hablan sobre el cielo, así como veintiún libros en el Nuevo Testamento. La palabra *cielo* se refiere a algo que es levantado, o elevado. Así que el lenguaje de la Biblia habla del cielo como un lugar alto, encumbrado y elevado.

El cielo desempeña un papel tan prominente en la Escritura que, si eliminas todas las referencias a él en la Palabra de Dios, el texto de la Biblia se desharía en lugares claves y se volvería un enredo.

LA PLURALIDAD DEL CIELO

A medida que te abres camino a través de los cientos de menciones de la palabra *cielo* en la Biblia, pronto te das cuenta de que existe una pluralidad de cielos. De hecho, la Biblia habla específicamente de tres cielos distintos. Cuando el apóstol Pablo escribió a los corintios sobre sus visiones y revelaciones, les habló de una época en que «… fue arrebatado hasta el tercer cielo» (2 Co 12.2). Eso claramente implica que también hay un primer y segundo cielo.

EL PRIMER CIELO

El primer cielo es el cielo atmosférico, el firmamento, con sus nubes, aves y oxígeno que da vida. Isaías 55.10-11 declara: «Porque como desciende de los cielos la lluvia y la nieve, y no vuelve allá, sino que riega la tierra, y la hace germinar y producir, y da semilla al que siembra, y pan al que come, así será mi palabra…». En este pasaje, la palabra *cielo* se refiere a la atmósfera que arroja su lluvia y nieve a la tierra.

Vivimos en un planeta privilegiado, rodeado de una fina capa de gases: principalmente nitrógeno y oxígeno, que hacen posible la vida. Los rastros de la atmósfera de la Tierra se expanden 300 millas (450 kilómetros) en el espacio, pero no terminan con brusquedad. Simplemente se van reduciendo gradualmente. Los recursos más vitales de nuestra atmósfera están a 10 millas (15 kilómetros) de la superficie de la Tierra, y Dios los diseñó para sostener la vida. Ningún otro planeta conocido en todo el universo tiene una atmósfera como la nuestra, y este es el primer cielo.

EL SEGUNDO CIELO

El segundo cielo es el vasto universo en el que vivimos, lleno de miles de millones de estrellas, planetas, nubes de polvo, meteoros y galaxias. La historia de la creación del segundo cielo se narra en Génesis 1.14-17:

> Dijo luego Dios: Haya lumbreras en la expansión de los cielos para separar el día de la noche; y sirvan de señales para las estaciones, para días y años, y sean por lumbreras en la expansión de los cielos para alumbrar sobre la tierra. Y fue así. E hizo Dios las dos grandes lumbreras; la lumbrera mayor para que señorease en el día, y la lumbrera menor para que señorease en la noche; hizo también las estrellas. Y las puso Dios en la expansión de los cielos para alumbrar sobre la tierra.

El salmista se refirió a este segundo cielo cuando escribió: «Los cielos cuentan la gloria de Dios, y el firmamento anuncia la obra de sus manos» (Sal 19.1). Jesús dijo que al final de los tiempos: «...el sol se oscurecerá, y la luna no dará su resplandor, y las estrellas caerán del cielo» (Mt 24.29). Estas son todas referencias al segundo cielo, los cielos astrales.

EL TERCER CIELO

El tercer cielo es el que Pablo tenía en mente cuando escribió:

> Conozco a un hombre en Cristo, que hace catorce años (si en el cuerpo, no lo sé; si fuera del cuerpo, no lo sé; Dios lo sabe) fue arrebatado hasta el tercer cielo. Y conozco al tal hombre (si en el cuerpo, o fuera del cuerpo, no lo sé; Dios lo sabe), que fue arrebatado al paraíso, donde oyó palabras inefables que no le es dado al hombre expresar. (2 Co 12.2-4)

Pablo no se refería al cielo atmosférico ni al astral. Se refería al cielo más alto, la misma morada de Dios. El rey Salomón tenía un nombre diferente para este lugar en 1 Reyes 8.27 cuando dijo: «Pero ¿es verdad que Dios morará sobre la tierra? He aquí que los cielos, los cielos de los cielos, no te pueden contener; ¿cuánto menos esta casa que yo he edificado?». Moisés llamó a esto «... lo más alto de los cielos...» en Deuteronomio 10.14, NVI.

Jesús se estaba refiriendo a este cielo cuando nos enseñó a orar: «Padre nuestro que estás en los cielos» (Mt 6.9). El salmista declaró: «Jehová está en su santo templo; Jehová tiene en el cielo su trono» (Sal 11.4). En Salmos 103.19 establece: «Jehová estableció en los cielos su trono, y su reino domina sobre todos».

Este cielo, los cielos de los cielos, lo más alto de los cielos, es el lugar del trono y de la morada de Dios. Es el paraíso. Es nuestra casa eterna. Aquí es donde pronto viviremos lado a lado con Dios y con los ángeles y con los redimidos de todas las épocas.

EL LUGAR LLAMADO CIELO

Es importante para nosotros darnos cuenta de que el tercer cielo es tan real y tan literal como los otros dos cielos. La Biblia se refiere a él como un *lugar*, una palabra que implica una ubicación específica, literal. En Juan 14.1-3, Jesús dijo: «No se turbe vuestro corazón; creéis en Dios, creed también en mí. En la casa de mi Padre muchas moradas hay; si así no fuera, yo os lo hubiera dicho; voy, pues, a preparar "lugar" para vosotros. Y si me fuere y os preparare "lugar", vendré otra vez, y os tomaré a mí mismo, para que donde yo estoy, vosotros también estéis» (énfasis añadido).

Jesús habló esas palabras en el aposento alto la noche anterior a Su muerte. Acababa de decirles a Sus discípulos que moriría por ellos en la cruz. Él explicó que sería enterrado y que resucitaría, y que regresaría al cielo. Estaban confundidos por esto y llenos de dolor. Pero Jesús dijo que no se turbaran. Él expresó: «Voy, pues, a preparar lugar para vosotros». La palabra griega que se usa en Juan 14.3 es *tópos*, que se refiere estrictamente a un lugar que se puede localizar, un lugar real.

El apóstol Pablo habló de Cristo que ascendió al cielo para sentarse a la diestra de Dios «en los "lugares" celestiales» (Ef 1.20, énfasis añadido).

Jesús no tiene la intención de que vivamos en una tierra baja y humeante, en una bruma incorpórea, o en un estado mental feliz pero intangible. No, la Biblia se refiere al cielo como un lugar específico.

En ocasiones la Biblia se refiere al cielo como un país, lo cual implica inmensidad de territorio. A veces lo describe como la ciudad celestial, que trae a la mente edificios, calles, residentes y actividad. En algunos momentos es descrito como un reino, y eso nos habla de organización y de gobierno. En el pasaje que cito de Juan 14, Jesús se refirió al cielo como «la casa de mi Padre».

Hay algo íntimo, dulce y personal sobre el cielo cuando hablamos de él como «la casa de mi Padre». Ya no es un espacio vacío. En nuestra mente vemos un hogar. Jesús prometió que, si ponemos nuestra confianza en Él, preparará un lugar para nosotros en la casa de nuestro Padre que servirá como nuestro hogar celestial. No hay nada imaginario, hipotético o intangible en eso.

¿Dónde está este lugar? La Biblia no nos da las coordenadas exactas de latitud y longitud, pero nos da una pista importante.

¡El cielo está arriba!

En Marcos 6.41, Jesús tomó los panes y los peces del niño y «… levantando los ojos al cielo, bendijo, y partió los panes, y dio a sus discípulos…».

Al final de Su ministerio terrenal, Jesús llevó a Sus discípulos al monte de los Olivos. La Biblia declara: «… y alzando sus manos, los bendijo. Y aconteció que, bendiciéndolos, se separó de ellos, y fue llevado arriba al cielo» (Lc 24.50-51).

En Efesios 4.10 leemos: «El que descendió, es el mismo que también subió por encima de todos los cielos para llenarlo todo». Este tipo de lenguaje se encuentra en toda la Escritura, ya que el cielo se visualiza continuamente como arriba, por encima de la tierra; y la tierra se describe como abajo, debajo de los cielos de Dios.

¿Dónde, entonces, está el cielo? El cielo está arriba. Pero ¿dónde queda arriba? Esa no es una pregunta fácil de responder. Depende de nuestra ubicación en la superficie de la tierra. Supongamos que Estados Unidos y China lanzaron un misil al mismo tiempo, cada uno programado para viajar al espacio en un ángulo recto desde la ubicación de su lanzamiento. Ambos misiles subirían, pero estarían viajando a través del sistema solar en direcciones opuestas. *Arriba* es una palabra útil, pero no es muy específica en términos de ubicación.

Vamos a reducir un poco más la ubicación del cielo. Encontramos una referencia fascinante al cielo en Isaías 14.13, en el pasaje que habla del momento en que Lucifer fue expulsado del cielo después de su rebelión contra Dios. Nota la terminología. El Señor le dijo al diablo: «Pero tú dijiste en tu corazón: "Subiré al cielo, por encima de las estrellas de Dios levantaré mi trono, y me sentaré en el monte de la asamblea, en el extremo norte"» (LBLA).

Esa última frase es una referencia al tercer cielo: «en el extremo norte».

No importa donde estés en la tierra, el norte siempre estará arriba. Por lo tanto, parece razonable concluir que el cielo está en algún lugar en el norte del universo fuera del alcance de los telescopios de los astrónomos. Y cuando leo los informes de los científicos de que existe un lugar en los cielos del norte que parece extrañamente vacío de estrellas y galaxias, se valida esa conclusión. Los astrónomos en Hawái han encontrado un enorme agujero en el universo que empequeñece cualquier otra cosa de su tipo. Un informe nos relata: «El "súper vacío" que tiene 1.800 millones de años luz de diámetro, es la estructura más grande conocida que se haya descubierto en el universo, pero los científicos están desconcertados sobre qué es».[2]

Sin la Escritura, que es inspirada por el Espíritu Santo, no tendríamos idea de la existencia o la descripción del cielo. Pero Dios nos ha revelado cómo es el cielo. Por supuesto, incluso con los datos bíblicos no podemos visualizarlo por completo ni apreciar todas sus glorias. Pero podemos formar un concepto muy bíblico de cómo es el cielo, y podemos visualizarlo dentro de los parámetros de la revelación bíblica. Dios desea que lo hagamos.

LA HERMOSURA DEL CIELO

Todo lo que es cercano y querido para ti y para mí, todo lo que es importante para los seguidores de Cristo, está en el cielo. ¡Todo!

NUESTRO REDENTOR ESTÁ EN EL CIELO

En primer lugar, nuestro Redentor está en el cielo. Hebreos 9.24 declara: «Porque no entró Cristo en el santuario hecho de mano, figura del verdadero, sino en el cielo mismo para presentarse ahora por nosotros ante Dios».

¡Solo imagina el momento en que lleguemos al cielo y veamos a Jesús! En la actualidad no lo vemos con nuestra vista física. La Biblia establece: «A quien amáis sin haberle visto, en quien creyendo, aunque ahora no lo veáis, os alegráis con gozo inefable y glorioso» (1 P 1.8).

Si nos alegramos con gozo inefable y glorioso ahora, que no podemos verlo con ojos físicos, ¡piensa en nuestro gozo y gloria cuando podamos! Todo lo demás palidecerá en insignificancia. Apocalipsis 22.3-4 declara sobre el cielo: «... el trono de Dios y del Cordero estará en ella, y sus siervos le servirán, y verán su rostro...».

NUESTRAS RELACIONES ESTÁN EN EL CIELO

En segundo lugar, el cielo es precioso porque nuestras relaciones continúan allí. Nuestros seres queridos que han muerto en Cristo están todos en el cielo. Mi padre me dijo al final de su vida: «Sabes, David, una de las cosas sobre envejecer es esta. Un día empiezas a darte cuenta de que tienes más amigos en el cielo que en la tierra». Tenía razón al respecto. Ocurre de forma gradual pero segura a medida que envejecemos.

NUESTROS RECURSOS ESTÁN EN EL CIELO

En tercer lugar, nuestros recursos están en el cielo. La Biblia declara: «Bendito el Dios y Padre de nuestro Señor Jesucristo, que según su grande misericordia nos hizo renacer para una esperanza viva, por la resurrección de Jesucristo de los muertos, para una herencia incorruptible, incontaminada e inmarcesible, reservada en los cielos para vosotros» (1 P 1.3-4).

Cuando te hiciste cristiano, Dios se convirtió en tu Padre, y te hizo heredero. Somos herederos de Dios, y la Biblia está llena de información sobre nuestra herencia. El Libro de Efesios 1.11 enseña: «En él asimismo tuvimos herencia...». Colosenses 1.12 dice que somos aptos en Cristo «... para participar de la herencia de los santos en luz». Hebreos 9.15 declara que somos llamados en Cristo a recibir «... la promesa de la herencia eterna». Apocalipsis 21.7 nos da a conocer sobre las glorias del cielo: «El que venciere heredará todas las cosas...».

Tienes una herencia en Cristo que nunca será afectada por la inflación. No se perderá en una crisis económica. Su valor nunca declinará ni disminuirá, y está reservada y preservada para ti. Tu nombre está en ella, y tus recursos eternos están allí.

NUESTRA RESIDENCIA ESTÁ EN EL CIELO

El cielo también es precioso para nosotros porque nuestra residencia está allí. No solo hablo del lugar donde viviremos; hablo de nuestra ciudadanía. Cuando nos hacemos seguidores de Cristo, nos volvemos residentes del cielo. Filipenses 3.20 afirma: «Mas nuestra ciudadanía está en los cielos, de donde también esperamos al Salvador, al Señor Jesucristo». No somos ciudadanos de la tierra que nos dirigimos al cielo; somos ciudadanos del cielo que viajamos por la tierra.

Cuando solicitas un pasaporte, tienes que declarar tu lugar de nacimiento, tu lugar de residencia actual, tu fecha de nacimiento, y así sucesivamente; y si se aprueba, el gobierno te entrega un pasaporte para que otros gobiernos sepan que eres un ciudadano de Estados Unidos, Alemania, México, o cualquier otro lugar. Yo nací en Toledo, Ohio, y vivo en el sur de California. Tengo un pasaporte de Estados Unidos. Sin embargo, mi residencia real está en el cielo, soy ciudadano de ese territorio, y en la actualidad estoy aquí en la tierra como embajador. Eso es cierto para cada creyente. El apóstol Pablo expresó: «Mas nuestra ciudadanía está en los cielos... Así que, somos embajadores en nombre de Cristo...» (Fil 3.20; 2 Co 5.20).

NUESTRA RECOMPENSA ESTÁ EN EL CIELO

Nuestro Redentor, nuestras relaciones, nuestros recursos y nuestra residencia están en el cielo, y también nuestra recompensa. Jesús les dijo a Sus seguidores en medio de la persecución: «Gozaos y alegraos, porque vuestro galardón es grande en los cielos; porque así persiguieron a los profetas que fueron antes de vosotros» (Mt 5.12).

El capítulo 16 de este libro está dedicado por completo a lo que la Biblia enseña sobre las recompensas que nos esperan en el cielo.

NUESTROS TESOROS ESTÁN EN EL CIELO

El cielo también es precioso para nosotros porque allí se encuentran nuestros tesoros. Mateo 6.19-21 establece: «No os hagáis tesoros en la tierra, donde la polilla y el orín corrompen, y donde ladrones minan y hurtan; sino haceos tesoros en el cielo, donde ni la polilla ni el orín corrompen, y donde ladrones no minan ni hurtan. Porque donde esté vuestro tesoro, allí estará también vuestro corazón».

¡Qué declaración! ¿Cómo podemos hacer tesoros en el cielo? La única manera de trasladar nuestros tesoros de aquí para allá es invirtiendo en la obra de Dios. No podemos llevarnos nuestro dinero para el cielo, ni nuestras casas, autos, botes, artículos ni ropa. Pero podemos llevar a otras personas con nosotros al invertir nuestras vidas y recursos en la propagación del reino de Dios. Las únicas cosas que van de la tierra al cielo son las almas humanas y la Palabra de Dios. Así que, si estás intentando construir equidad en el cielo, invierte tu tiempo, talentos y tesoros en la Palabra de Dios y las almas de los hombres y mujeres que necesitan el mensaje de Cristo Jesús.

NUESTRA RESERVACIÓN ESTÁ EN EL CIELO

Finalmente, el cielo es precioso porque nuestra reservación está allí. Hay un libro en el cielo, un registro, llamado el libro de la vida del Cordero, en el que se registran los nombres de todos los que estarán en el cielo. Jesús dijo a Sus discípulos en una ocasión después de que habían reportado un gran éxito en sus ministerios: «Pero no os regocijéis de que los espíritus se os sujetan, sino regocijaos de que vuestros nombres están escritos en los cielos» (Lc 10.20).

¿Está tu nombre escrito en el cielo? ¿Tienes una reservación allí? Un día estarás ante Dios y Él te dirá: «¿Por qué debería dejarte ingresar a mi cielo? Debes ser capaz de decir: «Mi nombre está en el libro de la vida del Cordero. Tengo una reservación. He puesto mi confianza en Jesucristo como mi Salvador y, por lo tanto, califico para entrar por medio de Su sangre derramada».

Ruthanna Metzgar es una cantante profesional que contó una historia que ilustra la importancia de esto. Hace varios años, se le pidió que cantara en una boda en Seattle, donde ella vive. Era una boda muy exclusiva. Era la boda de un miembro de una de las familias más ricas de la ciudad y ella consideraba un gran honor ser elegida como solista. Estaba especialmente emocionada porque la recepción de la boda iba a tener lugar en los dos pisos superiores del Columbia Center, el edificio más alto del noroeste. Era muy exclusivo, y Ruthanna no podía dejar de pensar en lo divertido que sería ir allí con su esposo, Roy.

Después de la boda, Ruthanna y Roy se dirigieron a las hermosas instalaciones y se acercaron al buró de recepción. Vieron cómo el *maître*, que estaba vestido con un esmoquin espléndido, recibía y presentaba a los invitados y los conducía hacia deliciosos aperitivos y bebidas exóticas. En ese momento, los novios se acercaron a una hermosa escalera de cristal y bronce que conducía al piso superior, y alguien cortó de manera ceremonial una cinta de satén amarrada al comienzo de las escaleras y anunció que la fiesta de boda estaba por comenzar.

Cuando Roy y Ruthanna se acercaron a la parte superior de las escaleras, el *maître* les preguntó: —¿Pueden darme sus nombres, por favor?

Ante él había un libro encuadernado.

—Soy Ruthanna Metzgar y este es mi esposo, Roy.

El maître buscó a través de los listados en el libro, y luego miró de nuevo. Le pidió a Ruthanna que deletreara su nombre y volvió a buscar. Finalmente, levantó la vista y dijo: —Lo siento, pero su nombre no está aquí.

—Oh, debe haber algún error —dijo ella—. Soy la cantante. ¡Yo canté para esta boda!

—No importa quién sea o lo que haya hecho —dijo el hombre—. Sin su nombre en el libro no puede asistir a este banquete —hizo un gesto a un camarero y dijo—: Muéstreles a estas personas el ascensor de servicio, por favor.

Los Metzgar fueron conducidos sin ceremonias más allá de las mesas bellamente decoradas, llenas de camarones, salmón entero ahumado y magníficas esculturas de hielo talladas. Pasaron la orquesta, preparándose para actuar. Todos los músicos resplandecían en esmoquin blancos. Los Metzgars fueron conducidos más allá de los invitados que disfrutaban la comida, la comunión, las vistas y la opulencia del momento.

El camarero llevó a Ruthanna y Roy al ascensor de servicio y los hizo entrar y apretó el botón G que los dejaría en el estacionamiento. Los Metzgars se sorprendieron al encontrarse en la calle, conduciendo a casa en silencio. En algún momento del camino, Roy miró y preguntó: —Cariño, ¿qué pasó?

Ella respondió: —Cuando llegó la invitación para la recepción estaba muy ocupada y nunca me molesté en devolver el RSVP (es la abreviatura de *répondez s'il vous plaît*, una expresión francesa, que traducida al español significa «responda, por favor»). Además, yo era la cantante, ¡seguramente podría ir a la recepción sin contestar el RSVP!

Entonces, como Ruthanna contó más tarde, ella comenzó a llorar, no solo porque había «perdido el banquete más lujoso» al que alguna vez había sido invitada, sino también porque de repente tuvo una pequeña idea de cómo será algún día para las personas que estén de pie ante Cristo y descubran que sus nombres no están en el libro de la vida del Cordero.[3]

El Dios Todopoderoso te está invitando al banquete, pero necesitas reservar tu lugar. Debes responder a Su RSVP.

Si estás leyendo estas palabras y no estás seguro de que tu reservación está segura, te exhorto a orar al respecto ahora mismo. Confiesa tus pecados. Reconoce a Jesucristo como tu Señor y Salvador. Hazlo ahora. Pon tu vida bajo Su control y acepta Su oferta gratuita del regalo de la vida eterna. «Porque de tal manera amó Dios al mundo, que ha dado a su Hijo unigénito, para que todo aquel que en él cree, no se pierda, mas tenga vida eterna» (Jn 3.16).

CAPÍTULO 15

EL TRIBUNAL DE CRISTO

Cotton Fitzsimmons fue un famoso entrenador de baloncesto de la NBA, brillante en motivar a sus equipos. En una ocasión, cuando su equipo estaba jugando con los grandes Celtas de Boston en un juego que no esperaban ganar, Fitzsimmons tuvo una idea que pensó que ayudaría a motivar a sus jugadores. Su discurso previo al juego fue algo así:

> Caballeros, cuando salgan allí esta noche, en lugar de recordar que estamos en último lugar, finjan que estamos en el primero; en vez de estar en una racha de juegos perdidos, simulen que estamos en una racha ganadora; en lugar de que este sea un juego regular, ¡imaginen que es un juego de eliminatorias!
>
> Con eso, el equipo fue a la cancha de baloncesto y fue profundamente golpeado por los Celtas de Boston. El entrenador Fitzsimmons estaba molesto por la pérdida. Pero uno de los jugadores le dio una palmada en la espalda y exclamó: «¡Anímese entrenador! ¡*Finja* que ganamos!»[1]

No sé si te has dado cuenta, pero hay mucho fingimiento. A muchas personas les encanta fingir que son cristianos cuando en lo más profundo de sus corazones saben que no lo son. Nunca han tenido realmente una experiencia de salvación transformadora.

Los cristianos también juegan este juego de simulación, pretenden que realmente aman al Señor e incluso se involucran en servirle, pero no es real y ellos lo saben.

¿Qué será de todo este fingimiento? La Biblia enseña con claridad que un día, toda esta fantasía será desenmascarada.

Casi todos los cristianos tienen alguna idea sobre un juicio futuro en el que todos estarán de pie ante Dios. Viene un juicio final, de eso nosotros podemos estar seguros: «Y de la manera que está establecido para los hombres que mueran una sola vez, y después de esto el juicio» (Heb 9.27).

Pero pocos cristianos se dan cuenta de que no habrá uno, sino dos días de juicio: primero, el tribunal de Cristo, y segundo, el juicio del gran trono blanco. Nuestra relación con Cristo determinará qué corte tratará nuestro caso.

Comencemos con el segundo juicio, que generalmente se denomina el juicio del gran trono blanco. Allí se presentarán ante Dios los incrédulos y los que fingen ser cristianos (Ap 20.5, 11-15). Allí enfrentarán las consecuencias de rechazar a Jesucristo como Salvador y Señor. Este juicio es el tribunal de justicia final en el plan de Dios para los habitantes del planeta Tierra, y no habrá reducción del castigo. Los acusados serán juzgados por la norma de la verdad absoluta.

Según Warren W. Wiersbe: «El juicio del trono blanco no será como nuestros casos judiciales modernos. En el trono blanco, habrá un Juez, pero no un jurado, un enjuiciamiento, pero no una defensa, una sentencia, pero sin apelación. Nadie podrá defenderse ni acusar a Dios de injusticia».[2]

El primer juicio, el tribunal de Cristo, ocurrirá más de mil años antes del juicio del gran trono blanco. Este primer juicio tendrá lugar inmediatamente después del arrebatamiento de la Iglesia al cielo.

El propósito de este juicio no es condenar. Ninguna persona juzgada en este tribunal será condenada, porque todos serán seguidores de Cristo que han sometido sus vidas a Él. El propósito de este juicio es que Cristo evalúe las obras terrenales de cada creyente para determinar qué recompensas deben recibir: «Porque es necesario que todos nosotros comparezcamos ante el tribunal de Cristo, para que cada uno reciba según lo que haya hecho mientras estaba en el cuerpo, sea bueno o sea malo» (2 Co 5.10).

El tribunal de Cristo es el tema de este capítulo. Esta verdad bíblica casi nunca se predica en nuestras iglesias hoy, pero puede ser una de las doctrinas más importantes y motivadoras de la Biblia.

La palabra griega que se usa en el Nuevo Testamento para «tribunal» es *béma*. Esta palabra también se puede traducir como «trono», «juzgado», «plataforma» o «lugar alto» en dependencia del contexto. En cada caso, ya sea refiriéndose a Cristo o un funcionario público de algún tipo, la implicación es siempre la misma: el *béma* era un lugar de autoridad desde el cual se hacían anuncios, declaraciones, discursos o juicios. En el uso que Pablo hace de la palabra en relación con el tribunal, siempre se está refiriendo al asiento del *jurado* en un estadio olímpico.

Según el teólogo Leonard Sale-Harrison del siglo veinte: «En los juegos griegos en Atenas, el antiguo estadio contenía una plataforma elevada en la que se sentaba el presidente o el árbitro. Desde ese lugar recompensaba a todos los concursantes; y allí premiaba a todos los ganadores. Se le llamaba el "béma" o "la silla de la recompensa"».[3]

Desde este asiento alto y exaltado, los jueces de la olimpiada griega veían la preparación y el entrenamiento de cada uno de los concursantes y recompensaban a los ganadores que habían obedecido las reglas.

Al examinar el importante tema del tribunal de Cristo, analizaremos tres categorías distintas: el Juez, los juzgados y el juicio.

EL JUEZ

El Dios de la Biblia es un Dios que hace juicios.

Desde el jardín del Edén, cuando Adán y Eva fueron juzgados por su desobediencia, el juicio es un hilo que se extiende desde el principio (Gn 3) hasta el final (Ap 22) de la historia redentora de Dios.

- Salomón escribió: «Porque Dios traerá toda obra a juicio, juntamente con toda cosa encubierta, sea buena o sea mala» (Ec 12.14).
- Jesús dijo: «Porque nada hay oculto, que no haya de ser manifestado; ni escondido, que no haya de ser conocido, y de salir a luz» (Lc 8.17).

- Pablo declaró: «... Dios juzgará por Jesucristo los secretos de los hombres» (Ro 2.16).
- Y el escritor de Hebreos agregó: «Y no hay cosa creada que no sea manifiesta en su presencia; antes bien todas las cosas están desnudas y abiertas a los ojos de aquel a quien tenemos que dar cuenta» (Heb 4.13).

Como el erudito británico J. I. Packer escribió: «Hay pocas cosas más enfatizadas en la Biblia que la realidad de la obra de Dios como Juez».[4]

En este asombroso día de dar cuentas, solo Dios mismo está calificado para sentarse en el tribunal.

Juan 5.22 y 27 declaran que Dios «todo el juicio dio al Hijo... y también le dio autoridad de hacer juicio» (ver también Hch 17.31; 2 Ti 4.1; 1 P 4.5). Hechos 10.42 declara que Cristo es «... el que Dios ha puesto por Juez de vivos y muertos».

En uno de los versículos centrales sobre este tema, 2 Corintios 5.10, se nos dice que todos debemos «comparecer» ante el tribunal de Cristo. La palabra *comparecer* se traduce mejor como «hacer manifiesto». En otras palabras, no solo vamos a aparecer. Nuestras vidas serán reveladas por lo que realmente son. No habrá fingimiento en este tribunal.

George Sweeting, el expresidente del Moody Bible Institute, escribe:

> Dios le da a Jesucristo el derecho de juzgar a todos los hombres por lo que Él es. Jesús está singularmente calificado para juzgar porque Él es Dios y ha existido desde la eternidad (Jn 1.1). Como Dios, Quien lo sabe todo, puede estar en todas partes a la misma vez, y tiene poder y autoridad ilimitados. Él sabe todo lo que pensamos y ve todo lo que hacemos. Así que puede juzgar con perfección, con sabiduría y plena comprensión y sin error ni parcialidad. Cristo también está calificado de manera única para juzgar por lo que Él ha hecho. Él demostró amor perfecto para todos los hombres. Por lo tanto, cuando juzga, Su justicia perfecta está equilibrada por Su perfecto amor.[5]

Mark Hitchcock usa esta ilustración más clara para resaltar la plenitud del juicio de Dios:

> Un grupo de niños hicieron una fila en la cafetería de una escuela primaria católica para el almuerzo. En la cabecera de la mesa había una gran pila de manzanas. Una monja colocó una nota en la bandeja de las manzanas: «Toma solo una. Recuerda, Dios está mirando». Más adelante en la fila del almuerzo, en el otro extremo de la mesa estaba una gran pila de galletas con chispas de chocolate. Un niño había escrito una nota: «Toma todo lo que quieras. Dios está mirando las manzanas». La verdad es que Dios está mirando las manzanas y las galletas.[6]

LOS JUZGADOS

El tribunal de Cristo es solo para los creyentes. En este tribunal todos los que han aceptado a Cristo como su Salvador personal, desde el tiempo de Pentecostés hasta el arrebatamiento, darán cuenta de sí mismos ante el Señor. Ninguna persona no salva estará en el tribunal de Cristo. Pero cada creyente se presentará. Aquí están los tres pasajes centrales sobre este evento futuro:

- Pero tú, ¿por qué juzgas a *tu* hermano? O *tú* también, ¿por qué menosprecias a *tu* hermano? Porque *todos* compareceremos ante el tribunal de Cristo... De manera que cada uno de nosotros dará a Dios cuenta *de sí* (Ro 14.10, 12, énfasis añadido).
- Porque nadie puede poner otro fundamento que el que está puesto, el cual es Jesucristo. Y si sobre este fundamento *alguno* edificare oro, plata, piedras preciosas, madera, heno, hojarasca, la obra de *cada uno* se hará manifiesta; porque el día la declarará, pues por el fuego será revelada; y la obra de *cada uno* cuál sea, el fuego la probará. Si permaneciere la obra de *alguno* que sobreedificó, recibirá recompensa. Si la obra de *alguno* se quemare, *él* sufrirá pérdida, si

bien *él* mismo será salvo, aunque así como por fuego (1 Co 3.11-15, énfasis añadido).
- Porque es necesario que todos nosotros comparezcamos ante el tribunal de Cristo, para que *cada uno* reciba según lo que haya hecho mientras estaba en el cuerpo, sea bueno o sea malo (2 Co 5.10, énfasis añadido).

He enfatizado los pronombres personales en estos versículos esenciales porque este evento no es un asunto de comunidad ni una reunión de la iglesia. Este es un examen individual que el Hijo del Dios viviente hará a cada uno.

EL JUICIO

Aquí hay cuatro verdades adicionales que los cristianos deben saber y recordar sobre el tribunal de Cristo.

LA CONFUSIÓN SOBRE ESTE JUICIO

Una idea errónea que ha crecido en torno al tribunal de Cristo es que es un juicio que tendrá lugar en el cielo, en el momento de la muerte, para determinar si a una persona se le permitirá o no entrar al cielo. Aquí, en las palabras del erudito en profecía, J. Dwight Pentecost, está la respuesta definitiva a esa falsa suposición:

> El único juicio al que un creyente habrá sido sometido es al juicio en la cruz. Fue juzgado en la persona de Cristo. Jesucristo ha cargado su juicio, y no es necesario ningún examen para ver si un hijo de Dios es aceptado en la gloria, porque la presencia del Espíritu Santo en ese creyente es lo que le da el derecho a entrar sin juicio ni examen.[7]

Algunos también creen que el tribunal de Cristo tiene el propósito de sacar a la luz todos los pecados que un creyente comete después de convertirse en cristiano. Pero la Escritura desmienten esto: «Ahora, pues, ninguna condenación hay para los que están en Cristo Jesús, los que no andan conforme a la carne, sino conforme al Espíritu» (Ro 8.1).

No es lógico pensar que Jesús se hizo cargo de todos los pecados que cometí antes de convertirme en cristiano, pero que soy responsable de todos esos pecados que he cometido después de haber nacido de nuevo. Todos mis pecados eran futuros cuando Jesús murió por ellos. Él pagó el castigo en la cruz por todos los pecados que yo alguna vez cometería.

En los tiempos primitivos, cuando los hombres veían que venía un incendio en la pradera, tomaban un fósforo y quemaban el área a su alrededor. Luego tomaban su posición en el área quemada y estaban a salvo del fuego amenazador. A pesar de que la ráfaga de fuego se alzaba en torno a ellos, no había temor, porque el fuego ya había pasado sobre el lugar donde estaban parados.

Cuando el juicio de Dios venga a arrastrar a los hombres al infierno por toda la eternidad, un lugar será seguro. Hace casi dos mil años la ira de Dios fue derramada en el Calvario. Allí, el Hijo de Dios tomó la ira que debía caer sobre nosotros. Ahora, si nos apoyamos en la cruz, estamos a salvo por el tiempo y la eternidad. El juicio ha caído y nunca más tendrá que caer.

LA CRONOLOGÍA DE ESTE JUICIO

El tribunal de Cristo es un evento que tendrá lugar inmediatamente después del arrebatamiento de la Iglesia. Esta secuencia de eventos se refleja en las palabras de Pablo a los corintios: «Así que, no juzguéis nada antes de tiempo, hasta que venga el Señor, el cual aclarará también lo oculto de las tinieblas, y manifestará las intenciones de los corazones; y entonces cada uno recibirá su alabanza de Dios» (1 Co 4.5).

El Libro de Santiago 5:9 también enfatiza esto: «Hermanos, no os quejéis unos contra otros, para que no seáis condenados; he aquí, el juez está delante de la puerta».

Jesús lo expresó de la mejor manera: «He aquí yo vengo pronto, y mi galardón conmigo, para recompensar a cada uno según sea su obra» (Ap 22.12).

LOS CRITERIOS PARA ESTE JUICIO

¿Sobre qué base seremos juzgados cuando estemos ante el Señor en el tribunal? Para que la respuesta a esta pregunta sea bien clara, Pablo usa una ilustración que ha sido relevante para cada generación desde el momento en que fue dada hasta el día de hoy. Esa ilustración se encuentra en 1 Corintios 3.11-15:

> Porque nadie puede poner otro fundamento que el que está puesto, el cual es Jesucristo. Y si sobre este fundamento alguno edificare oro, plata, piedras preciosas, madera, heno, hojarasca, la obra de cada uno se hará manifiesta; porque el día la declarará, pues por el fuego será revelada; y la obra de cada uno cuál sea, el fuego la probará. Si permaneciere la obra de alguno que sobreedificó, recibirá recompensa. Si la obra de alguno se quemare, él sufrirá pérdida, si bien él mismo será salvo, aunque así como por fuego.

El apóstol Pablo usa la construcción de un edificio para ilustrar lo que sucederá a los creyentes en el tribunal de Cristo. El Constructor, Jesucristo, evaluará el trabajo que los constructores de Su Iglesia han hecho.

Según Pablo, así como hay dos formas contrastantes de construir un edificio, hay dos formas diferentes de construir una vida. Algunos construirán sus vidas con oro, plata y piedras preciosas, mientras que otros construirán con madera, heno y hojarasca.

Pero ¿qué constituye el oro, la plata y las piedras preciosas, o la madera, el heno y la hojarasca? Aquí está una de las mejores respuestas a esa pregunta frecuente:

> Observo que el oro, la plata y las piedras preciosas son las cosas que Dios mismo crea y planta en la tierra, y el ser humano no puede hacer más que cosechar la generosidad de la provisión de Dios. La madera, el heno y la hojarasca son aquellas cosas que el hombre planta, cultiva, cosecha, fabrica y usa según su voluntad. Así que, la sugerencia que hacemos es que lo que se le permite a Dios hacer en y por medio del hijo de Dios es

lo que constituye oro, plata y piedras preciosas, y lo que el individuo hace por su propio poder, para su propia gloria, porque se ajusta a su propia voluntad, porque promueve su propio propósito, eso se constituye madera y hojarasca.[8]

En la ilustración de Pablo, hay un incendio en el edificio y la naturaleza de los materiales que se utilizaron para construir el edificio se hace manifiesta o es revelada.

Incluso hoy en día, esta ilustración es cierta. Todos hemos leído de edificios que han sido destruidos por el fuego simplemente porque los constructores usaron materiales inferiores y lo encubrieron, pensando que nadie nunca lo sabría. Pero luego vino el fuego y todo quedó expuesto, y ellos también fueron expuestos por ser constructores infieles. Eso es lo que Pablo está diciendo aquí. Esa es su ilustración.

¿Qué representa el fuego para aquellos que están construyendo sus vidas? Creo que es el fuego de la mirada omnisciente de Cristo (Ap 1.14). Ese fuego quemará toda la obra que no se ha hecho para Él en un espíritu de fidelidad, unidad y amor por Cristo, Su Iglesia y por los demás.

El «fuego» es una imagen bíblica bien conocida de la prueba y la refinación (Pr 27.21; Is 47.14; Zac 13.9), y es la misma imagen que Pablo usa para describir los efectos de la evaluación de Cristo de nuestras obras en Su tribunal.

LA CONCLUSIÓN DE ESTE JUICIO

En la carta de Pablo a los corintios, él les habla de dos posibles resultados del tribunal de Cristo: la pérdida de recompensas y el recibimiento de recompensas.

Primero, la pérdida de recompensas. Como hemos explicado con anterioridad, esas cosas hechas en la energía de la carne y para la gloria del individuo serán evaluadas, y por esas cosas no habrá recompensa.

En Su introducción a la oración de los discípulos, Jesús nos da dos ejemplos del tipo de actividad religiosa que resultará en la pérdida de recompensas:

- «Guardaos de hacer vuestra justicia delante de los hombres, para ser vistos de ellos; de otra manera no tendréis recompensa de vuestro Padre que está en los cielos» (Mt 6.1).
- «Y cuando ores, no seas como los hipócritas; porque ellos aman el orar en pie en las sinagogas y en las esquinas de las calles, para ser vistos de los hombres; de cierto os digo que ya tienen su recompensa» (Mt 6.5).

Cuando Jesús relató Su famosa historia del hombre noble, no mencionó el tribunal, sino que nos dio otra ilustración que nos ayuda a entender la pérdida de recompensas. En esa historia, que se encuentra en Lucas 19.11-27, el noble regresa a su propiedad después de un largo viaje. En su ausencia él había dejado a tres de sus siervos a cargo. Uno de sus siervos ha trabajado duro y se ha conducido bien, y es recompensado con una gran recompensa. El segundo siervo no ha sido un mal administrador, pero tampoco uno bueno, por lo que recibe una recompensa moderada. Pero el tercer siervo ha sido infiel y perezoso, y no solo no recibe una recompensa, sino que el amo toma lo que ya tiene y se lo da a otro. Él pierde su recompensa.

Pablo, en su primera carta a los corintios, expresa su temor a perder su recompensa: «Más bien, golpeo mi cuerpo y lo domino, no sea que, después de haber predicado a otros, yo mismo quede descalificado» (1 Co 9.27, NVI).

Cuando el apóstol usó la palabra traducida como *descalificado*, no estaba hablando de perder su salvación. La palabra *descalificado* viene de la palabra griega *adókimos*, que significa «rechazar algo sobre la base de un examen». Pablo temía que su servicio para el Señor fuera pesado en balanza, y hallado falto (Dn 5.27), y él disciplinó su vida para en ese último día de dar cuenta no sufrir la pérdida de su recompensa.

Pero escucha con atención: a Pablo nunca le preocupó la pérdida de su salvación. En su explicación del examen en el tribunal, esto es lo que escribió: «Si permaneciere la obra de alguno que sobreedificó, recibirá recompensa. Si la obra de alguno se quemare, él sufrirá pérdida, si bien él mismo será salvo, aunque así como por fuego» (1 Co 3.14-15).

El tribunal de Cristo es un recordatorio soberano para todos los cristianos de que un día de prueba se acerca y el día de fingir habrá terminado.

Pedro nos exhorta que tomemos muy en serio este juicio de Dios en nuestras vidas, y explica que si lo hacemos cambiará la forma en que vivimos: «Y si invocáis por Padre a aquel que sin acepción de personas juzga según la obra de cada uno, conducíos en temor todo el tiempo de vuestra peregrinación» (1 P 1.17).

Segundo, la recepción de recompensas. Este momento de juicio no será totalmente negativo. De hecho, este juicio también será un tiempo de recompensas. Desarrollaremos esto con más detalle en el siguiente capítulo, pero el Nuevo Testamento menciona cinco recompensas, típicamente etiquetadas como «coronas», disponibles para el creyente:

1. La corona del vencedor (1 Co 9.25-27).
2. La corona de regocijo (1 Ts 2.19).
3. La corona de justicia (2 Ti 4.8).
4. La corona de la vida (Stg 1.12).
5. La corona de gloria (1 P 5.1-4).

He escuchado y leído muchos argumentos en contra de la doctrina de las recompensas. La mayoría de esos argumentos suenan muy piadosos y espirituales. «No debemos servir a Jesús porque estamos tratando de ganar una recompensa; debemos servirle simplemente porque lo amamos». Eso suena bien, pero no explica por qué se mencionan las «recompensas» tantas veces en la Biblia. Creo que la siguiente declaración de Jim Elliff pone todo este debate en perspectiva:

> Las personas que piadosamente se preocupan poco por las recompensas eternas a menudo se matan tratando de acumular una gran «recompensa» ahora. ¡Profesan contentarse con una «pequeña choza» en el cielo, pero desean algo mucho más grande en la tierra! La Biblia enseña que no hay nada malo con la ambición, siempre y cuando nos enfoquemos en el cielo en vez de la tierra.[9]

Cuando se otorguen las coronas en el cielo, no permanecerán por mucho tiempo en posesión de quienes las reciban. Según Apocalipsis 4, los destinatarios de las coronas, en un acto de adoración, las depositarán ante el trono del Señor.

Hay un relato antiguo sobre tres hombres que cruzaban el desierto en camellos durante la noche. Mientras cruzaban el desierto, una voz salió de la oscuridad. La voz les ordenó a desmontarse, recoger algunas piedrecitas, y ponerlas en sus bolsillos. La voz dijo: «Cuando salga el sol, se alegrarán y se lamentarán».

Los viajeros hicieron lo que se les pidió, y más tarde, cuando salió el sol, recordaron lo que la voz les había dicho: «Cuando salga el sol, se alegrarán y se lamentarán». Metieron la mano en sus bolsillos y sacaron no piedrecitas, sino diamantes. Estaban contentos y arrepentidos a la misma vez. Contentos por la cantidad que recogieron, y arrepentidos de no haber tomado más.

En este momento, Dios nos está dando oportunidades, y Él nos está diciendo que cuando Su Hijo venga nos alegraremos y nos lamentaremos, nos alegraremos por las oportunidades que aprovechamos y nos lamentaremos por no haber aprovechado más.

CAPÍTULO 16

LAS RECOMPENSAS

¿Cómo logra Hollywood hacer las cosas? Cada semana, parece que la gente de allí organiza otra entrega de premios para felicitarse y entregarse estatuillas entre sí. Realmente no es justo. Hasta donde sé, no existen programas de premiación para bomberos, profesionales de la salud, oficiales de policía o amas de casa. Pero la industria del entretenimiento hace una fiesta tras otra en honor a sí misma, por eso estamos inundados con los Premios de la Academia (Óscar), los Premios Emmy, los Producers Guild Awards, los Premios del Sindicato de Actores, los Premios Grammy, los Premios de la Academia de Música Country, los Premios Tony, los Premios Peabody, los Premios Daytime Emmy, los Premios BET, los MTV Video Music Awards, los Premios Globo de Oro, los Premios Elección del Público de E!, los Billboard Music Awards, los Premios de la Crítica Cinematográfica y una multitud de otros.

Estos premios no valen tanto como crees. Por ejemplo, supongamos que ganas un Óscar. Aunque puede impulsar tu carrera, el valor real de la estatuilla no va a financiar tu jubilación. Desde 1951, cada persona que recibe el Óscar ha firmado un acuerdo que le otorga a la Academia el primer derecho de negativa si el actor decide vender la estatuilla. Si tú o tus herederos quieren vender tu premio, recibirás una llamada de los abogados que representan la Academia, informándote que, por ley, ellos tienen derecho sobre la estatuilla, y el precio que pagan por ella es la gran suma de un dólar.

La verdad es que todos los honores, los premios y los trofeos de este mundo tienen poco valor duradero. Si bien estamos agradecidos cuando otros reconocen algo que hemos hecho, nuestra principal preocupación no debería ser la aprobación de otros, sino la aprobación de Dios. Aunque es perfectamente correcto honrar a alguien por sus contribuciones o servicio: la Biblia nos enseña que debemos honrar a quien lo merece (Ro 13.7), lo que en verdad cuenta son las recompensas eternas que se darán en el cielo.

Algunas personas se ponen un poco nerviosas con el tema de las recompensas celestiales porque lo ven como una fuente indigna de motivación. ¿Por qué necesitas una recompensa para servir al Señor? ¿Por qué deberíamos necesitar algún incentivo externo o eterno? Sirvamos al Señor porque lo amamos, no para recibir una recompensa.

Ese argumento parece lógico y espiritual. Sin embargo, la Biblia nos recuerda constantemente las recompensas que Dios tiene para Su pueblo, y la Escritura nos exhorta a ser fieles para poder recibir los premios que Dios nos ofrece.

Al mirar esta muestra de versículos, tal vez te sorprenda con cuánta frecuencia la Biblia habla de las recompensas eternas.

- «¡Que el Señor te recompense por lo que has hecho! Que el Señor, Dios de Israel, bajo cuyas alas has venido a refugiarte, te lo pague con creces» (Rt 2.12, NVI).
- «Pero esforzaos vosotros, y no desfallezcan vuestras manos, pues hay recompensa para vuestra obra» (2 Cr 15.7; ver también Sal 58.11; Jer 31.16).
- «Bienaventurados sois cuando por mi causa os vituperen y os persigan, y digan toda clase de mal contra vosotros, mintiendo. Gozaos y alegraos, porque vuestro galardón es grande en los cielos; porque así persiguieron a los profetas que fueron antes de vosotros» (Mt 5.11-12).
- «Porque el Hijo del Hombre vendrá en la gloria de su Padre con sus ángeles, y entonces pagará a cada uno conforme a sus obras» (Mt 16.27).

- «He aquí yo vengo pronto, y mi galardón conmigo, para recompensar a cada uno según sea su obra» (Ap 22.12).

La Biblia habla de una ceremonia de recompensas que tendrá lugar en el cielo inmediatamente después del arrebatamiento de la Iglesia. Este evento es llamado el tribunal de Cristo. Aquí es donde el Señor nos juzgará por nuestra conducta y obra como creyentes. En este evento recibiremos nuestras recompensas por el trabajo que hemos realizado mientras vivimos como cristianos en la tierra.

Tres pasajes principales de la Escritura nos hablan de este evento:

- «Pero tú, ¿por qué juzgas a tu hermano? O tú también, ¿por qué menosprecias a tu hermano? Porque todos compareceremos ante el tribunal de Cristo» (Ro 14.10).
- «Por tanto procuramos también, o ausentes o presentes, serle agradables. Porque es necesario que todos nosotros comparezcamos ante el tribunal de Cristo, para que cada uno reciba según lo que haya hecho mientras estaba en el cuerpo, sea bueno o sea malo» (2 Co 5.9-10).
- «... pero cada uno mire cómo sobreedifica. Porque nadie puede poner otro fundamento que el que está puesto, el cual es Jesucristo. Y si sobre este fundamento alguno edificare oro, plata, piedras preciosas, madera, heno, hojarasca, la obra de cada uno se hará manifiesta; porque el día la declarará, pues por el fuego será revelada; y la obra de cada uno cuál sea, el fuego la probará. Si permaneciere la obra de alguno que sobreedificó, recibirá recompensa. Si la obra de alguno se quemare, él sufrirá pérdida, si bien él mismo será salvo, aunque así como por fuego» (1 Co 3.10-15).

Ese día, nos acercaremos al tribunal de Cristo, uno por uno, para ser juzgados por el Señor Jesús, no por nuestra salvación, sino por lo que hemos hecho como creyentes desde el momento de nuestra salvación hasta el momento en que estemos ante nuestro Señor.

Según Bruce Wilkinson: «Nuestro destino eterno es la consecuencia de lo que creemos aquí en la tierra. Nuestra compensación eterna es la consecuencia de cómo nos comportamos en la tierra».[1]

LA DESCRIPCIÓN DE LAS RECOMPENSAS CELESTIALES

¿Cómo serán estas recompensas? ¿Qué podemos esperar? ¿Nos da la Biblia alguna pista? Sí, lo hace. Al menos se mencionan cinco de estas recompensas. El Nuevo Testamento usa la palabra *corona* para describirlas.

LA CORONA DEL VENCEDOR

En primer lugar encontramos la corona del vencedor, descrita para nosotros en 1 Corintios 9.25-27:

> Todo aquel que lucha, de todo se abstiene; ellos, a la verdad, para recibir una corona corruptible, pero nosotros, una incorruptible. Así que, yo de esta manera corro, no como a la ventura; de esta manera peleo, no como quien golpea el aire, sino que golpeo mi cuerpo, y lo pongo en servidumbre, no sea que habiendo sido heraldo para otros, yo mismo venga a ser eliminado.

Pablo escribió este párrafo a los cristianos en la ciudad griega de Corinto, quienes estaban muy familiarizados con dos grandes festivales atléticos que tenían lugar cerca de ellos, los Juegos Olímpicos y los Juegos Ístmicos. Los Juegos Ístmicos tenían lugar en Corinto, y muchos de los lectores de Pablo habrían asistido a estas competencias emocionantes. Los concursantes tenían que soportar entrenamientos muy rigurosos durante diez meses. El último mes lo pasaban en Corinto con entrenamientos diarios supervisados en el gimnasio y en los campos deportivos. La carrera era siempre una atracción importante dentro de los juegos, y esa es la analogía que Pablo usa para ilustrar la vida cristiana fiel.

Nadie entrenaría tan duro por tanto tiempo sin la intención de ganar.

Sin embargo, solo uno de los atletas llegaría primero y ganaría el premio. Pablo usó esa analogía para señalar que los atletas que esperan ganar deben entrenar con diligencia.

Por supuesto, la idea tiene que ver con el desarrollo de la disciplina personal. Caminar con Dios exige sacrificio personal y autocontrol. Necesitamos mantener el autocontrol incluso en las cosas que no son necesariamente malas, pero que pueden atenuar nuestra plena devoción a Dios. En una época de lujo como la nuestra, estas palabras tienen un significado real para los verdaderos siervos de Jesucristo. Si queremos ganar un premio, tenemos que decir no a algunas cosas para que podamos decir sí a otras que son más agradables a Dios.

Recuerda, Pablo nos estaba comparando con atletas que viven bajo un entrenamiento estricto para poder ser efectivos en sus actividades. Cuando los corredores están entrenando, hacen ejercicios cuando preferirían estar descansando. Comen una dieta balanceada cuando preferirían tener ricos postres. Se levantan temprano cuando preferirían quedarse en la cama. Ellos controlan sus deseos en lugar de ser controlados por sus deseos.

En su libro *No Excuses: The Power of Self-Discipline* [Sin excusas: El poder de la autodisciplina], Brian Tracy escribió sobre el momento en que se encontró con M. R. Kopmeyer, un destacado escritor de literatura sobre motivación y éxito. Tracy aprovechó la oportunidad para preguntarle a Kopmeyer: «De todos los 1.000 principios de éxito que has descubierto, ¿cuál consideras el más importante?».

Kopmeyer sonrió y respondió sin titubear: «El principio de éxito más importante fue declarado por Elbert Hubbard, uno de los escritores más prolíficos de la historia de Estados Unidos, a principios del siglo veinte. Él dijo: "La autodisciplina es la capacidad de hacer lo que debes hacer, cuando debes hacerlo, te guste o no"».

Kopmeyer continuó explicando que sin autodisciplina los otros 999 principios no funcionan, pero con autodisciplina todos lo hacen.[2]

Es importante recordar que el autocontrol depende del control del Espíritu. Nuestra propia determinación necesita ser apoyada por la gracia, por lo que tenemos que depender de Dios para que nos fortalezca en nuestras resoluciones de vivir vidas disciplinadas. Tito 2.11-13 declara: «En verdad, Dios ha manifestado a toda la humanidad Su gracia, la cual trae salvación y nos enseña a rechazar la impiedad y las pasiones mundanas. Así podremos vivir en este mundo con justicia, piedad y dominio propio, mientras aguardamos la bendita esperanza, es decir, la gloriosa venida de nuestro gran Dios y Salvador Jesucristo» (NVI).

El Señor nos ayudará, pero también tenemos que hacer nuestra parte. Ciertamente vale la pena, porque «Todo aquel que lucha, de todo se abstiene; ellos, a la verdad, para recibir una corona corruptible, pero nosotros, una incorruptible» (1 Co 9.25).

LA CORONA DE REGOCIJO

La siguiente corona que encontramos es la corona de regocijo, mencionada en 1 Tesalonicenses 2.19: «Porque ¿cuál es nuestra esperanza, o gozo, o corona de que me gloríe? ¿No lo sois vosotros, delante de nuestro Señor Jesucristo, en su venida?».

Esta es la corona que se otorga por participar en conducir a otros a Cristo. El trasfondo de este pasaje es Hechos 17, que narra la historia de Pablo y sus compañeros cuando llegaron a la ciudad de Tesalónica. Pablo entró en la sinagoga: «... y por tres días de reposo discutió con ellos, declarando y exponiendo por medio de las Escrituras, que era necesario que el Cristo padeciese, y resucitase de los muertos; y que Jesús, a quien yo os anuncio, decía él, es el Cristo» (vv. 2-3).

Algunos de sus oyentes fueron persuadidos a seguir a Cristo, incluyendo algunos hombres griegos y una serie de mujeres prominentes. El evangelio alcanzó sus corazones, y por medio de ellos a otros, y una iglesia nació en esa ciudad. Luego al escribirles, en 1 Tesalonicenses 2, Pablo declaró que ellos serían su «corona de regocijo» en la venida del Señor (v.19).

Esto a veces se conoce como la corona del ganador de almas, pero sospecho que no está solo reservada para aquellos que, de hecho, conducen a una persona a Cristo. Creo que la compartirán todos aquellos que desempeñan alguna función en traer a otros a Cristo. Es un esfuerzo de equipo. Cada vez que tengo la oportunidad de guiar a otros a recibir a Jesús como

Salvador, casi siempre descubro que alguien más ya ha plantado la semilla del evangelio en sus corazones. Pablo escribió: «Yo planté, Apolos regó; pero el crecimiento lo ha dado Dios» (1 Co 3.6).

¿Cuándo fue la última vez que compartiste el evangelio de alguna forma o manera con otra persona? Siempre que lo hagas, el Señor mismo te está preparando para la corona de regocijo.

LA CORONA DE JUSTICIA

La siguiente es la corona de justicia, y se describe en 2 Timoteo 4.8: «Por lo demás, me está guardada la corona de justicia, la cual me dará el Señor, juez justo, en aquel día; y no solo a mí, sino también a todos los que aman Su venida».

El Libro de 2 Timoteo representa la última escritura conocida del apóstol Pablo, y tenemos razones para creer que fue decapitado poco después de escribir estas palabras. Pero en lugar de temer a la muerte, esperaba con ansias el segundo advenimiento del Señor. Estaba listo para encontrarse con Cristo y contento con su expediente de servicio para el Maestro. El uso que Pablo hace de la metáfora sobre los atletas es especialmente descriptivo de la vida del creyente porque detalla la lucha, la resistencia, la disciplina y la victoria final. La corona de justicia está reservada para aquellos que anhelan al Señor Jesús y esperan Su regreso.

Los psicólogos nos declaran que la expectativa, que es lo contrario de la sorpresa, es una emoción con maravillosos poderes curativos. ¿Te imaginas un mundo sin expectativa? ¿Cómo nos sentiríamos sin nada que esperar? Bienvenido al no-cristianismo. Sin Cristo, no hay expectativa final. Puede haber perspectivas momentáneas y entusiasmo creciente, pero falta la expectativa duradera. ¡Todo es diferente para los seguidores de Jesús! Nuestros mejores días están por venir y podemos anticipar todas las glorias de la eternidad. Eso debería motivar nuestra fidelidad diaria mientras esperamos Su regreso.

Denis Lyle, quien fue pastor en Lurgan, Irlanda del Norte, nos relata de un turista que visitó una hermosa mansión en la encantadora orilla de un lago en Suiza. La casa estaba rodeada de jardines bien cuidados, conectados por senderos bien limpios. No había maleza por ninguna parte.

—¿Cuánto tiempo llevas cuidando este lugar? —preguntó el turista al jardinero.

—Llevo veinte años aquí.

—Y durante ese tiempo, ¿con qué frecuencia el dueño de la propiedad ha estado en la residencia?

El jardinero sonrió y respondió:

—Ha estado aquí solo cuatro veces.

—¡Y pensar que todos estos años has mantenido esta casa y este jardín en tan buen estado! —exclamó el visitante—. Los cuidas como si esperaras que viniera mañana.

—Oh, no —respondió el jardinero—, los cuido como si esperara que viniera hoy.[3]

Jesús regresará, vendrá en cualquier momento, pronto, quizás hoy. La Biblia declara que el tiempo es corto (1 Co 7.29), y debemos trabajar, porque la noche se acerca. Cuanto más vívidamente conscientes estemos de Su inminente regreso, más motivados estaremos en nuestra obra para Él en estos últimos días.

LA CORONA DE LA VIDA
La cuarta corona se conoce como la corona de vida, y dos versículos diferentes nos la describen.

- «Bienaventurado el varón que soporta la tentación; porque cuando haya resistido la prueba, recibirá la corona de vida, que Dios ha prometido a los que le aman» (Stg 1.12).
- «No temas en nada lo que vas a padecer. He aquí, el diablo echará a algunos de vosotros en la cárcel, para que seáis probados, y tendréis tribulación por diez días. Sé fiel hasta la muerte, y yo te daré la corona de la vida» (Ap 2.10).

La corona de la vida se otorga en reconocimiento por permanecer y triunfar sobre las tentaciones y las pruebas, incluso hasta el punto del martirio. Motivados por nuestro amor por Cristo, perseveramos y nunca renunciamos hasta que Él nos lleve a casa. Los cristianos del Nuevo Testamento vivieron en tiempos de intensa persecución, y casi todos los libros del Nuevo Testamento fueron escritos a creyentes que vivían en peligro de ser martirizados. Los apóstoles les aconsejaron perseverar para que pudieran heredar la corona de la vida.

Cuando pensamos en persecución, a menudo viene a nuestra mente el Imperio romano y las arremetidas brutales sobre los cristianos llevadas a cabo por emperadores como Nerón, quienes estaban determinados a erradicar la Iglesia. Pero el período de persecución más intenso en la historia de la iglesia está ocurriendo hoy alrededor del mundo. En el 2017, la organización Puertas Abiertas que monitorea la persecución global publicó un informe destacando las principales cincuenta naciones donde los cristianos enfrentan la más severa persecución. Las última líneas expresan: «El 100 % de los cristianos en veintiún países de todo el mundo experimentan persecución por su fe en Cristo, y más de 215 millones de cristianos enfrentan "altos niveles" de persecución. "Casi uno de cada doce cristianos hoy vive en un área o cultura donde el cristianismo es ilegal, prohibido o castigado"».[4]

Otro informe, publicado por el grupo International Christian Concern [Preocupación Cristiana Internacional] señaló tres países donde la discriminación religiosa y la persecución han alcanzado cierto umbral de preocupación. Estos países son México, Rusia y Estados Unidos. «Aunque las condiciones en EE. UU. de ninguna manera se pueden comparar con otros países —decía el informe—, cierto segmento de la cultura y las cortes parecen intentar sacar la fe del marco público».[5]

No te sorprendas por esto. Aunque nos entristece pensar en Estados Unidos como un ambiente cada vez más opresivo para los cristianos, la Biblia declara: «Y también todos los que quieren vivir piadosamente en Cristo Jesús padecerán persecución» (2 Ti 3:12). Satanás nos golpeará con todo tipo de tentaciones, y enfrentaremos pruebas y persecución. Pero eso nos da una maravillosa oportunidad de reclamar la corona de la vida.

LA CORONA DE GLORIA

La última recompensa en la lista es la corona de gloria. Pedro escribió:

> Ruego a los ancianos que están entre vosotros, yo anciano también con ellos, y testigo de los padecimientos de Cristo, que soy también participante de la gloria que será revelada: Apacentad la grey de Dios que está entre vosotros, cuidando de ella, no por fuerza, sino voluntariamente; no por ganancia deshonesta, sino con ánimo pronto; no como teniendo señorío sobre los que están a vuestro cuidado, sino siendo ejemplos de la grey. Y cuando aparezca el Príncipe de los pastores, vosotros recibiréis la corona incorruptible de gloria. (1 P 5.1-4)

Esta corona parece estar diseñada especialmente para los líderes cristianos y para aquellos que son pastores fieles del pueblo de Dios. Ahora, no creo que tengas que ser un pastor oficial dentro del personal de la iglesia para recibir esta corona. Quizás seas el pastor de un grupo pequeño. Tal vez tu rebaño es tu familia e hijos. Puede ser tu clase de escuela dominical o un grupo pequeño. El Señor a menudo nos da la responsabilidad del bienestar y la nutrición espiritual de otros, y ¡qué oportunidad esa de servirlo!

Muchos monarcas terrenales han encontrado sus coronas pesadas y su reinado tormentoso. El pánico y los problemas los han abrumado. Pero las coronas que Jesús otorga no serán más que deleite.

Charles Haddon Spurgeon expresó: «Recompensas, no de deudas, sino de gracia, serán dadas a los más incógnitos y desconocidos de ustedes, quienes por Su causa han tratado de enseñar a los niños pequeños o de rescatar al adulto que ha caído en el pecado. Llénate de valentía, tu trabajo de fe y de amor no son en vano en el Señor, y hará maravillas aún para la alabanza de Su gracia.»[6]

LA MAYOR RECOMPENSA DE TODAS

Estas pueden no ser todas las coronas que se otorguen en el tribunal de Cristo. Tal vez miles de otras categorías serán reveladas ese día. Pero un pensamiento dominante se ha alojado en mi mente mientras meditaba en estas cosas. Por maravillosas que sean nuestras recompensas, realmente no representan nuestra principal motivación. Si servimos al Señor solo para obtener una recompensa, eso indica que no entendemos el cristianismo a cabalidad.

Alguien lo expresó de esta manera: «En teoría, podría ser posible buscar recompensas eternas con motivos carnales. Sin embargo, nunca he conocido a nadie que se haya sentido culpable de hacer eso. Nunca he escuchado a alguien decir: "Soy misionero en lo intricado y profundo de la selva porque cuando llegue al cielo quiero tener una mansión más grande que la de mi vecino". Nunca he escuchado algo así, ¿verdad? Por mi parte, no recuerdo haber pensado nunca: "Si le testifico a ese hombre, Dios me va a deber mucho"».[7]

Piénsalo de esta manera. Si en verdad eres un atleta, no corres por el trofeo. Corres por la alegría de la carrera, por la disciplina y por la victoria que produce en tu corazón. El trofeo es solo algo que quieres tener para recordar la bendición de estar en la carrera en sí.

Ninguna de estas coronas realmente representa nuestra mayor recompensa. Recuerda lo que el Señor le dijo a Abraham en Génesis 15.1: «No temas, Abram; yo soy tu escudo, y tu galardón será sobremanera grande». El Señor había planeado muchas bendiciones para Abraham, que Él describió en Génesis 12 y 15. Dios prometió bendecirlo, hacer de él una gran nación, entregarle una vasta tierra, darle muchos descendientes, bendecir a los que lo bendijeran y maldecir a los que lo maldijeran, y engrandecer su nombre. Prometió que toda la tierra sería bendecida a través de su linaje. Pero nada se podía comparar con la bendición de conocer de manera personal al Dios de toda la eternidad. El Señor mismo excedía a todos los demás regalos.

El Señor mismo es nuestra gran recompensa. Y eso trae a colación lo mejor que sé expresar sobre nuestras recompensas. ¿Qué vamos a hacer con estas coronas? Digamos que llegas al cielo, estás de pie ante el tribunal de Cristo, y recibes tres coronas diferentes por tu servicio fiel en la tierra. ¿Qué harás con ellas? La respuesta está en Apocalipsis 4.10-11, que describe el gran servicio de adoración celestial que tendrá lugar cuando los santos que hayan sido arrebatados y resucitados lleguen al cielo.

Los veinticuatro ancianos se postran delante del que está sentado en el trono, y adoran al que vive por los siglos de los siglos, y echan sus coronas delante del trono, diciendo: Señor, digno eres de recibir la gloria y la honra y el poder; porque tú creaste todas las cosas, y por tu voluntad existen y fueron creadas.

¡Mira eso! Creo que los veinticuatro ancianos muy probablemente representan los redimidos de todas las épocas que son llevados al cielo en el arrebatamiento y la resurrección. Si eso es cierto, nos dice que después de recibir nuestras recompensas con humildad y gratitud, veremos a Jesús. Tomaremos lo único que tenemos en el cielo, la corona que Él nos dio, y nos postraremos a Sus pies, le entregaremos la corona y diremos: «Gracias, Señor, por ayudarme a estar aquí. Gracias, Señor, por pagar por mi pecado. Gracias, Señor, por ser mi Redentor. Gracias por usarme un poco en la tierra. Gracias por permitirme ser tu siervo. No tengo mucho que darte, Señor, pero aquí está mi corona».

No quiero estar parado en el fondo y ver a todos los que conocí en la tierra traer sus coronas y dárselas al Señor Jesús, pero por ser un cristiano perezoso, no tener nada que ofrecer. Todo esto ocurre antes de que Él enjugue todas las lágrimas de nuestros ojos, porque estoy seguro de que habrá algunas lágrimas en ese momento.

Hay una historia antigua que he contado a lo largo de los años, pero ya que se ajusta perfectamente para finalizar este capítulo, quiero relatarla una vez más. Había una pareja anciana de misioneros, el señor Henry C. Morrison y su esposa, quienes sirvieron en África durante cuarenta años y regresaban a Estados Unidos para jubilarse. Esto fue en la época en que la mayoría de los viajes transcontinentales se realizaban en barco. Cuando llegaron al puerto de Nueva York, tenían sentimientos encontrados. Aunque contentos de estar en casa, estaban preocupados porque no tenían un plan de jubilación, su salud estaba quebrantada y estaban cansados.

Mientras estaban a bordo del barco supieron que el presidente Theodore Roosevelt y su séquito también estaba a bordo, regresando de una expedición de caza mayor en África. Vieron la fanfarria que acompañaba al presidente cuando regresaba del extranjero. «TR» (Roosevelt) fue recibido por una gran delegación y con mucho entusiasmo. El reverendo Morrison no pudo evitar sentir algo de resentimiento. No había nadie para recogerlo. Nadie vino a celebrar su regreso después de cuarenta años de servicio fiel.

—Cariño, no deberías sentirte así —dijo la señora Morrison.

—No puedo evitarlo —respondió—. No parece justo.

Los misioneros salieron de la nave inadvertidamente, encontraron una habitación barata en el lado este de Nueva York, y trataron de ver cómo sería su futuro. Esa noche, el corazón del misionero se quebrantó, y le dijo a su esposa:

—No puedo aceptar esto. Dios no nos está tratando con justicia.

Su esposa respondió:

—¿Por qué no vas al dormitorio y le dices eso al Señor?

Poco tiempo después, el reverendo Morrison salió de la habitación y su rostro estaba completamente diferente. Su esposa le preguntó:

—Cariño, ¿qué pasó?

Él respondió:

—Bueno, el Señor trató conmigo. Le dije lo resentido que estaba que el presidente recibiera esa increíble bienvenida cuando nadie nos recibió a nosotros el momento que regresamos a casa. Y cuando terminé, pareció como si el Señor pusiera Su mano sobre mi hombro y simplemente me dijera: «Pero tú no estás en casa todavía».[8]

Aún no estamos en casa. Es gratificante servir a Cristo, y recibimos muchas recompensas, incluso en esta vida. Pero los mejores premios están reservados para la ceremonia de premiación en los cielos, y la mejor recompensa de todas es nuestro Señor mismo. ¡Qué alegría será poner un día todas nuestras coronas a Sus pies!

CAPÍTULO 17

LA ADORACIÓN

El 22 de septiembre de 1967, en el Wheaton College en los suburbios de Chicago, el doctor V. Raymond Edman, un respetado educador cristiano y devoto escritor, regresó al campus después de una prolongada enfermedad para predicar en el auditorio que lleva su nombre: Capilla Edman. Su tema fue «La presencia del Rey». Comenzó hablando de una invitación que recibió en una ocasión para visitar a Haile Selassie I, el rey de Etiopía. Describió con detalle los preparativos y el protocolo que precedió a su visita, y habló de la impresión de majestad que sintió al hablar con el rey. Él describió cómo caminó por el pasillo, se detuvo, se inclinó y esperó a ver si se le permitiría continuar. Fue una experiencia regia, gloriosa, intimidante pero maravillosa, una que Edman atesoraba.

Entonces Edman cambió de dirección y les dijo a los estudiantes:

Pero hablo principalmente de otro Rey. Esta capilla es la casa del Rey. La capilla está diseñada para ser un lugar de encuentro con el Rey de reyes y el Señor de señores. Con este fin, la capilla está hecha para el propósito de la adoración... El tiempo en la capilla es un tiempo de adoración, no una conferencia, no un entretenimiento, sino un momento de encuentro con el Rey. Entrar, sentarse y esperar en silencio ante el Señor. Al hacerlo, prepararás tu propio corazón para escucharlo, para encontrarte con el Rey. Tu corazón aprenderá a cultivar lo que dice la Escritura: «Estad quietos y conoced que yo soy Dios». Durante estos años he aprendido el inmenso valor de ese profundo silencio interior, como David, el rey, se sentó en la presencia de Dios para escuchar de Él.[1]

Un momento después, Edman colapsó en el púlpito y entró de manera inmediata en la presencia del mismísimo Rey de quien hablaba. Estoy seguro de que puedes sentir mi corazón cuando te digo con sinceridad que, al ser yo mismo predicador y pastor, consideraría un honor ser llamado a casa mientras predico, en especial mientras predico sobre el tema del cielo.

Algo así le sucedió al apóstol Juan, pero en este caso él no murió en el proceso. En Apocalipsis 1.10-11 escribió: «Yo estaba en el Espíritu en el día del Señor, y oí detrás de mí una gran voz como de trompeta, que decía: Yo soy el Alfa y la Omega, el primero y el último…». Él se volvió para ver al que hablaba con él y dijo: «… vi siete candeleros de oro, y en medio de los siete candeleros, a uno semejante al Hijo del Hombre, vestido de una ropa que llegaba hasta los pies, y ceñido por el pecho con un cinto de oro. Su cabeza y Sus cabellos eran blancos como blanca lana, como nieve; Sus ojos como llama de fuego» (vv. 12-14).

Esta es la primera visión en Apocalipsis, en la que Juan vio a Cristo glorificado entre los candeleros de oro, entronizado en esplendor y lleno de gloria. En los siguientes dos capítulos, Juan relata los mensajes que recibió para las siete iglesias de Asia Menor. Estos están registrados para nosotros en Apocalipsis 2 y 3.

Luego llegamos a Apocalipsis 4 y 5, que nos da una vislumbre del cielo en el gran servicio de adoración que tendrá lugar alrededor del trono de Dios, cuando llegue el momento del desencadenamiento de los eventos finales en la historia del mundo, que conducen al regreso de Cristo. Muchos comentaristas creen que estos son los dos capítulos principales sobre el tema de la adoración en la Biblia, porque nos llevan literalmente al cielo y nos dejan ver la adoración celestial que se despliega ante el trono de Dios.

He estudiado estos dos capítulos con gran interés. Nunca ha existido un momento en mi vida en el que me haya alejado de la práctica de la adoración pública, y supongo que conozco los rituales y las rutinas como cualquier otra persona. En la mayoría de nuestros servicios de adoración hoy en día, tenemos tres partes integrales: 1) alabamos a Dios; 2) oramos a Dios, y 3) predicamos Su palabra. Sin embargo, mientras leo Apocalipsis 4 y 5 solo uno de esos tres elementos sobrevivirá para ser parte de la adoración en el cielo.

No creo que tengamos oración en el cielo, al menos no como la practicamos en la tierra. No habrá necesidad de orar como lo hacemos ahora. Viviremos en la presencia del Dios todopoderoso, y estaremos en comunión y tendremos una relación continua con Él, con mucha más intimidad que ahora.

Tampoco habrá necesidad de predicar. La Biblia declara: «Ahora vemos por espejo, oscuramente; mas entonces veremos cara a cara. Ahora conozco en parte; pero entonces conoceré como fui conocido» (1 Co 13.12). Quizás todavía disfrutaremos meditar en la Palabra de Dios, Salmos 119.89 declara: «Para siempre, oh Jehová, permanece tu palabra en los cielos». Pero no tendremos que exhortar a nadie a confiar en ella u obedecerla, porque viviremos en un estado de espiritualidad perfecta; y con certeza, no tendremos que hacer llamados evangelísticos, porque todos serán salvos por siempre.

Eso deja solo un gran elemento que domina la adoración celestial: ¡la alabanza! Alabar a nuestro Dios es el único de los tres elementos de nuestras prácticas de adoración comunes que sobrevivirá en la eternidad.

En su libro *Called to Worship* [Llamado a adorar], el doctor Vernon M. Whaley describió la escena expuesta en Apocalipsis 4 y 5:

> Nota que nadie en estos pasajes parece estar bajo la obligación de alabar a Dios. Nadie está parado allí, haciendo chasquidos con el látigo y exigiendo veneración. Todo el cielo se regocija con espontaneidad y de todo corazón. ¿Por qué? Porque saben que Jesucristo ya no es ese bebé en un pesebre, representado por tantas imágenes agrietadas y descamadas en los escenarios de Natividad en todo el mundo. Tampoco es el «criminal» sangrante y quebrantado, humillado y medio desnudo en una cruz, la víctima de quienes pensaron que eran más grandes que Él. Y no es el cadáver frío y destrozado que una vez yació en una tumba prestada. Aquellos cuyas alabanzas llenan los cielos saben que Jesucristo es exaltado. Él es todo

en todo, y los habitantes del cielo nunca se cansan de adorarlo. Tampoco nosotros. Tú y yo nunca dejaremos de tener motivos para agradecerle, y alabarlo nunca será algo aburrido.[2]

Y eso nos lleva a Apocalipsis 4 y 5, los capítulos principales de la Biblia sobre alabanza y adoración. Quiero sumergirme en estos capítulos y describir el contexto, el centro, el coro, el *crescendo* y los elementos contrastantes de la adoración celestial.

EL CONTEXTO DE LA ADORACIÓN EN EL CIELO

Apocalipsis 4.1 afirma: «Después de esto miré, y he aquí una puerta abierta en el cielo; y la primera voz que oí, como de trompeta, hablando conmigo, dijo: Sube acá, y yo te mostraré las cosas que sucederán después de estas».

Qué frase tan dramática: una puerta estaba abierta en el cielo. Desde su lugar en la isla de Patmos, Juan pudo de alguna manera mirar a través de una puerta abierta al cielo y ver algo que nadie ha visto antes. Él vio un servicio de adoración celestial en plena función. Cuando ocurra el arrebatamiento de la Iglesia, y desencadenen los eventos finales en la historia mundial, comenzará una gran celebración en el cielo. Los ángeles, los querubines, los serafines, los principados, las potestades, las fuerzas angelicales en los reinos celestiales y los santos redimidos de todas las épocas, estallarán en una alabanza espectacular que se describe para nosotros aquí en Apocalipsis 4 y 5.

Juan fue el último miembro sobreviviente del grupo original de apóstoles, y escribió estas palabras mientras enfrentaba un difícil exilio en la isla de Patmos. Quizás Juan se sentía cansado. Tal vez preocupado y preguntándose si el trabajo de su vida había terminado. Pero fue entonces y allí, durante su exilio, que de repente escuchó una voz y se volvió para ver quién le había hablado: «Después de esto miré, y he aquí una puerta abierta en el cielo; y la primera voz que oí, como de trompeta, hablando conmigo, dijo: Sube acá, y yo te mostraré las cosas que sucederán después de estas» (v. 1).

Para Juan, este fue un momento extraordinario ya que pudo ver la adoración que ocurre en el cielo, cómo todas las huestes angelicales están preparadas para los eventos finales que conducen al glorioso regreso de nuestro Señor.

EL CENTRO DE LA ADORACIÓN EN EL CIELO

Desde el contexto de la adoración nos trasladamos al centro mismo de la adoración, y la escena es gloriosa. Apocalipsis 4.2-3 declara: «Y al instante yo estaba en el Espíritu; y he aquí, un trono establecido en el cielo, y en el trono, Uno sentado. Y el aspecto del que estaba sentado era semejante a piedra de jaspe y de cornalina; y había alrededor del trono un arco iris, semejante en aspecto a la esmeralda».

La palabra clave en este versículo es *trono*, un término que aparece cuarenta y dos veces en Apocalipsis, incluyendo varias veces aquí en los capítulos 4 y 5.

- «Y al instante yo estaba en el Espíritu; y he aquí, un trono establecido en el cielo, y en el trono, Uno sentado» (4.2).
- «Y había alrededor del trono un arco iris» (4.3).
- «Y del trono salían relámpagos y truenos y voces» (4.5).
- «Y delante del trono había como un mar de vidrio» (4.6).
- «Y alrededor del trono, cuatro seres vivientes» (4.6).
- «Los veinticuatro ancianos se postran delante del que está sentado en el trono» (4.10).
- «Y oí la voz de muchos ángeles alrededor del trono» (5.11).
- «Al que está sentado en el trono, y al Cordero, sea la alabanza, la honra, la gloria y el poder, por los siglos de los siglos» (5.13).

Estas referencias al trono celestial de Dios hablan de Su soberanía, autoridad, imperio y poder absoluto. Cuando estudiamos el trono de Dios en el Libro de Apocalipsis, se nos recuerda que mientras los eventos en esta tierra parecen caóticos y a menudo sin sentido, hay Uno en el universo sentado sobre Su trono, soberano y en control.

Así es como se sintió Juan en Apocalipsis 4 mientras contemplaba maravillado el trono celestial y trataba de describir lo que veía. Su triste exilio se convirtió en una emoción celestial, y él comenzó a grabar la escena: «Y al instante yo estaba en el Espíritu; y he aquí, un trono establecido en el cielo, y en el trono, Uno sentado. Y el aspecto del que estaba sentado era semejante a piedra de jaspe y de cornalina; y había alrededor del trono un arco iris, semejante en aspecto a la esmeralda... Y del trono salían relámpagos y truenos y voces; y delante del trono ardían siete lámparas de fuego, las cuales son los siete espíritus de Dios» (vv. 2-3, 5).

Mientras el apóstol Juan contemplaba la majestuosidad y la belleza del trono de su eterno Creador, lo único que pudo comprender fue su brillantez diamantina, su belleza como piedra preciosa y su grandeza tempestuosa.

Dios aún está sentado en Su trono, y Su trono sigue siendo un trono de gloria y de gracia. Es el corazón y el centro de toda nuestra adoración ahora y para siempre.

EL CORO DE ADORACIÓN EN EL CIELO

Eso nos lleva al coro de alabanza que escuchamos alrededor del trono. El apóstol Juan en realidad escuchó furtivamente una celebración de adoración en el cielo, una que anunciará el comienzo de los eventos que conducen al regreso de Cristo.

Aquí está lo que vio y oyó:

> Y alrededor del trono había veinticuatro tronos; y vi sentados en los tronos a veinticuatro ancianos, vestidos de ropas blancas, con coronas de oro en sus cabezas. [...]. Y siempre que aquellos seres vivientes dan gloria y honra y acción de gracias al que está sentado en el trono, al que vive por los siglos de los siglos, los veinticuatro ancianos se postran delante del que está sentado en el trono, y adoran al que vive por los siglos de los siglos, y echan sus coronas delante del trono, diciendo: Señor, digno eres de recibir

la gloria y la honra y el poder; porque tú creaste todas las cosas, y por tu voluntad existen y fueron creadas (4.4, 9–11).

Creo que los veinticuatro ancianos representan la Iglesia del Dios viviente. Representan a los redimidos de todas las edades, y ellos (nosotros), estamos allí, en el cielo, delante del trono, cantando alabanzas a Dios mientras contemplamos el escenario de grandeza más asombroso en todo el universo.

La visión continúa en Apocalipsis 5.8-10, y aquí vemos no solo a Dios el Padre, sino a Dios el Hijo, quien es objeto de gran interés y alabanza: «Y cuando hubo tomado el libro, los cuatro seres vivientes y los veinticuatro ancianos se postraron delante del Cordero; todos tenían arpas, y copas de oro llenas de incienso, que son las oraciones de los santos; y cantaban un nuevo cántico, diciendo: "Digno eres de tomar el libro y de abrir sus sellos; porque tú fuiste inmolado, y con tu sangre nos has redimido para Dios, de todo linaje y lengua y pueblo y nación; y nos has hecho para nuestro Dios reyes y sacerdotes, y reinaremos sobre la tierra"».

¡Oh, me gustaría poder escuchar eso audiblemente ahora, escuchar las voces, descifrar la melodía, captar el poder de los decibelios mientras en todo el cielo suenan las alabanzas del Cordero! Un día estaremos allí, pero hasta entonces podemos sintonizar nuestros corazones con la frecuencia del cielo y usar esto como nuestro modelo de alabanza y adoración.

Fuera de las palabras de la Biblia, la definición más famosa de adoración que he leído viene de la pluma de William Temple, quien sirvió como arzobispo de Canterbury durante los difíciles días de la Segunda Guerra Mundial. Él escribió: «Adorar es estimular la conciencia por la santidad de Dios, alimentar la mente con la verdad de Dios, purgar la imaginación por la belleza de Dios, abrir el corazón al amor de Dios, dedicar la voluntad al propósito de Dios».[3]

Esto describe la adoración en el cielo, y debe ser la meta de cada adorador en la tierra.

EL *CRESCENDO* DE LA ADORACIÓN EN EL CIELO

Mientras lees Apocalipsis 4 y 5, visualízate allí en medio del trono sagrado, puedes sentir la aceleración de la alabanza a medida que el servicio de adoración celestial progresa. Una de las observaciones interesantes que he hecho al estudiar el tema de la adoración en el Libro de Apocalipsis implica lo que llamo el *crescendo* de la adoración en el cielo. *Crescendo* es un término musical que se refiere a un aumento gradual y constante de volumen y fuerza. La música aumenta en sonido y en fuerza hasta que alcanza un clímax final. En las canciones de adoración de Apocalipsis, hay un *crescendo* obvio, y podemos ver esto en las doxologías que encontramos:

- Apocalipsis 1.6 (LBLA) tiene una doxología doble: «A Él sea la "gloria" y el "dominio" por los siglos de los siglos. Amén» (énfasis añadido).
- Apocalipsis 4.11 contiene una doxología triple: «Señor, digno eres de recibir la "gloria" y la "honra" y el "poder"; porque tú creaste todas las cosas, y por tu voluntad existen y fueron creadas» (énfasis añadido).
- Apocalipsis 5.13 proclama una doxología cuádruple: «Al que está sentado en el trono, y al Cordero, sea la "alabanza", la "honra", la "gloria" y el "poder", por los siglos de los siglos» (énfasis añadido).
- Apocalipsis 7:12 nos da una doxología séptuple: «Amén. La "bendición" y la "gloria" y la "sabiduría" y la "acción de gracias" y la "honra" y el "poder" y la "fortaleza", sean a nuestro Dios por los siglos de los siglos. Amén» (énfasis añadido).

Puedes sentir como se construye el movimiento de adoración a través del Libro de Apocalipsis hasta que alcanza un *crescendo* masivo de adoración al Señor.

EL CONTRASTE DE LA ADORACIÓN EN EL CIELO

Mis observaciones finales de Apocalipsis 4 y 5 tienen que ver con los patrones contrastantes de la adoración en el cielo. El gran apologista cristiano, C. S. Lewis, escribió una alegoría llamada *El gran divorcio*, en la que describe a un hombre que viajó en autobús al paraíso y lo encontró más completo y poderosamente real que cualquier cosa que pudiera haber imaginado. Todo estaba vivo, lleno de color y expresado en total realidad. Sin embargo, descubrió que el infierno, en comparación, era nada más que una mota de polvo. Solo se preocupaba de cosas pequeñas. De la misma manera, sugirió Lewis, nuestras vidas en este mundo se hacen cada vez más pequeñas ante la grandeza de la eternidad.

Mientras Juan observaba el cielo a través de la misteriosa puerta abierta en Apocalipsis 4.1, todo lo que vio fue grande en escala y gigantesco en proporción. Los problemas a su alrededor en la tierra adquirieron un tono diferente. Para él y para nosotros, vislumbrar el cielo es como pararse en el borde del Gran Cañón o en la cima de las Montañas Rocosas y quedarse sin palabras ante la vista. Es llenarse de asombro. De repente vemos que Dios es mucho más grande de lo que pensábamos y que Sus planes para nosotros son más grandiosos de lo que nosotros habíamos esperado.

A Juan se le permitió experimentar dos realidades en un momento. Por una parte, estaba exiliado en Patmos, separado de los amigos y preocupado por la persecución a la Iglesia por parte del emperador romano Domiciano. Sin embargo, en un momento del tiempo fue sacado de esa realidad, a través de una puerta abierta al cielo, donde vio al Señor sentado en el trono con toda la asamblea reunida inclinándose y pronunciando alabanzas que hacían que el aire mismo vibrara con energía. Dios le dio esta experiencia a Juan para animar su corazón. La adoración lo sacó de la soledad de su desaliento, y lo llevó a la sala de control del universo para ver el propósito de Dios y el plan para todo lo que sucedería en el futuro.

¿Cómo hacemos esto? ¿Cómo podemos hacer que la experiencia de Juan sea la nuestra? Aquí hay cuatro principios a considerar.

LA ADORACIÓN NO SE TRATA DE NOSOTROS, SINO DE ÉL

Primero, la adoración no se trata de nosotros, sino de Él. ¿En verdad crees eso? Tal vez decimos: «Sí, creo eso». Pero entonces, ¿qué sucede cuando el líder de adoración anuncia un himno que es nuevo para ti o una canción que no te agrada? ¿Qué sucede cuando algún elemento del servicio de adoración del domingo no es exactamente de tu preferencia? Quiero decirte con humildad y sinceridad que, si nos enfocamos más en el Objeto de nuestra adoración, estaremos menos agitados por el estilo de la adoración.

Una de las razones por las que nos deformamos con nuestras llamadas «guerras de adoración» es porque olvidamos que la adoración no se trata de nosotros; se trata de Él. La adoración debe ofrecerse al Señor desde nuestros corazones, sabiendo que el Objeto de nuestra adoración está sentado en el trono visto a través de la puerta al cielo.

LA ADORACIÓN NO SE TRATA DE AQUÍ, SINO DE ALLÁ

Segundo, la adoración no se trata aquí, sino de allá. Uno de los propósitos principales de la adoración es sacar nuestras mentes de las cosas terrenales y enfocarla en las cosas celestiales. Solo en la medida en que somos capaces de hacerlo podemos funcionar con integridad. Si caminas por tu vida enfocado en el aquí y el ahora, y te olvidas de las realidades eternas de Dios, te desanimarás todos los días. Pero si ves el cielo, tu vida aquí abajo comenzará a tener sentido porque tendrás la perspectiva correcta.

En otro lugar de sus escritos, el apóstol Juan escribió: «No améis al mundo, ni las cosas que están en el mundo. Si alguno ama al mundo, el amor del Padre no está en él. Porque todo lo que hay en el mundo, los deseos de la carne, los deseos de los ojos, y la vanagloria de la vida, no proviene del Padre, sino del mundo. Y el mundo pasa, y sus deseos; pero el que hace la voluntad de Dios permanece para siempre» (1 Jn 2.15-17).

LA ADORACIÓN NO ES SOBRE EL AHORA, ES SOBRE EL MAÑANA

Tercero, la adoración no es sobre el ahora; es sobre el mañana. La Biblia declara:

> Por tanto, no desmayamos; antes aunque este nuestro hombre exterior se va desgastando, el interior no obstante se renueva de día en día. Porque esta leve tribulación momentánea produce en nosotros un cada vez más excelente y eterno peso de gloria; no mirando nosotros las cosas que se ven, sino las que no se ven; pues las cosas que se ven son temporales, pero las que no se ven son eternas. (2 Co 4.16-18)

En este pasaje, Pablo desafió a los creyentes corintios a comparar todo lo que estaba ocurriendo en sus vidas con la promesa del futuro.

Fíjate cómo contrastó las cosas.

- El hombre exterior se va desgastando, el interior no obstante se renueva de día en día.
- La leve tribulación es los problemas de hoy; el eterno peso de gloria es la promesa del mañana.
- Las cosas que se ven son temporales, las que no se ven son eternas.

La adoración es el pasillo a través del cual hacemos el intercambio al cielo. Es la avenida que nos conduce desde el vacío de este mundo a la plenitud del mundo venidero. Es la calle que lleva de la decadencia y el desánimo a la renovación y la gloria. Por lo tanto, cuando fallamos en la adoración, nos confinamos a la desesperación de esta vida.

Es por eso que no debemos tomar la adoración como algo sin importancia, ya sea en nuestras iglesias o en nuestras vidas personales. Es por eso que no deberíamos llegar tarde al servicio de la iglesia, ni ser irrespetuosos y estar distraídos. Fuimos creados para adorar a nuestros Creador, y es nuestra meta más elevada. Como dijo el doctor A. W. Tozer: «Yo soy de los que opinan que no debemos preocuparnos por trabajar para Dios hasta que hayamos aprendido el significado y el deleite de adorarlo».[4]

LA ADORACIÓN NO SE TRATA DE UNO, SINO DE MUCHOS

Finalmente, la adoración no se trata de uno; se trata de muchos. En una época en que las personas abandonan la iglesia y evitan los servicios de adoración los fines de semana, estamos en peligro de convertirnos en adoradores individualistas. Las personas a veces me dicen: «No tengo que ir a la iglesia para adorar. Puedo caminar por la playa o hacer una excursión en las montañas», o algunos me han dicho esto: «Yo adoro en el campo de golf».

La adoración que Juan vio en el cielo era conjunta, era una adoración colectiva. De hecho, en todo el Libro de Apocalipsis, la única vez que encontramos alguna adoración independiente es cuando Juan de forma periódica se postró y adoró a Dios ante las increíbles visiones que recibió. El resto de la adoración en Apocalipsis involucra a vastos grupos cuyos corazones están unidos en alabanza, tales como:

- «Y miré, y oí la voz de muchos ángeles alrededor del trono, y de los seres vivientes, y de los ancianos; y su número era millones de millones, que decían a gran voz: "El Cordero que fue inmolado es digno de tomar el poder, las riquezas, la sabiduría, la fortaleza, la honra, la gloria y la alabanza"» (5.11-12).
- «Y oí una voz del cielo como estruendo de muchas aguas, y como sonido de un gran trueno; y la voz que oí era como de arpistas que tocaban sus arpas. Y cantaban un cántico nuevo delante del trono, y delante de los cuatro seres vivientes, y de los ancianos; y nadie podía aprender el cántico sino aquellos ciento cuarenta y cuatro mil que fueron redimidos de entre los de la tierra» (14.2-3).
- «Y oí como la voz de una gran multitud, como el estruendo de muchas aguas, y como la voz de grandes truenos, que decía: ¡Aleluya, porque el Señor nuestro Dios Todopoderoso reina!» (19.6).

¿Te imaginas la escena? Si coros y orquestas pueden elevarnos a tales alturas de placer aquí en esta tierra, ¿cómo será cuando escuchemos los coros celestiales, acompañados por orquestas entrenadas en el cielo, dando alabanzas al Dios todopoderoso alrededor del trono?

Vernon M. Whaley escribió:

> Un día, tú y yo, adoradores, seremos parte de esa gran multitud, ese *coro de todas las naciones*. Nadie sabe realmente qué tipo de coro será: contemporáneo, clásico, tradicional o góspel, pero no importará. E incluso si no podías afinar una melodía en la tierra, o no tenías ni un ápice de talento musical, no importará. Tú, yo y todos los que amamos a Cristo seremos *calificados* para unirnos al coro eterno, y juntas nuestras voces sonarán en todo el universo, en una declaración conjunta: «¡Amamos a Jesús; Él es digno de ser alabado!».[5]

Entonces, si allí es hacia donde nos dirigimos, debemos comenzar a ensayar de inmediato, ¿no es así? No hay garantía de cuánto tiempo tendremos para prepararnos. Es totalmente posible que al final de este día o al final de esta semana, tú o yo seamos parte del coro celestial. Necesitamos cantar alabanzas al Señor hoy, de modo que si el Señor nos lleva mientras predicamos un sermón, o mientras escuchamos uno, sobre el cielo, simplemente reanudaremos allí lo que disfrutamos hacer en la tierra, adorar a Dios.

PARTE 4

SEÑALES DE LA TRIBULACIÓN

En esta parte, llegamos al clímax de la historia, el momento conocido como la tribulación. Aquí encontraremos algunos de los personajes más inspiradores, y también algunos de los más infames, que aparecen en toda la Escritura.

La tribulación es un período futuro, de siete años, durante el cual Satanás, el anticristo y el falso profeta desatarán horrores indescriptibles sobre este mundo. Pero en medio de la calamidad, mientras los mártires mueren por el nombre de Cristo, héroes como los dos testigos y los 144.000 brillarán como estrellas en un mundo de oscuridad. Todo culminará en la batalla de Armagedón, la gran batalla final en la que serán derrotadas las naciones rebeldes de la tierra.

En los siguientes capítulos, buscaremos comprender más a fondo nueve importantes señales de tribulación que se describen en la Palabra de Dios.

CAPÍTULO 18

LOS CUATRO JINETES

En octubre del 2018, el oficial de policía Peter Casuccio recibió una llamada sobre dos niños que caminaban por un vecindario y exhibían un arma. Al llegar a la escena, el oficial Casuccio encontró a dos niños pequeños que coincidían con la descripción dada. Uno de ellos tenía lo que parecía ser una pistola en la cintura de su pantalón.

El oficial sacó su arma y les ordenó a ambos chicos que se detuvieran. Se detuvieron, pero el niño que llevaba la pistola entró en pánico y comenzó a sacarla de sus pantalones. El oficial Casuccio más tarde supo que este niño solo tenía once años. Su amigo tenía trece.

Afortunadamente, el policía no disparó y el chico tiró la pistola al suelo. Cuando pudo ver el arma de cerca comprendió que era una pistola de aire comprimido. Parecía un arma real, pero era solo un juguete.

Sin embargo, ese no fue el final del encuentro. Las imágenes de la cámara corporal muestran que el oficial Casuccio conversó durante varios minutos con los niños sobre los peligros de sus acciones ese día.

—Amigo, en el mundo de hoy no puedes hacer eso —le dijo al chico que llevaba el arma—. Mira, esa pistola parece real.

Los niños se disculparon, pero el oficial Casuccio no había terminado.

—¿Honestamente, parezco un tipo que quisiera dispararle a otra persona? —preguntó.

Ambos chicos respondieron: —No, señor.

—¿Pero parezco un tipo que le dispararía a alguien de ser necesario?

Ambos respondieron: —Sí, señor.

Entonces el oficial Casuccio se dirigió al que llevaba la pistola: —Podría haberte matado —le dijo. Su tono era severo, incluso enojado—. Quiero que pienses en eso esta noche cuando te acuestes. Podrías estar muerto. Todo lo que quieres hacer en esta vida podría haber terminado.[1]

Es posible que muchos lean esta historia y piensen que el oficial Casuccio se extralimitó al hablar de esa manera. *No había necesidad de restregárselo en la cara*, podrían pensar. *No tenía que estar enojado.* Pero agradezco la ira de ese oficial de policía. Agradezco que se tomara la molestia de decir la verdad, a pesar de que la verdad era dura, pues eso demuestra lo mucho que le importaba.

De manera similar, hay muchas personas que no entienden el juicio de Dios. Ni la ira justa de Dios. Esas personas creen correctamente que Dios es amor, pero no pueden comprender cómo un Dios amoroso podría castigar a las personas por sus pecados, cómo un Dios amoroso podría estar lleno de ira y compasión al mismo tiempo.

Como representantes de Dios en este mundo, es importante que sepamos la verdad. Un teólogo lo expresa de esta manera:

> Si eliminas la noción de juicio, le robas al cristianismo cualquier esperanza de satisfacer nuestro anhelo de justicia, un anhelo creado en nosotros por nuestro Dios justo y sabio. El evangelio sin juicio no aborda el problema del mal ni la forma perjudicial en que los humanos nos tratamos unos a otros [...].
>
> El evangelio sin juicio nos deja un Dios unidimensional, una deidad tonta y aséptica que podemos manejar fácilmente. Él asiente a nuestro comportamiento y nos guiña un ojo, como un anciano amable que no está interesado seriamente en nuestras vidas. Pero el mal de nuestro mundo es demasiado grave para que veamos a Dios como un padre complaciente.[2]

PROFECÍAS DEL JUICIO

Hay muchas profecías en la Biblia que revelan un juicio futuro contra este mundo y las personas que en él habitan. Como se expresó anteriormente, esas profecías a menudo parecen duras y crueles. Algunos se preguntan: *¿Por qué describió Dios tales atrocidades en el Libro de Apocalipsis? ¿Por qué deberíamos leer estas terribles descripciones de la tribulación?*

Aunque muchas profecías bíblicas predicen desastres, la verdad es que el propósito subyacente es misericordioso y benévolo. Dios nos las hace saber, incluso las lúgubres, para nuestro propio beneficio. Sirven de advertencia, pues nos alertan de eventos traumáticos venideros, y podemos prepararnos para ellos o evitarlos si seguimos la guía de Dios y confiamos en Su providencia. Noé escapó del diluvio profetizado al construir el arca (Gn 6.13-22). El faraón en Egipto, luego de escuchar la profecía, evitó el desastre que los siete años de hambre podían haber provocado en su nación al encomendar a José que acumulara grandes cantidades de alimentos durante los años previos de abundancia (Gn 41). Los habitantes de la ciudad pagana de Nínive evitaron la destrucción profetizada al prestar atención a la advertencia de Jonás y arrepentirse de su maldad (Jon 3).

Las profecías que quedan para el futuro se nos dan con el mismo propósito. Cuando Dios revela los desastres que aún están por venir, nos hace una advertencia a la que podemos atender, y así evitaremos los horrores que se avecinan. Al recurrir a Él, podemos estar seguros de que Su mano nos sacará de la tierra antes de que lleguen esos desastres.

Una de las profecías más persistentes de catástrofes venideras se refiere a la tribulación, la cual aparece en Apocalipsis 6. En realidad, la certeza de la tribulación y la ira y el juicio de Dios sobre aquellos que se han rebelado contra Él son los temas principales de Apocalipsis 6-19. Cuando leemos esos capítulos, vemos a Jesucristo listo para recuperar el control de la tierra. Como el Cordero digno, viene al trono y toma el libro, que es el título de propiedad de la tierra.

A medida que se abren los sellos, el libro revela las múltiples fases de la ira de Dios que se derramará sobre esta tierra malvada. Cuando se abre el séptimo sello, ya se han desatado todos los horrores acumulados del período de la tribulación. En el séptimo sello vemos los siete juicios de las trompetas, y en el séptimo juicio de las trompetas vemos el desarrollo de los juicios de las siete copas. Cada sello, cada trompeta y cada copa infligen un terrible desastre tras otro con una regularidad e intensidad implacables.

Allí, en el sexto capítulo de Apocalipsis, se abren los primeros cuatro sellos para revelar los sucesos que darán inicio a los siete años de problemas en la tierra, los siete años que conocemos como la tribulación. A medida que se abren los cuatro sellos, cada uno de los cuatro seres vivientes convoca a un jinete sobre un caballo para que salga sobre la tierra. Los caballos representan la actividad de Dios en la tierra y las fuerzas que usa para cumplir Sus propósitos divinos.

Es muy probable que las imágenes de los caballos en los primeros cuatro sellos estén relacionadas con la visión de Zacarías. Este profeta del Antiguo Testamento vio carros tirados por caballos alazanes, caballos negros, caballos blancos y caballos overos rucios rodados. Un ángel le explicó que estos eran los «… cuatro vientos de los cielos, que salen después de presentarse delante del Señor de toda la tierra» (Zac 6.5).

EL JINETE DEL CABALLO BLANCO

«Miré, y he aquí un caballo blanco; y el que lo montaba tenía un arco; y le fue dada una corona, y salió venciendo, y para vencer» (Ap 6.2).

Cuando los generales de Roma regresaban victoriosos de la guerra, desfilaban por la avenida principal en caballos; eran conquistadores que hacían una gran entrada y recibían los elogios de los ciudadanos que los admiraban. En Apocalipsis también vemos la imagen de un héroe de guerra que monta un caballo blanco. El jinete no es otro que el anticristo, el venidero dictador mundial, que entra al mundo al comienzo del período de la tribulación y promete traer paz en medio de la agitación mundial.

Después del arrebatamiento, el mundo buscará a un hombre sobre un caballo blanco que convencerá a todos de que es un hombre de paz. La imagen en Apocalipsis 6.2 concuerda con la interpretación de que el jinete trae la paz. La corona que lleva es de victoria, pero su arco no tiene flechas. Es la imagen de una victoria sin sangre obtenida a través de negociaciones pacíficas. En un contexto en que las naciones se amenazan con la guerra nuclear y los terroristas tienen armas cada vez más sofisticadas, el dictador final, que promete paz y prosperidad, será bienvenido como el salvador y la esperanza del mundo. Su elocuencia y promesas cautivarán a las masas. Los ejércitos y los gobiernos se unirán bajo su dirección y los habitantes de la tierra suspirarán aliviados.

En realidad, el anticristo traerá la paz al Medio Oriente. Con Israel rodeado de enemigos, aquel que finalmente resuelva estos conflictos interminables que asolan a Israel y a sus vecinos islámicos será elogiado como el mejor diplomático de todos los tiempos. Daniel predijo la llegada de este hombre cuando habló de un «príncipe que ha de venir», que hará un pacto con Israel para protegerlo de sus enemigos (Dn 9.26-27). Él tendrá el apoyo de todas las naciones de la tierra.

Pero a diferencia de los jinetes en caballos blancos que vemos en las películas del oeste, este hombre no será un héroe. Será un lobo disfrazado de oveja que no cumplirá sus promesas, ni traerá la paz ni protegerá a Israel. En realidad, será, con mucho, el peor tirano que haya existido en la faz de la tierra.

EL JINETE DEL CABALLO BERMEJO

«Y salió otro caballo, bermejo; y al que lo montaba le fue dado poder de quitar de la tierra la paz, y que se matasen unos a otros; y se le dio una gran espada» (Ap 6.4).

Cuando Jesús abre el segundo sello, el ángel llama al segundo caballo. Sobre esta bestia de color rojo sangre va montado un ser que lleva una *machaira*, la espada del asesino.

El jinete sobre el caballo bermejo no solo simboliza las naciones y los reinos que luchan entre sí, sino también los hombres que luchan contra los hombres. Marcará el comienzo de una época de asesinatos, derramamiento de sangre y revolución que superará con creces lo peor que vemos hoy y lo que hemos visto a lo largo de la historia.

La Primera Guerra Mundial terminó en 1918. Se estima que perdieron la vida unos treinta y siete millones de personas, entre militares y civiles. La Segunda Guerra Mundial finalizó en 1945. Si bien las estadísticas varían, se calcula que se produjeron entre cincuenta y ochenta millones de muertes. Desde entonces, las guerras se han sucedido una tras otra a un ritmo acelerado. Durante los últimos sesenta y cinco años, las guerras han cobrado la vida de al menos cincuenta millones de personas. Según las muertes en las guerras, los últimos cien años han sido más sangrientos que los quinientos anteriores.

Hoy, las nuevas tecnologías empleadas en la fabricación de armamentos hacen que estos sean cada vez más destructivos. Es trágico que la capacidad de las personas para resolver sus diferencias pacíficamente no haya logrado el mismo desarrollo que el armamento. ¡Imagina los niveles de conflicto que enfrentará la humanidad y el volumen de sangre que se derramará durante la tribulación luego de que el arrebatamiento haya eliminado toda la influencia piadosa en el mundo!

Este es el mensaje cuando se abre el segundo sello:

> Y oiréis de guerras y rumores de guerras; mirad que no os turbéis, porque es necesario que todo esto acontezca; pero aún no es el fin. Porque se levantará nación contra nación, y reino contra reino; y habrá pestes, y hambres, y terremotos en diferentes lugares. Y todo esto será principio de dolores.
>
> [...] porque habrá entonces gran tribulación, cual no la ha habido desde el principio del mundo hasta ahora, ni la habrá. Y si aquellos días no fuesen acortados, nadie sería salvo; mas por causa de los escogidos, aquellos días serán acortados. (Mt 24.6-8, 21-22)

Podemos preguntarnos cómo podrían acortarse esos días e incluso cómo podría alguien sobrevivir a semejante horror. A medida que exploremos las señales subsiguientes que se abordan en este libro, descubriremos las respuestas a estas preguntas; preguntas que a menudo no se hacen por temor a que la verdad se malinterprete, se perciba como demasiado deprimente o se vea como los gritos de un alarmista.

A pesar de estas posibles críticas y malentendidos, es necesario decir la verdad y hacer sonar la alarma. Debemos alertar a las personas sobre esta oscura sombra que se vislumbra en el horizonte. Solo podemos prepararnos cuando hemos sido advertidos.

EL JINETE DEL CABALLO NEGRO

Me atrevería a decir que la mayoría de quienes están leyendo este libro nunca han sentido hambre; quiero decir sentir *realmente* hambre. No me refiero a la sensación que se tiene cuando llega la hora de cenar, ni tampoco al ruido que hace el estómago cuando nos saltamos una comida. Me refiero al hambre que roe tus entrañas y te causa dolor cada minuto del día, una sensación que padecen constantemente muchos de los que viven en zonas del mundo afectadas por la pobreza. Si vives como yo, podrías no preocuparte por la comida. En Estados Unidos, todos los días tiramos a la basura comida suficiente para alimentar por un día a una familia de seis personas en muchos países pobres. Nuestros perros y gatos tienen una dieta más alta en proteínas que la mayoría de las personas en el resto del mundo.

En nuestra cultura hedonista y egoísta, muchos optan por hacerse de la vista gorda ante la aguda escasez mundial de alimentos. He aquí la triste realidad: alrededor de 124 millones de personas en cincuenta y un países enfrentan día a día una crisis al no tener lo suficiente para comer. Se necesita una acción humanitaria urgente para salvar vidas y reducir el hambre y la desnutrición. Esta crisis se debe en gran medida a los conflictos o la inestabilidad existente en esos países. Pero a medida que aumenta la población mundial y se produce la inevitable escasez de alimentos, el mundo puede perder la capacidad de autoabastecerse.[3]

Y esto nos lleva a la apertura del tercer sello:

Cuando abrió el tercer sello, oí al tercer ser viviente, que decía: Ven y mira. Y miré, y he aquí un caballo negro; y el que lo montaba tenía una balanza en la mano. Y oí una voz de en medio de los cuatro seres vivientes, que decía: Dos libras de trigo por un denario, y seis libras de cebada por un denario; pero no dañes el aceite ni el vino. (Ap 6.5-6)

En la época de Juan, dos libras de trigo era la cantidad de comida que una persona necesitaba para sobrevivir cada día. En los primeros días del período de la tribulación, esta cantidad de alimentos se venderá por el equivalente al salario de un día. O, en pocas palabras, el precio de los alimentos subirá tanto que una persona tendrá que trabajar todo el día para comprar lo necesario para alimentar a una sola persona. La inanición generalizada será inevitable.

Incluso hoy, la amenaza de una hambruna global se cierne sobre la tierra. El Departamento de Asuntos Económicos y Sociales de las Naciones Unidas estima que la población mundial podría alcanzar los 8.600 millones en el 2030, los 9.800 millones en el 2050 y los 11.200 millones en el 2100. La población mundial tiene un crecimiento de 83 millones de personas cada año, y se espera que la tendencia al crecimiento continúe.[4] Si no ocurre una hambruna global antes del arrebatamiento, el «jinete en el caballo negro» nos asegura que habrá una de proporciones gigantescas durante la tribulación.

EL JINETE DEL CABALLO AMARILLO

Mientras el mundo experimenta la devastación de los primeros tres jinetes, Juan revela la llegada del cuarto:

> Cuando abrió el cuarto sello, oí la voz del cuarto ser viviente, que decía: Ven y mira. Miré, y he aquí un caballo amarillo, y el que lo montaba tenía por nombre Muerte, y el Hades le seguía; y le fue dada potestad sobre la cuarta parte de la tierra, para matar con espada, con hambre, con mortandad, y con las fieras de la tierra. (Ap 6.7-8)

Juan ve a dos personas que cabalgan hacia la tierra: la muerte viene sobre un caballo amarillo, y el Hades la sigue de cerca. Tienen un enorme poder con el que matarán a una cuarta parte de la población mundial. La palabra griega que se usa aquí para describir el color del caballo de la muerte significa «lívido» o «pálido». Describe también el verde amarillento de la descomposición, la palidez de la cara de un cadáver en estado de descomposición avanzada.

En su libro *Insights on Revelation* [Ideas sobre el Libro de Apocalipsis], Charles Swindoll explica la carnicería del jinete sobre el caballo amarillo de esta manera:

> En esta escena aterradora, Juan vio que la muerte y el sepulturero recorrían juntos la faz de la tierra. La «Muerte» mata al cuerpo mientras que el «Hades» se traga el alma. Estas dos figuras simbolizan la enorme cantidad de muertes provocadas por los tres primeros jinetes. ¡Un cuarto de la población mundial perecerá por su causa![5]

Los juicios de Dios durante la tribulación se describen como «espada, hambre, fieras y pestilencia» (Ez 14.21). La historia ha demostrado una asociación estrecha entre estas cuatro fuerzas terribles, pero la pestilencia probablemente debería ser nuestra mayor preocupación hoy.

Es tentador creer que la ciencia moderna ha eliminado el miedo a las enfermedades, pero hoy podemos estar al borde de las peores epidemias que el mundo haya conocido. Observa que he escrito *epidemias*, en plural. Es muy posible que varias epidemias mortales puedan matar a más personas que las que han muerto en todas las epidemias que el hombre ha padecido hasta ahora. Me refiero a bacterias que se están volviendo rápidamente resistentes a casi todos los medicamentos y antibióticos. Incluso ahora se les llama «bacterias de pesadilla» y son una amenaza para los hospitales de todo el mundo.

Los Centros para el Control y la Prevención de Enfermedades detectaron recientemente más de 220 casos de enfermedades causadas por un raro grupo de bacterias que son, como se describe en un informe, «prácticamente intratables y capaces de propagar genes que las hacen inmunes a la mayoría de los antibióticos [...]. Aunque los CCPE (Centros para el

Control y la Prevención de Enfermedades) han advertido sobre el peligro de las bacterias resistentes a los antibióticos durante años, el nuevo informe ayuda a demostrar el alcance del problema». Se realizan investigaciones a la máxima velocidad para frenar la resistencia a los antibióticos, pero algunas bacterias ya han superado los nuevos tratamientos. Estos nuevos gérmenes contienen genes especiales que les permiten transferir su resistencia a otros gérmenes, y transmiten la enfermedad a «personas aparentemente sanas en el hospital, como pacientes, médicos o enfermeras, quienes a su vez pueden actuar como portadores silenciosos de enfermedades e infectar a otros, incluso si ellos no se enferman».[6]

Además de estas «superbacterias», la resistencia a los medicamentos en general se ha ido incrementando, principalmente debido al uso generalizado de antimicrobianos y antibióticos en humanos y animales. Cuando los antibióticos y los antimicrobianos eliminan las cepas débiles, las cepas más fuertes de bacterias resistentes sobreviven y siguen creciendo. Se han hecho llamados para la creación de nuevas terapias con antibióticos, pero el desarrollo de nuevos fármacos es cada vez más raro. La cifra de personas que mueren cada año a causa de estas bacterias se estima entre 700.000 y varios millones. En Estados Unidos, cada año, al menos dos millones de personas, se infectan con bacterias resistentes a los antibióticos, y al menos 23.000 mueren.[7]

A Satanás y al anticristo les encantaría que hubiera una epidemia global al comienzo de la tribulación, pues así promoverían su argumento a favor de un gobierno mundial dirigido por un dictador aparentemente benévolo y amante de la paz.

LA PREGUNTA MÁS IMPORTANTE

Hay muchas más preguntas que se pueden hacer y responder sobre la tribulación; y ciertamente hay una gran cantidad de preguntas que actualmente no se pueden responder, pero tendrán respuesta cuando llegue el momento.

Sin embargo, la pregunta más importante sobre este tema no se aplica a la tribulación en sí, sino a ti y a mí. Esa pregunta es simplemente: «¿Cómo responderemos a la realidad de la tribulación?». Porque, no nos equivoquemos, la tribulación es real. Se aproxima. Podemos tener certeza de ello porque podemos confiar en la Palabra profética de Dios. Entonces, ¿qué haremos al respecto?

He aquí tres respuestas que te invito a considerar, no solo ahora, sino también a medida que leas los capítulos que siguen.

LA RESPUESTA DE LA ALABANZA

Como cristiano, tengo sentimientos encontrados cada vez que pienso en estas pruebas venideras, y no puedo leer sobre estos cuatro jinetes sin sentir esa dualidad en mi propio corazón. Al haber sido perdonado de mi pecado a través de la salvación ofrecida por Jesucristo y creer lo que la Escritura enseña sobre el arrebatamiento, estoy agradecido de que nunca veré a esos malvados jinetes ni experimentaré la terrible tragedia que traerán a este mundo; estaré adorando al Cordero alrededor del trono de Dios. Aun así, siento una profunda sensación de dolor y luto por quienes sufrirán durante esos días.

LA RESPUESTA DE LA PASION

En Mateo 24.32-35, Jesús concluye Su enseñanza sobre la tribulación futura con una historia sobre una higuera:

> De la higuera aprended la parábola: Cuando ya su rama está tierna, y brotan las hojas, sabéis que el verano está cerca [...]. De cierto os digo, que no pasará esta generación hasta que todo esto acontezca. El cielo y la tierra pasarán, pero mis palabras no pasarán.

Esta parábola señala que cuando brotan las hojas de un árbol, sabemos que el verano está cerca. De la misma manera, los acontecimientos futuros proyectan sus sombras antes de suceder.

Aunque Jesús hablaba aquí sobre Su regreso, la enseñanza se aplica a todas las profecías. Sabremos que el regreso de Cristo no está lejos. Sin embargo, Jesús advirtió que solo sabremos el momento aproximado de Su regreso, es decir, sabremos que está cerca. En el versículo 36 expresó: «Pero del día y la hora nadie sabe, ni aun los ángeles de los cielos, sino sólo mi Padre». Solo podemos ver las señales que nos muestran que el momento está cerca.

Creo que el principio del fin se acerca rápidamente, pero no tenemos idea de qué tan pronto llegará. El mejor proceder se indica en la advertencia del apóstol Pablo en Romanos 13.11: «Y esto, conociendo el tiempo, que es ya hora de levantarnos del sueño; porque ahora está más cerca de nosotros nuestra salvación que cuando creímos». Si vivimos como si Cristo viniera mañana, siempre nos esforzaremos por estar preparados para ello.

LA RESPUESTA DE LA EVALUACIÓN PERSONAL

El autor de Hebreos lo expresó de esta manera: ¿Cómo escaparemos nosotros, si descuidamos una salvación tan grande? La cual, habiendo sido anunciada primeramente por el Señor, nos fue confirmada por los que oyeron» (Heb 2.3).

Una de las razones por las que Dios nos da estas profecías, terribles y fatídicas como son, es para advertirnos de lo que se avecina, para que podamos prepararnos con anticipación y evitar los terribles tiempos que se aproximan en el futuro del mundo. El pastor Steven Cole cuenta la historia de un hombre que escuchó la advertencia antes de que fuera demasiado tarde.

Joe, según él mismo lo admitía, no era un hombre religioso. Bebía demasiado, jugaba, maldecía como un marinero y mentía y engañaba para conseguir lo que quería. Dios no tenía cabida en sus pensamientos ni en su vida. Cuando Joe finalmente se jubiló, soñaba con la posibilidad de pasar sus días dedicado a la pesca en el lago. Pero un dolor persistente en su estómago lo hizo acudir al médico. Su mayor temor era verse obligado a dejar de beber, pero el informe del médico resultó aún peor: tenía un cáncer que se había extendido y estaba fuera de control. El doctor le dio menos de seis meses de vida.

Mientras estaba en el hospital, un pastor se le acercó y le habló sobre la eternidad. Joe había escuchado muchas veces estos temas religiosos, pero siempre los había ignorado y había continuado con su vida decadente. Pero ahora, por primera vez en su vida, él escuchaba. Una verdad largamente reprimida despertó en su corazón, y se reconoció culpable de haber desperdiciado toda su vida en búsquedas totalmente egoístas. Temblaba, pues sabía que pronto enfrentaría el juicio de Dios. Pero el pastor le explicó cómo Cristo había pagado la pena por su pecado, y sobre esa base, le ofreció el perdón y la vida eterna si Joe lo aceptaba. Él aceptó gustosamente el regalo y murió en paz poco después.[8]

El caso de Joe es lo que comúnmente llamamos «arrepentimiento en el lecho de muerte». No es la forma más noble ni la más segura de llegar a Cristo. Pero Dios, en Su amor y deseo infinitos de tenernos con Él por toda la eternidad, acepta incluso a aquellos que vienen en el último minuto. Jesús prometió la salvación incluso al ladrón que moría junto a Él en la cruz (Lc 23.39-43). En Su parábola de los obreros de la viña, el propietario pagó a los obreros que habían venido a última hora el mismo salario que a los que llegaron temprano en la mañana (Mt 20.1-16). Nuestro Dios nos da más de lo que merecemos. Es un Dios misericordioso «... que es paciente para con nosotros, no queriendo que ninguno perezca, sino que todos procedan al arrepentimiento» (2 P 3.9). Pero nunca nos obliga a venir a Él; la elección es siempre nuestra.

Lo importante es que Joe vino a Cristo porque prestó atención a las advertencias. Vio las señales de que su final estaba cerca y tomó las medidas apropiadas. Aunque fue un arrepentimiento en el lecho de muerte, hizo lo sensato: actuó según lo que sabía y dio el paso correcto. Era tarde, pero no demasiado tarde.

A través de la profecía, Dios nos ha permitido conocer la oscuridad del inminente juicio final del mundo. Se acerca el momento en que será demasiado tarde, y ya se vislumbra en el horizonte. Cuando llegue la tribulación y el pueblo de Dios sea llevado al cielo, la puerta se cerrará para aquellos que han escuchado y rechazado el evangelio.

Hoy te insto a dar el paso que dio Joe; hazlo mientras la tribulación siga siendo solo una sombra que se aproxima y no la irrevocabilidad condenatoria de la ira de Dios. La gracia de Dios está a tu alcance para salvarte de esa ira, por lo que no hay necesidad de desesperarse. No obstante, hay un sentido de urgencia en Su ofrecimiento. Actúa ahora, y no tendrás que preocuparte por quedar atrapado en la tribulación.

CAPÍTULO 19

EL ANTICRISTO

A fines de la década de 1930 y principios de la de 1940, cuando Adolf Hitler avanzaba por Europa y se tragaba naciones enteras, muchos creían que era el anticristo que se avecinaba.

> Hitler se promocionó a sí mismo como un mesías con la misión divina de salvar a Alemania. En una ocasión, enseñó el látigo que a menudo llevaba para demostrar que «al expulsar a los judíos me acuerdo de Jesús en el templo». Declaró: «Al igual que Cristo, tengo un deber con mi propio pueblo». Incluso alardeó de que así como el nacimiento de Cristo había cambiado el calendario, de igual modo su victoria sobre los judíos sería el comienzo de una nueva era. «Lo que Cristo comenzó —dijo—, yo lo completaré» […].
>
> En uno de los mítines de Núremberg, una foto gigante de Hitler mostraba el rótulo: «En el principio era el Verbo».[1]

No es sorprendente que los estudiosos de la Biblia pensaran que Hitler era el líder mundial del tiempo del fin inspirado por Satanás, al que la Biblia identifica como «el anticristo».

«Hijitos, ya es el último tiempo; y según vosotros oísteis que el anticristo viene, así ahora han surgido muchos anticristos; por esto conocemos que es el último tiempo» (1 Jn 2.18).

Hay más de cien pasajes de la Escritura que describen al anticristo. Sin embargo, la palabra *anticristo* solo aparece en cuatro versículos del Nuevo Testamento, todos del apóstol Juan (1 Jn 2.18, 22; 4.3; 2 Jn v. 7). Como lo sugiere la palabra, el anticristo es una persona que está en contra de Cristo. El prefijo *anti* también puede significar «en lugar de» y ambos significados se aplicarán a este líder mundial venidero. Se opondrá abiertamente a Cristo y al mismo tiempo se hará pasar por Cristo.

El anticristo estará a la altura de su terrible nombre. Será el superhombre de Satanás, perseguirá, torturará y matará al pueblo de Dios, y hará que Hitler, Stalin y Mao parezcan débiles y mansos a su lado.

Más de veinticinco formas diferentes se utilizan para referirse al anticristo, todas las cuales nos ayudan a formarnos una idea de cómo será el hombre más despreciable que jamás haya caminado sobre la tierra. Algunas personas piensan que es Satanás encarnado. Sabemos con certeza que Satanás le da su poder, su trono y su autoridad.

He aquí algunos de los alias del anticristo:

- «un rey brutal» (Dn 8.23, NTV).
- «un maestro de la intriga» (Dn 8.23, NTV).
- el «príncipe que ha de venir» (Dn 9.26).
- «un hombre despreciable» (Dn 11.21).
- un «pastor inútil» (Zac 11.16-17).
- «aquél que trae destrucción» (2 Ts 2.3, NTV).
- «hombre de anarquía» (2 Ts 2.8, NTV).
- una «bestia» (Ap 13.1).

Como lo evidencia un estudio de estas referencias, el anticristo se presenta y se describe en la Biblia con gran detalle, pero no se revela su identidad. Sin embargo, la falta de una identificación específica no ha evitado que se especule sobre quién podría ser. Si buscas en Google «¿Quién es el anticristo?», obtendrás alrededor de 15 millones de correspondencias. Algunos de los sitios web publican artículos increíblemente largos y detallados, lo que demuestra la fascinación extrema generada por este tema sensacional.

LA PERSONALIDAD DEL VENIDERO GOBERNANTE MUNDIAL

No, la Biblia no nos dice quién será el anticristo. En realidad, en el segundo capítulo de Tesalonicenses, Pablo nos explica que este venidero gobernante mundial no se revelará hasta después del arrebatamiento de la Iglesia. «Entonces, si alguna vez llegas al punto en el que crees saber quién es él, eso significa que te has quedado atrás».[2]

Aunque la Biblia no nos dice *quién* será, sí nos dice *cómo* será. Así es como se describe en la Biblia.

SERÁ UN LÍDER CARISMÁTICO

El profeta Daniel describió al anticristo de una manera gráfica: «Después de esto miraba yo en las visiones de la noche, y he aquí la cuarta bestia [...] y he aquí que [...] tenía ojos como de hombre, y una boca que hablaba grandes cosas. [...] Y hablará palabras contra el Altísimo» (Dn 7.7-8, 25).

En estos pasajes, Daniel nos muestra una de las características del próximo gobernante del mundo: su personalidad carismática realzada por su oratoria, que utilizará para influir en las masas con palabras fascinantes llenas de poder y de promesas. No nos damos mucha cuenta del poder de una buena oratoria. Un actor que no sea un galán clásico puede ser muy atractivo y cautivar al público simplemente con el poder de su voz resonante y articulada. A menudo, los estadounidenses se dejan llevar por candidatos políticos que tienen poco que ofrecer, pero lo ofrecen con la hermosa envoltura de una suave entonación y una buena sintaxis. El próximo líder mundial será famoso por este tipo de elocuencia, que captará la atención y la admiración del mundo.

Daniel también nos dice que este orador magnífico no solo hablará de una forma presuntuosa, sino que además pronunciará palabras contra Dios. El apóstol Juan lo describió de manera similar en el Libro de Apocalipsis: «También se le dio boca que hablaba grandes cosas y blasfemias» (13.5).

Si tenemos en cuenta estas y otras profecías, no es difícil comprender por qué Hitler ha sido considerado a menudo como el prototipo del anticristo. Hitler fue un hombre de carisma, gran oratoria y pompa. En su libro *Kingdoms in Conflict* [Reinos en conflicto], ahora un clásico, Charles Colson describió las acciones bien organizadas que se desarrollaban en innumerables salas llenas de gente mientras Hitler manipulaba al pueblo alemán:

> El acto se inició con una música sinfónica solemne. Luego la música se detuvo, prevaleció el silencio y comenzó un himno patriótico, y «desde la parte de atrás, caminando lentamente por el ancho pasillo central», avanzó Hitler con arrogancia. Finalmente, el propio *Führer* se dispone a hablar. Al principio su voz es baja y aterciopelada, lo que hace que la audiencia se incline inconscientemente hacia adelante para escuchar, habla de su amor por Alemania [...] y gradualmente su tono aumenta hasta convertirse en gritos. Pero su público no cree que sus gritos sean excesivos. Ellos gritan con él.[3]

Daniel continua su descripción del anticristo y nos dice que «parecía más grande que sus compañeros» (Dn 7.20). En términos de su apariencia externa, este hombre será una persona sorprendentemente atractiva. La combinación de una personalidad cautivadora, una excelente oratoria y una muy buena apariencia física lo hará virtualmente irresistible para las masas. Cuando aparezca en escena, las personas acudirán a él como moscas a la miel, y se desvivirán por hacer cualquier cosa que él les pida.

SERÁ UN LÍDER ASTUTO

En el famoso sueño recogido en el séptimo capítulo de su libro, Daniel vio una imagen de este líder mundial. Así lo describió: «Mientras yo contemplaba los cuernos, he aquí que otro cuerno pequeño salía entre ellos, y delante de él fueron arrancados tres cuernos de los primeros» (7.8).

Si leemos atentamente y entendemos el símbolo profético de los cuernos, podemos deducir que el líder mundial venidero vencerá a otros tres reyes al arrancarlos de raíz. Este hombre eliminará lo viejo para dejar espacio a lo nuevo. Se apoderará de tres reinos, uno por uno, no mediante la guerra sino a través de la manipulación política inteligente. Comienza como el cuerno pequeño, pero luego logra arrancar tres de los primeros cuernos y así se apropia de su poder. Daniel se refirió de nuevo a este hecho en el capítulo once de su profecía, cuando nos dice que este futuro líder mundial «vendrá cuando haya tranquilidad y se apoderará del reino con intrigas» (11.21, LBLA). El anticristo será un genio político, un diplomático magistral y un líder inteligente. Arthur W. Pink escribió de él:

> Satanás ha tenido la oportunidad de estudiar la naturaleza humana caída [...]. El diablo sabe muy bien cómo deslumbrar a los hombres con la atracción que ejerce el poder [...]. Sabe cómo satisfacer el deseo de conocimiento [...] puede deleitar el oído con una música melodiosa y los ojos con una belleza fascinante [...]. Sabe cómo elevar a los hombres a la cumbre de la grandeza y la fama mundanas, y cómo controlar esa grandeza luego de ser alcanzada, para que pueda emplearse contra Dios y su pueblo.[4]

SERÁ UN LÍDER CRUEL

Una vez más nos dirigimos a los escritos de Daniel para comprender la personalidad de este venidero tirano.

> Dijo así: La cuarta bestia será un cuarto reino en la tierra, el cual será diferente de todos los otros reinos, y a toda la tierra devorará, trillará y despedazará [...]. Y hablará palabras contra el Altísimo, y a los santos del Altísimo quebrantará, y pensará en cambiar los tiempos y la ley; y serán entregados en su mano hasta tiempo, y tiempos, y medio tiempo. (Dn 7.23, 25)

Aquí Daniel nos dice que el anticristo va a devorar al mundo entero; lo pisoteará y lo romperá en pedazos. Estas palabras aluden a algo absolutamente horrible. Muchos de los que se conviertan en seguidores de Cristo durante la tribulación serán martirizados por su fe.

En Daniel 7.25, la palabra «quebrantar» significa literalmente «desgastar». Es la misma palabra que se utiliza para describir el desgaste de las prendas de vestir. El uso de ese término aquí indica un lento y doloroso desgaste del pueblo de Dios, una persecución tortuosa y cruel que recuerda los horrores que Nerón infligió a los cristianos en la antigua Roma, pero aún peor. Durante la tribulación, sería más fácil para los santos si simplemente los mataran de inmediato, pero en lugar de eso, serán «desgastados», torturados por este hombre increíblemente cruel.

Una vez más, encontramos en el régimen de Hitler un prototipo de lo que vendrá. Charles Colson nos brinda una descripción escalofriante de lo que sucedió en los campos de concentración nazis:

> El primer campo de concentración nazi se inauguró en 1933. En uno de los campos, cientos de prisioneros judíos sobrevivían en barracas infestadas de enfermedades, con poca comida y espantosas jornadas de trabajo agotador. Cada día, los prisioneros eran llevados a una fábrica enorme donde se destilaban toneladas de desechos humanos y basura para convertirlos en alcohol, que luego era utilizado como aditivo para combustibles. Incluso peor que el olor nauseabundo, era darse cuenta de que estaban alimentando la maquinaria de guerra nazi.[5]

Colson continúa y nos dice que como resultado de la humillación y el trabajo pesado «decenas de prisioneros enloquecían y salían corriendo de su trabajo, y eran asesinados a tiros por los guardias o caían electrocutados en la cerca».[6]

Hitler y los nazis no aniquilaron a los judíos de golpe; de una forma deliberada y sistemática desgastaron sus almas. Y eso nos da una idea de lo que sucederá en la tribulación cuando el anticristo esté en el poder. Será un líder cruel que derramará sangre y desatará su ira sobre los santos que vengan a Cristo durante su régimen.

EL PERFIL DEL VENIDERO GOBERNANTE MUNDIAL

En el capítulo doce de Apocalipsis, leemos que el dragón o Satanás, fue expulsado del cielo luego de una gran guerra. Más adelante, en el capítulo trece, descubrimos que el dragón viene a la tierra para iniciar su plan al encarnar a su agente, el anticristo. Cuando vinculamos este capítulo con los versículos de Daniel, obtenemos un buen perfil de este líder, pues observamos cómo llega al poder desde varios puntos de vista diferentes. Cada uno de estos puntos de vista, el político, el nacional, el espiritual y el providencial, nos da una buena imagen de cómo será. Entonces veamos brevemente lo que la Biblia nos dice sobre cómo el anticristo llega al poder.

PASARÁ DESAPERCIBIDO EN LA ESFERA POLÍTICA

Daniel 7 nos dice que el anticristo no causará un gran revuelo cuando llegue a la escena política. No entrará con fanfarria y dirá: «¡Aquí estoy! ¡Ahora me haré cargo de todo!». Por el contrario, se abrirá camino poco a poco, comenzará como uno entre muchos líderes políticos de menor importancia. En las imágenes proféticas, él es el cuerno pequeño que crece para convertirse en el cuerno grande. No llamará mucho la atención cuando, de forma metódica, empiece a obtener más y más poder.

Juan el apóstol enfatiza esa idea cuando escribe que este hombre abominable surgirá de entre la masa de la gente común. «Me paré sobre la arena del mar, y vi subir del mar una bestia que tenía siete cabezas y diez cuernos; y en sus cuernos diez diademas; y sobre sus cabezas, un nombre blasfemo» (Ap 13.1). En las imágenes bíblicas, el mar simboliza la masa general de la humanidad o, más específicamente, las naciones gentiles. Encontramos confirmación de ese significado para el mar en Apocalipsis 17: «Me dijo también: Las aguas que has visto donde la ramera se sienta, son pueblos, muchedumbres, naciones y lenguas» (v. 15).

La conclusión que podemos sacar de estos pasajes es que al principio el anticristo no se hará notar. No entrará de repente en escena con todo su poder y gloria, sino que se levantará del mar de la humanidad común o emergerá de forma siniestra de entre la gente corriente.

SURGIRÁ DE UNA NACIÓN GENTIL

¿De qué nación surgirá el gobernante mundial venidero? A menudo oímos que debe salir de la nación judía. Como hará un pacto con la nación de Israel, muchas personas piensan que quizás sea el judío que Israel espera como su mesías. Pero la Biblia no nos da indicios para determinar que el anticristo será un judío. En realidad, hay pruebas convincentes que indican lo contrario. El doctor Thomas Ice reflexionó sobre el origen étnico del anticristo:

> Una creencia generalizada a lo largo de la historia de la Iglesia ha sido que el anticristo será de origen judío. Esta opinión todavía es relativamente popular en nuestros días. Sin embargo, tras un análisis más profundo, no encontramos una base bíblica real para tal visión. En realidad, la Biblia enseña todo lo contrario, que el Anticristo será de ascendencia gentil.[7]

SERÁ ESPIRITUALMENTE BLASFEMO

Daniel expresó de este líder mundial: «Y hablará palabras contra el Altísimo, y a los santos del Altísimo quebrantará, y pensará en cambiar los tiempos y la ley» (Dn 7.25). En su segunda carta a los tesalonicenses, Pablo lo describe como alguien que «se opone y se levanta contra todo lo que se llama Dios o es objeto de culto; tanto que se sienta en el templo de Dios como Dios, haciéndose pasar por Dios» (2 Ts 2.4).

Según escribió Pablo en Romanos 1, y como nos advierte una y otra vez la historia del antiguo Israel, adorar a una *criatura* en lugar de al *Creador* es algo terrible. Sin embargo, como advirtió Daniel, este hombre desafiará a Dios y exigirá ser adorado en lugar de Él. Y su exigencia se cumplirá. Juan expresó: «Y la adoraron todos los moradores de la tierra cuyos nombres no estaban escritos en el libro de la vida del Cordero que fue inmolado desde el principio del mundo» (Ap 13.8).

Como si declararse a sí mismo como Dios le diera poder sobre la naturaleza y la naturaleza humana, este gobernante también intentará cambiar las leyes morales y naturales del universo. Eso puede sonar exagerado, pero se ha intentado antes.

En los primeros días de la Revolución Francesa, los nuevos líderes intentaron controlar a las masas mediante el cambio de todo lo que se derivaba del cristianismo o de la tradición cristiana. Establecieron un nuevo calendario por el cual los años no se contaban desde el nacimiento de Cristo sino a partir de la fecha de la revolución. Emitieron decretos para convertir todas las iglesias cristianas en «templos de la razón» y para fundir las campanas de las iglesias y utilizar el metal. En realidad, intentaron reemplazar la semana de siete días establecida por Dios por una semana de diez días.[8] Este tipo de acciones extremas que muestran hostilidad hacia todo lo relacionado con Dios caracterizará al líder mundial venidero. ¡Sin duda alguna, incluso cambiaría la duración de un año si pudiera de alguna manera controlar la rotación de la Tierra!

Mientras que el anticristo se representa como la bestia que se ve «subir del "mar"», Juan escribe que la bestia «que sube del "abismo"», la cual volverá a ser encerrada en el abismo hasta el final del milenio, no es otro que el mismo Satanás (9.11; 11.7; 20.1-3, énfasis añadido). El anticristo, con sus siete cabezas, diez cuernos con diez diademas y su nombre blasfemo, de quien se «maravilló toda la tierra» y a quien siguieron, recibió su poder de Satanás (13.1-4).

PROVIDENCIALMENTE SE VERÁ LIMITADO

Como Daniel y Juan nos muestran, el anticristo es una persona aterradora. Es el epítome del mal, la negación suprema de todo lo bueno. Desprecia a Dios y es Su enemigo declarado. Todo seguidor de Cristo debe inclinarse ante Dios en este momento y dar gracias por no estar en esta tierra durante el reinado del anticristo. Por otro lado, no debemos olvidar que esta criatura satánica no es igual a Dios. No tiene poder absoluto ni nada parecido. Dios lo tiene encadenado. De hecho, en Apocalipsis 13, se nos recuerda repetidamente que el anticristo solo puede hacer lo que se le permite hacer.

En este capítulo, encontramos la frase *se le dio*. «También se le dio boca que hablaba grandes cosas y blasfemias; y se le dio autoridad para actuar cuarenta y dos meses» (v. 5). También encontramos: «Y se le permitió hacer guerra contra los santos, y vencerlos. También se le dio autoridad sobre toda tribu, pueblo, lengua y nación» (v. 7). Como en la historia de Job, Satanás (y su títere, el anticristo) podrán hacer solo lo que Dios les permita. El anticristo podrá causar una devastación y un caos terribles, pero en última instancia, Dios sigue siendo Dios, y ningún enemigo irá más allá de los límites que Él establece.

TENDRÁ UNA PRESENCIA INTIMIDANTE

Los cuatro reinos principales representados en la otra visión profética de Daniel se compararon con ciertos animales: Babilonia era como un león, Medo-Persia como un oso, Grecia como un leopardo y Roma como la bestia de diez cuernos (Dn 7). En las descripciones de la bestia en Apocalipsis, tenemos todas estas características combinadas en una criatura horrible (Ap 13.2). Esta semejanza del anticristo con las bestias feroces nos indica la presencia intimidante de esta criatura satánica. Combina en su persona todas las características amenazadoras de los reinos que le han precedido.

El doctor W. A. Criswell escribió:

> Piensa en la majestuosidad dorada de Babilonia; en el poder y la grandeza de Ciro el persa; en la belleza, la elegancia y el intelecto del mundo griego antiguo; en el mundo romano con sus leyes, su orden y su ideal de justicia. Todas estas glorias se resumirán en la majestuosidad de este anticristo que será como Nabucodonosor, como Ciro, como Tiglatpileser, como Salmanasar, como Julio César, como César Augusto, como Alejandro Magno, como Napoleón Bonaparte, como Federico el Grande y Carlomagno, todos unidos en uno.[9]

No es de extrañar que la gente siga a este hombre e incluso se postre ante él y lo adore. En nuestras propias campañas políticas, vemos con qué rapidez las personas se sienten cautivadas por el carisma y el poder. Danos un candidato atractivo de hermosa voz, que tenga una presencia impactante y la capacidad de cautivar a la gente con una retórica vaga sobre un futuro mejor que queda indefinido, y lo seguiremos como ovejas mientras los medios de comunicación balan elogios a él. No se tiene en cuenta para nada la esencia de su programa. La presencia y el carisma del anticristo serán similares, lo que hará inevitable su ascenso al poder.

EL PROGRAMA DEL VENIDERO GOBERNANTE MUNDIAL

Una de las primeras acciones de este líder mundial será hacer las paces con Israel. Y mantendrá este pacto durante los primeros tres años y medio de su gobierno. Sin embargo, en ese momento cambiará de táctica. Abandonará todas las pretensiones de paz y ejercerá el poder de una manera aplastante. Romperá su pacto con Israel y someterá a los judíos a una gran persecución (Dn 9.27; Isa 28.18).

Luego vendrá el momento más sensacional del líder. El anticristo será realmente asesinado, pero para asombro de todo el mundo, resucitará mediante el poder de Satanás en una grotesca parodia de la resurrección de Jesucristo (Ap 13.3-4).

Después de su muerte y su resurrección satánica, el anticristo asesinará a los líderes de tres países, y todas las demás naciones le cederán su poder de inmediato. Es entonces cuando se posicionará para ser adorado por todas las personas del mundo. A través de su aliado, el falso profeta, se colocará la marca de la bestia sobre todos aquellos que lo seguirán. El que no lleve esta marca no podrá comprar ni vender en la economía mundial.

En un acto final de rebelión contra Dios, esta persona vil se instalará en Jerusalén y profanará el templo reconstruido en lo que se conoce como la «abominación desoladora». Luego intentará aniquilar a todos los judíos en la tierra, lo cual será la primera nota ominosa en el preludio de la batalla de Armagedón.

Este déspota supremo será finalmente destruido cuando Jesucristo venga a luchar contra él y sus ejércitos. En esa batalla culminante, el anticristo encontrará la muerte y sus fuerzas serán destruidas. El Cristo victorioso asumirá Su trono como Rey y Gobernante legítimo del universo.

Más importante que especular sobre la identidad del anticristo es recordar que la fuente de su poder, Satanás, no es un contrario equivalente de

Dios todopoderoso. Solo Dios sabe el día, la hora, el milisegundo que marcará el comienzo del reinado de Satanás en la tierra mientras Cristo se lleva a Su iglesia. Como nosotros, Satanás solo puede buscar las señales y esperar. A lo largo de los milenios de su espera, es probable que haya explorado y evaluado a algunos candidatos, y quizás incluso haya firmado algunas cartas de intención para estar listo cuando llegue su hora.

¿Está el anticristo al acecho en este momento, agazapado entre las masas de la humanidad? ¿Planea ya su mente oscura los males que infligirá en los últimos días? Creo que es perfectamente posible, si no altamente probable.

Gary Frazier nos brinda un posible escenario:

> En este momento, en algún lugar puede haber un hombre joven que avanza hacia la madurez. Es muy probable que sea un joven callado y meditabundo. Sin embargo, dentro de su corazón hay una rabia infernal. Hierve como un caldero de plomo fundido. Odia a Dios, desprecia a Jesucristo, detesta a la iglesia. En su mente va tomando forma un sueño de conquista. Se presentará de manera falsa como amigo de Cristo y de la Iglesia. Sin embargo [...] una vez que se le dé el poder, derramará el infierno sobre este mundo. ¿Puede el mundo producir semejante prodigio? Hitler fue una vez un niño pequeño. Stalin fue un muchacho. Nerón fue un chico. El diablo convertirá la ternura de la infancia en el terror del *anticristo*.[10]

Me doy cuenta de que la imagen del futuro que he presentado en este capítulo no es bonita. Sin embargo, los cristianos necesitan saber qué está pasando en el mundo con respecto a ese temido personaje.

Mucho más importante que estar pendiente del anticristo, es aguardar «... la esperanza bienaventurada y la manifestación gloriosa de nuestro gran Dios y Salvador Jesucristo» (Tit 2.13).

Jesús nos indicó qué hacer durante este tiempo de espera. Debemos evitar que nuestros corazones se agobien innecesariamente. Si creemos en Él, un día nos llevará a ese hogar que ha estado preparando para nosotros, ¡y estaremos con Él! Solo hay una manera de tener esa seguridad. Jesús expresó: «Yo soy el camino, y la verdad, y la vida; nadie viene al Padre, sino por mí» (Jn 14.6).

Entregar tu vida a Cristo es la única garantía absoluta de que cuando Él venga estarás a salvo de experimentar personalmente el mal del anticristo, pues serás parte de ese audaz rescate aéreo llamado el arrebatamiento. Serás sacado de este mundo y llevado ante Su gloriosa presencia, y nunca enfrentarás los horrores que Daniel y Juan describieron en sus profecías.

¡Mantén tu mirada en Él!

CAPÍTULO 20

EL FALSO PROFETA

En la primavera de 1993, los estadounidenses vieron consternados en sus televisores cómo el enfrentamiento entre el FBI y la secta de los davidianos terminó en un incendio que arrasó con el recinto de la secta en Waco. Los davidianos estaban dirigidos por David Koresh, quien decía tener poderes proféticos que le habían permitido descifrar el código de los siete sellos en el Libro de Apocalipsis. Koresh convenció a sus seguidores de que había sido llamado a formar un «Ejército de Dios» y comenzó a acumular armas en preparación para el apocalipsis. Las denuncias de abuso sexual y físico de mujeres y niños dieron lugar a varias investigaciones sobre la secta y, finalmente, a un enfrentamiento mortal que terminó con el incendio del recinto y la muerte de más de setenta miembros, incluidos sus hijos.[1]

Al mundo no le han faltado los falsos profetas. A lo largo de la historia, muchas personas autoproclamadas profetas atrajeron multitudes de seguidores y los condujeron a la decepción o al desastre cuando sus predicciones demostraron ser falsas. A principios de la década de 1840, muchos vendieron sus casas y posesiones en respuesta a la predicción de William Miller de que Cristo volvería para 1844. En 1978, el mundo se horrorizó cuando Jim Jones, líder de una secta, guio u obligó a más de novecientos de sus seguidores a cometer suicidio.

El apóstol Juan nos dice claramente que el mundo no ha visto al último de los falsos profetas. Queda uno por venir, cuyos engaños harán que los de hombres como Koresh, Miller y Jones parezcan cosas menores y localizadas.

En este capítulo conoceremos lo que la Biblia nos dice sobre el surgimiento de este falso profeta, sus características, su propósito, su poder, su programa y, finalmente, su castigo.

CARACTERÍSTICAS DEL FALSO PROFETA

Juan presentó al falso profeta con estas palabras:

> Después vi otra bestia que subía de la tierra; y tenía dos cuernos semejantes a los de un cordero, pero hablaba como dragón. (Ap 13.11)

En este pasaje, las imágenes de la bestia son metafóricas; de inmediato nos damos cuenta de que Juan simplemente las usa para describir la naturaleza extremadamente malvada del hombre que se conocerá como el falso profeta (16.13; 19.20; 20.10). Es significativo que Juan combine en sus imágenes dos animales con características opuestas: la mansedumbre y la dulzura de un cordero se funden con la malignidad depredadora y devoradora de un dragón.

No hay nada al azar en esta descripción. El falso profeta aparecerá en escena como una persona razonable, humilde y modesta, cuya personalidad carismática atraerá con facilidad a un gran número de seguidores. Será la personificación del tipo de engañador sobre el que Jesús nos advirtió: «Guardaos de los falsos profetas, que vienen a vosotros con vestidos de ovejas, pero por dentro son lobos rapaces» (Mt 7.15).

El conferencista bíblico, John Phillips, explica cómo el falso profeta manipulará y engañará a las multitudes:

> El atractivo del falso profeta radicará en su habilidad para combinar la conveniencia política con la pasión religiosa, el interés propio con la filantropía benevolente, los sentimientos elevados con el sofisma evidente, la mesura moral con la autocomplacencia desenfrenada. Sus argumentos serán sutiles, convincentes y atractivos. Su oratoria tendrá un efecto hipnótico, pues podrá hacer que las multitudes lloren o exaltar sus ánimos al

extremo [...]. Su atractivo mortal radicará en que sus palabras parecerán muy correctas, muy sensatas y serán exactamente lo que los hombres no regenerados siempre han querido escuchar.[2]

Esta combinación de poseer un gran atractivo y el poder de engañar diabólicamente no deja lugar a dudas sobre la fuerte relación que existirá entre el falso profeta, el anticristo y el mismo Satanás. Al reclutar a estos dos cómplices malévolos, Satanás intentará crear su propia trinidad. En esta trinidad profana, Satanás mismo es la falsificación de Dios el Padre, el anticristo la de Dios el Hijo, y el falso profeta la de Dios el Espíritu Santo.

EL PROPÓSITO DEL FALSO PROFETA

Así como las características del falso profeta son una falsificación de las del Espíritu Santo, de igual modo sucede con su propósito, según lo explica el apóstol Juan:

> Y ejerce toda la autoridad de la primera bestia en presencia de ella, y hace que la tierra y los moradores de ella adoren a la primera bestia, cuya herida mortal fue sanada. (Ap 13.12)

Comprender cómo la trinidad impía de Satanás imita a la santa Trinidad de Dios nos ayuda a descubrir el propósito del falso profeta. Mateo nos dice que Cristo recibió la autoridad del Padre (Mt 11.27). De manera similar, el anticristo recibirá la autoridad del dragón, que es Satanás (Ap 13.4). El propósito principal del Espíritu Santo de Dios es glorificar al Hijo (Jn 16.14). El falso profeta imitará este propósito al hacer que las personas adoren al anticristo (Ap 13.12).

El falso profeta aparecerá en escena como un líder religioso. Al principio, fomentará la adoración en todas las religiones no cristianas, pues sabe que una mayor participación en diferentes religiones diluirá la influencia del cristianismo. Pero detrás de esta fachada de tolerancia religiosa se esconde un propósito demoníaco, obligar a todas las diversas religiones del mundo a adorar al anticristo.

Como la religión se ha vuelto en gran medida irrelevante en nuestra sociedad altamente secular, puede parecer extraño que un líder religioso ocupe un lugar tan prominente en la agitación política del período de la tribulación. Pero la historia muestra que esto se ajusta a un patrón consistente. La política y la religión siempre han trabajado en conjunto como las fuerzas primarias que controlan a la humanidad. La política busca hacer cumplir las normas mediante la autoridad, mientras que la religión obtiene la obediencia mediante la atracción. Cuando ambas combinan sus fuerzas, el poder se vuelve casi absoluto.

W. A. Criswell ofrece claros ejemplos de este fenómeno:

> No creo que en la historia de la humanidad haya sido posible gobernar sin la aprobación y la devoción religiosas [...]. En los días del faraón, cuando Moisés y Aarón se presentaron ante el soberano de Egipto, este llamó a Janes y Jambres, los hechiceros, los religiosos de su época, para que se opusieran a Jehová. Cuando Balac, rey de Moab, trató de destruir a Israel, contrató los servicios de los baales para maldecir a Israel [...]. Acab y Jezabel pudieron hacer lo que hicieron en Israel, en el libertinaje del reino, porque fueron instigados y asistidos por los profetas de Baal.[3]

La religión siempre ha sido una fuerza poderosa para influir en la humanidad. Por lo tanto, Satanás la usará como una de sus herramientas más efectivas para poner el mundo bajo el control del anticristo. El falso profeta será el agente de Satanás para lograr que la adoración del mundo se dirija hacia el anticristo.

EL PODER DEL FALSO PROFETA

Juan nos dice que el falso profeta tendrá un enorme poder, pero ese poder emanará de otra parte:

> También hace grandes señales [...] delante de los hombres. Y engaña a los moradores de la tierra con las señales que se le ha permitido hacer en presencia de la bestia. (Ap 13.13-14)

Aquí vemos un poder demoníaco que fluye hacia abajo a través de una cadena de mando vertical: el falso profeta recibe su poder del anticristo (la bestia), y el anticristo recibe su poder de Satanás (el dragón). La Escritura documenta ampliamente este flujo de poder. Juan declara cinco veces en Apocalipsis 13.2-8 que el anticristo obtiene su poder de Satanás. Luego, en los versículos 12-15, declara tres veces que el falso profeta obtendrá su poder del anticristo: «Y ejerce toda la autoridad de la primera bestia en presencia de ella [...]. Y engaña a los moradores de la tierra con las señales que se le ha permitido hacer en presencia de la bestia [...]. Y se le permitió infundir aliento a la imagen de la bestia».

Estos pasajes no dejan lugar a dudas en cuanto a la fuente del poder del falso profeta. Es satánico, tanto en su origen como en su naturaleza. Algunos creen que solo Dios da poder para hacer milagros y, por lo tanto, asumen que las señales y los prodigios del falso profeta son simples trucos. Pero el mismo Jesús responde a esa suposición: «Porque se levantarán falsos Cristos, y falsos profetas, y harán grandes señales y prodigios, de tal manera que engañarán, si fuere posible, aun a los escogidos» (Mt 24.24).

Veamos brevemente tres de los milagros del falso profeta, que nos indican cómo se empleará su poder demoníaco.

HARÁ DESCENDER FUEGO A LA TIERRA

Juan expresa: «También hace grandes señales, de tal manera que aun hace descender fuego del cielo a la tierra delante de los hombres» (Ap. 13:13). Este es otro ejemplo de imitación demoníaca del poder de Dios, quien a menudo ha utilizado el fuego para llevar a cabo Sus juicios. Hizo llover sobre Sodoma y Gomorra azufre y fuego (Gn 19.24). Utilizó el fuego para consumir a los sacerdotes Nadab y Abiú, porque violaron los rituales del tabernáculo (Lv 10.1-2). Al final del milenio, Dios enviará fuego del cielo para aniquilar al ejército de Satanás (Ap 20.7-9).

Sin embargo, la Escritura indica que puede haber incluso otro propósito, además de la imitación, para el uso del fuego por parte del falso profeta. Se proclamará a sí mismo como el cumplimiento de la profecía de Malaquías: «He aquí, yo os envío el profeta Elías, antes que venga el día de Jehová, grande y terrible» (Mal 4.5).

El uso del fuego por el falso profeta establecerá un paralelo entre él y el profeta Elías del Antiguo Testamento, quien ministró en Israel en los días del reino dividido. En una espectacular confrontación con los sacerdotes de Baal, Elías invocó el nombre de Jehová para que enviara fuego y encendiera la leña bajo el sacrificio preparado sobre un altar en la cima del monte Carmelo. El fuego descendió y consumió no solo el sacrificio, sino también el altar mismo y el agua en la zanja que lo rodeaba (1 R 18.20-39). Malaquías profetizó que este Elías sería el precursor que anunciaría la inminente venida de Cristo. El falso profeta imitará el milagro del fuego de Elías y afirmará ser el cumplimiento de la profecía de Malaquías. Se hará pasar por Elías y actuará como el precursor del anticristo.

Muchos verán el poder del falso profeta como una señal de su autenticidad. Pero el erudito bíblico Craig Keener advierte que no se pueden aceptar solamente milagros como validación de un auténtico profeta de Dios: «Las señales por sí mismas pueden ser positivas o negativas; lo que nos permite diferenciar a los verdaderos profetas de los falsos es [...] evaluarlos por su carácter moral. El asunto es que los conocemos por su mensaje y su fruto, no por sus dones (Dt 13.1-5; Mt 7.15-23)».[4]

ORDENARÁ QUE SE CONSTRUYA UNA IMAGEN

El poder oculto del falso profeta hará que tenga un enorme número de seguidores. Cuando su influencia y su engaño se generalicen, mandará a construir una enorme estatua en honor al anticristo que se instalará en el templo judío reconstruido. Juan describe la estatua como una «... imagen a la bestia que tiene la herida de espada, y vivió» (Ap 13.14). Esta imagen es un elemento prominente en el Libro de Apocalipsis, pues se menciona diez veces en seis capítulos (13.14-15; 14.9,11; 15.2; 16.2; 19.20; 20.4). La adoración al anticristo se centrará en este ídolo hasta el final del período de la tribulación, lo que marcará la etapa final de la apostasía, que es la idolatría, el sello distintivo de todas las religiones falsas.

El teólogo del siglo diecinueve, J. A. Seiss, señaló los factores que llevarán al mundo a adorar la imagen de la bestia:

> [No es] difícil imaginar qué tipo de argumentos se usarán para erigir esta imagen. En las eras de gran gloria y dominio mundanos, se erigieron estatuas para honrar a grandes personalidades de todo tipo, ¡pero quién entre los grandes de la tierra es tan grande como el anticristo! Las estatuas han sido comunes para la conmemoración de grandes sucesos; pero ¿qué suceso, qué maravilla en la historia es más grande que la de este hombre, en el sentido de que fue herido de muerte y volvió a la vida y a la actividad con cualidades mucho más sublimes que las que poseía en su primera vida? […]. ¿Y quién entre los orgullosos hijos de la tierra se opondrá a tales argumentos?[5]

Al parecer, Jesús se refirió a esa imagen del anticristo en este pasaje de Su discurso en el monte de los Olivos: «Cuando veáis en el lugar santo la abominación desoladora de que habló el profeta Daniel […] entonces los que estén en Judea, huyan a los montes […]. Porque habrá entonces gran tribulación, cual no la ha habido desde el principio del mundo hasta ahora, ni la habrá» (Mt 24.15-16,21).

El apóstol Pablo también se refirió a la imagen de la bestia y a la apostasía que la acompañará: «Nadie os engañe en ninguna manera; porque no vendrá sin que antes venga la apostasía, y se manifieste el hombre de pecado, el hijo de perdición, el cual se opone y se levanta contra todo lo que se llama Dios o es objeto de culto; tanto que se sienta en el templo de Dios como Dios, haciéndose pasar por Dios» (2 T 2.3-4). Cuando ocurra esta profanación del templo, el falso profeta habrá logrado su objetivo de hacer que la adoración al anticristo sea un fenómeno mundial.

A TRAVÉS DE SORTILEGIOS, HARÁ QUE LA IMAGEN RESPIRE Y HABLE

Cuando se erija la imagen del anticristo en el templo judío, el falso profeta infundirá «… aliento a la imagen de la bestia, para que la imagen hablase…» (Ap 13.15). La ventriloquía o la reproducción electrónica de una voz no serán suficientes para explicar este fenómeno. Henry Morris explica:

> Esta imagen es más que un simple robot con una voz de computadora. Eso no sería una gran maravilla hoy, con todos los logros de la automatización y la audio-animatrónica. En Disneylandia, millones de personas han observado que una imagen de Abraham Lincoln se mueve y «habla», pero nadie se inclina en adoración a ella.
>
> La imagen del hombre de pecado hablará inteligiblemente y sus palabras no serán preprogramadas. Emitirá órdenes, entre ellas la de matar a todos los que no la adoren. Quienes observen este asombroso fenómeno, ya sea en persona, en Jerusalén, o por la televisión, estarán convencidos de que la imagen realmente habla por voluntad propia.[6]

El doctor Morris afirma que la imagen hablará y respirará a través del poder de un milagro real pero demoníaco: «El falso profeta está capacitado (por su propio amo, Satanás) para dar un espíritu a la imagen, pero ese espíritu será uno de los espíritus impuros de Satanás […]. Este es un caso sorprendente de posesión demoníaca, ya que el demonio posee el cuerpo de la imagen en lugar del de un hombre o una mujer».[7]

Ningún truco, dispositivo electrónico, ni descubrimiento científico tendrá que ver con la capacidad de hablar de la imagen. Se logrará únicamente a través del poder demoníaco puro. Será un ejemplo escalofriante del poder oscuro que dominará el mundo durante el período de la tribulación, un poder ejercido por el falso profeta que le otorgará credibilidad al anticristo y le permitirá a Satanás completar su insidioso programa de engaño en los días finales.

EL PROGRAMA DEL FALSO PROFETA

Si bien esta bestia de la tierra es en primer lugar un líder religioso, también dirigirá el amplio programa económico del anticristo. Según expresa Juan:

> Y hacía que a todos, pequeños y grandes, ricos y pobres, libres y esclavos, se les pusiese una marca en la mano derecha, o en la frente; y que ninguno pudiese comprar ni vender, sino el que tuviese la marca o el nombre de la bestia, o el número de su nombre. (Ap 13.16-17)

Después de asegurar la adoración mundial del anticristo, el falso profeta aprovechará este éxito para apoderarse agresivamente del sistema económico mundial. Nadie podrá participar en ninguna transacción financiera sin un permiso, que tomará la forma de una marca colocada en la mano o en la frente. No habrá exenciones. Quienes rechacen la marca no podrán comprar ni vender.

Esta marca es otra imitación satánica de la actividad de Dios. Dios marcará a 144.000 evangelistas judíos con un sello en sus frentes que indicará su santificación para el propósito especial de Dios (7.3). El falso profeta imitará este acto al hacer que los seguidores del anticristo lleven una marca demoníaca, y así los sellará como el propio pueblo de Satanás.

La marca falsificada de Satanás se diferenciará grandemente del sello auténtico de Dios. El sello de Dios protegerá a Sus testigos de cualquier daño, mientras que la marca de Satanás traerá sufrimientos incalculables a sus seguidores. El sello de Dios se otorgará solo a unos pocos; los 144.000 testigos judíos. Pero todos se verán obligados a llevar la marca del anticristo o sufrirán consecuencias extremadamente graves. Mark Hitchcock explica lo que les sucederá a aquellos que rechacen la marca: «Sin la marca de la bestia, nadie podrá comprar en un centro comercial, comer en un restaurante, llenar el tanque en gasolineras, pagar facturas de servicios públicos, comprar comestibles, recibir recetas médicas, pagar por el césped cortado, ni pagar la hipoteca. Será la marca registrada de la tribulación».[8]

Estados Unidos pudo ver un ejemplo breve y benigno de un control económico similar durante la Segunda Guerra Mundial. Muchos productos escaseaban debido a los grandes recursos destinados a las actividades bélicas. Se necesitaban tarjetas o cupones de alimentos emitidos por el gobierno para comprar productos racionados como azúcar, neumáticos, etc. Esa breve y benigna experiencia presagia las condiciones que dominarán el período de la tribulación. Los clientes de una tienda deberán presentar sus manos o frentes para ser escaneados antes de que se aprueben las compras.

EL CASTIGO DEL FALSO PROFETA

A pesar del inmenso poder y control demoníacos ejercidos por el falso profeta, a la postre tendrá el horrible fin profetizado por Juan:

> Y la bestia fue apresada, y con ella el falso profeta que había hecho delante de ella las señales con las cuales había engañado a los que recibieron la marca de la bestia, y habían adorado su imagen. Estos dos fueron lanzados vivos dentro de un lago de fuego que arde con azufre. (Ap 19.20)

Ser arrojado vivo en el lago de fuego parece un final apropiado para este engañador demoníaco de las multitudes. Aunque su poder e influencia se extenderán por todo el mundo, y causará la muerte y la miseria a millones de personas, sus días serán tronchados. Las implacables ruedas de la justicia de Dios lo atraparán y pasará la eternidad con sus secuaces, Satanás y el anticristo, en el eterno lago de fuego.

¿Qué pasará con los millones que engañó? También serán severamente castigados. Aquel que recibió la marca del falso profeta «beberá del vino de la ira de Dios» y «será atormentado con fuego y azufre delante de los santos ángeles y del Cordero [...] por los siglos de los siglos» (14.10-11).

Algunos pueden cuestionar lo justo de este juicio contra aquellos que aceptarán la marca de la bestia. Simplemente harán lo que consideran necesario para sobrevivir. Pero cuando observamos su elección desde una perspectiva eterna, podemos ver que producirá lo contrario de la supervivencia. Pueden extender brevemente sus vidas terrenales, pero al final del régimen del anticristo, se hundirán en la muerte eterna. Por el contrario, aquellos que rechazan la marca enfrentarán la posibilidad de una muerte inmediata, pero despertarán de esa muerte para tener vida eterna.

Como nos dice Juan:

> Y vi tronos, y se sentaron sobre ellos los que recibieron facultad de juzgar; y vi las almas de los decapitados por causa del testimonio de Jesús y por la palabra de Dios, los que no habían adorado a la bestia ni a su imagen, y que no recibieron la marca en sus frentes ni en sus manos; y vivieron y reinaron con Cristo mil años. (20.4)

En este mundo caído, los cristianos no están llamados a una vida en la que todas las opciones conducen a la comodidad y la seguridad. Estamos llamados a una vida de compromiso con Aquel que nos ama lo suficiente como para morir por nosotros. La Biblia a menudo nos dice que este compromiso significará problemas y dolor. Debemos buscar aliento en las palabras de Jesús cuando expresó: «Y no temáis a los que matan el cuerpo, mas el alma no pueden matar; temed más bien a aquel que puede destruir el alma y el cuerpo en el infierno» (Mt 10.28).

CAPÍTULO 21

LOS MÁRTIRES

No era un grupo grande de personas. Solo unas pocas docenas de fieles reunidos en el patio de la Iglesia de la Virgen María en el pueblo de El-Our, a unas 150 millas (unos 240 km) al sur de El Cairo, Egipto. Un predicador se puso de pie y con un tono sombrío se dirigió al grupo, igualmente sombrío: «La vida que vivimos no es más que días contados que pronto pasarán, dice la Biblia».[1]

Sus palabras no eran un sermón sobre la administración del tiempo o la mayordomía. Se refería a la razón por la que la congregación se había vuelto más pequeña. Apenas unos días antes, en febrero del 2015, la organización conocida como el Estado Islámico de Irak y el Levante, o ISIS, había decapitado a trece de sus miembros en una playa de Libia.

Estos hombres cristianos coptos estaban entre los veinte cristianos que el ISIS asesinó ese día. Los veinte provenían de comunidades agrícolas egipcias y habían viajado a Libia en busca de trabajo. Pero habían sido secuestrados a fines de diciembre y principios de enero y mantenidos en la ciudad costera libia de Sirte.

Un mes más tarde, fueron conducidos en fila hasta una playa y obligados a ponerse de rodillas. A sus espaldas, cada uno tenía un soldado del ISIS vestido de negro con un cuchillo en la mano. Los cristianos llevaban overoles naranjas, como una burla malévola de los trajes que usan los musulmanes radicales encarcelados en la prisión estadounidense en la Bahía de Guantánamo, Cuba. Los prisioneros tuvieron la oportunidad de retractarse de su fe, pero todos se negaron. En el video de las ejecuciones publicado por el ISIS, se puede ver a los cristianos, arrodillados, pronunciando oraciones y alabanzas a su Señor.

La historia de estos hombres es solo un ejemplo de las innumerables huestes de creyentes que han sido martirizados por su fe durante siglos. Se ha dicho que toda la historia de la redención está escrita con la sangre de los mártires. Así lo vemos desde el principio en la Biblia cuando el faraón decidió matar a todos los varones hebreos recién nacidos. Este fue el antecedente de algo peor por venir. Antes de que los israelitas entraran a su tierra prometida, Moisés profetizó que serían perseguidos con saña a lo largo de la historia.

> Y Jehová te esparcirá por todos los pueblos, desde un extremo de la tierra hasta el otro extremo; y allí servirás a dioses ajenos que no conociste tú ni tus padres, al leño y a la piedra. Y ni aun entre estas naciones descansarás [...] pues allí te dará Jehová corazón temeroso, y desfallecimiento de ojos, y tristeza de alma; y tendrás tu vida como algo que pende delante de ti, y estarás temeroso de noche y de día [...]. Por la mañana dirás: ¡Quién diera que fuese la tarde! y a la tarde dirás: ¡Quién diera que fuese la mañana! por el miedo de tu corazón con que estarás amedrentado, y por lo que verán tus ojos. (Dt 28.64-67)

Esta sombría profecía se ha cumplido ampliamente. Ningún pueblo ha sufrido el martirio y la persecución que han sufrido los judíos. En el siglo seis A. C., los babilonios destruyeron Jerusalén y deportaron a sus ciudadanos. Unas pocas generaciones después, Amán, un alto funcionario de la corte de Asuero, conspiró para aniquilar a todos los judíos en el Imperio persa. Unos 300 años después, el rey seléucida Antíoco IV Epífanes masacró a cuarenta mil judíos y vendió otros cuarenta mil como esclavos por su negativa a adorar a Zeus.

A lo largo de los siglos posteriores, los judíos, ya dispersos entre las naciones, sufrieron persecuciones y penurias. El caso más grave ocurrió con Hitler en la Europa del siglo veinte. Se destruyeron las sinagogas, se destrozaron las vidrieras de sus negocios, y en los campos de concentración de Auschwitz y Dachau se torturaron y se asesinaron a más de seis millones de judíos, lo que posiblemente redujo su número en Europa a menos de los que salieron con Moisés de Egipto.[2]

Adolf Eichmann, quien tuvo un importante papel en la persecución desatada por los nazis, puso de manifiesto la clase de odio que los judíos han soportado a lo largo de la historia: «Iré a la tumba con una sonrisa, porque la idea de que tengo cinco millones de vidas humanas en mi conciencia es para mí una fuente de enorme satisfacción».[3]

Los cristianos parecen haber heredado el odio dirigido contra los judíos, pues la historia cristiana está llena de persecuciones desde el principio. Herodes trató de evitar el surgimiento de Jesús al matar a todos los bebés varones nacidos en Belén. La iglesia cristiana apenas se había establecido cuando los líderes judíos apedrearon hasta la muerte al diácono Esteban, porque los acusó de asesinar al Mesías de Israel (Hch 7). Herodes Agripa ejecutó al apóstol Jacobo (Hch 12.1-2). En realidad, todos los apóstoles de Jesús sufrieron el martirio excepto Juan, que fue exiliado.

El emperador romano Domiciano ejecutó a un sinnúmero de cristianos que se negaron a renunciar a su fe. Policarpo, un obispo cristiano del siglo dos, murió en la hoguera por no inclinarse ante el emperador. Los cristianos romanos eran echados a los leones. En la España medieval sufrieron la Inquisición. Muchos protestantes fueron masacrados o exiliados durante la Reforma. Varios cientos de cristianos chinos murieron en el Levantamiento de los bóxers. En la Rusia comunista, los cristianos fueron enviados a Siberia y a campos de trabajo forzado. Incluso en el «civilizado» siglo veintiuno vemos un alarmante aumento de la persecución y el martirio de los cristianos en todo el mundo.

Juan nos dice que los cristianos todavía padecerán mucho más martirio por la persecución sin precedentes que desatará el anticristo durante la tribulación. Veamos más a fondo las vidas de estos heroicos cristianos y las circunstancias que darán lugar a su martirio.

EL CONTEXTO DE SU MARTIRIO

¿Quiénes son exactamente estos mártires? Juan nos da la respuesta:

> Cuando [el Cordero] abrió el quinto sello, vi bajo el altar las almas de los que habían sido muertos por causa de la palabra de Dios y por el testimonio que tenían. Y clamaban a gran voz, diciendo: ¿Hasta cuándo, Señor, santo y verdadero, no juzgas y vengas nuestra sangre en los que moran en la tierra? (Ap 6.9-10)

Estos mártires son creyentes que serán asesinados después de que la Iglesia sea arrebatada y los muertos en Cristo hayan resucitado. Que sean asesinados por su fe y llevados al cielo mientras sus asesinos aún prosperan en la tierra es un fuerte indicio de que sufrirán el martirio durante la tribulación.

Estas almas bajo el altar serán al parecer judíos convertidos. Veamos cómo se producirá esta conversión. Después del arrebatamiento de la Iglesia, Dios redirigirá Su atención y se centrará nuevamente en Israel. Durante los siete años de tribulación un gran número de judíos se volverá a Cristo. Pablo afirma que la salvación de Israel es un elemento clave en el plan final de Dios: «Ha acontecido a Israel endurecimiento en parte, hasta que haya entrado la plenitud de los gentiles; y luego todo Israel será salvo, como está escrito: Vendrá de Sion el Libertador, que apartará de Jacob la impiedad» (Ro 11.25-26). Parece que el plan de Dios para salvar a la nación de Israel fructificará durante la tribulación. Este acercamiento a Dios enfurecerá al anticristo, y como respuesta martirizará a tantos judíos que la sangre derramada fluirá como un río.

La conversión masiva de judíos da pie a una pregunta. Si el arrebatamiento deja al mundo sin creyentes al comienzo de la tribulación, ¿quién podría enseñar el mensaje de Cristo a estos judíos? Una respuesta es que Dios enviará a la tierra dos testigos que proclamarán a Cristo y confirmarán este mensaje con milagros espectaculares. Dios entonces «sellará» a 144.000 de estos israelíes para evangelizar a los demás durante la tribulación (Ap 7.4).

El doctor Henry Morris sugiere otro medio, un testigo silencioso, mediante el cual los judíos pueden ser evangelizados.

> Millones y millones de copias de la Biblia y partes de la Biblia se han publicado en los principales idiomas y se han distribuido por todo el mundo [...]. La partida de los creyentes en el arrebatamiento no eliminará la Escritura, y las multitudes sin duda se verán obligadas a leer la Biblia [...]. Así, las multitudes se acercarán a su Creador y Salvador en esos días, y estarán dispuestas a dar su testimonio de la Palabra de Dios e incluso [...] sus vidas mientras buscan persuadir al mundo de que las calamidades que está sufriendo son juicios del Señor.[4]

El martirio será un hecho cotidiano durante la tribulación. Incluso ante una muerte segura, los creyentes proclamarán que aman a Dios más que a sus propias vidas. Como escribe Juan, ellos «... menospreciaron sus vidas hasta la muerte» (Ap 12:11).

Encontramos un ejemplo inspirador de la actitud de los mártires en un conocido incidente en el que participaron tres jóvenes judíos piadosos durante el cautiverio de Judá en Babilonia. Cuando se les dijo que debían inclinarse ante la imagen dorada del rey, o serían arrojados a un horno ardiente, su respuesta fue inequívoca: «He aquí nuestro Dios a quien servimos puede librarnos del horno de fuego ardiendo; y de tu mano, oh rey, nos librará. Y si no, sepas, oh rey, que no serviremos a tus dioses, ni tampoco adoraremos la estatua que has levantado» (Dn 3.17-18).

Según el profeta Zacarías, durante la tribulación, dos tercios de todos los judíos del mundo serán asesinados. Sin embargo, Dios prometió preservar a Su pueblo cuando expresó: «Y meteré en el fuego a la tercera parte, y los fundiré como se funde la plata, y los probaré como se prueba el oro» (Zac 13.9). Jesús abordó el terrible sufrimiento del período de la tribulación en Sus palabras en el monte de los Olivos: «Entonces os entregarán a tribulación, y os matarán, y seréis aborrecidos de todas las gentes por causa de mi nombre. Muchos tropezarán entonces, y se entregarán unos a otros, y unos a otros se aborrecerán» (Mt 24.9-10).

El Libro de Apocalipsis presenta el período de la tribulación como un momento en el que cada cristiano fiel deberá estar preparado para el martirio. Como lo explica Richard Bauckham, estudioso de la Biblia: «No es una predicción literal de que todo cristiano fiel será condenado a muerte. Pero sí es necesario que todo cristiano fiel esté preparado para morir».[5]

LA CAUSA DE SU MARTIRIO

Juan es bien claro sobre la razón por la cual los mártires en Apocalipsis 6 habían sido asesinados:

Vi bajo el altar las almas de los que habían sido muertos por causa de la palabra de Dios y por el testimonio que tenían. (Ap 6.9)

Estos mártires sufrirán la muerte por la misma razón por la que Juan sufrió el exilio. En realidad, la descripción que hace Juan de la causa de su exilio es casi igual a su descripción de la causa del martirio de estas personas. Él había sido exiliado «… por causa de la palabra de Dios y el testimonio de Jesucristo» (Ap 1.9).

Estas almas serán martirizadas por «el testimonio que tenían», lo que seguramente se refiere a la proclamación del juicio venidero cuando el período de la tribulación llegue a sus horrores más terribles. Instarán al arrepentimiento y advertirán sobre el día del juicio que vendrá pronto para aquellos que no se arrepientan. Pero su mensaje será rechazado, y serán ejecutados. En el arrebatamiento de la Iglesia, el Espíritu Santo se retirará de la tierra y no quedarán restricciones sobre el mal. Se desatará una malignidad sin precedentes a medida que los gobernantes demoníacos expresen su rebelión contra Dios al descargar su ira sobre Su pueblo.

Los fieles serán asesinados sin piedad por llevar el mensaje de Dios, y se unirán así a una gloriosa lista de valientes profetas que sufrieron por hablar sin temor contra los males de su tiempo:

- La malvada reina Jezabel amenazó la vida de Elías porque él condenó a los profetas de Baal (1 R 18-19).
- Isaías les dijo a los reyes de Judá que Jerusalén y el templo serían arrasados y que el pueblo sería llevado en cautiverio (2 R 20). La tradición dice que el rey Manasés ordenó que lo aserraran (Heb 11.37).
- Jeremías fue encadenado en el cepo por trasmitir a los reyes de Judá esencialmente el mismo mensaje que Isaías (Jer 20.2-3).
- Juan el Bautista fue decapitado por denunciar la inmoralidad de Herodes Antipas (Mt 14.1-12).
- Jesús constantemente denunció a los líderes religiosos judíos y profetizó el juicio. Fue crucificado.

W. A. Criswell nos dice que a pesar de la posibilidad de graves consecuencias, la naturaleza y el deber del profeta es siempre proclamar el juicio.

> Siempre que haya un verdadero profeta de Dios, predicará el juicio. Hoy, todo lo que dicen estos así llamados ministros de Dios son cosas agradables [...]. No hay infierno, no hay diablo y no hay juicio de Dios [...]. En esta época culta y refinada [...] nos levantamos y hablamos del amor de Jesús, de la paz y de todas las cosas bonitas y hermosas. Pero recuerda [...] el mismo Libro que nos habla de lo bueno, nos habla de lo malo. La misma revelación que habla del cielo, habla del infierno. La Biblia que presenta al Señor Jesús como el Salvador es la misma Biblia que presenta a Satanás como el enemigo que nos lleva a la condenación y la destrucción. Los dos van de la mano. Si no hay nada de qué salvarnos, no necesitamos un salvador.[6]

LA CONSECUENCIA DE SU MARTIRIO

Como hemos señalado anteriormente, estos mártires fieles sufrirán y darán sus vidas por su dedicación al Señor. ¿Cómo se beneficiarán de su sacrificio? Juan nos da un indicio:

Cuando abrió el quinto sello, vi bajo el altar las almas de los que habían sido muertos por causa de la palabra de Dios y por el testimonio que tenían. (Ap 6.9)

Recuerda que en esta parte del relato Juan describe sus visiones de escenas en el cielo. En esta visión hay un altar, y las almas martirizadas por su testimonio fiel están situadas «bajo el altar». Para comprender bien lo que esto significa, debemos regresar al Antiguo Testamento. El altar era una parte importante del tabernáculo israelita (y luego, del templo) donde las personas ofrecían sacrificios de animales a Dios. «Bajo el altar» se refiere al lugar donde los sacerdotes derramaban la sangre de los animales sacrificados (Éx 29.12).

La palabra griega que usa Juan para indicar el martirio de estas almas se traduce como «haber sido muerto» en la traducción al español que estamos utilizando. Pero también puede traducirse correctamente como «sacrificado», que es el término que se usa en el Antiguo Testamento para los animales sacrificados como ofrenda a Dios. A los ojos del mundo, estos mártires serán aniquilados, sus vidas terminarán. Pero en realidad, morirán como un sacrificio ofrecido a Dios, quien los llevará ante Su santa presencia. Este es el significado glorioso de estar «bajo el altar».

EL CLAMOR DE SU MARTIRIO

Los mártires de la tribulación bajo el altar celestial recordarán la severidad de la persecución sufrida en la tierra y clamarán al Señor por justicia:

Y clamaban a gran voz, diciendo: ¿Hasta cuándo, Señor, santo y verdadero, no juzgas y vengas nuestra sangre en los que moran en la tierra? (Ap 6.10)

Este clamor de venganza ubica a estos mártires exactamente dentro del período de la tribulación, en lugar de en la era anterior de la Iglesia. Observa cuán diferente es su súplica de la de Esteban, el primer mártir de la Iglesia.

Esteban oró y pidió misericordia para quienes lo apedreaban: «... Señor, no les tomes en cuenta este pecado...» (Hch 7.60). Pero aquellos que sufrirán las atrocidades de la tribulación estarán justificados para pedir venganza, pues la era de la gracia habrá terminado y el día del juicio de Dios habrá llegado.

El pastor y educador, Louis T. Talbot, explica: «Un hombre ora de acuerdo con la actitud que Dios toma hacia el mundo en la era en la que vive. La era actual es la era de la gracia. Dios le muestra [...] misericordia al peor de los hombres, y se nos dice que oremos por aquellos que nos utilizan malignamente. Pero durante la tribulación, Dios juzgará al mundo».[7] El clamor de los mártires por venganza estará en perfecta armonía con la voluntad de Dios.

EL CONSUELO DE SU MARTIRIO

El Señor escuchó el clamor de los mártires bajo el altar, y Juan recoge Su respuesta:

> Y se les dieron vestiduras blancas, y se les dijo que descansasen todavía un poco de tiempo, hasta que se completara el número de sus consiervos y sus hermanos, que también habían de ser muertos como ellos. (Ap 6.11)

Aunque aún no ha llegado el momento de que Dios actúe en función de la solicitud de justicia de los mártires, Él les proporcionará cinco consuelos mientras esperan.

1. REFUGIO

Dios les da refugio a estos siervos fieles al colocarlos debajo del altar, que es un lugar de seguridad y redención. Nos equivocamos si creemos que están como escondidos debajo de una cama y se asoman para hablar. Donald Gray Barnhouse explica que «bajo el altar» será una posición de honor. «Estar "bajo el altar" es estar cubierto a los ojos de Dios por el mérito que Jesucristo otorgó al morir en la cruz. Es una imagen que habla de la justificación [...]. Estos testigos martirizados están cubiertos por la obra del Señor Jesucristo».[8]

2. VESTIDURAS

Con magnanimidad, Dios le entrega a cada mártir una túnica blanca. Estamos familiarizados con la ropa que se entrega como reconocimiento por un logro específico. Los atletas del equipo universitario reciben una chaqueta de cuero, los ganadores del torneo de golf *The Masters* reciben una chaqueta deportiva verde y los maestros de judo un cinturón. En Lucas 15.22, cuando el hijo pródigo regresa, su padre pide que le pongan el mejor vestido. Antes, Juan había afirmado que las vestiduras blancas serán la recompensa permanente otorgada a los vencedores (Ap 3.5). A estos mártires, se les otorgarán las vestiduras blancas por enfrentar y superar el mal extremo de la tribulación.

La entrega de estas vestiduras da pie a una pregunta desconcertante. Juan nos dice que los mártires de la tribulación no recibirán sus cuerpos de resurrección hasta que la tribulación termine (20.4-6). ¿Cómo pueden usar ropa si todavía no tienen sus cuerpos resucitados? El doctor John F. Walvoord ofrece una posible respuesta. Plantea que tendrán un cuerpo de algún tipo, pero:

> No es el tipo de cuerpo que los cristianos tienen ahora, es decir, el cuerpo que se tiene en la tierra; tampoco es el cuerpo de resurrección de carne y hueso del cual habló Cristo después de Su propia resurrección. Es un cuerpo temporal adecuado para su presencia en el cielo, que será reemplazado a su vez por el cuerpo de resurrección eterna dado en el momento del regreso de Cristo.[9]

3. DESCANSO

Cuando los mártires pidieron un juicio contra sus asesinos, se les dijo que «descansasen todavía un poco de tiempo, hasta que se completara el número de sus consiervos y sus hermanos, que también habían de ser muertos como ellos» (6.11). El quinto sello, bajo el cual ocurren estos eventos, dará inicio al primero de dos períodos en la tribulación en que los creyentes sufrirán el martirio. Dios debe demorar Su respuesta a este clamor de justicia hasta que los creyentes del segundo período hayan sido martirizados.

Mientras el primer grupo de mártires espera, se les invita a aprovechar la demora y disfrutar del descanso de sus labores. Como expresa Juan: «Oí una voz que desde el cielo me decía: Escribe: Bienaventurados de aquí en adelante los muertos que mueren en el Señor. Sí, dice el Espíritu, descansarán de sus trabajos, porque sus obras con ellos siguen» (14.13).

4. CASTIGO JUSTO

El tiempo para el juicio finalmente llegará, y Dios cumplirá Su promesa a los mártires de la tribulación.

> Del altar salió otro ángel, que tenía autoridad sobre el fuego, y le gritó al que llevaba la hoz afilada: «Mete tu hoz y corta los racimos del viñedo de la tierra, porque sus uvas ya están maduras». El ángel pasó la hoz sobre la tierra, recogió las uvas y las echó en el gran lagar de la ira de Dios. Las uvas fueron exprimidas fuera de la ciudad, y del lagar salió sangre, la cual llegó hasta los frenos de los caballos en una extensión de trescientos kilómetros. (Ap 14.18-20, NVI)

Aquí, en una de las representaciones más gráficas de la Biblia sobre la ira de Dios, el clamor de los mártires tiene respuesta cuando la sangre de sus opresores fluye como un río de sangre de unos trescientos kilómetros de largo y de una profundidad que llega a los frenos de un caballo.

5. RECOMPENSA

El honor que Dios otorga a estos mártires será eterno. Incluso antes de su recompensa celestial, recibirán honores en el reinado de Cristo en la tierra durante el milenio:

> Y vi las almas de los decapitados por causa del testimonio de Jesús y por la palabra de Dios, los que no habían adorado a la bestia ni a su imagen,

y que no recibieron la marca en sus frentes ni en sus manos; y vivieron y reinaron con Cristo mil años. (Ap 20.4)

Cuando estos mártires resuciten después de la tribulación, gobernarán con Cristo en Su reino de mil años. Finalmente, estos creyentes heroicos disfrutarán de la paz y la justicia que durante tanto tiempo les negaron.

LA VALENTÍA DE SER MÁRTIR

Nos inclinamos a pensar que el martirio cristiano es algo del pasado, un fenómeno de la historia antigua como las muchas historias descritas en el *Libro de los mártires* de John Foxe. Pero el martirio está muy presente en todo el mundo de hoy. El Centro para el Estudio del Cristianismo Global estima que, en la historia, más de la mitad de todos los martirios cristianos ocurrieron en el siglo veinte, y calculan que entre el año 2000 y el 2010 fueron asesinados anualmente unos 100.000 cristianos.[10] Los siguientes hechos arrojan luz adicional sobre estas cifras espantosas.

- Entre 7.000 y 8.000 cristianos sufren el martirio cada año en el mundo. Y esta es una cifra conservadora.[11]
- El Departamento de Estado de Estados Unidos informa que en más de sesenta países los cristianos son perseguidos por el gobierno o sus vecinos.[12]
- En Corea del Norte, el cristianismo es ilegal, y alrededor de 50.000 cristianos se encuentran actualmente en campos de trabajo.[13]
- En el 2013, casi 300 iglesias fueron destruidas y 612 cristianos fueron asesinados en Nigeria.[14]
- El gobierno de Irán supervisa los servicios religiosos de la Iglesia cristiana y arresta a los nuevos conversos.[15]
- Ocho Estados en la India han aprobado leyes contra la conversión, que se utilizan para interrumpir los servicios religiosos, obligar a los cristianos a abandonar sus hogares, destruir iglesias e incluso matar a pastores.[16]

- El aumento de la persecución en Irak, luego de la caída de Saddam Hussein, ha obligado a casi dos tercios del millón de cristianos iraquíes a huir del país.[17]

Cuando analizamos la historia, los acontecimientos actuales y el futuro que se revela en Apocalipsis 6, comprendemos que la persecución y el martirio siempre han acompañado al cristianismo, y siempre lo harán. Satanás, quien usurpó en el Edén el señorío de este mundo caído, está decidido a aniquilar a todo el que tenga el aroma de la bondad y la piedad.

Al principio de este capítulo, te conté que el ISIS había decapitado a veinte cristianos en una playa de Libia. Pero el número real de personas decapitadas fue veintiuno. No revelé el nombre de esa última persona para terminar el capítulo con su edificante historia. Cuando el ISIS publicó el video de la decapitación, había una cara entre los egipcios que nadie pudo identificar. Más tarde se supo que era un hombre de Chad, Mathew Ayairga, que había emigrado a Libia en busca de trabajo. No era un cristiano. Por razones que no están claras, lo llevaron junto a los veinte cristianos coptos egipcios a la playa para ejecutarlo.

Ayairga se arrodilló con su traje naranja en la fila mientras los verdugos le exigían a cada uno de los cristianos que rechazara a Cristo y cuando se negaban los decapitaban. Finalmente, los asesinos llegaron a Ayairga. Aunque no era cristiano, le exigieron que rechazara al Dios cristiano. «¿Rechazas a Cristo?», le preguntaron.

Luego de haber visto la fe y el coraje de los cristianos egipcios durante la prueba, Ayairga se sintió profundamente conmovido por el poder indoblegable de su creencia. En ese momento supo que quería lo que ellos tenían más que la vida misma. Con calma declaró a sus captores: «Su Dios es mi Dios».[18]

Momentos después, como el ladrón arrepentido que en la cruz confesó su fe en Cristo (Lc 23.39-43), creo que Ayairga entró en el paraíso junto con sus compañeros mártires. Al intentar reducir el tamaño de la iglesia triunfante, el ISIS en realidad hizo que se sumara un miembro más. Un día el cielo revelará cuántos otros, como Ayairga, habrán entrado en el paraíso después de presenciar la fe y el martirio de esos cristianos egipcios.

Espero que la valentía de los mártires que hemos estudiado en este capítulo te inspire a mantenerte firme en tu compromiso con Cristo, independientemente del precio a pagar. Incluso si eso significa renunciar a tu propia vida, ¿qué es eso comparado con la gloria de la recompensa?

CAPÍTULO 22

LOS 144.000

A veces la persona que uno menos espera realiza las mayores hazañas. Dean Hess era una persona así. Acababa de ser ordenado pastor de una iglesia en Cleveland, Ohio, y esperaba pasar su vida en el ministerio cristiano. Pero cuando los japoneses atacaron Pearl Harbor en 1941, dejó sus funciones de pastor para unirse al Programa de Cadetes de Aviación. Así lo explicó a su sorprendida congregación: «Si creemos que nuestra causa es justa y necesaria, ¿cómo puedo pedirles a otros que la defiendan, y me protejan a mí, mientras me mantengo alejado del sangriento caos de la guerra?». Hess voló sesenta y tres misiones de combate en Francia.

Después de la guerra, Hess volvió a la vida civil. Pero fue llamado al servicio activo al estallar la guerra de Corea. Allí dirigió un programa de entrenamiento para pilotos de caza coreanos, además de participar en misiones de combate.

Durante ese tiempo, Hess se sintió muy conmovido por la gran cantidad de niños coreanos que habían quedado huérfanos y unió esfuerzos con el capellán Russell L. Blaisdell para proporcionar comida y refugio a cientos de ellos, primero en una base aérea militar y luego en un orfanato improvisado en Seúl.

Sin embargo, poco después de que se estableciera el orfanato, el ejército comunista marchó contra Seúl y obligó a miles de personas a evacuar la ciudad. Hess y Blaisdell idearon un plan para trasladar a los niños a un orfanato permanente en la isla de Jeju. Al principio el mando militar se opuso, pero Hess y Blaisdell insistieron y lograron que se destinaran dieciséis aviones de transporte C-54 para la misión.[1] En total, el puente aéreo y los envíos subsiguientes de alimentos y suministros para el orfanato salvaron la vida de más de mil huérfanos.[2]

Los actos heroicos del Coronel Dean Hess requirieron de una extraordinaria valentía y determinación. En ese mismo espíritu, el apóstol Juan habla de un grupo de héroes que salvarán a millones de personas durante la tribulación venidera.

Este terrible período bien podría llamarse la era del anticristo, pues su poder será casi absoluto. Controlará la economía y la religión del mundo, y se exaltará a sí mismo con una enorme estatua erigida en el nuevo templo judío en Jerusalén. Aniquilará implacablemente a todos los que se nieguen a inclinarse ante él.

No obstante, aunque la crueldad sin precedentes del anticristo aumente, Dios no olvidará Su promesa de cuidar a Su pueblo. Como expresó Pablo: «No ha desechado Dios a su pueblo, al cual desde antes conoció» (Ro 11.2). En medio de los horrores de la tribulación, el mundo será testigo del mayor despertar espiritual que haya ocurrido en la tierra. Nuestro amoroso y creativo Dios nos sorprende continuamente con los métodos que emplea para cuidar de Su pueblo en sus momentos más difíciles. Durante este período, Su cuidado aumentará mediante 144.000 evangelistas judíos especialmente elegidos.

Juan escribe sobre estos evangelistas en Apocalipsis 7.1-8 y 14.1-5. Mediante el estudio de ambos pasajes, analizaremos quiénes son y qué harán estos 144.000 evangelistas.

SERÁN SELECCIONADOS DE ENTRE LAS DOCE TRIBUS DE ISRAEL

En su visión del cielo, Juan ve a cuatro ángeles listos para desatar los vientos del juicio de Dios sobre la tierra. Pero otro ángel se acerca y pide que se retrase la destrucción hasta que aquellos «siervos de nuestro Dios» sean sellados. Entonces Juan expresa:

> Y oí el número de los sellados: ciento cuarenta y cuatro mil sellados de todas las tribus de los hijos de Israel. (Ap 7.4)

Juan es claramente específico al decirnos que estos 144.000 testigos son judíos. Sin embargo, algunos expositores insisten en que saldrán de la Iglesia cristiana. Esto es imposible. Cuando los 144.000 comiencen su testimonio, la iglesia redimida ya estará en el cielo, pues habrá sido llevada allí en su totalidad durante el arrebatamiento, que ocurre entre Apocalipsis 3 y 4. Me asombra que este error pueda subsistir frente a lo que leemos en Apocalipsis 7.4-8, que enumera sin ambigüedad cada una de las doce tribus de Israel de las que surgirán estos evangelistas. Según escribió J. A. Seiss, ningún error «obscurece tanto la Escritura y desconcierta tanto la fe de los hombres como este intento constante de interpretar "Iglesia" donde dice "Israel" y pueblos cristianos donde dice tribus judías».[3]

Se llamará a doce mil testigos de cada una de las doce tribus de Israel, para un total de 144.000 (vv. 4-8). Aquí el número doce es significativo, pues se relaciona repetidamente con la nación de Israel. El pectoral del sumo sacerdote judío tenía doce piedras preciosas engastadas; la mesa de la proposición en el tabernáculo tenía doce panes sagrados; la ciudad de Dios tendrá doce puertas. En cada uno de estos casos, el número doce simboliza las doce tribus de Israel. El uso constante del número doce en relación con Israel llega a su clímax con el sellamiento de 144.000 individuos (doce veces doce) de esa nación para un ministerio especial durante el período más oscuro de la historia del mundo.

SERÁN SELLADOS EN SUS FRENTES

El ángel que presenta a los 144.000 testigos nos dice que recibirán su sello de Dios:

> Vi también a otro ángel que subía de donde sale el sol, y tenía el sello del Dios vivo; y clamó a gran voz a los cuatro ángeles, a quienes se les había dado el poder de hacer daño a la tierra y al mar, diciendo: No hagáis daño

a la tierra, ni al mar, ni a los árboles, hasta que hayamos sellado en sus frentes a los siervos de nuestro Dios. (Ap 7.2-3)

¿Qué es este sello? Solo se nos dice que será «el sello del Dios vivo». Más adelante, Juan afirma que el sello significa llevar «... el nombre de su Padre escrito en sus frentes» (14.1, RVA). Evidentemente, el sello identifica a los 144.000 como siervos de Dios y funciona como un escudo que los protege mientras Él derrama Sus devastadores juicios sobre la tierra.

El Antiguo Testamento ofrece varios ejemplos de cómo Dios selló a Su pueblo para protegerlo del desbordamiento de Su ira. Por ejemplo:

- Dios puso a Noé y su familia en el arca para protegerlos de la destrucción del diluvio mundial (Gn 6-8).
- Dios sacó a la familia de Lot de Sodoma y los protegió del juicio de fuego que luego descendió sobre esa ciudad (Gn 19).
- El primogénito de las familias judías en Egipto estuvo protegido de la muerte por la señal de la sangre de cordero aplicada a los dos postes y el dintel de sus puertas (Éx 12).
- Rahab y su familia se salvaron de la destrucción de Jericó mediante la señal de un cordón de grana (Jos 2.18-21).
- En los días de Elías, Dios preservó a siete mil israelitas que se negaron a adorar a Baal (1 R 19).

El sello colocado en los 144.000 testigos nos indica que Dios continuará protegiendo a quienes asigna ministerios especiales durante la tribulación.

SERÁN SIERVOS DE DIOS

El ángel en el cielo indica que el sello colocado en los 144.000 testigos los apartará para un propósito especial de Dios:

No hagáis daño a la tierra, ni al mar, ni a los árboles, hasta que hayamos sellado en sus frentes a los siervos de nuestro Dios. (Ap 7.3)

Al describir a estos testigos como «siervos de nuestro Dios», el ángel indica que no adorarán al anticristo ni aceptarán la marca de la bestia. A pesar de la presión y la oposición, se dedicarán por completo a Dios, harán Su voluntad y evangelizarán sin descanso durante la tribulación. Esto da a entender que el sello es algo más que una simple marca externa de identificación. Será más como un distintivo que indicará la tarea que se les ha encargado.

De manera similar, Jesús habló sobre el sello de Dios puesto sobre Él (Jn 6.27, NVI). Esto ocurrió cuando el Espíritu Santo descendió sobre Él en Su bautismo, lo que le dio poder para cumplir Su misión en la tierra.

El profeta del Antiguo Testamento, Joel, previó el resultado del ministerio de los 144.000 testigos y describió cómo serán agentes del poder del Espíritu Santo en el período de la tribulación:

> Y después de esto derramaré mi Espíritu sobre toda carne, y profetizarán vuestros hijos y vuestras hijas; vuestros ancianos soñarán sueños, y vuestros jóvenes verán visiones. Y también sobre los siervos y sobre las siervas derramaré mi Espíritu en aquellos días. Y daré prodigios en el cielo y en la tierra, sangre, y fuego, y columnas de humo. El sol se convertirá en tinieblas, y la luna en sangre, antes que venga el día grande y espantoso de Jehová. Y todo aquel que invocare el nombre de Jehová será salvo; porque en el monte de Sion y en Jerusalén habrá salvación, como ha dicho Jehová, y entre el remanente al cual él habrá llamado. (Jl 2.28-32)

El sello de Dios no se limita al pasado o al futuro. A los que somos cristianos en el presente también se nos da un sello. Pablo afirma esto en tres pasajes:

- «Y el que nos confirma con vosotros en Cristo, y el que nos ungió, es Dios, el cual también nos ha sellado, y nos ha dado las arras del Espíritu en nuestros corazones» (2 Co 1.21-22).
- «En él también vosotros, habiendo oído la palabra de verdad, el evangelio de vuestra salvación, y habiendo creído en él, fuisteis sellados con el Espíritu Santo de la promesa» (Ef 1.13).

- «Y no contristéis al Espíritu Santo de Dios, con el cual fuisteis sellados para el día de la redención» (Ef 4.30).

En todas las épocas, pasadas, presentes y futuras, Dios sella a quienes llama para que cumplan Sus propósitos y muestren el poder de Su Espíritu Santo en este mundo caído.

SERÁN APARTADOS PARA DIOS

Después de referirse a los 144.000 que habían sido rescatados de la tierra y estaban de pie con el Cordero en el monte de Sion, Juan agrega un detalle inesperado:

Estos son los que no se contaminaron con mujeres, pues son vírgenes. (Ap 14.4)

Los estudiosos tienen dudas sobre el sentido de este pasaje. Muchos lo espiritualizan y piensan que significa que los 144.000 no cometerán el adulterio espiritual de unirse con dioses falsos (2 Co 11.2; Stg 4.4). Eso puede ser correcto, pero creo que es más probable que signifique que estos testigos serán célibes. El terror y las presiones sin precedentes de la tribulación harán que sea extremadamente difícil que un predicador dedicado pueda mantener un matrimonio, pues tendrá que huir constantemente de las autoridades del anticristo. Pablo apoya la soltería como la mejor opción para tiempos tan difíciles:

Pero esto digo, hermanos: que el tiempo es corto; resta, pues, que los que tienen esposa sean como si no la tuviesen [...]. Quisiera, pues, que estuvieseis sin congoja. El soltero tiene cuidado de las cosas del Señor, de cómo agradar al Señor; pero el casado tiene cuidado de las cosas del mundo, de cómo agradar a su mujer. [...] Esto lo digo para vuestro provecho; no para tenderos lazo, sino [...] para que sin impedimento os acerquéis al Señor. (1 Co 7.29, 32-33, 35)

Si en algún momento servir a Dios requerirá de una concentración total sin distracciones, ese momento será la tribulación.

SERÁN FUERTES EN SU FE

Juan describe a los 144.000 testigos como completamente dedicados a Cristo y poseedores de una gran fuerza de carácter:

> [...]. Estos son los que siguen al Cordero por dondequiera que va. [...]; y en sus bocas no fue hallada mentira, pues son sin mancha delante del trono de Dios. (Ap 14.4-5)

El excelente ejemplo del carácter intachable de los testigos y su constante proclamación del evangelio harán que millones de judíos se acerquen a Cristo a medida que el mundo sufra cada vez más desastres, tanto naturales como causados por el hombre. Vivir una vida pura es una base sólida para el poder espiritual, y ese poder provocará un acercamiento a Dios nunca antes visto.

ESTARÁN A SALVO DEL JUICIO VENIDERO

El capítulo 6 de Apocalipsis termina con el anuncio de que ha llegado el día de la ira de Dios en la tierra. Después hay una pregunta retórica: «¿Y quién podrá sostenerse en pie?». El capítulo 7 comienza con la respuesta:

> Después de esto vi a cuatro ángeles en pie sobre los cuatro ángulos de la tierra, que detenían los cuatro vientos de la tierra, para que no soplase viento alguno sobre la tierra, ni sobre el mar, ni sobre ningún árbol. Vi también a otro ángel que subía de donde sale el sol, y tenía el sello del Dios vivo; y clamó a gran voz a los cuatro ángeles, a quienes se les había dado el poder de hacer daño a la tierra y al mar, diciendo: No hagáis daño a la tierra, ni al mar, ni a los árboles, hasta que hayamos sellado en sus frentes a los siervos de nuestro Dios. (vv. 1-3)

Cuando Juan afirma que vio a cuatro ángeles de pie en los cuatro ángulos de la tierra no está afirmando que la tierra sea cuadrada, sino que los ángeles están posicionados en los cuatro puntos cardinales, listos para desatar cuatro vientos destructivos que llevarán los juicios de Dios sobre toda la tierra: el norte, el sur, el este y el oeste.

Luego, Juan ve a un quinto ángel que viene del este y les dice a los cuatro ángeles que aplacen la destrucción hasta que los 144.000 testigos hayan sido sellados (vv. 2-3). Así se da respuesta a la pregunta planteada en el último versículo de Apocalipsis 6. ¿Quién podrá sostenerse en pie cuando llegue el gran día de la ira de Dios? Estos fieles testigos judíos podrán mantenerse en pie porque el sello de la protección divina de Dios los preservará de los vientos de juicio que pronto serán desatados.

ESTARÁN A SALVO DURANTE LA TRIBULACIÓN

Más adelante, Juan da otra garantía de que los 144.000 testigos serán sellados y protegidos durante el terrible período de tribulación:

> Y MIRÉ, y he aquí, el Cordero estaba sobre el monte de Sion, y con él ciento cuarenta y cuatro mil, que tenían el nombre de su Padre escrito en sus frentes. (Ap 14.1, RVA)

Aquí el apóstol ve a los 144.000 evangelistas en el cielo, parados triunfantes con el Cordero en el monte de Sion. Su prueba ha terminado, y han obtenido la recompensa por su fidelidad. Al igual que Dios protegió a Sadrac, Mesac y Abed-nego en el horno de Nabucodonosor en Babilonia, esta escena celestial muestra que los 144.000 estarán protegidos durante la tribulación y serán llevados a salvo hasta las puertas del cielo.

Como lo expresa Mark Hitchcock: «Juan ve que al final de la tribulación los 144.000 se encuentran triunfantes en el monte de Sion, la ciudad de Jerusalén. Fíjese que no son 143.999 los que ve. El Señor ha preservado a los 144.000. Ninguno ha sido olvidado».[4]

SERÁN EXITOSOS EN SU MINISTERIO

Aquí en la tierra, los pastores tienden a evaluar su éxito por el crecimiento de sus congregaciones. Pero hay una manera mejor que Juan nos muestra al visualizar el resultado del ministerio de los 144.000 testigos.

> Después de esto miré, y he aquí una gran multitud, la cual nadie podía contar, de todas naciones y tribus y pueblos y lenguas, que estaban delante del trono y en la presencia del Cordero, vestidos de ropas blancas, y con palmas en las manos. (Ap 7.9)

Deseo que las predicciones optimistas de un gran renacimiento religioso en todo el mundo antes del arrebatamiento sean verdaderas. Pero la Escritura indica lo contrario, indica que antes del final, el cristianismo experimentará una gran «apostasía» (2 Ts 2.3). Sí, vendrá un avivamiento sin precedentes, pero ocurrirá después del arrebatamiento, cuando los 144.000 testigos judíos evangelicen al mundo durante la tribulación. Los catastróficos sucesos de este período sacarán a millones de personas de su complacencia y romperán la resistencia al mensaje de los 144.000, los cuales abarcarán el mundo con el evangelio.

¿Cuántas almas se salvarán por el mensaje de estos evangelistas? «Una gran multitud, la cual nadie podía contar, de todas naciones y tribus y pueblos y lenguas» (Ap 7.9). El asombroso éxito de esta campaña final dará cumplimiento a la siguiente profecía de Jesús: «Y será predicado este evangelio del reino en todo el mundo, para testimonio a todas las naciones; y entonces vendrá el fin» (Mt 24.14).

SERÁN APARTADOS PARA EL REINO

Cuando Juan ve en su visión celestial a la multitud vestida de blanco, un anciano se le acerca y le explica quiénes son:

> Estos son los que han salido de la gran tribulación, y han lavado sus ropas, y las han emblanquecido en la sangre del Cordero. (Ap 7.14)

Como señalamos anteriormente, los 144.000 serán sellados y protegidos durante toda la tribulación. Estos evangelistas, que sobrevivirán a la tribulación y estarán vivos cuando comience el milenio, reinarán con Cristo durante ese período de mil años.

En el milenio, cada tribu de Israel tendrá su propia área geográfica específica (Ez 48). Cada uno de estos fieles evangelistas vivirá dentro del área asignada a su propia tribu. Son el remanente de Israel, profetizado por el profeta Sofonías, que será apartado para la salvación cuando el Señor devuelva «... a los pueblos pureza de labios, para que todos invoquen el nombre de Jehová, para que le sirvan de común consentimiento» (Sof 3.9). Más adelante el profeta expresa: «El remanente de Israel no hará injusticia ni dirá mentira, ni en boca de ellos se hallará lengua engañosa; porque ellos serán apacentados, y dormirán, y no habrá quien los atemorice» (v. 13).

CANTARÁN UN CÁNTICO NUEVO EN EL CIELO

Juan nos dice lo que harán cuando el desastre de la tribulación termine y los 144.000 se encuentren de pie con el Cordero en el monte de Sion:

> Y oí una voz del cielo como estruendo de muchas aguas, y como sonido de un gran trueno; y la voz que oí era como de arpistas que tocaban sus arpas. Y cantaban un cántico nuevo delante del trono, y delante de los cuatro seres vivientes, y de los ancianos; y nadie podía aprender el cántico sino aquellos ciento cuarenta y cuatro mil que fueron redimidos de entre los de la tierra. (Ap 14.2-3)

Estos evangelistas habrán sobrevivido los peores siete años en la historia del mundo. Se podría esperar que necesitaran ir a un hospital para recibir tratamiento por TEPT, como sucede con muchos soldados valientes después de sufrir los horrores de la guerra. Pero no, ¡estos 144.000 sobrevivientes se pondrán de pie y *cantarán*!

En la Biblia, también otros respondieron con cantos luego de que Dios les diera una victoria o los salvara del desastre. Cuando el Señor guio a Israel para cruzar el mar Rojo y ahogó a sus perseguidores egipcios, Moisés entonó junto al pueblo un alegre cántico: «Cantaré yo a Jehová, porque se ha magnificado grandemente; ha echado en el mar al caballo y al jinete» (Éx 15.1). Cuando Barac derrotó a los cananeos, él y la jueza Débora entonaron un cántico de alabanza y victoria (Jue 5). David dedicó a Jehová cánticos de victoria en 2 Samuel 22 y Salmos 18.

Es este tipo de cántico el que escucha Juan cuando ve al Cordero triunfante en el monte de Sion. Es un nuevo canto, que surge de un coro enorme y exultante acompañado de arpas. Es un cántico que solo estos 144.000 santos pueden aprender y cantar porque surge de las experiencias únicas que han vivido, así como de su júbilo por las grandes cantidades de personas que su ministerio ha acercado a Dios. Este no es el enorme coro que Juan escuchó cantar antes, cuyo número de voces era «millones de millones» (Ap 5.11). ¡El coro que ahora escucha está compuesto de apenas 144.000 voces!

Recuerdo el primer día que asistí al templo en el Seminario Teológico de Dallas. Bajo la dirección del pastor, 500 hombres se pararon y entrelazaron sus voces en alabanza a Dios. No pude contener las lágrimas. Si un coro de 500 personas me emocionó así, supongo que un coro de 144.000 hombres que cantan alabanzas a Dios podría provocarme un colapso emocional.

No hay forma de experimentar cómo suena un coro de este tamaño, pero podríamos hacernos una idea al escuchar la música del compositor estadounidense Eric Whitacre, ganador de un premio Grammy. Whitacre es el creador de un coro virtual compuesto por voces grabadas alrededor del mundo que cantan sus composiciones. Selecciona las mejores grabaciones y las combina en una sola pista, luego publica los resultados en YouTube. Su primer Coro Virtual 1.0 consistió en 185 voces de doce países. En este momento, su grabación más actual es el Coro Virtual 4.0, que combina 5.905 voces de 101 países. Por hermoso que pueda ser un «coro tan grande como Internet»[5] creado por Whitacre, no estaría a la altura de las 144.000 voces de las doce tribus de Israel que cantan con sus corazones llenos de alegría al Señor que las salvó.

Es significativo que las arpas acompañen a este coro. El Antiguo

Testamento habla de arpas casi cincuenta veces, y siempre están relacionadas con la alegría. Las arpas nunca se tocaron para expresar tristeza o angustia. Los cautivos judíos en Babilonia lloraban cuando se acordaban de Sion y colgaron sus arpas en lugar de tocarlas (Sal 137.1-2). Por el contrario, las arpas que acompañan un nuevo canto se consideran una forma apropiada de alabar a Dios cuando libra a Su pueblo de los problemas. David escribió: «Te cantaré, oh Dios, un cántico nuevo; con el arpa de diez cuerdas te cantaré salmos. Tú das la victoria a los reyes; a tu siervo David lo libras de la cruenta espada» (144.9-10, NVI).

Casi todos reconocen el poder de la música no solo para expresar emociones sino también para provocarlas. El profesor Jeremy Begbie nos brinda un ejemplo sorprendente del extraordinario poder de la música al contarnos su experiencia un domingo en una iglesia pobre de Sudáfrica:

> Poco antes del servicio, me dijeron que una casa cercana a la iglesia acababa de ser incendiada porque el hombre que allí vivía era un presunto ladrón. Una semana antes, un tornado había atravesado el pueblo y había destruido cincuenta casas; cinco personas murieron. Y luego me dijeron que la noche anterior una pandilla había perseguido a un niño de catorce años, miembro de la escuela dominical de la iglesia, y lo habían apuñalado causándole la muerte.
>
> El pastor comenzó su oración de apertura: «Señor, tú eres el Creador y el Soberano, pero ¿por qué vino el viento como una serpiente y arrancó nuestros techos? ¿Por qué una pandilla segó la vida de uno de nuestros hijos, cuando tenía todo por vivir? Una y otra vez, Señor, estamos en medio de la muerte».
>
> Mientras hablaba, la congregación respondía con suspiros y gemidos. Y luego, una vez terminada la oración, muy lentamente, toda la congregación comenzó a cantar, al principio con una voz muy baja, luego más fuerte. Cantaron y cantaron, una canción de alabanza tras otra; alabanza a un Dios que en Jesús se sumergió en lo peor para darnos la promesa de un final más allá de toda imaginación. El canto le dio a la congregación un anticipo del final.[6]

Ese «anticipo del final», que experimentamos en el canto, nos muestra que lo que llamamos el final no es en absoluto el fin. Cuando el telón caiga sobre este mundo, será el comienzo de todas las nuevas cosas.

El período de la tribulación causará una devastación nunca antes vista. Pero aquellos que se acerquen a Dios experimentarán ese nuevo comienzo, que será más glorioso de lo que podamos imaginar. Dios levanta, sella y recompensa a Sus queridos 144.000 evangelistas judíos. Esto demuestra que, independientemente de las profundidades en las que el mundo pueda hundirse, Dios sigue siendo soberano. Su plan para la victoria final no se frustrará. Porque los que en Él confiamos entendemos que, en nuestros momentos más difíciles, podemos cantarle alabanzas con gran alegría.

CAPÍTULO 23

LOS DOS TESTIGOS

El 23 de junio de 2018, doce niños de edades comprendidas entre los once y los dieciséis años, todos ellos miembros de un equipo de fútbol de Tailandia, realizaron una excursión con su entrenador a la cueva de Tham Luang, en el norte del país. Habían recorrido dos millas (poco más de 3 km) de las seis millas (unos 9,5 km) de la caverna cuando las lluvias provocaron una inundación y dejaron atrapado al equipo en una cavidad subterránea.

Cuando las familias informaron que los niños estaban desaparecidos, un grupo de búsqueda encontró sus bicicletas y mochilas cerca de la entrada de la cueva. Las autoridades comenzaron de inmediato las operaciones de rescate. Los buzos de la Armada tailandesa entraron a la caverna y avanzaron a través de aguas turbias, una experiencia que describieron como «nadar en aguas como el café».

Cuando no se pudo avanzar más por las lluvias adicionales y la fuerte corriente de agua, se introdujeron bombas para bajar el nivel del agua. Luego, los buzos colocaron bombas de aire a intervalos a lo largo de las cavidades para crear estaciones de respiración que les permitieran adentrarse más en la cueva.

Al cabo de nueve días, los buzos finalmente localizaron a los niños y les entregaron suministros de supervivencia, mientras diseñaban un complejo sistema de rescate. Durante la semana siguiente, colocaron cables subacuáticos, a modo de guía, desde donde estaba el equipo hasta la entrada de la cueva. Luego les entregaron a los niños equipos de buceo y los sacaron uno por uno, cada uno escoltado por dos buzos experimentados, uno delante y otro detrás. El primer viaje de ida y vuelta duró once horas y rescató a cuatro niños. Aunque los viajes subsiguientes fueron más rápidos, completar la operación requirió tres días más. Pero todos los niños fueron rescatados de manera segura mientras el mundo observaba y aplaudía los esfuerzos heroicos de los buzos y sus equipos de apoyo.[1]

Dada la complejidad de las cuevas, la distancia que se debía recorrer bajo el agua, la oscuridad y el peligro inminente de mayor inundación a causa de las lluvias, habría sido fácil para las autoridades descartar el rescate por ser demasiado peligroso, incluso imposible.

Con una lógica similar, Dios podría dar por perdidas a las personas que se verán atrapadas en el peligro mortal y la oscuridad de la tribulación. El arrebatamiento se llevará a todos los cristianos auténticos del mundo y solo dejará a las personas incrédulas para que enfrenten los horrores de la tribulación. Pero Dios no dará la espalda a estos miles de millones que andan a tientas en la oscuridad. Enviará rescatistas, voces que proclamarán el evangelio y ofrecerán una cuerda de salvamento segura para salir de las profundidades de su inminente perdición.

Esta cuerda de salvamento tomará la forma de los dos testigos que Apocalipsis 11 presenta. Algunos eruditos creen que estos testigos llegarán a mitad del período de la tribulación. Yo creo que llegarán al principio, inmediatamente después del arrebatamiento. Porque Dios, en Su amor infinito, nunca dejará a los seres humanos sin un medio para volverse a Él.[2]

En Apocalipsis 11, Juan brinda mucha información sobre estos dos testigos. Habla de sus personalidades, sus profecías, su poder, su persecución y su preservación.

LA PERSONALIDAD DE LOS TESTIGOS

Juan presenta a los dos testigos con estas palabras pronunciadas por un ángel de Dios: «Mientras tanto yo daré poder a mis dos testigos, y ellos se vestirán de tela áspera y profetizarán durante esos 1260 días» (Ap 11.3, NTV).

Muchos intérpretes han espiritualizado la identidad de estos testigos, y afirman que son representaciones simbólicas de la ley y el evangelio, o del Antiguo y el Nuevo Testamento. Pero la interpretación más acorde con la Escritura es que serán personas reales que hablarán con voces humanas y realizarán milagros mediante el poder de Dios.

Veamos cómo Juan afirma su humanidad con dos importantes metáforas: «Estos testigos son los dos olivos, y los dos candeleros que están en pie delante del Dios de la tierra» (v. 4). Los lectores de Juan habrían reconocido estas metáforas como un reflejo de una visión del profeta Zacarías, quien describe un candelabro de oro con siete lámparas flanqueadas por dos olivos, que producen aceite dorado para las lámparas. Zacarías identifica a los olivos como personas reales: «... Estos son los dos ungidos que están delante del Señor de toda la tierra» (Zac 4.14).

En la profecía de Zacarías, estos dos «ungidos» eran hombres de fe prominentes en su época: el sumo sacerdote Josué y el gobernador de Jerusalén, Zorobabel, quienes restauraron el templo judío. En los días de Zacarías, Josué y Zorobabel fueron dos testigos de que Dios hace Su obra a través del poder de Su Espíritu (vv. 6-10). El celo de estos dos hombres proporcionó el combustible para la obra de Dios, como un olivo proporciona el aceite. Su celo también dio luz a la obra de Dios, como un candelabro. Si tenemos en cuenta estos antecedentes, es fácil ver por qué Juan identificó a los dos testigos de Apocalipsis 11 como olivos y candeleros. Al igual que los piadosos Zorobabel y Josué, serán hombres alimentados por el poder del Espíritu Santo de Dios para brillar en la oscuridad de la tribulación.[3]

Si bien el propósito de estos dos testigos está claro, su identidad exacta es fuente de controversia. La mayoría de los estudiosos identifican a uno de los testigos como Elías el profeta del Antiguo Testamento. He aquí los elementos que apoyan esta idea:

- Malaquías profetizó que Elías volvería a preparar el camino para la segunda venida de Cristo: «He aquí, yo [Jehová] os envío el profeta Elías, antes que venga el día de Jehová, grande y terrible. El hará volver el corazón de los padres hacia los hijos, y el corazón de los hijos hacia los padres, no sea que yo venga y hiera la tierra con maldición» (Mal 4.5-6). Algunos creen que Juan el Bautista cumplió esta profecía. Lucas 1.17 nos dice que Juan vino con el «espíritu y el poder de Elías», pero esto solo significa que Juan hizo su obra por el poder del Espíritu, tal como lo hizo Elías. No era Elías reencarnado. Juan mismo confirmó este hecho. Cuando los líderes judíos le preguntaron «¿Eres tú Elías?», él contestó en forma conclusiva: «No soy» (Jn 1.21). Es evidente que la profecía de Malaquías apunta a alguien que no es Juan el Bautista, alguien que está por venir.

- Dios llevó milagrosamente a Elías al cielo (2 R 2.11). Los dos testigos experimentarán el mismo milagro (Ap 11.12).
- Los dos testigos evitarán que la lluvia caiga. Elías hizo lo mismo (1 R 17.1; Ap 11.6).
- Elías hizo descender fuego del cielo. Los testigos también emplearán el fuego en su ministerio (2 R 1.10; Ap 11.5).
- La sequía impuesta por Elías duró tres años y seis meses (1 R 17.1; Lc 4.25; Stg 5.17-18). Esta es exactamente la duración del ministerio de los dos testigos (Ap 11.3).

En cuanto a la identidad del segundo testigo, algunos estudiosos proponen a Enoc. Yo creo que el candidato más probable es Moisés. He aquí por qué:

- Tanto Moisés como Elías aparecieron en la transfiguración de Cristo (Mt 17.3).
- Mediante el poder de Dios, Moisés convirtió el agua en sangre (Éx 7.19-20). Los dos testigos realizarán el mismo milagro (Ap 11.6).
- El cuerpo de Moisés fue preservado milagrosamente para su restauración (Dt 34.5-7). Cuando los testigos mueran, sus cuerpos también serán restaurados (Ap 11.11).
- Satanás luchó contra el arcángel Miguel por la posesión del cuerpo de Moisés (Jud v. 9). Él pudo haber tratado de frustrar el plan de restauración de Dios en los últimos días.

- Moisés representa la ley y Elías los profetas. Dado que los testigos ministrarán dentro de la nación de Israel, esta conexión con la Escritura judía enfatiza su mensaje.

Los estudiosos de la profecía, Timothy Demy y John Whitcomb, nos brindan razones convincentes para identificar a Moisés y a Elías como los dos testigos:

> No hay dos hombres en toda la historia de Israel que sean objeto de mayor respeto y aprecio que Moisés y Elías. Moisés fue el gran emancipador y el gran legislador que Dios dispuso para Israel (Dt 34.10-12). Los judíos del primer siglo realmente pensaban que Moisés les había dado el maná en el desierto (Jn 6.32). Y Dios levantó a Elías para enfrentar a Israel en un momento de gran apostasía nacional, y lo reivindicó al enviar fuego del cielo y un «carro de fuego con caballos de fuego» para escoltarlo en su salida de este mundo. Los judíos de la época de Jesús estimaban tanto a Elías que cuando vieron los milagros de Jesús, algunos concluyeron que Elías había regresado (Mt 16-14).[4]

LAS PROFECÍAS DE LOS TESTIGOS

En el mismo pasaje que vimos anteriormente, Juan nos da dos detalles que indican la duración y el carácter de las profecías de los testigos: «Mientras tanto yo daré poder a mis dos testigos, y ellos se vestirán de tela áspera y profetizarán durante esos 1260 días» (Ap 11.3, NTV).

La duración de su ministerio se expresa en términos exactos. Durará 1.260 días, lo que equivale a cuarenta y dos meses o tres años y medio.

La naturaleza de su profecía se indica mediante su atuendo. Vestirán de tela áspera, es decir cilicio, algo que los judíos usaban para expresar luto, angustia o arrepentimiento. Jacob se vistió de cilicio cuando le dijeron que su hijo José estaba muerto (Gn 37.34). David lo usó cuando le dijeron que Joab había matado a Abner (2 S 3.31).

Estos testigos profetizarán tanto para los judíos como para los gentiles, y puede que por ese motivo Dios envíe a dos. Sin embargo, para ambos grupos el contenido de su profecía será el mismo: el juicio. Predicarán a diario y sin descanso el juicio inminente durante todo su ministerio de tres años y medio.

Otra razón para enviar dos testigos es cumplir con los estándares legales de la ley judía. Se requerían al menos dos testigos para establecer la veracidad de un testimonio: «Por dicho de dos o de tres testigos morirá el que hubiere de morir; no morirá por el dicho de un solo testigo» (Dt 17.6). Un testigo puede estar equivocado o ser corrupto. Pero la corroboración de dos testigos confirma la verdad.

La Biblia a menudo muestra que Dios se vale de dos testigos para confirmar una verdad. Dos ángeles dieron su testimonio a las mujeres en la tumba de que Cristo había resucitado. Dos ángeles testificaron ante los discípulos que Él había ascendido. Dios a menudo ha emparejado personas para realizar Sus misiones: Moisés y Aarón, Josué y Caleb, Zorobabel y Josué, Pedro y Juan, Pablo y Silas, Timoteo y Tito. Jesús envió a los apóstoles en parejas (Mr 6.7), y también a los setenta (Lc 10.1). Estos dos testigos confirmarán con su testimonio perfecto el mensaje del juicio de Dios y Su llamado al arrepentimiento.

EL PODER DE LOS TESTIGOS

Lo primero que se nos dice sobre los dos testigos es la fuente de su poder: «Mientras tanto yo daré poder a mis dos testigos, y ellos se vestirán de tela áspera y profetizarán durante esos 1260 días» (Ap 11.3, NTV).

Estarán llenos del Espíritu de Dios, que los empoderará tanto con palabras como con acciones para convencer a su auditorio del juicio venidero y la urgencia del arrepentimiento.

EL PODER DE SU PREDICACIÓN

El mensaje de los dos testigos provocará un odio intenso, y podemos ver por qué. No se andarán con rodeos. Como William R. Newell escribió: «Ellos darán testimonio de la maldad humana implacablemente y de frente.

Es probable que nunca hayas escuchado a un predicador que te diga en tu cara lo mal que estás [...]. ¡Estos testigos se dirigirán sin ambages a esas personas cuya impiedad espantosa está lista para adorar al diablo y les dirán exactamente lo que son ante Dios!».[5]

Los testigos advertirán que los desastres de la tribulación son juicios que las personas han hecho caer sobre sí mismas al rechazar a Cristo como Señor. Acusarán a la gente de convertir a Jerusalén, la ciudad santa de Dios, en un pozo de depravación. Refutarán las afirmaciones del anticristo y demostrarán que es un ser controlado por Satanás. Denunciarán la mentira de que el hombre es por naturaleza bueno y mejorable. Darán el aviso de que vendrán juicios más terribles si las personas no abandonan su gran depravación.

Lo vemos en nuestros días. Los incrédulos no se limitan a rechazar la verdad; hacen todo lo posible para silenciarla. ¿Por qué? Porque dentro de cada corazón está el conocimiento innato del bien y del mal. Las personas acallan y entierran ese conocimiento cuando se entregan al comportamiento pecaminoso. Escuchar la verdad proclamada despierta sus conciencias dormidas y provoca un sentimiento de culpa que no pueden tolerar (Ro 1.18-21). Esto explica por qué el mensaje de los dos testigos indignará tanto a las personas, al punto que exigirán su muerte. Pensarán que matar a los mensajeros erradicará el mensaje.

EL PODER DE SUS PLAGAS

Los desastres a menudo sacan a las personas de su complacencia y las alientan a buscar una estabilidad mayor que la ofrecida por el mundo. Ese será el propósito principal de las tres plagas que los testigos desatarán durante su ministerio.

- **La plaga de la muerte:** A medida que se intensifique la oposición, se realizarán muchos intentos de asesinato contra los testigos. Pero dado que su ministerio es vital en el período de la tribulación, Dios les dará poder para defenderse. En su confrontación en el monte Carmelo, Elías invocó el fuego del cielo (1 R 18.37-38). Los dos testigos también emplearán el fuego, pero de una manera única: «Si alguno quiere dañarlos, sale fuego de la boca de ellos, y devora a sus enemigos» (Ap 11.5).

- **La plaga de la sequía:** Los dos testigos poseen «poder para cerrar el cielo, a fin de que no llueva en los días de su profecía» (Ap 11.6). Los «días de su profecía» abarcarán tres años y medio, la primera mitad del período de la tribulación, lo cual coincide con la duración de la sequía que Elías impuso a Israel cuando «oró fervientemente para que no lloviese, y no llovió sobre la tierra por tres años y seis meses» (Stg 5.17). Estas dos sequías, impuestas milagrosamente, serán las más largas que la tierra haya experimentado.

- **La plaga de la enfermedad:** Los dos testigos tendrán «... poder sobre las aguas para convertirlas en sangre...» (Ap 11.6). Este poder es similar al que le fue dado a Moisés, quien hizo que las aguas del Nilo se convirtieran en sangre (Éx 7.20). Esta plaga se asocia con las anunciadas por la segunda trompeta en Apocalipsis 8: «El segundo ángel tocó la trompeta, y como una gran montaña ardiendo en fuego fue precipitada en el mar; y la tercera parte del mar se convirtió en sangre. Y murió la tercera parte de los seres vivientes que estaban en el mar, y la tercera parte de las naves fue destruida» (vv. 8-9). El agua contaminada causará epidemias.

Ninguno de estos milagros se llevará a cabo por enojo o venganza. Su propósito principal será hacer que las personas dejen de pensar que todo está bien, convencerlas de su pecado y hacer que sientan la necesidad de arrepentirse. Una de las consecuencias de la predicación y los milagros de los testigos podría ser que la agitación que provoquen retrase la obtención del dominio mundial por parte del anticristo. Solo cuando sean aniquilados los testigos el camino del anticristo hacia el poder quedará libre.

LA PERSECUCIÓN DE LOS TESTIGOS

Aunque Dios protegerá a los dos testigos hasta que hayan completado su ministerio, finalmente permitirá que el anticristo los destruya. «Cuando hayan acabado su testimonio, la bestia que sube del abismo hará guerra contra ellos, y los vencerá y los matará» (Ap 11.7).

La muerte de los testigos expondrá la depravación extrema del anticristo y de las personas no regeneradas. Pero como veremos pronto, sus muertes son simplemente el preludio de una espectacular demostración de la realidad y el poder de Dios.

LA MUERTE DE LOS TESTIGOS

Como se afirma en el pasaje anterior, los testigos serán asesinados por «la bestia que sube del abismo». Aquí escuchamos por primera vez de la bestia (el anticristo), la cual se menciona treinta y cinco veces en el Libro de Apocalipsis. Aunque no se menciona anteriormente, en ese momento su carrera habrá sido muy activa y exitosa. Habrá manipulado los acontecimientos, tomado el control de los gobiernos y firmado un tratado de paz con Israel. De esa forma habrá preparado el escenario para su dominio mundial.

A mitad del período de la tribulación, la bestia ordenará el asesinato de los dos testigos. Este acto aumentará enormemente su popularidad y consolidará su poder.

LA EXHIBICION DE SUS CUERPOS

Después de que los testigos sean asesinados: «... sus cadáveres estarán en la plaza de la grande ciudad que en sentido espiritual se llama Sodoma y Egipto, donde también nuestro Señor fue crucificado» (Ap 11.8). A lo largo de la historia, la mayoría de las culturas ha enterrado los cadáveres rápidamente, a menudo el mismo día de la muerte, y si los han conservado ha sido hasta que se han podido enterrar (Dt 21.22-23). Pero no ocurrirá así con los dos testigos. El anticristo profanará sus cuerpos al dejarlos sin enterrar, para demostrar su desprecio por ellos y su mensaje.

La «grande ciudad» donde se exhibirán estos cuerpos es Jerusalén. En ese momento, la ciudad santa será una cloaca de corrupción como lo fueron Sodoma y Egipto, lugares que en la mente judía se asocian con las perversiones sexuales más depravadas y la tiranía más cruel.

A lo largo de la tribulación, Jerusalén será una ciudad de contrastes. Después de que Dios la libre de los ejércitos de Gog, caerá en la maldad extrema y el libertinaje, incluso cuando su templo se reconstruya en el sitio original y se restauren los antiguos sacrificios de los judíos. En apariencia, Jerusalén habrá alcanzado su cima de gloria y santidad. Pero desde su interior emanará el hedor de la decadencia y la muerte. Henry Morris llama a Jerusalén «la ciudad santa y la ciudad de la paz», así como «la ciudad donde mueren los profetas de Dios» y el lugar donde los soldados de la bestia «detendrán y matarán [a los testigos] y dejarán sus cuerpos insepultos en la calle para que todos sus enemigos los vean».[6]

Los cuerpos sin enterrar de los dos testigos se verán en todo el mundo: «Y los de los pueblos, tribus, lenguas y naciones verán sus cadáveres por tres días y medio, y no permitirán que sean sepultados» (Ap 11.9). Hace décadas, los críticos consideraban que este pasaje era imposible. ¿Cómo podría verse este espeluznante espectáculo en todo el mundo? Sin embargo, hoy, con la televisión por satélite, las redes sociales e Internet, nadie tiene dudas al respecto.

EL DELEITE DE SUS ENEMIGOS

Las multitudes celebrarán la muerte de los dos testigos con un día festivo que rivalizará con la Navidad: «Y los moradores de la tierra se regocijarán sobre ellos y se alegrarán, y se enviarán regalos unos a otros; porque estos dos profetas habían atormentado a los moradores de la tierra» (v. 10).

Aquí vemos el único caso de alegría de algún tipo que se manifiesta durante el período de la tribulación. ¿Qué nos dice esto sobre el estado del corazón humano en los tiempos finales? William Newell, responde: «Aquí vemos la verdadera revelación del corazón humano: ¡regocijo horroroso, demente, inhumano, infernal, macabro! Hay un verdadero deleite ante la muerte de los testigos de Dios, ¡un deleite sin límites! [...] Después se celebra una común Navidad del infierno».[7]

LA PRESERVACIÓN DE LOS TESTIGOS

La historia de los dos testigos no terminará con su muerte ni con la ignominiosa exhibición de sus cadáveres: «Después de tres días y medio entró en ellos el espíritu de vida enviado por Dios, y se levantaron sobre sus pies, y cayó gran temor sobre los que los vieron» (v. 11).

Transcurrirán tres días y medio en los que el mundo celebrará sus muertes, y luego dos acontecimientos asombrosos convertirán esa celebración en terror.

SU RESURRECCIÓN

Mientras el mundo celebra, el «espíritu de vida enviado por Dios» entrará en los dos cadáveres; este es el mismo espíritu que resucitó al cuerpo de Jesús. Las celebraciones cesarán repentinamente, y el mundo quedará boquiabierto cuando los dos cadáveres se levanten completos y sanos. El horror que generan estas resurrecciones será indescriptible. La bestia no encontrará la manera de falsificar este milagro.

SU ARREBATAMIENTO

Después de su resurrección, «una gran voz del cielo» llamará a los testigos y les dirá: «Subid acá». Una nube los envolverá, y se elevarán al cielo mientras sus enemigos se quedan boquiabiertos (v. 12).

Los dos testigos experimentarán un arrebatamiento muy parecido al de la iglesia, pero con una diferencia significativa. La iglesia será llevada «en un momento, en un abrir y cerrar de ojos, a la final trompeta...» (1 Co 15.52). Será algo tan repentino que nadie lo presenciará. Sin embargo, el arrebatamiento de los dos testigos no se producirá en un instante, será visto por sus enemigos (Ap 11.12). Es otra muestra del poder de Dios para sacarlos de la incredulidad y llevarlos al arrepentimiento. John Phillips describe vívidamente el acontecimiento:

> Imagínate la escena: las calles bañadas por el sol en Jerusalén, las multitudes de vacacionistas que llegan desde todas partes para ver de primera mano los cadáveres de estos odiados hombres, las tropas con el uniforme de la bestia y la policía del templo. Allí están, son hombres diabólicos de todos los reinos bajo el cielo, que vienen a bailar y festejar el triunfo de la bestia. ¡Y entonces sucede! Mientras la multitud se esfuerza por ver

los dos cadáveres desde el cordón policial, se produce un cambio repentino. Su color cadavérico se transforma en el rosado resplandeciente de la juventud. Sus extremidades, antes rígidas, ¡comienzan a moverse! ¡Qué impresionante espectáculo! ¡Se levantan! La multitud retrocede, se dispersa y se vuelve a agrupar.[8]

Henry Morris agrega:

Lo visto será suficiente para atemorizar los corazones de los enemigos más arrogantes y rebeldes. Un momento antes, se regocijaban con absoluta confianza de que Cristo finalmente había sido derrotado y que el hombre de Satanás ocupaba el trono del vencedor. Pero ahora Cristo había triunfado de nuevo. El ascenso de los profetas al cielo será una terrible predicción de que juicios aún mayores están por venir. A las festividades de tres días y medio, le seguirán otros tres años y medio de juicios más duros.[9]

Por grande que sea el temor que estos enemigos sientan, un terror aún mayor descenderá rápidamente sobre ellos.

SU VENGANZA

Cuando los cielos se cierren luego del ascenso de los dos testigos, un terremoto repentino reducirá la décima parte de la ciudad a escombros, y matará a siete mil personas solo en Jerusalén (Ap 11.13). En el texto original, la palabra que se traduce como «hombres» en realidad significa «hombres de renombre». Esto indica que las siete mil víctimas mortales probablemente serán personas famosas o líderes políticos, aquellos con mayor responsabilidad en la persecución de los dos testigos.

Los sobrevivientes, temblorosos y aterrados, no tendrán más remedio que reconocer la resurrección, la ascensión de los dos testigos y el terremoto posterior como manifestaciones del poder divino. Juan nos dice que «se aterrorizaron, y dieron gloria al Dios del cielo». Es poco probable que realmente se vuelvan a Dios con fe y arrepentimiento. Una oleada de miedo puede desencadenar una respuesta emocional momentánea sin producir un cambio permanente en el corazón.

Vimos este resurgimiento temporal del impulso religioso a raíz de los ataques del 9/11 en el World Trade Center. Durante semanas, fuimos testigos de un aparente acercamiento a Dios. Se elevaban plegarias. La asistencia a la iglesia se disparó. Prevaleció un renovado sentido de comunidad. Pero no pasó mucho tiempo antes de que las actitudes volvieran a ser como eran antes del 9/11. El miedo se disipó, la rutina diaria retornó y Dios dejó de estar en la mente de las personas.

Sin embargo, incluso en medio de los horrores de la tribulación, algunos escucharán el mensaje de redención de los dos testigos y responderán al llamado amoroso de Dios. Como siempre, Él ofrecerá un camino para salir de la oscuridad y dirigirse hacia Su luz. Su amor y Su misericordia nunca cesan.

CAPÍTULO 24

EL DRAGÓN

El clásico de William Golding, *El señor de las moscas,* cuenta la escalofriante historia de un grupo de niños preadolescentes británicos que quedan abandonados en una isla inexplorada del Pacífico debido a un accidente aéreo. Eligen a un líder que trata de establecer el orden para lograr la supervivencia. Pero los celos y las inconformidades pronto socavan su autoridad, y el orden se convierte en caos a medida que la insubordinación y el puro rencor dividen a los niños en campos hostiles. El desorden evoluciona rápidamente hacia el salvajismo cuando los chicos caen presa de la superstición y la paranoia, se pintan con sangre de cerdo y realizan rituales bárbaros. Los rituales alcanzan su punto culminante cuando empalan una cabeza putrefacta de jabalí, llena de moscas, y la adoran como el señor de las moscas. El caos total se desata cuando algunos niños son asesinados en el frenesí de los rituales y una facción rebelde provoca intencionalmente un incendio forestal que destruirá la isla.

Es la historia de nuestro mundo: pasado, presente y futuro. Todos hemos experimentado esta realidad. En el mundo parece haber más maldad de lo que el simple pecado humano puede explicar. Desde que la humanidad rechazó la autoridad de Dios, siempre ha habido una fuerza oscura al acecho, lista para aprovechar cualquier oportunidad e invadir el corazón humano, una fuerza que empuja al mundo hacia un final catastrófico de destrucción.

«Señor de las moscas» es una traducción literal de «Beelzebú» o

«Baal-zebub» de 2 Reyes 1.2-3, 6, 16. El nombre se aplica al «príncipe de los demonios» en el Nuevo Testamento (Mt 12.24). Señor de las moscas en realidad significa «señor de la muerte, que atrae las moscas». Beelzebú es a menudo sinónimo de Satanás, el enemigo en el drama de la historia humana, desde el inicio hasta el final profetizado. Satanás, el señor de la muerte, es nuestro adversario perenne, el enemigo principal de Dios y Su creación. Fue su rebelión la que corrompió la creación y trajo la muerte y el mal al mundo. Ha sido desde entonces enemigo implacable de la humanidad, su tentador y causante de dolor.

En Apocalipsis 12 aprendemos mucho sobre el papel de este enemigo jurado en el drama de los últimos tiempos: su objetivo, su carácter, su venganza, su rebelión y su condena. Esto se manifiesta en cinco frases de un significado cósmico tal que todas contienen el adjetivo *gran*: una gran señal, un gran dragón, una gran batalla, una gran ira y, finalmente, las alas de la gran águila. Exploremos estos elementos uno por uno.

LA GRAN SEÑAL

> Apareció en el cielo una gran señal: una mujer vestida del sol, con la luna debajo de sus pies, y sobre su cabeza una corona de doce estrellas. Y estando encinta, clamaba con dolores de parto, en la angustia del alumbramiento. (Ap 12.1-2)

Esta mujer, bañada de luz, coronada con estrellas y en medio del parto, ha tenido muchas interpretaciones, pero solo una es totalmente compatible con la Biblia. Ella es ciertamente la nación de Israel, el objetivo de la maldad mortal de Satanás.

El Antiguo Testamento a menudo caracteriza a Israel como una mujer que sufre los dolores del parto. Isaías escribe: «Como la mujer encinta cuando se acerca el alumbramiento gime y da gritos en sus dolores, así hemos sido delante de ti, oh Jehová. Concebimos, tuvimos dolores de parto, dimos a luz viento; ninguna liberación hicimos en la tierra...» (Is 26.17-18, ver también 66.7-8; Mi 4.10; 5.3). Esta infeliz imagen de una mujer embarazada que no pudo dar a luz a su hijo ilustra el fracaso de Israel en trasmitir a las naciones la luz de esperanza de Dios. Sin embargo, incluso después de siglos de fracaso, los judíos tuvieron el honor de que Cristo naciera entre ellos para el mundo. Como expresa Juan: «Y ella dio a luz un hijo varón, que regirá con vara de hierro a todas las naciones; y su hijo fue arrebatado para Dios y para su trono» (Ap 12.5).

Este versículo lleno de poder destaca tres de los sucesos más trascendentales que definen el papel de Cristo en la historia humana:

1. La encarnación de Cristo: «Ella dio a luz un hijo varón».
2. La ascensión de Cristo: «Su hijo fue arrebatado para Dios y para su trono».
3. La segunda venida de Cristo: Él «regirá con vara de hierro a todas las naciones».

La predicción de que Cristo «regirá con vara de hierro a todas las naciones» se reafirma en los capítulos finales de Apocalipsis, donde Juan describe a Cristo cuando desciende para luchar en la batalla final de la humanidad: «De su boca sale una espada aguda, para herir con ella a las naciones, y él las regirá con vara de hierro...» (19.15).

Aquí, en esta primera gran señal, vemos el objetivo de Satanás. Él está decidido a acabar con el Hijo de la mujer para evitar que se cumpla el propósito redentor de Dios y su propia destrucción.

EL GRAN DRAGÓN

También apareció otra señal en el cielo: he aquí un gran dragón escarlata, que tenía siete cabezas y diez cuernos, y en sus cabezas siete diademas; y su cola arrastraba la tercera parte de las estrellas del cielo, y las arrojó sobre la tierra. Y el dragón se paró frente a la mujer que estaba para dar a luz, a fin de devorar a su hijo tan pronto como naciese. [...] Y fue lanzado fuera el gran dragón, la serpiente antigua, que se llama diablo y Satanás, el cual engaña al mundo entero; fue arrojado a la tierra, y sus ángeles fueron arrojados con él. (12.3-4, 9)

Aquí vemos a Satanás frustrado en su intento de destruir al niño Jesús. Él y su ejército de ángeles son expulsados del cielo y arrojados a la tierra. A partir de ese momento, su trayectoria es siempre descendente. Como un avión que cae en picada, se precipita del cielo a la tierra, de la tierra al pozo del abismo y del abismo al lago de fuego.

Apocalipsis 12 nos da una información más detallada sobre el dragón, Satanás, que cualquier otro capítulo en la Biblia. Aquí conocemos de su personalidad, su poder, sus cómplices y su propósito.

LA PERSONALIDAD DE SATANÁS

Apocalipsis 12.9 describe a Satanás como un gran dragón, una serpiente antigua, el diablo y el engañador del mundo. Estas descripciones repugnantes no se refieren a su apariencia física, sino a su carácter. El arte y el cine a menudo representan a Satanás como físicamente espantoso. Pero en realidad, su apariencia es brillante y gloriosa, como cabría esperar de un arcángel, incluso de uno caído. Según Pablo, Satanás «se disfraza como ángel de luz» (2 Co 11.14). Isaías lo llama Lucero, que significa «estrella de la mañana» (Is 14.12).

Satanás es el instigador del pecado, el cual refleja su naturaleza: es atractivo en la superficie pero mortal cuando se le sigue. Quítale su atractivo superficial y te enfrentas a la impactante verdad: es vil, vicioso, feroz, depravado y diabólico. El rojo es su color tradicional, el color de la sangre, que mancha sus manos asesinas. Su naturaleza traicionera y engañosa se manifestó en el huerto del Edén, donde, a través de un astuto engaño, planificó la aniquilación de la humanidad y logró provocar nuestra caída. Por eso Jesús dijo que era un «homicida desde el principio» (Jn 8.44).

La palabra *Satanás* significa «adversario», un nombre al que hace honor, pues es el enemigo jurado de Dios y la humanidad. Pedro dice que «como león rugiente, anda alrededor buscando a quien devorar» (1 P 5.8). El nombre de Satanás aparece cincuenta y seis veces en la Biblia RVR1960, diecinueve veces en el Antiguo Testamento y treinta y siete en el Nuevo Testamento.

El Nuevo Testamento también se refiere a Satanás como el diablo. El término para referirse al diablo en griego es *diábolos*, que significa «calumniador». Es la palabra que Juan usa cuando describe a Satanás como «el acusador de nuestros hermanos» (Ap 12.10). Actúa como un fiscal corrupto, que acusa falsamente y difama a los creyentes cristianos, con la intención brutal de destruir nuestra reputación en la corte del cielo.

Satanás es el ser que «engaña al mundo entero» (v. 9). Al no haber podido evitar que Cristo llegara al mundo, ahora está decidido a evitar que el mundo se vuelva a Cristo. Totalmente desprovisto de escrúpulos o conciencia, miente, tergiversa y oculta la verdad para plantar la semilla de la duda respecto a la realidad y la bondad de Dios. Como lo explica Pablo, Satanás ha cegado el entendimiento de las personas «para que no les resplandezca la luz del evangelio de la gloria de Cristo, el cual es la imagen de Dios» (2 Co 4.4).

EL PODER DE SATANÁS

Juan describe a Satanás como «… un gran dragón escarlata, que tenía siete cabezas y diez cuernos, y en sus cabezas siete diademas» (Ap 12.3). En la Biblia, el número siete generalmente simboliza lo completo o la totalidad. Reconocemos la cabeza como el lugar donde reside la inteligencia. Los cuernos son a menudo símbolos bíblicos de fortaleza (ver Dt 33.17; 1 R 22.11; Sal 69.31). Por lo tanto, las siete cabezas y los diez cuernos del dragón simbolizan una inteligencia extrema y un enorme poder.

Las diademas que coronan las cabezas del dragón simbolizan algo que sorprende a muchas personas. Satanás es el gobernante del mundo. Jesús mismo nos dice que el diablo tiene un reino (Mt 12.25-26). Pablo lo describe como el gobernante de este siglo (Ef 6.12), «el dios de este siglo» (2 Co 4.4), y «príncipe de la potestad del aire» (Ef 2.2). En tres ocasiones, Juan lo llama «el príncipe de este mundo» (Jn 12.31; 14.30; 16.11). Y añade que «el mundo entero está bajo el maligno» (1 Jn 5.19).

En su papel de «príncipe de este mundo», los súbditos de Satanás son los hombres y las mujeres que rechazan a Cristo. Como «príncipe de la potestad del aire», sus súbditos son los espíritus malignos en el reino invisible. En ambos reinos, gobierna sobre todos los que se rebelan contra Dios.

¿Cómo el señor de la muerte se convirtió en el señor del mundo? Por supuesto que no fue nombrado por Dios. Satanás usurpó el título de sus legítimos dueños, que eran Adán y Eva. Dios les encargó: «Llenad la tierra, y sojuzgadla, y señoread en [...] todas las bestias que se mueven sobre la tierra» (Gn 1.28). Cuando Adán y Eva se rebelaron contra Dios, perdieron el poder de mantener su reino, y Satanás tomó el trono para sí.

LOS CÓMPLICES DE SATANÁS

Una de las razones del poder desmedido de Satanás es que comanda un vasto ejército, que reunió cuando arrastró para sí «... la tercera parte de las estrellas del cielo...» (Ap 12.4). Estas «estrellas» son en realidad ángeles, llamados estrellas aquí al igual que en Job 38.7, donde se nos dice que cantaron llenos de júbilo cuando Dios creó la tierra. Un tercio de estos ángeles se unieron a Satanás en una rebelión contra Dios.

Ninguno de estos ángeles caídos conserva su bondad original anterior a la rebelión. Algunos ya han sido encarcelados (2 P 2.4; Jud v. 6). Los que permanecen libres actúan como cómplices de Satanás, subvierten a la humanidad, manipulan los acontecimientos mundiales y provocan el caos para dar lugar a la destrucción definitiva del género humano. Como lo expresó Pablo: «Porque no tenemos lucha contra sangre y carne, sino contra principados, contra potestades, contra los gobernadores de las tinieblas de este siglo, contra huestes espirituales de maldad en las regiones celestes» (Ef 6.12).

Satanás y los ángeles que aún están libres tienen una capacidad inmensa para moverse a voluntad. Satanás se infiltró en el Edén para seducir a nuestros padres primitivos. Se enfrentó a Cristo en el desierto de Judea. Incluso se le permite acceso limitado para presentarse ante Dios y acusar a los creyentes (Job 1.6-12; Ap 12.10). Los ángeles de Satanás imitan a su amo y llevan a cabo sus diabólicos planes entre nosotros para socavar la bondad y lograr la caída de la humanidad.

EL PROPÓSITO DE SATANÁS

Desde el principio, la obsesión de Satanás ha sido la aniquilación del pueblo de Dios. En el Edén, sedujo a la primera pareja para que desobedecieran a Dios; sin duda pensó que Dios los destruiría por su desobediencia. Pero para su consternación, Dios prometió la redención a la pareja y le comunicó a Satanás que al final sería aplastado por un descendiente de la mujer (Gn 3.15). Naturalmente, el diablo comenzó a conspirar para impedir el cumplimiento de esa profecía. Debido a la promesa de Dios a Abraham, conoció que su némesis surgiría de Israel, y se esforzó por abortar la formación de esa nación. Hizo crecer en el corazón de Esaú una rabia asesina contra Jacob, quien engendraría las doce tribus de Israel. Sin embargo, Esaú no mató a Jacob, por lo que Satanás indujo al faraón a matar a los bebés varones de los israelitas en Egipto, pero Moisés sobrevivió a este complot. Si Satanás hubiera eliminado a Jacob o a Moisés, no habría nación de Israel.

Durante el reinado de los reyes de Judá, el plan de Satanás estuvo a punto de tener éxito. Al saber que el Mesías surgiría de los descendientes reales de David, se propuso destruir ese linaje. Después de la muerte del rey Josafat, Satanás incitó una serie de asesinatos que acabaron con todas las familias del linaje de David, excepto una: el rey Ocozías y sus hijos. Cuando también Ocozías cayó asesinado, su madre, Atalía, ordenó que mataran a todos sus herederos reales (¡a sus propios nietos!) y ocupó el trono ella misma.

Finalmente, Satanás había tenido éxito. El linaje real de David había terminado y nunca surgiría el Mesías. Al parecer, era así. Pero una hermana del rey asesinado logró escabullirse y ocultar al hijo menor de este, Joás, hasta que pudo ser presentado y coronado como el rey legítimo (2 Cr 22.10-12). Nuevamente Satanás fracasó y se preservó el linaje del Prometido.

Luego, Satanás hizo que un alto funcionario persa, Amán, planeara el exterminio en masa de todos los judíos. La valiente reina Ester denunció la conspiración de Amán, y desarticuló el plan de Satanás una vez más (Est 4.14).

A pesar de las maquinaciones del dragón, Cristo nació. Frustrado, pero sin desanimarse, Satanás incitó al ya malvado Herodes a que matara a todos los bebés varones en Belén, pues pensaba que con ese infanticidio en masa eliminaría al niño Cristo (Mt 2.16). Pero en un sueño, Dios le ordenó a José que sacara al niño de Belén antes de que comenzaran los asesinatos. El niño nació y vivió.

Cuando Jesús se acercaba al final de Sus cuarenta días de ayuno en el desierto, Satanás puso ante Él tres tentaciones sucesivas destinadas a destruir Su misión redentora. Pero sin utilizar otra arma que no fuera la Escritura, Jesús repelió los ataques de Satanás e hizo que se retirara derrotado (Lc 4.1-13).

El diablo hizo dos intentos más de acabar con la vida de Jesús. Incitó a los líderes de Nazaret a arrojarlo por un precipicio (Lc 4.29) y a los fariseos para que lo apedrearan (Jn 8.59). Jesús escapó milagrosamente en ambos casos.

Sin embargo, a la postre, Satanás tuvo éxito. El viernes antes de la celebración de la Pascua judía, el odio que infundió en los corazones de los líderes judíos finalmente dio sus frutos. Observó con regocijo que golpeaban a Jesús sin piedad y clavaban Su cuerpo maltratado en una cruz para que muriera. Cuando lo sellaron dentro de una tumba, la victoria de Satanás parecía completa. Eso creía él. No comprendió que la muerte de Jesús no era más que el preludio de Su resurrección, el acontecimiento que aseguraría la condena final de Satanás.[1]

LA GRAN BATALLA

Después hubo una gran batalla en el cielo: Miguel y sus ángeles luchaban contra el dragón; y luchaban el dragón y sus ángeles; pero no prevalecieron, ni se halló ya lugar para ellos en el cielo. (Ap 12.7-8)

La batalla descrita aquí no es una sola batalla; es más bien como la Segunda Guerra Mundial, un conflicto en el que luchan muchos adversarios en muchos frentes. Miguel combate contra Satanás; los ángeles de Dios luchan contra los ángeles de Satanás. Los humanos guiados por Dios luchan contra los humanos guiados por Satanás. Estas batallas están en curso, y darán lugar a un conflicto catastrófico final que destruirá para siempre a Satanás y su influencia diabólica.

Podemos comprender mejor la naturaleza de esta guerra cuando nos damos cuenta de que el mal no existe en abstracto. Aunque todo el mal se origina en el corazón de Satanás, él no tiene poder para crear nada que sea inherentemente malo. Todo mal es simplemente daño que se le ha hecho al bien. El mal consiste únicamente en destruir, deformar, estropear, apropiarce o usar mal el bien que Dios creó. Satanás, en su odio a Dios, tiene el propósito de infligirle todo el mal que pueda a Su creación.

Para asegurar la posición que usurpó como señor de la tierra, Satanás ha organizado a sus ángeles caídos en una jerarquía, y ha colocado a los más poderosos sobre naciones y provincias. Podemos apreciar esta jerarquía en Daniel 10. Daniel había ayunado y orado durante tres semanas sin obtener respuesta cuando de repente apareció un ángel de Dios. El ángel le explicó que Dios había escuchado su oración desde el principio y lo había enviado inmediatamente para responderle. Pero cuando iba hacia Daniel, un ángel satánico lo atacó, el príncipe de Persia, quien estaba decidido a evitar la entrega del mensaje de Dios. Ambos se enfrentaron hasta que el arcángel Miguel se unió al combate y mantuvo a raya al príncipe de Persia, lo cual permitió que el ángel celestial completara su misión.

Sabemos que este «príncipe del reino de Persia» es un ser angelical por dos razones: Primero, ningún humano podría soportar el poder de uno de los ángeles de Dios. Segundo, Ciro II el Grande era en ese momento el gobernante humano de Persia, y era un benefactor de los judíos, no un enemigo.

La capacidad de Satanás para librar la guerra plantea una pregunta teológica: si ya ha sido juzgado por la cruz, ¿por qué puede continuar la guerra? Es cierto que Satanás ha sido juzgado, como lo indican estos dos pasajes: «Y cuando él [el Espíritu Santo] venga, convencerá al mundo de pecado, de justicia y de juicio... por cuanto el príncipe de este mundo ha sido ya juzgado» (Jn 16.8,11). «Así que, por cuanto los hijos participaron de carne y sangre, él [Cristo] también participó de lo mismo, para destruir por medio de la muerte al que tenía el imperio de la muerte, esto es, al diablo» (Heb 2.14).

Sí, Satanás ha sido juzgado, pero la sentencia aún no se ha cumplido. En los tribunales de nuestra nación, vemos ejemplos de demoras entre las sentencias y las ejecuciones. En la mayoría de los casos de pena capital, la ejecución se lleva a cabo años después de la sentencia. Satanás ha sido derrotado y juzgado, pero Dios ha elegido retrasar la ejecución hasta que sea el momento oportuno.

Satanás, aún libre, continúa atacándonos con su maldad, pero los creyentes no debemos desesperarnos. Podemos participar en la batalla y hacer valer la victoria de Cristo sobre Satanás a través de la oración. Daniel es nuestro ejemplo. Su oración de tres semanas fue fundamental para derrotar al príncipe satánico de Persia. Las victorias en la tierra y en el cielo son interdependientes, al igual que en la Segunda Guerra Mundial, las tropas terrestres que invadieron Normandía dependían del poder aéreo para ablandar la resistencia enemiga en el terreno. Mientras combatimos el mal en la tierra, nuestros compañeros, los guerreros angelicales, luchan contra el mal en la dimensión espiritual invisible. Las iglesias y los hogares piadosos son puestos de combate desde donde se elevan oraciones a una vasta red de comunicación que vincula ambos frentes. Al ser guerreros de oración, a menudo cambiamos el curso de los acontecimientos humanos. Como alguien una vez expresó: «No son los alcaldes los que hacen que el mundo gire; son las oraciones».

Satanás, ya derrotado, continúa luchando por puro afán de venganza, pero no puede vencer a aquellos de nosotros que nos hemos unido al ejército del Señor y que reclamamos la victoria de Cristo como nuestra. Podemos enfrentar la persecución o incluso la muerte, causadas por la agonía terminal del dragón. Pero estamos seguros de la victoria final, y esa es la fuente de nuestro coraje. Estamos bien equipados y protegidos en cada enfrentamiento con Satanás o sus ángeles. «Las armas de nuestra milicia no son carnales, sino poderosas en Dios para la destrucción de fortalezas, derribando argumentos y toda altivez que se levanta contra el conocimiento de Dios, y llevando cautivo todo pensamiento a la obediencia a Cristo» (2 Co 10.4-5).

LA GRAN IRA

> Por lo cual alegraos, cielos, y los que moráis en ellos. ¡Ay de los moradores de la tierra y del mar! porque el diablo ha descendido a vosotros con gran ira, sabiendo que tiene poco tiempo. (Ap 12.12)

En este pasaje, la razón del contraste entre aquellos que deben alegrarse y los que deben entristecerse está clara. Un grupo, ahora a salvo en el cielo, está protegido para siempre de Satanás y el otro grupo está a punto de sufrir el último desenfreno del mal. Satanás es consciente de la realidad; sabe que con la resurrección de Cristo, el juego terminó. Ha sido derrotado para siempre. Sin embargo, en el período entre su derrota y su sentencia final, su ira se desatará y provocará muerte y destrucción como nunca antes.

UNA AGRESIÓN CON AGRAVANTES

En el pasaje anterior, la palabra griega para *ira* significa «fuerte pasión o emoción». Donald Gray Barnhouse compara la ira del diablo con la de un animal enjaulado: «El animal, que era lo suficientemente peligroso cuando vagaba por todo el bosque, ahora está encerrado dentro de una estacada. Allí, enojado por las restricciones que ve a su alrededor, y furioso porque siente que su final está cerca, manifiesta en todos sus movimientos la fuerza demente de una lucha a muerte».[2]

UNA AGRESIÓN ANTISEMÍTICA

Antes del final, Satanás realizará un asalto total contra el pueblo de Dios, los judíos, y desatará un tsunami de antisemitismo global sin precedentes en la historia de la humanidad. «Cuando vio el dragón que había sido arrojado a la tierra, persiguió a la mujer que había dado a luz al hijo varón. [...] Y la serpiente arrojó de su boca, tras la mujer, agua como un río, para que fuese arrastrada por el río» (12.13, 15). Satanás odia a Israel porque es la nación que dio a luz a Cristo. Está empeñado en destruir a los judíos para evitar que se cumpla el papel de Israel en la profecía cuando Cristo regrese a establecer Su reino.

Satanás sabe que sus días están contados, pero como el niño rencoroso que rompe el juguete de un compañero de juegos porque no puede tenerlo, hará todo lo posible para aplastar a Israel. Arroja agua de su boca para barrer a Israel de la faz de la tierra (v. 15). Esto puede indicar una inundación literal, o puede ser una imagen simbólica de su campaña general para destruir a los judíos. De cualquier manera, su intención es clara: antes del fin, lanzará una ofensiva sin precedentes contra Israel.

UNA AGRESIÓN FURIOSA

Juan nos dice que «… el dragón se llenó de ira contra la mujer; y se fue a hacer guerra contra el resto de la descendencia de ella, los que guardan los mandamientos de Dios y tienen el testimonio de Jesucristo» (v. 17). Este pasaje se refiere específicamente a los judíos creyentes en Cristo. Estos creyentes son, sin duda, los 144.000 testigos judíos presentados en Apocalipsis 7. La furia de Satanás descenderá sobre estos judíos convertidos simplemente porque se unirán a su enemigo final.

LAS GRANDES ALAS

> Y se le dieron a la mujer las dos alas de la gran águila, para que volase de delante de la serpiente al desierto, a su lugar, donde es sustentada por un tiempo, y tiempos, y la mitad de un tiempo […] Pero la tierra ayudó a la mujer, pues la tierra abrió su boca y tragó el río que el dragón había echado de su boca. (vv. 14, 16)

Los judíos reconocerían de inmediato las «dos alas de la gran águila» como un símbolo de la gracia de Dios, quien luego de librarlos de la esclavitud en Egipto expresó: «Os tomé sobre alas de águilas, y os he traído a mí» (Éx 19.4). Esta referencia le brinda la seguridad a Israel de que durante la agresión de Satanás, Dios los librará nuevamente como lo hizo en Egipto. Los trasladará a un lugar seguro y protegido. Algunos piensan que este lugar será Petra, una antigua ciudad fortaleza tallada en la roca, escondida en lo profundo de los acantilados al sur del mar Muerto. Apocalipsis 12.14 afirma que estos judíos serán «sustentados», lo que indica que recibirán su sustento de una forma sobrenatural, como Elías en el arroyo de Querit e Israel durante el éxodo. Por cualquier medio, Dios le asegura a Israel que un remanente piadoso permanecerá a salvo.

Carolyn Arends relata un suceso que ilustra vívidamente por qué el mundo sufre la agresión continua de Satanás a pesar de haber sido derrotado. Cuenta la historia según la conoció de una pareja de misioneros estacionados en una selva tropical:

> Nos contaron que un día una enorme serpiente, mucho más larga que un hombre, se deslizó por la puerta de su casa y entró en la cocina de su humilde hogar. Aterrados, salieron corriendo en busca de algún lugareño que supiera qué hacer. Un vecino vino en su ayuda con machete en mano, entró tranquilamente en la casa y decapitó a la serpiente de un solo golpe.
>
> El vecino regresó triunfante y les aseguró a los misioneros que el reptil había sido derrotado. Pero advirtió que había un inconveniente: tomaría un tiempo para que la serpiente se diera cuenta de que estaba muerta.
>
> Los sistemas nervioso y circulatorio de una serpiente tienen características que le permiten continuar moviéndose por un buen tiempo después de la decapitación. Durante las siguientes horas, los misioneros se vieron obligados a esperar afuera, mientras la serpiente se revolcaba, rompía muebles, chocaba contra las paredes y las ventanas y causaba estragos. Finalmente su cuerpo comprendió que ya no tenía cabeza [...].
>
> Nos contaron [los misioneros] que en algún momento de su espera tuvieron una revelación [...].
>
> «¿Lo ves?», preguntó el marido. «Satanás se parece mucho a esa serpiente grande y vieja. Ya ha sido derrotado. Simplemente no lo sabe todavía. Mientras tanto, va a hacer algo de daño. Pero nunca olvides que está acabado».

Arends nos recuerda que llegará el día en que cesará la agresión de Satanás: «No puedo olvidar el relato porque he llegado a creer que es una imagen precisa del universo. Estamos en el momento de la agresión, una etapa caracterizada por nuestra capacidad omnipresente de generar violencia entre nosotros y contra nosotros mismos. La tentación es caer en la desesperación. Sin embargo, debemos recordar que esto no durará para siempre. Jesús ya ha aplastado la cabeza de la serpiente».[3]

CAPÍTULO 25

LA MARCA DE LA BESTIA

Jakob Frenkiel creció como uno de los siete hijos de una familia judía en las afueras de Varsovia, Polonia. Jakob tenía diez años cuando Alemania le declaró la guerra a Polonia en 1939, edad suficiente para recordar que los soldados alemanes invadieron su ciudad y quemaron la sinagoga de madera cercana a su casa. Como tantos judíos en esa etapa, Jakob y los demás varones de su familia fueron finalmente enviados a un campo de concentración.

Para Jakob y sus hermanos, fue Auschwitz:

> A los 12 años, me pusieron junto a un grupo de hombres y me enviaron a los campos de trabajo. Más de un año después, nos enviaron a Auschwitz. Al día siguiente de nuestra llegada, mi hermano Chaim y yo formamos junto a niños y ancianos. Le pregunté a un prisionero qué nos iba a pasar. Señaló a las chimeneas: «Mañana el humo saldrá de ti». Dijo que si lográbamos que nos tatuaran un número en el brazo, nos pondrían a trabajar en lugar de asesinarnos. Entonces fuimos hacia las letrinas, escapamos por una puerta trasera y nos alineamos con los hombres que se hacían tatuajes.[1]

La *Jewish Virtual Library* [Biblioteca Virtual Judía] ofrece una explicación sobre el uso de los tatuajes:

> Aunque no se puede determinar con absoluta certeza, parece que los tatuajes se utilizaban principalmente para facilitar la identificación, ya

fuera en caso de muerte o fuga; la práctica continuó hasta los últimos días de Auschwitz.[2]

Como ciudadanos del mundo moderno y miembros de una cultura «civilizada», nos gusta pensar que el holocausto representa la última vez que se utilizará una marca de identificación como forma de perpetuar el mal en nuestro mundo en una escala tan grande. Pero no será así. Satanás planea usar otra marca durante la tribulación, la marca de la bestia, y su uso será mundial.

A menudo me hacen una gran variedad de preguntas sobre esta marca de la bestia y sobre cómo podría afectar la vida de aquellos que sufran la tribulación. Exploremos algunas de esas preguntas.

LOS PERSONAJES DETRÁS DE LA MARCA

Muchos cristianos se sorprenden al saber que la marca de la bestia no será implementada personalmente por el anticristo, la bestia que surge del mar (Ap 13.1). Más adelante en el mismo capítulo, Juan nos dice que esta marca comenzará a aplicarse con la segunda bestia, la «bestia que subía de la tierra» (v. 11), que luego se identifica como el falso profeta (16.13).

Aunque el falso profeta será el que aplique la marca, actuará con la autoridad que le llega de más arriba. Como lo expresa Juan: «Ejerce toda la autoridad de la primera bestia (13.12). ¿Y de dónde obtiene la primera bestia, el anticristo, su poder? «El dragón [Satanás] le dio su poder y su trono, y grande autoridad» (v. 2). El mismo Satanás instigará todo el terrible mal del período de la tribulación, y el anticristo y el falso profeta actuarán como sus agentes diabólicos.

El falso profeta, que trabaja en nombre del anticristo, usará la marca para subyugar al mundo durante la tribulación. Juan nos dice que «... hacía que a todos, pequeños y grandes, ricos y pobres, libres y esclavos, se les pusiese una marca en la mano derecha, o en la frente; y que ninguno pudiese comprar ni vender, sino el que tuviese la marca o el nombre de la bestia, o el número de su nombre» (vv. 16-17).

Como lo indica la palabra *profeta*, el falso profeta será un líder religioso, del tipo que Jesús advirtió cuando dijo: «Guardaos de los falsos profetas, que vienen a vosotros con vestidos de ovejas, pero por dentro son lobos rapaces» (Mt 7.15). Muchos falsos profetas han venido y se han ido, pero ninguno ha tenido el impacto devastador que tendrá el falso profeta de Apocalipsis en la población mundial. Usará la religión para engañar al mundo, y cuando haya logrado esto, usará la marca de la bestia para esclavizar económicamente a todas las personas y obligarlas a soportar la implacable tiranía de Satanás y el anticristo.

EL PROPÓSITO DE LA MARCA

Apocalipsis 13.17 nos explica el propósito de la marca en la vida cotidiana: «Que ninguno pudiese comprar ni vender, sino el que tuviese la marca o el nombre de la bestia, o el número de su nombre». Solo aquellos que tengan la marca o el nombre del anticristo, o su número, como evidencia de que son sus seguidores, podrán vender bienes y servicios para sostenerse y obtener lo que necesitan. Cualquiera que se niegue a llevar la marca tendrá problemas para subsistir.

La palabra *marca* es la traducción de la palabra griega *járagma*, esto es interesante. La *járagma* era un símbolo que se utilizaba de una forma similar a como se usan hoy los sellos notariales. El símbolo consistía en un retrato del emperador y el año de su reinado. Era imprescindible para cerrar transacciones comerciales y se estampaba en cera en los documentos oficiales para autenticar su validez. La marca de la bestia funcionará de manera similar, identificará a aquellos que la portan como adoradores de la bestia y les permitirá realizar transacciones financieras.

Este vínculo entre gobierno y religión ejercerá una gran presión sobre aquellos que se rebelen y les cerrará todas las puertas. Quienes rechacen la marca quedarán totalmente excluidos de la sociedad. Nadie comprará sus productos o servicios. Al no poder acceder a empleos ni comprar en tiendas o en línea, caerán en la bancarrota y padecerán hambre.

Dado nuestro moderno sistema financiero, es difícil imaginar un escenario en el que los cristianos queden excluidos de esta manera. Pero la

Biblia es clara en que la intención de Satanás no es solo evitar que sobrevivan, también busca obligarlos a tomar una decisión: ¿continuarán al lado de Cristo y rechazarán la marca a pesar de las privaciones que se avecinan? ¿O se plegarán a las exigencias de lealtad de Satanás y aceptarán la marca para aliviar esas dificultades?

Hoy, en muchos países, los cristianos sufren la persecución e incluso la muerte cuando defienden a Cristo. De igual modo ocurrirá durante la tribulación con los que no acepten la marca. Durante ese período, toda la población mundial, sin excepción, enfrentará esta disyuntiva. La marca se ofrecerá supuestamente para promover una buena vida, pero tendrá la intención real de dejar claro quién vivirá para Cristo y quién cederá ante Satanás.

LA PERPLEJIDAD RESPECTO A LA MARCA

No es raro que personas que nunca han leído la Biblia ni escuchado un sermón sepan algo sobre la marca de la bestia y el número que con ella se asocia, el 666. De la marca y el número se ha hablado en novelas y películas para crear atmósferas de misterio y terror, pero usualmente con poco o ningún fundamento bíblico sólido. En realidad, algunos guiones de televisión y películas hacen bromas sobre la marca, como si el trabajo de Satanás fuera cosa de risa.

Esta «publicidad» ha sido suficiente para que la gente desconfíe del número 666. Por ejemplo, de la misma manera en que muchos propietarios de edificios de gran altura se niegan a tener un piso número trece, muchas personas intentan eliminar la secuencia 666 de sus números de teléfono, direcciones de casas, números de matrícula, y casi cualquier otro número personal que se pueda imaginar. Tal vez tú también hayas hecho eso; el número en sí puede ser inquietante.

Nadie sabe qué forma tomará la marca de la bestia. Juan nos da una pista misteriosa que ha atormentado a los teólogos durante siglos: «Aquí hay sabiduría. El que tiene entendimiento, cuente el número de la bestia, pues es número de hombre. Y su número es seiscientos sesenta y seis» (v. 18).

Las teorías sobre el significado del número 666 proliferan, y van de lo ridículo a lo absurdo. Ninguna coincidencia o hecho de la Biblia o de la historia está a salvo de convertirse en base para la especulación. Por ejemplo, Goliat tenía seis codos de altura; la cabeza de su lanza pesaba seiscientos siclos; y su armadura constaba de seis elementos (1 S 17.4-7). ¿Será el anticristo otro Goliat? La estatua de Nabucodonosor tenía sesenta codos de altura, seis codos de ancho y seis instrumentos musicales convocaban a los babilonios para que la adoraran (Dn 3.1, 15). ¿Será el anticristo un emperador babilónico revivido? Se han manipulado los números en los nombres y los calendarios para señalar al Papa, a Hitler y a muchos presidentes de Estados Unidos como el anticristo. Pero estas interpretaciones no son más que artimañas.

Conclusión: nadie sabe aún el significado real del 666.

La respuesta más probable es tal vez la menos sensacional. Juan nos dice que el 666 es número de hombre. ¿Podría estar diciendo simplemente que este número se refiere a la humanidad en general? La Biblia a menudo conecta el número seis con la humanidad. Los seres humanos fueron creados en el sexto día. Estamos obligados a trabajar seis días a la semana. La esclavitud hebrea se limitaba a seis años.

En cambio, el número asociado con Dios es el siete. Él creó muchas cosas en conjuntos de sietes: los siete colores del espectro visible; las siete notas en la escala musical diatónica; y los siete días en la semana. Dios también ordenó muchos eventos en series de sietes: las siete fiestas de Jehová (Lv 23); los siete sacerdotes con siete bocinas que guiaron al ejército israelita en su marcha diaria alrededor de Jericó durante siete días, y luego marcharon siete veces el séptimo día, lo que provocó la caída de los muros de la ciudad (Jos 6). El número siete aparece más de treinta veces en el Libro de Apocalipsis, el cual incluye siete de cada una de las siguientes cosas:

- iglesias
- espíritus
- estrellas
- lámparas

- candeleros
- sellos
- cuernos
- ojos
- ángeles
- plagas
- copas
- montes
- reyes
- bienaventuranzas
- juicios
- cartas
- cánticos
- «Yo soy», declaraciones de Cristo

A menudo se dice que el siete es un número perfecto, mientras que el seis es un número incompleto. Cuando intentas expresar dos tercios de manera decimal, tu calculadora muestra una sucesión interminable de seis, y nunca completa una expresión precisa de dos tercios. Esto puede indicar el significado del 666. Es el número de la humanidad. No importa cuántos años agregues, nunca alcanza la perfección del siete: el número de Dios. El ser humano sin Dios siempre está incompleto, y anhelamos la plenitud que solo podemos encontrar en nuestra relación con Él.

Sería más fructífero abandonar nuestra búsqueda del significado del 666 y, en cambio, concentrarnos en el deseo que ese número incompleto debería despertar en nosotros: el deseo de elevarnos por encima de nuestra naturaleza caída y encontrar la plenitud en Dios.

Los humanos parecen tener un deseo inherente de plenitud. Podemos ver la expresión de este deseo en una broma que los traviesos hijos del compositor Johann Sebastian Bach a veces le hacían a su padre. Según la leyenda, poco después de haberse ido Bach a la cama, los niños se dirigían al clavicordio de la sala y tocaban todas las notas de la escala, excepto la última. Bach, que acababa de acostarse, no soportaba escuchar la escala incompleta. Tenía que levantarse, ponerse la bata, bajar las escaleras y tocar esa última nota para completar la escala.

Nuestra propia naturaleza anhela la perfección, no solo de la escala musical, también de nosotros mismos. Deberíamos usar el número 666 para recordar que desde la caída de la humanidad, algo ha desaparecido de nuestras vidas. Ese «algo» se encuentra en Alguien, en Cristo mismo. Él es el número perfecto que puede darnos la plenitud que nos falta.

LOS PRECURSORES DE LA MARCA

El apóstol Juan no sabía cómo el falso profeta podría hacer que una marca tuviera tal poder para dividir y conquistar; solo sabía que lo haría. Pero creo que en el siglo veintiuno tenemos una idea de cómo el falso profeta podría implementar con efectividad la marca de la bestia: mediante la tecnología.

Al vivir en el siglo primero, Juan probablemente imaginaba que la marca sería como un tatuaje o una marca en la piel. La posibilidad que tenemos hoy de utilizar un microchip u otra tecnología habría sido para él un misterio insondable. Pero la ciencia avanza aceleradamente, y hay pocas dudas de que la tecnología que permitiría implementar la marca de la bestia ya existe o surgirá y estará lista para utilizarse en el momento de la tribulación.

Lo diré de nuevo: creo que ya estamos en los últimos días, y sabemos que el arrebatamiento podría llegar en cualquier momento. También sabemos que la marca de la bestia se implementará a mediados del período de siete años de tribulación. Por lo tanto, las dificultades extremas causadas por la marca podrían estar a solo tres años y medio del momento en que lees este libro, lo que representa un peligro muy real para gran parte de la población actual del mundo.

Mientras escribo esto, no tenemos una idea exacta de cómo podría emplearse la tecnología para aplicar la marca de la bestia. Pero la tecnología actual ya muestra dos posibilidades.

La primera es a través de microchips y sensores. La práctica de implantar microchips en humanos está creciendo porque las personas se sienten atraídas por los beneficios de comodidad y seguridad que brindan. Los microchips se pueden implantar de forma invisible debajo de la piel. Se pueden leer mediante señales de identificación por radiofrecuencia (RFID, por sus siglas en inglés), de corto alcance, para que el usuario pueda comprar productos en las tiendas sin usar una tarjeta magnética o un teléfono celular. Los microchips también se pueden usar para identificar a quienes pasan por un punto de control de seguridad.

Pero hay un inconveniente. Como informó Fox News, existen «preocupaciones sobre la posibilidad de que las personas equivocadas accedan a tu información personal y te rastrean a través de los chips».[3] Piensa en eso: «las personas equivocadas». ¿Acaso la bestia y sus conspiradores no serían las personas más equivocadas que podría haber? Sin embargo, a pesar de los grandes y obvios inconvenientes, cada vez más personas adquieren de buena gana[4] y aceptan[5] implantes de microchip para aprovechar los supuestos beneficios que brindan.

En enero de 2018, Amazon abrió una tienda de artículos varios en Seattle y probó una nueva tecnología que podría convertirse en algo común en todo el país. Se basa en un concepto de «tomar y llevar» sin cajeros, ni carritos de compras ni colas para pagar. Se combina la tecnología del teléfono celular con escáneres instalados en la tienda, el pago se realiza automáticamente de forma electrónica desde la cuenta del comprador, a medida que saca los productos de la tienda.[6]

Ahora imagínate la posibilidad de que durante la tribulación los escáneres de las tiendas lean los datos de los microchips implantados en los compradores cuando estos intentan comprar alimentos u otros artículos. Si no tienen la marca de aprobación, si se niegan a adorar al anticristo y no aceptan el sistema establecido por el falso profeta, no podrán comprar nada.

Otro posible precursor de la marca de la bestia es el bitcóin. El bitcóin es una moneda completamente virtual no emitida ni controlada por ningún gobierno centralizado. Las monedas físicas se eliminan por completo, y todo el dinero es electrónico, se le da seguimiento mediante chips implantados o vía Internet. Algunos creen que el bitcóin podría allanar el camino para la futura marca de la bestia.

Decir si se utilizarán o cómo se utilizarán estas tecnologías para implementar la marca, serían simples especulaciones en este momento. El falso profeta podría usar una de ellas, una combinación de ambas, o alguna nueva que esté aún por surgir. Quienes lean este libro años después de su fecha de publicación podrían conocer tecnologías mucho más sofisticadas que cualquier cosa imaginable hoy. No sabremos con certeza cómo se aplicará la marca de la bestia hasta que sea demasiado tarde.

¿QUÉ PASARÁ EN EL FIN?

La forma y la naturaleza de la marca seguirán siendo un misterio hasta que se implemente. Pero no hay ningún misterio sobre el futuro de quienes la acepten. Mientras la bestia mantenga el control, todo estará bien con aquellos que la acepten. Pero su período de prosperidad será corto, seguido rápidamente por el juicio inevitable de Dios:

> Si alguno adora a la bestia y a su imagen, y recibe la marca en su frente o en su mano, él también beberá del vino de la ira de Dios, que ha sido vaciado puro en el cáliz de su ira; y será atormentado con fuego y azufre delante de los santos ángeles y del Cordero; y el humo de su tormento sube por los siglos de los siglos. Y no tienen reposo de día ni de noche los que adoran a la bestia y a su imagen, ni nadie que reciba la marca de su nombre. (Ap 14.9-11)

Los seguidores de Cristo que rechacen la marca experimentarán el destino contrario de quienes la acepten. Mientras la bestia mantenga el control, sufrirán una persecución mortal. Pero después de eso, Juan nos dice:

> Y vi tronos, y se sentaron sobre ellos los que recibieron facultad de juzgar; y vi las almas de los decapitados por causa del testimonio de Jesús y por la palabra de Dios, los que no habían adorado a la bestia ni a su imagen, y que no recibieron la marca en sus frentes ni en sus manos; y vivieron y reinaron con Cristo mil años. (20.4)

Los cristianos que rechacen la marca actuarán según la advertencia de Cristo cuando expresó: «Y no temáis a los que matan el cuerpo, mas el alma no pueden matar; temed más bien a aquel que puede destruir el alma y el cuerpo en el infierno» (Mt 10.28).

Puedes pensar que estás exento de esta advertencia, porque Cristo llevará a Su iglesia al cielo antes de que comiencen los horrores de la tribulación. Nunca tendrás que tomar la decisión de rechazar la marca y enfrentar el sufrimiento como consecuencia. Eso es muy cierto, pero no elimina la posibilidad de que puedas ser perseguido. Los cristianos han padecido por su fe a lo largo de la historia, y muchos en todo el mundo sufren grandemente incluso mientras lees estas palabras. Vivimos en un mundo caído, lo que significa que «toda la creación gime a una, y a una está con dolores de parto hasta ahora» (Ro 8.22). Estos «dolores de parto» empeorarán cada vez más a medida que avanzamos hacia el momento en que todo se derrumbará durante la tribulación.

Incluso hoy, debemos elegir. ¿Llevaremos la marca de Dios en nuestros corazones y en nuestras acciones? ¿O llevaremos la marca de Satanás? ¿Apoyaremos a Cristo, Su Hijo, sin importar el precio que tengamos que pagar? ¿Soportaremos cualquier dificultad o persecución por Su causa?

Terminaré este capítulo planteando una última pregunta, que puede ser difícil de responder. Si te vieras forzado a elegir entre rechazar la marca para estar con Dios o aceptarla para garantizar la seguridad inmediata de tu familia, ¿qué harías? Podemos ver la respuesta correcta, demostrada inmejorablemente en la historia de tres jóvenes judíos, según se relata en el Libro de Daniel:

> El rey Nabucodonosor hizo una estatua de oro cuya altura era de sesenta codos, y su anchura de seis codos; la levantó en el campo de Dura, en la provincia de Babilonia. [...] Y el pregonero anunciaba en alta voz: Mándase a vosotros, oh pueblos, naciones y lenguas, que al oír el son de la bocina, de la flauta, del tamboril, del arpa, del salterio, de la zampoña y de todo instrumento de música, os postréis y adoréis la estatua de oro que el rey Nabucodonosor ha levantado; y cualquiera que no se postre y adore,

inmediatamente será echado dentro de un horno de fuego ardiendo. (Dn 3.1, 4-6)

Después que se develó la imagen, se le ordenó al pueblo de Babilonia reunirse ante ella. Se escuchó el llamado musical a la adoración, e inmediatamente todo el pueblo cayó de rodillas. Es decir, todos menos tres hombres jóvenes que se mantuvieron erguidos entre los miles de adoradores que los rodeaban. Estos tres hombres eran judíos cautivos de Jerusalén, a quienes conocemos por sus nombres babilónicos: Sadrac, Mesac y Abed-nego. Su negativa a adorar la imagen enfureció al rey Nabucodonosor. Sin embargo, les ofreció una segunda oportunidad, advirtiéndoles que si se negaban a inclinarse por segunda vez, serían arrojados vivos a un horno sobrecalentado.

Lee la respuesta de estos tres valientes hombres y dime si no los amas como lo hice yo cuando la leí por primera vez. Se convirtieron en un modelo de valentía para mí, e incluso hoy oro para que, si alguna vez me ponen a prueba como les ocurrió a ellos, pueda encontrar en mi corazón el mismo tipo de valor que con tanta elocuencia expresaron al rey en estas hermosas palabras:

> [...] No es necesario que te respondamos sobre este asunto. He aquí nuestro Dios a quien servimos puede librarnos del horno de fuego ardiendo; y de tu mano, oh rey, nos librará. Y si no, sepas, oh rey, que no serviremos a tus dioses, ni tampoco adoraremos la estatua que has levantado. (vv. 16-18)

Estos tres hombres valientes fueron precursores de aquellos que en la venidera etapa de la tribulación rechazarán la marca de la bestia. Al igual que Sadrac, Mesac y Abed-nego, rechazarán el camino seguro y fácil y elegirán defender a Dios en lugar de inclinarse ante el mal.

A menudo hacemos que las decisiones correctas parezcan demasiado complejas. Cuando el resultado parece dudoso o amenazador, buscamos postergar la decisión mientras consideramos todos los factores, examinamos todos los matices y ponderamos todos los resultados. Pero en esencia, casi todas las decisiones morales son absolutamente simples: o estamos con Dios o nos entregamos a Satanás. Si el resultado es inconveniente, doloroso o incluso fatal, eso nunca debe ser lo determinante. La única decisión que debes tomar es si estás del lado de Dios, lo que significa que lo seguirás sin importar el costo.

La decisión puede traer consigo la represión o pérdida de la libertad. Incluso puede significar la muerte. Pero si nos mantenemos firmes y fieles a Dios mientras todos los demás aceptan la marca y se inclinan ante la imagen, podemos confiar en Su promesa de que finalmente reinaremos con Él (2 Ti 2.12; Ap 20.6).

CAPÍTULO 26

EL ARMAGEDÓN

El general Douglas MacArthur se mantuvo erguido en la cubierta del USS *Missouri* en el puerto de Tokio. Era el 2 de septiembre de 1945, y este hombre que había sido el artífice de la reñida victoria de Estados Unidos en el Pacífico acababa de presenciar la firma de la rendición japonesa que puso fin a la sangrienta lucha conocida como la Segunda Guerra Mundial. Ese día, este auténtico héroe estadounidense hizo una profunda advertencia, que luego repitió en su famoso discurso de despedida ante el Congreso de Estados Unidos: «Hemos tenido nuestra última oportunidad», dijo. «Si no diseñamos un sistema mejor y más equitativo, estaremos a las puertas del Armagedón».[1]

Poco después de tomar posesión como el cuadragésimo presidente de Estados Unidos, Ronald Reagan se asombró de las complejidades del Medio Oriente. Israel, en su delgada franja de tierra, estaba rodeado de enemigos árabes bien armados y divididos en innumerables facciones imposibles de reconciliar. El viernes 15 de mayo de 1981, Reagan reflejó en su diario los problemas insolubles en los que estaban implicados el Líbano, Siria, Arabia Saudita, la Unión Soviética e Israel. «A veces me pregunto —escribió—, si estamos destinados a presenciar el Armagedón».[2]

Armagedón. La palabra en sí enfría el alma. Probablemente hay muy pocos adultos que no estén familiarizados con ella y lo que implica. ¿Por qué nuestros líderes nacionales, en los siglos veinte y once, han comenzado a usar esa palabra del juicio final en sus discursos y escritos? Creo que es porque comprenden que el armamento moderno y las tensiones internacionales podrían hacer que el equilibrio global se desestabilice rápidamente, lo que provocaría una guerra catastrófica sin paralelo en la historia.

Esta guerra, llamada Armagedón, hará que todas las guerras que han tenido lugar hasta la fecha parezcan escaramuzas menores. Será el capítulo final de la civilización moderna.

LA PREPARACIÓN PARA LA BATALLA DE ARMAGEDÓN

En Apocalipsis 12, el apóstol Juan reveló cómo se producirá esta conflagración. «Y fue lanzado fuera el gran dragón, la serpiente antigua, que se llama diablo y Satanás, el cual engaña al mundo entero; fue arrojado a la tierra, y sus ángeles fueron arrojados con él. […] Y cuando vio el dragón que había sido arrojado a la tierra, persiguió a la mujer que había dado a luz al hijo varón (vv. 9, 13).

Estos versículos nos comunican que durante la tribulación, cuando Satanás es arrojado del cielo a la tierra, comenzará inmediatamente a perseguir a la mujer que dio a luz al hijo varón. La «mujer» es una metáfora para referirse a Israel, a través del cual nació el niño Jesús. El primer intento de persecución de Satanás será la batalla de Gog y Magog. Esta batalla, que precede a la batalla de Armagedón, será una enorme coalición de naciones, liderada por los rusos, que vendrán contra Israel como enjambres de avispas sobre un niño indefenso. Según nos dice Apocalipsis, Satanás será la fuerza que incitará esa invasión contra Israel, pero antes de que pueda lograr su objetivo de aniquilar a esa nación, Dios Todopoderoso la rescatará.

El fracaso en la batalla de Gog y Magog será un revés para Satanás, pero no se rendirá; será implacable en su persecución de los judíos. Su propósito, que comienza a manifestarse a mediados de la tribulación, es destruir al pueblo judío antes de que Cristo pueda establecer Su reino. De esta forma, acabaría con el gobierno profetizado de Dios sobre la tierra. Según Apocalipsis 16, Satanás utilizará a dos personajes horribles en sus planes: «Vi salir de la boca del dragón, y de la boca de la "bestia", y de la boca del "falso profeta", tres espíritus inmundos a manera de ranas» (v. 13, énfasis añadido).

Aquí Juan nos dice que Satanás dará poder a la bestia, que es la cabeza del Imperio romano restablecido, y al falso profeta, la cabeza del nuevo sistema religioso mundial. Así, Satanás (el dragón), la bestia (el anticristo) y el falso profeta se convierten en la trinidad profana empeñada en la destrucción de Israel. Cuando la Iglesia de Jesucristo sea llevada a salvo al cielo y comience el período de la tribulación, la desenfrenada persecución satánica contra Israel empujará al mundo entero a la batalla de Armagedón.

EL LUGAR DE LA BATALLA DE ARMAGEDÓN

«Y los reunió en el lugar que en hebreo se llama Armagedón» (v. 16).

Dada la enorme atención que ha recibido esta palabra, puede sorprenderte que *Armagedón* se mencione solo una vez en la Biblia, aquí en el capítulo dieciséis de Apocalipsis. La palabra proviene del hebreo *jar Meguiddón* que significa «el monte de Meguido». *Jar* significa «monte», y *Meguiddón* significa «matanza»; de modo que el significado de Armagedón es «monte de la matanza».

El monte de Meguido es un lugar real ubicado en el norte de Israel. Desde su cima se puede contemplar una vasta llanura que va del mar Mediterráneo hasta la parte norte de Israel. Meguido se encuentra a unas 18 millas (29 km) al sureste de Haifa, 55 millas (unos 89 km) al norte de Jerusalén, y a poco más de 10 millas (16 km) de Nazaret, la ciudad donde creció Jesús.

¿Por qué Meguido? ¿Por qué será este el lugar del conflicto final del mundo? Una de las más grandes figuras militares de la historia nos da la respuesta. En 1799, Napoleón se paró en Meguido antes de la batalla que puso fin a su intento de conquistar el Oriente y reconstruir el Imperio romano. Luego de ver la enorme llanura de Armagedón, declaró: «Todos los ejércitos del mundo podrían maniobrar sus fuerzas en esta vasta llanura [...]. No hay lugar en el mundo más adecuado para la guerra que este [...] [es] el campo de batalla más natural de toda la tierra».[3]

Esta guerra será tan horrible que según la Biblia la sangre fluirá en torrentes asombrosos. «Y fue pisado el lagar fuera de la ciudad, y del lagar salió sangre hasta los frenos de los caballos, por mil seiscientos estadios» (14.20). Si llevamos estas medidas antiguas a las unidades de medida actuales, mil seiscientos estadios son casi 200 millas (320 km), aproximadamente la distancia desde el norte hasta el extremo sur de la tierra de Israel.

En realidad, sería más preciso referirnos a este conflicto como la «*Campaña* de Armagedón». La palabra traducida como «batalla» en Apocalipsis 16.14 es la palabra griega *pólemos*, que significa guerra o campaña. Armagedón incluirá muchas batallas que se desarrollarán en todo el territorio de Israel durante un período de tres años y medio.

EL PROPÓSITO DE LA BATALLA DE ARMAGEDÓN

Nuestra sensibilidad se siente herida cuando leemos la carnicería que la Biblia describe en la batalla de Armagedón. Y la horrible escena da lugar a todo tipo de preguntas que a muchas personas les resultan difíciles de responder. Nos preguntamos qué está pasando, no solo en el mundo, sino también en la mente de Dios. ¿Cuáles son Sus propósitos?

FINALIZAR SU JUICIO SOBRE ISRAEL

La tribulación es un momento de indignación divina contra el pueblo de Israel, el pueblo que rechazó al Mesías y que, una y otra vez después de haber tenido la oportunidad de regresar, no prestó atención al juicio correctivo y punitivo de Dios. No es casual que a este período futuro se le llame a menudo el «tiempo de angustia para Jacob» (Jer 30.7).

FINALIZAR SU JUICIO SOBRE LAS NACIONES QUE HAN PERSEGUIDO A ISRAEL

Las naciones que han perseguido al pueblo judío finalmente se reúnen para la batalla de Armagedón, en el valle de Josafat, y le dan a Dios la oportunidad perfecta para derrotarlas de manera contundente y definitiva.

Reuniré a todas las naciones, y las haré descender al valle de Josafat, y allí entraré en juicio con ellas a causa de mi pueblo, y de Israel mi heredad, a quien ellas esparcieron entre las naciones, y repartieron mi tierra. (Jl 3.2)

JUZGAR FORMALMENTE A TODAS LAS NACIONES QUE LO HAN RECHAZADO

«De su boca sale una espada aguda, para herir con ella a las naciones, y él las regirá con vara de hierro; y él pisa el lagar del vino del furor y de la ira del Dios Todopoderoso» (Ap 19.15).

Este versículo nos muestra otro de los propósitos de Dios para desatar el Armagedón. Observa particularmente la última frase: «Él pisa el lagar del vino del furor y de la ira del Dios Todopoderoso». Para nuestros sentidos limitados por la temporalidad, la actividad de Dios a menudo parece tan distante y lenta que las personas que persiguen objetivos impíos tienden a no tomar en serio Su juicio. Por lo tanto, las naciones no creen que llegará el momento en que Su juicio caiga sobre ellas de manera inevitable. Pero ten la certeza de que Él acumula Sus juicios para hacerlos descender un día venidero. La Biblia es clara al respecto: uno de estos días la paciencia de Dios se agotará, y Su juicio se derramará como un fuego arrasador sobre las naciones malvadas del mundo. «Y los hombres se quemaron con el gran calor, y blasfemaron el nombre de Dios, que tiene poder sobre estas plagas, y no se arrepintieron para darle gloria» (16.9).

Este versículo nos indica cuán increíblemente malvadas se habrán tornado las naciones cuando el juicio de Dios descienda sobre ellas. Incluso cuando estos hombres se retuerzan y griten bajo el dolor insoportable del castigo de Dios, continuarán maldiciéndolo en Su cara. Estarán tan lejos de Dios, tan entregados al mal, que en su arrogante desafío se negarán a arrepentirse, incluso ante el juicio fatal.

LOS PARTICIPANTES EN LA BATALLA DE ARMAGEDÓN

Como hemos señalado, todas las naciones del mundo estarán involucradas en la batalla de Armagedón, y estarán dirigidas por el anticristo. Pero la Biblia nos da muchos más detalles sobre los motivos y las acciones de los participantes en esta batalla. Vale la pena explorarlos, pues proporcionan información sobre la naturaleza de la guerra y por qué se luchará.

EL PACTO ENTRE ISRAEL Y EL ANTICRISTO

Al referirse específicamente al anticristo, Daniel nos dice que «por otra semana confirmará el pacto con muchos» (Dn 9.27). En el lenguaje profético, esto significa una semana de años, por lo que el pacto se hará por siete años. El anticristo firmará ese pacto con Israel, que garantizará la paz y la seguridad durante siete años. Israel no verá a este hombre como lo que es, el malvado anticristo, sino como un líder benévolo y carismático.

LA ADORACIÓN DEL ANTICRISTO

Inmediatamente después del pacto con Israel, este gobernante mundial autoproclamado comenzará a fortalecer su poder al realizar señales y prodigios asombrosos, que incluso incluirán una supuesta resurrección de entre los muertos (Ap 13.3). Luego, cuando haya afianzado su dominio mundial, dará el siguiente paso de su arrogante desafío a Dios: «El rey hará lo que le plazca, se enaltecerá y se engrandecerá sobre todo dios, y contra el Dios de los dioses dirá cosas horrendas» (Dn 11.36, LBLA).

Daniel prosigue y nos brinda una descripción más detallada de los métodos insidiosos del anticristo:

> Del Dios de sus padres no hará caso, ni del amor de las mujeres; ni respetará a dios alguno, porque sobre todo se engrandecerá. Mas honrará en su lugar al dios de las fortalezas, dios que sus padres no conocieron; lo honrará con oro y plata, con piedras preciosas y con cosas de gran precio. Con un dios ajeno se hará de las fortalezas más inexpugnables, y colmará

de honores a los que le reconozcan, y por precio repartirá la tierra.» (Dn 11.37-39)

El anticristo será el arquetipo del hombre con una compulsión de extender su dominio sobre todo y sobre todos. Para lograr este fin, el anticristo no se inclinará ante ningún dios, solo honrará al «dios de las fortalezas». Es decir, construirá una enorme fuerza militar y participará en muchas guerras para extender su poder por todo el mundo.

En el Libro de Daniel 11:36, antes citado, Daniel describe cómo la gran megalomanía del anticristo lo llevará a dar su siguiente paso. Juan amplía la descripción que hace Daniel de los actos blasfemos del anticristo cuando nos dice que cada persona viviente tendrá que adorar a este hombre. «Y se le permitió infundir aliento a la imagen de la bestia, para que la imagen hablase e hiciese matar a todo el que no la adorase» (Ap 13.15). Poco a poco, el anticristo pasará de ser un líder europeo, a ser un líder mundial, un dictador tiránico global y finalmente un dios.

LA DECISIÓN DE LUCHAR
CONTRA EL ANTICRISTO

El poder global del anticristo no durará mucho. El mundo estará cada vez más descontento con el liderazgo de este dictador mundial, que habrá incumplido todas sus promesas. Las principales regiones del mundo comenzarán a reunir sus propias fuerzas militares y se rebelarán contra él.

El rey del sur y sus ejércitos serán los primeros en atacar al anticristo. Luego lo harán los ejércitos del norte. «Pero al cabo del tiempo el rey del sur contenderá con él; y el rey del norte se levantará contra él como una tempestad, con carros y gente de a caballo, y muchas naves» (Dn 11.40). John Walvoord señala el origen de este ejército y describe la magnitud del ataque inicial contra el anticristo:

> La profecía de Daniel describe un gran ejército de África, que incluye no solo a Egipto, sino también a otros países de ese continente. Este ejército, probablemente de millones de hombres, atacará al Medio Oriente

desde el sur. Al mismo tiempo, Rusia y otros ejércitos del norte movilizarán otra poderosa fuerza militar para descender sobre la Tierra Santa y desafiar al dictador mundial. Aunque Rusia habrá tenido un duro revés unos cuatro años antes, en la secuencia profética de los acontecimientos, al parecer podrá recuperar sus pérdidas lo suficiente como para organizar otro ejército.[4]

El anticristo derrotará algunos de estos primeros intentos de rebelión contra él. Pero antes de que pueda celebrar y avanzar hacia su objetivo de destruir a Israel y Jerusalén, algo sucederá.

LAS PERTURBADORAS NOTICIAS DEL ESTE

«Pero noticias del oriente y del norte lo atemorizarán, y saldrá con gran ira...» (vv. 44). La Biblia no deja dudas sobre el origen de las noticias que tanto perturbarán y enfurecerán al anticristo: «El sexto ángel derramó su copa sobre el gran río Éufrates; y el agua de éste se secó, para que estuviese preparado el camino a los reyes del oriente» (Ap 16.12).

El Éufrates es uno de los ríos más grandes del mundo. Fluye desde las montañas del este de Turquía a través de Siria y pasa por el centro de Irak, no lejos de Bagdad. Luego se une con el Tigris para convertirse en el Shatt al-Arab, que finalmente desemboca en el Golfo Pérsico. La totalidad del Éufrates fluye a través de territorio musulmán. En Génesis 15 y Deuteronomio 11, el Señor especificó que el Éufrates sería el límite más oriental de la tierra prometida. Sirve como una frontera y una barrera entre Israel y sus enemigos.

¿Cuál es el significado de la sequía del río Éufrates y por qué ese suceso tendrá un efecto tan perturbador en el anticristo? En busca de una explicación, volvamos una vez más a John Walvoord:

> Que el Éufrates se seque completamente es el preludio del acto final, no el acto en sí. Entonces, debemos concluir que la interpretación más probable de este hecho es que, por un acto de Dios, se interrumpirá la corriente del río como ocurrió con las aguas del mar Rojo y el río Jordán. Esta vez, el

camino no se abrirá para Israel, sino para los reyes del oriente [...]. Así que la evidencia apunta a una interpretación literal de Apocalipsis 16.12 en relación con el Éufrates.[5]

No es de extrañar que el dictador mundial esté perturbado y frustrado. Acaba de sofocar dos rebeliones al derrotar a los ejércitos del sur y del norte, y cuando parece que está a punto de tomar el control de todo, se entera de que el río Éufrates se ha secado y que los enormes ejércitos del este lo cruzan y avanzan en su contra. Se había sentido seguro, ya que ningún ejército podía atravesar esta barrera natural y entrar en la zona israelí donde él luchaba. Pero ahora esa barrera había desaparecido, y un ejército de un tamaño nunca antes visto avanzaba hacia él.

¿Qué tan grande será ese ejército? Escucha lo que Juan nos dice: «Y el número de los ejércitos de los jinetes era doscientos millones. Yo oí su número» (Ap 9.16). De repente, el anticristo debe dedicar la mayor parte de su atención a enfrentar una fuerza militar cuyo tamaño no tiene precedentes en la historia.

Cuando este ejército, jamás visto, cruce el lecho del Éufrates para atacar al anticristo, se desatará la guerra más grande de la historia, en la que participarán cientos de millones de personas. El principal campo de batalla será la tierra de Israel.

Como si esta noticia no fuera lo suficientemente aterradora, Juan nos dice que todos estos acontecimientos serán inspirados y dirigidos por los demonios del infierno: «Pues son espíritus de demonios, que hacen señales, y van a los reyes de la tierra en todo el mundo, para reunirlos a la batalla de aquel gran día del Dios Todopoderoso» (16.14).

> Sin duda, el demonismo en todas sus formas se manifestará cada vez más a medida que se acerque el final, hasta que por fin todo termine en Armagedón [...]. Pero además de estas huestes humanas, también estarán presentes en Armagedón innumerables huestes de seres sobrenaturales. [...] Así que Armagedón será verdaderamente una batalla del cielo, la tierra y el infierno.[6]

Entonces, justo en el momento en que el anticristo está a punto de atacar y destruir a Israel y Jerusalén, surge la amenaza de otro ejército enorme que entra en el campo de batalla. Así, el escenario está listo para el último y sorprendente suceso de la batalla de Armagedón.

EL SEÑOR DESCIENDE DE LOS CIELOS

Si eres un seguidor de Cristo, el siguiente acontecimiento puede hacer que te levantes y grites como un aficionado del fútbol que observa la entrada del jugador estrella al campo de juego.

> Entonces vi el cielo abierto; y he aquí un caballo blanco, y el que lo montaba se llamaba Fiel y Verdadero, y con justicia juzga y pelea. Sus ojos eran como llama de fuego, y había en su cabeza muchas diademas; y tenía un nombre escrito que ninguno conocía sino él mismo. Estaba vestido de una ropa teñida en sangre; y su nombre es: EL VERBO DE DIOS. Y los ejércitos celestiales, vestidos de lino finísimo, blanco y limpio, le seguían en caballos blancos. De su boca sale una espada aguda, para herir con ella a las naciones, y él las regirá con vara de hierro; y él pisa el lagar del vino del furor y de la ira del Dios Todopoderoso. Y en su vestidura y en su muslo tiene escrito este nombre: REY DE REYES Y SEÑOR DE SEÑORES. (19.11-16)

El gran Señor Jesús, el capitán de las huestes del Señor, el Rey de todos los reyes descenderá para defender y proteger a Su pueblo elegido y poner fin de una vez por todas al mal del anticristo.

DESCIENDE CON SUS SANTOS

Pero el Señor Jesús, el capitán de las huestes del Señor, no descenderá solo, como lo demuestran los siguientes versículos de la Escritura:

- «Y vendrá Jehová mi Dios, y con él todos los santos» (Zac 14.5).
- «La venida de nuestro Señor Jesucristo con todos sus santos» (1 Ts 3.13).

- «He aquí, vino el Señor con sus santas decenas de millares» (Jud v. 14).

Todos los que murieron en el Señor, junto con los que fueron arrebatados antes de la tribulación, se unirán al Señor y participarán en la batalla para instaurar en el mundo el gobierno de Cristo.

DESCENDERÁ CON SUS ÁNGELES

Los santos no son los únicos que formarán parte del ejército del Señor. Tanto Mateo como Pablo nos dicen que los ángeles también descenderán con Cristo. «Cuando el Hijo del Hombre venga en su gloria, y todos los santos ángeles con él, entonces se sentará en su trono de gloria» (Mt 25.31); «y a vosotros que sois atribulados, daros reposo con nosotros, cuando se manifieste el Señor Jesús desde el cielo con los ángeles de su poder» (2 Ts 1.7).

¿Cuántos ángeles están disponibles para formar este ejército? Hebreos 12.22 lo resume cuando habla de millares y millares de ángeles en «una asamblea gozosa» (NVI). Ángeles hasta donde alcanza la vista y hasta donde la mente puede imaginar.[7]

Esta mezcla de santos y ángeles nos recuerda escenas de grandes novelas fantásticas como *Las crónicas de Narnia* y *El señor de los anillos*, donde los humanos luchan junto a criaturas de otro mundo para derrotar a las fuerzas del mal. Es una imagen emocionante pensar que los humanos santos luchan al lado de los ángeles de Dios.

El inicio de la batalla de Armagedón tiene un precedente histórico en pequeña escala. El autor Randall Price relata el suceso:

> La guerra de Yom Kipur comenzó el 6 de octubre de 1973 a las 2:00 p. m. Fue un ataque por sorpresa a Israel llevado a cabo por las naciones árabes de Egipto y Siria, quienes estaban decididas a destruir el Estado judío. La abrumadora evidencia de preparativos militares árabes a gran escala en la mañana del 6 de octubre había hecho que el jefe del Estado Mayor, David Elazar, le pidiera a Estados Unidos ayuda para contener a los árabes. El Secretario de Estado norteamericano, Henry Kissinger, instó a la

primera ministra Golda Meir a no lanzar un ataque preventivo, sino a confiar en las garantías internacionales para la seguridad de Israel. A lo que la señora Meir, con su característica franqueza, replicó: «Para cuando vengan a salvar a Israel, ¡ya no habrá Israel!».

Cuando finalmente la comunidad internacional intervino para pedir negociaciones de alto el fuego, las bajas de Israel sumaban 2.552 muertos y más de 3.000 heridos. Y hubiera sido mucho peor si Israel no se hubiera dado cuenta de que si nadie iba a luchar por ellos, tendrían que luchar por sí mismos. Por esa razón, Israel ha llegado a confiar en sus propias defensas para garantizar su seguridad. Esta agresión fue solo un anticipo de lo que Israel puede esperar en el futuro, cuando se produzca el peor ataque en su historia y se centre en Jerusalén. En ese momento no habrá aliados, ni siquiera aliados reacios [...]. Pero la Escritura ha profetizado otra cosa. En el momento adecuado, el Salvador de Jerusalén regresará.[8]

Como nos dice Price, Israel se verá obligado a depender de sí mismo en esta última guerra, no dependerá de la ayuda de aliados. Esa es la similitud entre el inicio de la batalla de Armagedón y la guerra de Yom Kipur, su precedente histórico en miniatura. Pero ¿qué podemos decir del resultado? ¿Será el final de esta última guerra similar al final de la guerra de Yom Kipur en Israel? Responderemos a esa pregunta cuando veamos la historia completa de este suceso en el siguiente capítulo.

Por muy horribles y aterradores que puedan ser los acontecimientos que hemos discutido en este capítulo, todavía hay buenas noticias. Podemos sentir angustia al ver las señales de sucesos catastróficos venideros. Es posible que nos sintamos preocupados por las constantes noticias de guerras y terrorismo sin sentido. Podemos deprimirnos al escuchar informes de que la naturaleza se ha vuelto contra nosotros. Pero he aquí lo fundamental: los que confiamos en el Señor como nuestro Salvador no debemos tener miedo. Él ama y protege a los Suyos, y pase lo que pase, si lo buscamos y hacemos Su voluntad en nuestras vidas, estaremos entre aquellos a quienes Él salvará de la ira venidera.

PARTE 5

SEÑALES DEL FIN

Hemos llegado al último acto del drama cósmico y sus señales del Apocalipsis.

Nuestra historia continúa con la segunda venida de Cristo, un tema central en la narrativa de la Biblia y una de las mejores señales comprobadas en toda la Escritura. Después del regreso de Cristo, el glorioso milenio, una era de paz sin precedentes en la tierra, se establecerá con el regreso de Jesucristo.

Después de mil años, todos los muertos se presentarán en espíritu ante Dios en el juicio del gran trono blanco. Allí van a enfrentar las consecuencias de haber rechazado a Jesucristo como Salvador y Señor. Entonces Dios, por Su gracia, transformará todo el universo. Hará un cielo nuevo, una tierra nueva y una sublime ciudad, con cimientos deslumbrantes cuyo arquitecto y constructor es Él mismo; ella descenderá del firmamento y se convertirá en la capital del reino intemporal de Dios.

Termina el acto final. Se cierra el telón. Comienza la eternidad. Concluiremos el presente estudio con cinco señales del fin que Dios nos ha dado para llenar nuestros corazones de expectativas y esperanzas a las puertas del fin del mundo.

CAPÍTULO 27

EL REGRESO DEL REY

En una habitación decorada para un funeral albanés, nuestro misionero en Albania, Ian Loring, pronunció un enérgico sermón de Viernes Santo sobre el sacrificio expiatorio de Jesucristo. Luego invitó a todos a reunirse de nuevo el domingo y observar el «ritual del tercer día». En la cultura de este país, los amigos regresan tres días después del funeral, se sientan con la familia, toman un café amargo y recuerdan a la persona que murió. Más de trescientas personas llenaron la sala ese domingo de Pascua. Ian predicó sobre la «tumba no del todo vacía». Les hizo notar que la ropa de la tumba vacía de Cristo conservó su forma, pero el paño que había sido envuelto alrededor de su cabeza fue doblado y colocado aparte de la otra ropa. Para la congregación de Ian, ese pequeño detalle entrañaba un gran significado y una hermosa promesa. En Albania, cuando una persona termina de comer y va a retirarse de la mesa, estruja la servilleta y así da a entender que ha terminado. Pero si la deja doblada, significa que piensa volver.

Los albaneses comprendieron perfectamente la aplicación: ¡Jesús va a regresar!

La Biblia una y otra vez aborda la segunda venida del Señor Jesús. Tal promesa se confirma repetidamente en sus páginas. Los cristianos pueden descansar en la convicción segura de que así como Él vino a la tierra por primera vez, volverá al final de la gran tribulación.

LA ANTICIPACIÓN DE CRISTO

Nosotros, como creyentes, estamos más familiarizados con la primera venida de Cristo. Sin embargo, los autores inspirados de la Escritura gastaron más tinta en narrar la segunda. Las referencias a dicha venida superan en número las de la primera en una proporción de ocho a uno. Los eruditos cuentan 1.845 referencias bíblicas a la segunda venida. De ellas, 318 en el Nuevo Testamento. No menos de diecisiete libros del Antiguo Testamento y siete de cada diez capítulos del Nuevo Testamento enfatizan el regreso de nuestro Señor. Él mismo abordó el tema veintiuna veces. En el Nuevo Testamento el único asunto que predomina más que el de la segunda venida es el de la fe.

LOS PROFETAS ANUNCIARON LA SEGUNDA VENIDA DE CRISTO

Aunque muchos de los profetas del Antiguo Testamento escribieron sobre el regreso de Jesús, Zacarías fue el que hizo la predicción más clara y concisa:

> Después saldrá Jehová y peleará con aquellas naciones, como peleó en el día de la batalla.
>
> Y se afirmarán sus pies en aquel día sobre el monte de los Olivos, que está en frente de Jerusalén al oriente; y el monte de los Olivos se partirá por en medio, hacia el oriente y hacia el occidente, haciendo un valle muy grande; y la mitad del monte se apartará hacia el norte, y la otra mitad hacia el sur (Zac 14.3-4).

Observa que el profeta se ocupa de los detalles. Incluso señala la ubicación geográfica de Su retorno: «Y se afirmarán sus pies en aquel día sobre el monte de los Olivos» (14.4). Al igual que el Armagedón, el monte de los Olivos es un lugar existente e identificable que aún conserva su antiguo nombre. Tal especificidad profética nos da la entera confianza de que es verdadera y exacta.

JESÚS MISMO ANUNCIÓ SU SEGUNDA VENIDA

Desde el monte de los Olivos, Jesús, en términos dramáticos y catastróficos, les comunicó a los discípulos que Él regresaría a la tierra:

> «Porque como el relámpago que sale del oriente y se muestra hasta el occidente, así será también la venida del Hijo del Hombre... E inmediatamente después de la tribulación de aquellos días, el sol se oscurecerá, y la luna no dará su resplandor, y las estrellas caerán del cielo, y las potencias de los cielos serán conmovidas. Entonces aparecerá la señal del Hijo del Hombre en el cielo; y entonces lamentarán todas las tribus de la tierra, y verán al Hijo del Hombre viniendo sobre las nubes del cielo, con poder y gran gloria». (Mt 24.27, 29-30)

LOS ÁNGELES ANUNCIARON QUE JESÚS REGRESARÍA

Inmediatamente después de la ascensión de Cristo al cielo, dos ángeles se aparecieron a los discípulos, aún atónitos, y los consolaron con estas palabras: «Varones galileos, ¿por qué estáis mirando al cielo? Este mismo Jesús, que ha sido tomado de vosotros al cielo, así vendrá como le habéis visto ir al cielo» (Hch 1.11). El siguiente versículo dice: «Entonces volvieron a Jerusalén desde el monte que se llama del Olivar» (v. 12). ¿Te diste cuenta? Él ascendió al cielo desde el monte de los Olivos. Según los ángeles, el Señor volverá a ese mismo lugar: el monte de los Olivos. Las palabras de los ángeles confortaron a los discípulos por la partida de su Maestro a la vez que les confirmaron Su retorno futuro.

EL APÓSTOL JUAN PROFETIZÓ LA SEGUNDA VENIDA DE JESÚS

Las profecías del regreso de Cristo son la antesala del Apocalipsis de Juan. En el primer capítulo, escribió: «He aquí que viene con las nubes, y todo ojo le verá, y los que le traspasaron y todos los linajes de la tierra harán lamentación por él» (Ap 1.7). Y en las últimas páginas del último capítulo, de hecho, casi en las últimas palabras del Nuevo Testamento, nuestro Señor afirma y enfatiza Su segunda venida: «El que da testimonio de estas cosas dice: Ciertamente vengo en breve. Amén; sí, ven, Señor Jesús» (22.20).

Es obvio que tenemos excelentes razones para anticipar el regreso de Cristo. La Biblia lo afirma como una certeza, lo describe en términos específicos y con amplia confirmación.

LA LLEGADA DE CRISTO

El Libro de Apocalipsis revela que las puertas celestiales se abrirán dos veces. La primera vez para recibir a la Iglesia en el cielo en el momento del arrebatamiento: «Después de esto miré, y he aquí una puerta abierta en el cielo; y la primera voz que oí, como de trompeta, hablando conmigo, dijo: Sube acá, y yo te mostraré las cosas que sucederán después de estas» (4.1). La segunda ocasión para que Cristo y Su Iglesia desciendan del cielo en marcha de combate rumbo a la tierra (19.11, 14). La primera apertura conlleva al arrebatamiento de los santos; ¡la segunda, da lugar al regreso de nuestro Señor Jesús!

Cuando Él vuelva de nuevo a la tierra, Su llegada anunciará con todo poder el propósito de Su venida. En el momento en que Sus pies toquen el monte de los Olivos, la montaña se dividirá, y se abrirá un amplio pasaje desde Jerusalén hasta Jericó. Ya puedes imaginarte la magnitud, sin precedentes, del cataclismo.

Veamos brevemente la descripción bíblica de la gloria y la majestad que Cristo va a manifestar en Su segunda venida.

SUS TÍTULOS

Nuestro Señor en Su venida, recibe tres títulos importantes. Lo vemos en Apocalipsis 19:

> Entonces vi el cielo abierto; y he aquí un caballo blanco, y el que lo montaba se llamaba Fiel y Verdadero, y con justicia juzga y pelea... y tenía un nombre escrito que ninguno conocía sino él mismo... y su nombre es: EL VERBO DE DIOS... Y en su vestidura y en su muslo tiene escrito este nombre: REY DE REYES Y SEÑOR DE SEÑORES. (vv. 11-13, 16)

Me gusta la forma en que un erudito resume los versículos: «El primero de estos tres nombres expone la dignidad de nuestro Señor como el Hijo Eterno; el segundo, Su encarnación: Y aquel Verbo fue hecho carne; y el tercero, Su segundo advenimiento para reinar como Rey de reyes y Señor de señores».[1]

SU DESCRIPCION

La Palabra describe que *los ojos* del Cristo que regresa arden como una llama de fuego; lo que alude a Su capacidad de juez para escudriñar a profundidad los corazones de los hombres y descubrir toda injusticia (1.14; 2.18; 19.12). Su mirada atravesará las motivaciones de cada nación e individuo y los juzgarán por lo que en realidad son. ¡No por lo que esperan que sus máscaras de hipocresía les hagan parecer!

El Cristo que vuelve ostenta diversas coronas en *Su cabeza* (19.12), lo que demuestra Su condición de Rey de reyes y Señor de señores, el monarca indiscutible de toda la tierra.

El manto del Cristo que retorna está teñido en sangre, un recordatorio de que Él es el Cordero expiatorio de Dios. En Apocalipsis, anteriormente Juan lo describe como el «Cordero que fue inmolado desde el principio del mundo» (13.8). De hecho, por toda la eternidad, Jesús se manifestará ante nosotros como el Cordero de Dios.

LAS HUESTES DE JESUCRISTO

Cuando Jesús regrese a esta tierra para sofocar la rebelión definitiva del mundo, los ejércitos del cielo lo acompañarán. Juan los describió así: «… vestidos de lino finísimo, blanco y limpio, [que lo siguen] en caballos blancos» (19.14).

En Judas, la breve epístola que antecede al Libro de Apocalipsis, los versículos 14 y 15 describen este suceso:

> De éstos también profetizó Enoc, séptimo desde Adán, diciendo: He aquí, vino el Señor con sus santas decenas de millares, para hacer juicio contra

todos, y dejar convictos a todos los impíos de todas sus obras impías que han hecho impíamente, y de todas las cosas duras que los pecadores impíos han hablado contra él.

Nota cómo, en un versículo corto, Judas usó cuatro veces palabras que denotan *impiedad*. La repetición no es accidental. Quiso hacer énfasis en que cuando Cristo venga por segunda vez, Su paciencia habrá llegado al límite. Vendrá a enjuiciar a quienes lo han desafiado, y el juicio será para todos y cada uno. A estas alturas, la gente en la tierra habrá rechazado el ministerio de los 144.000 predicadores y de los dos testigos que Dios les mandó para su salvación; tal como cuando el profeta Jonás fue enviado a los ninivitas, porque con amorosa misericordia, Dios se esforzó por alejarlos de su rebelión fatal. Sin embargo, en este caso, las personas en los últimos días habrán endurecido los corazones de tal modo que no se arrepentirán.

LA AUTORIDAD DE CRISTO

Cuando el Señor vuelva a la tierra, al final de la tribulación, los hombres y las naciones que lo han desafiado no podrán enfrentarlo. La superioridad del Señor Jesús los aplastará como un elefante aplasta a miles de hormigas. Su victoria y autoridad serán indiscutibles. El apóstol Juan detalla la finalidad de Su juicio y la firmeza de Su gobierno: «De su boca sale una espada aguda, para herir con ella a las naciones, y él las regirá con vara de hierro; y él pisa el lagar del vino del furor y de la ira del Dios Todopoderoso. Y en su vestidura y en su muslo tiene escrito este nombre: REY DE REYES Y SEÑOR DE SEÑORES (Ap 19.15-16).

El grandioso título, Rey de reyes y Señor de señores, identifica a nuestro Salvador en Su segunda venida. Describe Su autoridad incuestionable. Todos los reyes y señores de la tierra se inclinarán y se arrodillarán ante Él.

En el momento en que Cristo regrese por segunda vez, cumplirá, por fin, las palabras proféticas de Isaías. Aquellas que tanto citamos y oímos cantar, con la elevada música de Handel, a los coros de Navidad: «Porque un niño nos es nacido, hijo nos es dado, y el principado sobre su hombro;

y se llamará su nombre Admirable, Consejero, Dios Fuerte, Padre Eterno, Príncipe de Paz» (Is 9.6). Jesús cumplió la primera parte de la conocida profecía: la de su conmovedor nacimiento. La segunda porción será para revelar Su poder y autoridad férrea sobre las naciones todas. ¡Por fin llevará el principado del mundo sobre Sus hombros!

LA VENGANZA DE CRISTO

El Libro de Apocalipsis tiene tres secciones. El comienzo nos presenta al mundo arruinado por la humanidad. Cuando llegamos a la segunda mitad del período de la Tribulación, vemos cómo Satanás gobierna la tierra. Sin embargo, al final de dicha etapa, vemos que el Señor Jesús reivindica la tierra.

Pero que Él lo haga no significa que simplemente intervenga y plante Su bandera. Antes de exigirla debe limpiarla. Nadie se muda a una casa que esté infestada de ratas, primero hay que exterminarlas y luego limpiar todas las habitaciones. Eso es lo que Cristo va a hacer antes de reclamar Su territorio: eliminar toda rebelión. Al borrar a los rebeldes de la faz de la tierra, Jesús vengará los daños que le infringieron a Su perfecta creación. Los últimos versículos de Apocalipsis 19 narran sobre esta purga y limpieza. Cada paso en el proceso es, en sí mismo, una historia emocionante. Examinemos brevemente los actos de venganza que purificarán y que reivindicarán la tierra.

LAS AVES DE LOS CIELOS

En *The Birds* [Los pájaros], el clásico largometraje de Alfred Hitchcock, los progresivos ataques de aves viciosas han provocado terror en una ciudad costera de California. El pavor aumenta en la medida en que avanza el filme. El clímax nos deja consternados: las aves oscuras se posan en filas interminables sobre los cables del tendido eléctrico, perversas, amenazadoras. En lugar de cerrar la película con su típico «El Fin», Hitchcock opta por oscurecer lentamente la pantalla. El espectador queda intranquilo y aterrorizado al salir del cine y ver los pájaros posarse en los cables eléctricos del vecindario. La historia es horrible, pero palidece ante la espeluznante escena de aves que Juan nos muestra.

> Y vi a un ángel que estaba en pie en el sol, y clamó a gran voz, diciendo a todas las aves que vuelan en medio del cielo: Venid, y congregaos a la gran cena de Dios, para que comáis carnes de reyes y de capitanes, y carnes de fuertes, carnes de caballos y de sus jinetes, y carnes de todos, libres y esclavos, pequeños y grandes… y todas las aves se saciaron de las carnes de ellos. (Ap 19.17-18, 21)

No alcanzan las palabras, es imposible describir un escenario tan horroroso. Todas las aves carroñeras de la tierra se reúnen en Armagedón para devorar las enormes pilas de carne humana que, por kilómetros y kilómetros, yacen ensangrentadas en el campo de batalla. Las palabras *aves* (de rapiña) o ave inmunda (carroñeros) del pasaje se encuentran solo tres veces en la Biblia: dos aquí en Apocalipsis 19 (versículos 17 y 21), y una en Apocalipsis 18.2. Es el vocablo griego *órneon*, que designa a un ave carroñera. En español también pudiéramos traducirla como *buitre*.

En la visión de Juan, el ángel llama a todas las aves de carroña conocidas para que vengan a Armagedón a «la gran cena de Dios». Aquí se deleitarán con los cadáveres caídos de los enemigos del Señor. El texto asevera que los muertos serán: reyes, capitanes, fuertes, libres, esclavos, pequeños y grandes.

LOS ENEMIGOS DEL CIELO

«Vi a la bestia, a los reyes de la tierra y a sus ejércitos, reunidos para guerrear contra el que montaba el caballo, y contra su ejército» (19.19). ¿Pueden las criaturas luchar contra su Creador? ¡Qué disparate! ¿Pretenden los diminutos hombres confinados en un pequeño planeta, flotando en el inconmensurable cosmos, asestarle un golpe al Hacedor del universo? ¡Qué estupidez! Pero, la futilidad ahoga los corazones alejados de Dios. Juan advirtió que la bestia y el falso profeta convencerán a los ejércitos del mundo para que marchen a la guerra contra Cristo y Sus huestes celestiales. Es como arengar y convencer a un puñado de ratas a librar batalla contra los leones. ¡Esta batalla final será el fin de toda rebelión levantada por la humanidad contra el Dios Todopoderoso desde el principio de los tiempos! En cuanto al resultado, bueno, es sumamente claro.

LA MUERTE DE LA BESTIA Y EL FALSO PROFETA

La Biblia relata que Dios apresará a la bestia (el anticristo) y al falso profeta y los lanzará al lago ardiente. «Y la bestia fue apresada, y con ella el falso profeta que había hecho delante de ella las señales con las cuales había engañado a los que recibieron la marca de la bestia, y habían adorado su imagen. Estos dos fueron lanzados vivos dentro de un lago de fuego que arde con azufre» (19.20).

Estas dos criaturas infames tendrán el indeseable privilegio de llegar al infierno antes que Satanás. De hecho, el diablo será confinado más tarde: «Y el diablo que los engañaba fue lanzado en el lago de fuego y azufre, donde estaban la bestia y el falso profeta; y serán atormentados día y noche por los siglos de los siglos» (20.10). Satanás se une a la bestia y al falso profeta en el infierno al final del milenio, mil años después.

> Ten en cuenta lo siguiente: Dios toma a dos hombres, estos: «... fueron lanzados vivos dentro de un lago de fuego que arde con azufre»; allí, mil años después, todavía están «sufriendo el castigo del fuego eterno» (Judas 7)... El lago de fuego no es ni aniquilación ni purgatorio, porque no aniquila ni purifica a estos dos enemigos caídos de Dios y de la raza humana después de mil años bajo juicio.[2]

LA CONTUNDENTE VICTORIA DE CRISTO SOBRE LA REBELIÓN

«Y los demás fueron muertos con la espada que salía de la boca del que montaba el caballo» (Ap 19.21). Así es como John F. Walvoord describe la victoria:

> Cuando nuestro Señor regrese al final del período de la tribulación, los ejércitos que han estado luchando entre sí por el poder habrán invadido

la ciudad de Jerusalén y estarán aún en pugna entre ellos mismos. Sin embargo, estos soldados, en cuanto la gloria de la segunda venida de Cristo aparezca en los cielos, olvidarán su competencia por el poder en la tierra y se unirán para combatir a las tropas celestiales (16.16; 19.19). Pero, sus más grandes esfuerzos serán inútiles porque Jesús los herirá con la espada de Su boca (19.15, 21). Al final todos, jinetes y caballos, perecerán.³

LA APLICACIÓN DE LA SEGUNDA VENIDA DE CRISTO

Para mí, la comprensión de los eventos futuros posee un gran valor. Sin embargo, creo que el estudio de la profecía es invaluable y mucho más práctico. Proporciona una indiscutible motivación para hacer realidad la vida cristiana. La proximidad de los sucesos proféticos nos muestra la necesidad de vivir cada momento a la manera de Jesús. El respetado evangelista bautista del sur, Vance Havner, lo expresa así: «El diablo ha metido nuestra época en cloroformo». Por lo tanto, en vista de las seguras promesas del regreso de Cristo, debemos, como creyentes, no solo estar preparados, sino también expectantes. En nuestros tiempos de «anarquía, apostasía y apatía», Havner sugiere cómo debemos comportarnos: «Necesitamos quitar las señales de "por favor, no molestar", levantarnos del estupor, rebasar el estado de coma y dejar toda apatía».⁴ Él nos recuerda que la Palabra de Dios nos llama a despertar del sueño y a andar en justicia en la luz que nuestro Señor Jesús nos ha dado (Ro 13.11; 1 Co 15.34; Ef 5.14).

La profecía nos brinda ese llamado de atención que pide el doctor Havner. Si escuchamos y entendemos la verdad del retorno de Cristo, Su promesa inquebrantable, no podemos seguir viviendo igual que antes. Los acontecimientos futuros tienen implicaciones presentes que no podemos ignorar. Cuando sabemos que Jesús vendrá de nuevo a esta tierra, no podemos seguir siendo los mismos.

Una de las mejores historias que he escuchado sobre personas que anhelan el regreso de su líder es la del explorador y aventurero, Sir Ernest Shackleton. El sábado 8 de agosto de 1914, una semana después de que

Alemania declarara la guerra a Rusia, veintinueve hombres zarparon en un barco de madera de tres mástiles desde Plymouth, Inglaterra, a la Antártida para convertirse en los primeros aventureros en cruzar este continente de hielo a pie. Sir Ernest Shackleton había reclutado a sus valientes a través de un anuncio: «Se buscan hombres para un viaje peligroso. Salario bajo. Frío glacial. Largos meses de completa oscuridad. Peligro constante. Dudoso retorno seguro. Honor y reconocimiento en caso de éxito».

Shackleton era bastante honesto. Quienes lo siguieron experimentaron todo cuanto decía su anuncio. Fue un líder capaz y un héroe comprobado. Sus subalternos empezaron a llamarle «el jefe», aunque él nunca se vio como tal. Trabajó duro, a la par de cualquier miembro de la tripulación y logró una sólida unidad de equipo a bordo de la nave *Endurance* [Perseverancia], un nombre completamente acertado. En enero de 1915, el barco quedó preso en un banco de hielo y terminó hundiéndose. Los hombres tuvieron que armar su campamento en una capa plana de hielo marino flotante. Shackleton mantuvo a sus colegas ocupados durante el día y entretenidos por la noche: jugaban *ice soccer* [fútbol de hielo], hacían festivales de canciones a la caída del sol y a cada rato competían en sus trineos tirados por perros. Fue en ese lugar que Shackleton demostró su grandeza como líder. De manera voluntaria, cedió su derecho a un saco de dormir forrado de piel, más cálido, para que uno de sus camaradas pudiera usarlo. Todos los días por la mañana les servía leche a sus compatriotas en sus tiendas.

En abril de 1916, la capa de hielo disminuyó y amenazaba con quebrarse. Todos se vieron obligados a buscar refugio en la cercana isla Elefante. Shackleton sabía que era poco probable que los rescataran en un sitio tan desolado, así que junto con cinco camaradas decidieron cruzar ochocientos kilómetros de mar abierto antártico en un bote salvavidas de seis metros, con la única esperanza de volver con los rescatistas. Finalmente, el 30 de agosto, tras un arduo viaje de 105 días y tres intentos anteriores, Shackleton regresó y rescató a su tripulación. De esta manera se convirtió en su héroe.

Pero quizás el verdadero protagonista de la historia es Frank Wild. Él era el segundo al mando, así que se quedó a cargo del campamento en ausencia de Shackleton. Mantuvo la rutina que el jefe había establecido: asignó tareas diarias, sirvió comidas, organizó cantos nocturnos, competiciones atléticas y trató a toda hora de mantener alta la moral de los hombres. Él los mantuvo paleando y removiendo hielo porque: «la nieve siempre amenazaba con enterrar por completo el campamento y volverlo totalmente invisible desde el mar, lo que provocaría que los rescatistas nos buscaran en vano».

El disparo de un arma debía ser la señal antes acordada de que el barco de rescate estaba cerca de la isla, pero como Wild informó: «Muchas veces, los glaciares se "agrietaban" y se derrumbaban, lo cual producía un sonido parecido al disparo de un arma de fuego y pensábamos que ya habían llegado a buscarnos. Después de un tiempo nos acostumbramos al estertor y desconfiábamos de esas señales». Sin embargo, nunca perdió la esperanza de que su jefe regresara. Con toda seguridad, Wild mantuvo la última lata de querosén y un suministro de combustibles secos listos para encenderlos al momento como una señal de localización cuando llegara el «día de las maravillas».

En el campamento les quedaban raciones solo para unos cuatro días cuando Shackleton llegó, por fin, en un rompehielos chileno. Él mismo hizo repetidos viajes a través de las aguas heladas en un pequeño bote salvavidas con el ansia de poner su tripulación a resguardo. Milagrosamente, la densa niebla desapareció del paisaje. Así que todos los hombres pudieron llegar al rompehielos en una hora.

Más tarde, ellos mismos le contaron a Shackleton cómo estaban preparados para abandonar con rapidez el campamento. Él señaló: «Quince días después de mi partida todavía Wild enrollaba su saco de dormir diciendo: "Muchachos, preparen sus cosas, el jefe puede venir hoy". Y, en efecto, un día la niebla se abrió para revelar el barco que habían estado esperando, con ansiedad, y que buscaron en el horizonte durante más de cuatro meses». La «expectativa alegre de Wild contagió a los demás», y todos estaban preparados cuando llegó el día de la evacuación.[5]

La tripulación varada de Shackleton esperaba desesperadamente que su líder volviera por ellos, y añoraban su retorno. Pero, aunque ese hombre fuera alguien tan diligente y dedicado, no podían confiar a plenitud en su regreso. Después de todo, era un ser humano que luchaba contra elementos que no podía controlar, así que su retorno no era seguro. A diferencia de esa tripulación desesperada, tenemos la ciertísima promesa de que el Señor volverá. La nuestra no es una esperanza moribunda o un simple anhelo como el de ellos, porque nuestro Señor es el Creador y el Maestro de todo lo creado, y Su promesa es tan definitiva como Su propia existencia.

Los profetas, los ángeles y el apóstol Juan se hacen eco de la promesa que Jesús hizo de Su retorno. La Palabra de Dios la refuerza aún más al darnos pistas en la profecía y de esta manera ayudarnos a identificar las señales de Su cercano regreso. Como anticipamos el mismo, no debemos establecer fechas a tontas y locas, y dejar los trabajos y los hogares para esperarlo en alguna montaña. Debemos permanecer ocupados haciendo el trabajo que tenemos ante nosotros, viviendo en amor y sirviendo en el ministerio, incluso cuando los días se tornan oscuros y las noches se prolongan. ¡Mantente animado! ¡Siempre alerta, siempre expectante! Tenemos la certeza: nosotros somos de Cristo. Y como dice esa antigua canción góspel: «¡Pronto y muy pronto, vamos a ver al Rey!».

CAPÍTULO 28

EL MILENIO

Isaac Watts comenzó a escribir poemas cuando tenía siete años. Al finalizar sus estudios universitarios empezó a componer himnos. Este tipo de música no era bien vista por aquel entonces porque muchos creyentes británicos solo cantaban salmos bíblicos en la iglesia. De todas formas, compuso una gran cantidad de ellos y hoy se le recuerda como el padre del himnario inglés. También fue pastor en Londres y escribió libros de texto sobre lógica los cuales fueron usados por las más importantes universidades de su época. Era de baja estatura, de hábitos curiosos y de gran corazón. Una buena cantidad de sus himnos aún se cantan más de doscientos años después, entre ellos el archiconocido villancico navideño *Joy to the World* [Al mundo paz].

Pero a Watts le disgustaría saber que hoy todos cantamos *Al mundo paz* como un villancico, porque cuando lo compuso no estaba pensando en el nacimiento de Cristo. Sí, lo entonamos en muchísimos idiomas, y tenemos una versión en castellano que, aunque hermosa, no es del todo fiel.

¡Al mundo paz, nació Jesús!
Nació ya nuestro Rey;
el corazón ya tiene luz,
y paz su santa grey,
y paz su santa grey,
y paz, y paz su santa grey.

¡Al mundo paz, el Salvador
en tierra reinará!
Ya es feliz el pecador,
Jesús perdón le da,
Jesús perdón le da,
Jesús, Jesús perdón le da.

Al mundo Él liberará
de espinas y aflicción;
las maldiciones quitará,
dará su bendición,
dará su bendición,
dará, dará su bendición.

Al mundo Él gobernará
con gracia y con poder;
a las naciones probará
su amor y su poder,
su amor y su poder,
su amor, su amor y su poder.

En inglés (idioma original del compositor), el tema es el regreso de nuestro Señor y la edad de oro posterior a Su segunda venida. La composición apareció por primera vez en un himnario en 1719. El autor tomó muchos de los salmos bíblicos y los parafraseó utilizando el Nuevo Testamento. La canción *Al mundo paz* es, de hecho, una interpretación del Salmo 98 y, en su idioma original, no se refiere en absoluto al nacimiento de Jesús. Observa el texto en una traducción más cercana y comprueba cuál es realmente el tema:

Gozo en la faz del mundo habrá,
Su Rey recibirán.
Que cada pío corazón,

prepare a Cristo habitación.
El cielo cantará,
La tierra cantará,
Oh, cielos y tierra cantarán.

Luz en la faz del mundo habrá,
que reine el Salvador.
De mar a mar la creación,
ya tiene digna redención,
al Hijo da loor,
al Hijo da loor,
al Hijo, al Hijo, da loor.

No más pecar o iniquidad,
Ni espinos por doquier.
Su bendición dará a fluir,
en lid contra el pecado vil.
Contra el pecado vil,
Contra el pecado vil,
En lid, en lid, contra el pecado vil.

A las naciones regirá,
con vara de Pastor.
Y a todo hombre probará,
su cetro firme de equidad.
La gloria de Su amor,
La gloria de Su amor,
La gloria, la gloria, de Su amor.

¿Ocurrieron esas cosas cuando Jesús vino la primera vez, el día que nació en un pesebre y lo envolvieron en pañales? ¿Recibió la tierra a su rey? ¿Se transformó la naturaleza? ¿Acaso, de mar a mar, los campos, los ríos, las rocas, las colinas y las llanuras fueron, por fin, redimidos? ¿Desaparecieron del suelo las espinas? ¿Cesaron la maldición, el pecado y el sufrimiento? ¿Reina Jesús ahora con vara de Pastor? ¿Reconocen las naciones Su cetro firme de equidad y la gloria de Su amor?

Tales declaraciones reflejan promesas bíblicas, sin embargo, no se refieren a la primera venida de Cristo: hacen referencia a la segunda y al espléndido milenio que tendrá lugar cuando regrese. Yo, por ahora, no tengo la intención de dejar de cantar *Al mundo paz* en Navidad, pero al entonar el villancico aguardo Su regreso y la era de calma que Él instaurará a nivel mundial. Espero con ansias el día en que la tierra recibirá a su Rey, momento en que cada corazón le preparará lugar, cuando no habrá más espinos por doquier y Cristo gobierne el mundo con vara de hierro y amor. Eso es lo que va a acontecer durante el reinado milenial del Señor, que será después de Su segunda venida. Solo entonces, el anuncio de *Al mundo paz*, tendrá cumplimiento.

Con frecuencia nos referimos a este período con un nombre específico: *el milenio*, vocablo que en realidad no aparece en la mayoría de las Biblias en español. Sin embargo, es un tema central en la Palabra y nos asombramos al ver la cantidad de capítulos y versículos que describen la edad de oro de Cristo, que durará mil años en nuestro planeta.

¿QUÉ ES EL MILENIO?

Para comenzar, el término *milenio*, proviene de la combinación de dos voces en latín: *mille*, que significa «mil» y *annum*, «años». Así que la palabra es simplemente «mil años». El Milenio, de manera literal, sucederá en el futuro, durará mil años y comenzará cuando Jesús regrese al final de la historia para establecer Su reino terrenal.

CUATRO OBJETIVOS DEL MILENIO

Por supuesto que el asunto plantea muy buenas interrogantes. ¿Por qué Dios lo planeó así? ¿Para qué un milenio? ¿Por qué no comenzar la eternidad en cuanto Cristo regrese sin tener que esperar otros mil años? La verdad, no tengo todas las respuestas, pero estoy completamente seguro de que Dios, en Su infinita sabiduría, conoce con exactitud lo que está haciendo y por qué. Creo que, a partir de nuestro estudio de la Escritura, podemos determinar varios propósitos esenciales y obvios para el milenio. Permíteme mencionarte cuatro de ellos.

PARA RECOMPENSAR A LOS CREYENTES

El primer propósito del milenio es recompensar al pueblo de Dios. La Palabra contiene infinidad de promesas que confortan a los creyentes y afirman que serán premiados por servirle con fidelidad. Por ejemplo, Isaías 40.10 asegura: «He aquí que Jehová el Señor vendrá con poder, y su brazo señoreará; he aquí que su recompensa viene con él, y su paga delante de su rostro».

Jesús expresó: «Porque el Hijo del Hombre vendrá en la gloria de su Padre con sus ángeles, y entonces pagará a cada uno conforme a sus obras» (Mt 16.27). Y luego agregó: «Entonces el Rey dirá a los de su derecha: Venid, benditos de mi Padre, heredad el reino preparado para vosotros desde la fundación del mundo» (25.34). También en Apocalipsis 22.12 dice: «He aquí yo vengo pronto, y mi galardón conmigo, para recompensar a cada uno según sea su obra».

La Biblia explica que nosotros, los cristianos, al servir a Dios aquí en la tierra, seremos gratificados cuando lleguemos al reino con la oportunidad de hacerlo de un modo nuevo y especial.

En la parábola de los talentos, Jesús enseñó que la fidelidad será la base de nuestro papel como siervos y administradores. ¿Recuerdas las palabras que queremos escuchar del Señor cuando lleguemos al cielo? «Bien, buen siervo y fiel; sobre poco has sido fiel, sobre mucho te pondré; entra en el gozo de tu señor» (Mt 25.23). La oportunidad de gobernar «sobre mucho» formará parte de nuestra experiencia durante los mil años. En el milenio reinaremos con Jesús. Él será nuestro Rey y le serviremos, no como un castigo sino como una recompensa.

Randy Alcorn expresó:

El servicio es un premio, no una condena. Una idea de este tipo les resulta extraña a quienes detestan sus trabajos. Ellos no lo disfrutan; más bien lo «toleran» hasta que se jubilan. Creemos, erróneamente, que el Señor va a premiar nuestro trabajo fervoroso con unas vacaciones perpetuas. Pero Dios nos ofrece algo muy diferente: más labores, más responsabilidades, mejores oportunidades, junto con mayores destrezas, recursos, sabiduría y autoridad. Poseeremos mentes poderosas, cuerpos fuertes, propósitos claros y una alegría incesante.[1]

¡Imagina la maravilla de ayudar a Jesús a gobernar y regir en la tierra durante mil años dorados!

PARA CUMPLIR LAS PREDICCIONES DE LOS PROFETAS

Todos los vaticinios y promesas del Antiguo Testamento se cumplirán durante los mil años del reinado de Cristo. He ahí otro de los principales propósitos del milenio. Solo podemos comprender una gran parte del Antiguo Testamento si entendemos que dicho período forma parte de los planes de Dios para las edades. J. Dwight Pentecost escribió: «Las alusiones proféticas que hablan del carácter y las condiciones del milenio son más abundantes que cualquier otro tema».[2] Muchas de las promesas que Dios hizo a Israel aún no se han materializado literalmente. Se cumplirán en el Milenio. He seleccionado algunos versículos para demostrarlo. No los omitas, lee uno por uno y observa las predicciones del Señor para los tiempos mileniales.

> Todos los reyes se postrarán delante de él; Todas las naciones le servirán. (Sal 72.11)
>
> Lo dilatado de su imperio y la paz no tendrán límite, sobre el trono de David y sobre su reino, disponiéndolo y confirmándolo en juicio y en justicia desde ahora y para siempre. El celo de Jehová de los ejércitos hará esto. (Is 9.7)

> Y tu pueblo, todos ellos serán justos, para siempre heredarán la tierra; renuevos de mi plantío, obra de mis manos, para glorificarme. (Is 60.21)
>
> Este será grande, y será llamado Hijo del Altísimo; y el Señor Dios le dará el trono de David su padre; y reinará sobre la casa de Jacob para siempre, y su reino no tendrá fin. (Lc 1.32-33)

Nada de eso tendría cumplimiento sin la llegada del reino venidero. La profecía bíblica está llena de predicciones de un día futuro cuando el Rey Jesús gobernará la humanidad con Sus santos como corregentes. La primera vez, vino a redimirnos, pero la humanidad lo rechazó. Cuando venga por segunda vez, regirá el mundo con justicia; y durante este período se cumplirán las grandiosas predicciones de Su reino terrenal. Todo rey le hará reverencia; toda nación correrá a servirle. Él se sentará en el trono de David y establecerá Su reinado con justicia y juicio. Su pueblo será justo, e Israel heredará su tierra. Cesarán las guerras, y el dominio del Señor se extenderá de mar a mar.

Quizás la mayor predicción de todas es la que tiene que ver con la promesa de que un descendiente de David se sentará en el trono de Israel, de acuerdo con el pacto que Dios hizo con David en 2 Samuel 7.16: «Y será afirmada tu casa y tu reino para siempre delante de tu rostro, y tu trono será estable eternamente». En Lucas 1.32-33, el ángel Gabriel se refirió a estas palabras cuando María, mediante un milagro, iba a concebir: «Este será grande, y será llamado Hijo del Altísimo; y el Señor Dios le dará el trono de David su padre; y reinará sobre la casa de Jacob para siempre, y su reino no tendrá fin».

Jesús no ha gobernado todavía sobre la casa de Jacob, pero lo hará cuando regrese.

PARA RECIBIR RESPUESTA A LA ORACIÓN DE LOS DISCÍPULOS

El milenio es también el momento cuando el Padre nuestro (o, como me gusta llamarlo, la Oración de los discípulos) se cumplirá por completo. Jesús enseñó a orar a los discípulos. Todos conocemos el «Padre nuestro», en Mateo 6.10, es un clásico de la Escritura. Aunque el Señor fue quien elevó esa plegaria en aquel momento mientras enseñaba a los discípulos, en la actualidad millones de cristianos pronuncian la frase: «Venga tu reino. Hágase tu voluntad, como en el cielo, así también en la tierra». En cientos de idiomas, en miles de entornos y situaciones diversas, a toda hora, en todo momento, asciende al cielo ese pedido. Ha salido de nuestros labios durante los últimos dos mil años. Dios puede responderla, parcialmente, ahora mismo; pero el cumplimiento definitivo será en el milenio. Entonces sí, vendrá Su reino de forma plena y se hará Su voluntad en la tierra como en el cielo.

PARA VOLVER A DEMOSTRAR LA DEPRAVACIÓN HUMANA Y LA NECESARIA MUERTE DE CRISTO

También necesitamos que el milenio cree las condiciones requeridas para el fin de la historia, el juicio final y el amanecer del estado eterno. El milenio es necesario para ratificar la depravación humana y demostrar la absoluta necesidad de la muerte de Cristo.

¿A qué me refiero? Bueno, una declaración increíble en Apocalipsis 20.7-9 revela cómo terminará el reinado milenial de Jesús. Es una de las realidades más inesperadas e impactantes de la Escritura. Juan escribió:

> Cuando los mil años se cumplan, Satanás será suelto de su prisión, y saldrá a engañar a las naciones que están en los cuatro ángulos de la tierra, a Gog y a Magog, a fin de reunirlos para la batalla; el número de los cuales es como la arena del mar. Y subieron sobre la anchura de la tierra, y rodearon el campamento de los santos y la ciudad amada; y de Dios descendió fuego del cielo, y los consumió.

En los versículos anteriores del capítulo vemos que, cuando Jesús regrese, Satanás será atado y arrojado al pozo sin fondo durante mil años; al final de los cuales se le concederá una libertad temporal para organizar una última rebelión terrenal. Es obvio que las cosas no serán perfectas durante el milenio. La muerte, aunque rara, ocurrirá, y el pecado, aunque disminuido, todavía será posible. El corazón humano podrá aún rebelarse. Cuando Satanás, recién liberado y furioso, salga al mundo, volverá a engañar a las naciones. Quedará entonces demostrada a todas luces la absoluta incapacidad de los seres humanos para trazar su propio camino y salvarse. Esa será la prueba final de la profunda depravación del corazón humano apartado de la gracia. Las generaciones caen irremisible y fatalmente en la corrupción porque nuestro mayor problema no es el entorno. Después de todo, Adán y Eva estaban en un jardín perfecto en el mismo centro de un mundo inmaculado. Sin embargo, pecaron. La gente de este planeta disfrutará de mil años de enseñanza, testimonio y paz, pero aun así terminarán en rebeldía. El gran problema no es el ambiente, sino la naturaleza pecaminosa heredada de nuestros padres originales.

El milenio probará la justicia divina. En el juicio, cuando las personas ante el gran trono blanco digan: «Señor Dios, no tuvimos el ambiente adecuado». Él les dirá: «Les concedí mil años de paz y equidad, y aun así se rebelaron. Nunca os conocí; apartaos de mí».

CINCO CARACTERÍSTICAS DEL MILENIO

Bueno, vamos a cambiar el tono y terminemos este capítulo con una nota positiva. Te quiero revelar cinco datos maravillosos sobre el milenio. ¿Cómo será? ¿Cómo lo disfrutaremos? Imagínate una tierra sin pecado, sin rebelión; un lugar donde ya no hay cabida para la injusticia. Tales son las bendiciones de este período. Traerá un resurgir de la paz, la prosperidad, la pureza, la vida prolongada y la alegría personal.

SERÁ UN TIEMPO DE PAZ

Primero, el milenio será una época pacífica. Si visitas los jardines de las Naciones Unidas en la ciudad de Nueva York, podrás admirar la escultura del artista soviético, Yevgeny Vuchetich. Es un hombre musculoso que sostiene un martillo en una de sus manos y convierte la espada en un arado. La figura representa a Isaías 2.4 y sugiere que una de las misiones de las Naciones Unidas es convertir las armas de guerra en implementos de paz y productividad. Pero el organismo evidentemente ha fracasado por completo en el intento. Es imposible lograr algo así con el esfuerzo humano porque, de hecho, el pasaje en Isaías se refiere al gobierno milenial de Cristo. Solo Él puede traer paz al planeta. La Biblia habla una y otra vez del reinado armonioso que caracterizará este prolongado período de la historia llamado «el milenio».

- «Florecerá en sus días justicia, y muchedumbre de paz» (Sal 72.7).
- «Vendrán muchas naciones, y dirán: Venid, y subamos al monte de Jehová, y a la casa del Dios de Jacob; y nos enseñará en sus caminos, y andaremos por sus veredas; porque de Sion saldrá la ley, y de Jerusalén la palabra de Jehová. Y él juzgará entre muchos pueblos, y corregirá a naciones poderosas hasta muy lejos; y martillarán sus espadas para azadones, y sus lanzas para hoces; no alzará espada nación contra nación, ni se ensayarán más para la guerra» (Mi 4.2-3).
- «Morará el lobo con el cordero, y el leopardo con el cabrito se acostará; el becerro y el león y la bestia doméstica andarán juntos, y un niño los pastoreará. La vaca y la osa pacerán, sus crías se echarán juntas; y el león como el buey comerá paja. Y el niño de pecho jugará sobre la cueva del áspid, y el recién destetado extenderá su mano sobre la caverna de la víbora. No harán mal ni dañarán en todo mi santo monte; porque la tierra será llena del conocimiento de Jehová, como las aguas cubren el mar» (Is 11.6-9).

La gente no conocerá guerras durante el reino terrenal de Cristo. Ninguna fábrica de armamentos estará en operaciones. No habrá soldado o marinero de uniforme y tampoco existirán campamentos militares. Ni un centavo se gastará en presupuesto militar. Incluso, los animales salvajes, para decirlo de alguna forma, harán las paces. ¿Te imaginas algo así? Una época en la que todos los reinos del mundo, tanto humanos como salvajes habitarán en perfecta paz y la totalidad de los recursos terrestres estarán disponibles para su disfrute. ¿Puedes imaginarlo? Las industrias solo producirán artículos de uso pacífico. ¿Es realmente posible? Bueno, *no* aquí, ni ahora, pero *sí* cuando regrese el Señor.

SERÁ UN TIEMPO DE PROSPERIDAD

El milenio también será una etapa de prosperidad. El mundo poseerá una economía saludable y la nación de Israel florecerá de una forma increíble. Una vez más, escucha la Palabra de Dios.

- «Y daré bendición a ellas y a los alrededores de mi collado, y haré descender la lluvia en su tiempo; lluvias de bendición serán. Y el árbol del campo dará su fruto, y la tierra dará su fruto, y estarán sobre su tierra con seguridad; y sabrán que yo soy Jehová…» (Ez 34.26-27).
- «… llamaré al trigo, y lo multiplicaré, y no os daré hambre. Multiplicaré asimismo el fruto de los árboles, y el fruto de los campos, para que nunca más recibáis oprobio de hambre entre las naciones» (Ez 36.29-30).
- «He aquí vienen días, dice Jehová, en que el que ara alcanzará al segador, y el pisador de las uvas al que lleve la simiente; y los montes destilarán mosto, y todos los collados se derretirán» (Am 9.13).

SERÁ UN TIEMPO DE PUREZA

El milenio también será un tiempo maravilloso de santidad y pureza. Dios mantendrá el pecado bajo control y tratará con la desobediencia. Déjame mostrarte algunos versículos.

- «No harán mal ni dañarán en todo mi santo monte; porque la tierra será llena del conocimiento de Jehová, como las aguas cubren el mar» (Is 11.9).
- «Y de mes en mes, y de día de reposo en día de reposo, vendrán todos a adorar delante de mí, dijo Jehová» (Is 66.23).
- «Y en aquel día, dice Jehová de los ejércitos, quitaré de la tierra los

nombres de las imágenes, y nunca más serán recordados; y también haré cortar de la tierra a los profetas y al espíritu de inmundicia» (Zac 13.2).

SERÁ UN TIEMPO DE VIDA PROLONGADA

Otro aspecto del reinado milenario de Cristo tendrá que ver con la longevidad, algo interesante en la Escritura. En los días de Noé, antes del diluvio, las personas vivían mucho más allá de los cien años. Según Génesis 5.27, Matusalén vivió hasta los 969 años de edad. Algunos científicos creen que el clima del planeta era bastante diferente. Además de la eterna gracia de Dios, la piscina genética era extremadamente joven y la gente vivía durante siglos. Otros piensan que el diluvio cambió la naturaleza de la tierra. Quizás, antes del cataclismo, existía una cubierta de vapor que nos protegía de los rayos ultravioletas y aumentaba la longevidad; fue la época del mejor clima terrestre. Pero algunos expertos creen que dicha protección vaporosa se derrumbó durante el diluvio y de ahí en adelante, la vida humana no es ni por asomo lo que era en los tiempos de Noé. Ahora, de acuerdo con el Salmo 90.10, nosotros duramos unos setenta u ochenta años, más o menos. Los doctores expertos de la actualidad se esfuerzan. Sin embargo, son escasas las probabilidades de que alguno de nosotros compita con Matusalén.

No obstante, eso cambiará en el Milenio, y la longevidad humana volverá a los niveles de los años antediluvianos. Es como si la historia volviera a sus inicios. En Isaías 65.20 leemos: «Nunca más habrá en ella niños que vivan pocos días, ni ancianos que no completen sus años; será considerado joven; pero el que no llegue a esa edad será considerado maldito» (NVI).

SERÁ UN TIEMPO DE ALEGRÍA PERSONAL

Finalmente, el milenio será un tiempo de alegría personal, una era estimulante de felicidad y satisfacción. Será la respuesta a muchas de las oraciones angustiadas de los judíos y de las esperanzas que abrigamos hoy en nuestros corazones. Una vez más, permíteme abrir la Escritura para mostrarte la preeminencia de estas verdades en el Antiguo Testamento.

- «Multiplicaste la gente, y aumentaste la alegría. Se alegrarán delante de ti como se alegran en la siega, como se gozan cuando reparten despojos» (Is 9.3).
- «Sacaréis con gozo aguas de las fuentes de la salvación» (Is 12.3).
- «Toda la tierra está en reposo y en paz; se cantaron alabanzas» (Is 14.7).
- «Destruirá a la muerte para siempre; y enjugará Jehová el Señor toda lágrima de todos los rostros; y quitará la afrenta de su pueblo de toda la tierra; porque Jehová lo ha dicho. Y se dirá en aquel día: He aquí, éste es nuestro Dios, le hemos esperado, y nos salvará; éste es Jehová a quien hemos esperado, nos gozaremos y nos alegraremos en su salvación» (Is 25.8-9).

Estos son solo algunos versículos representativos que encontramos al leer la Biblia, especialmente el Antiguo Testamento. Notamos las interminables referencias a la edad de oro de la historia judía, un período de paz, prosperidad, pureza, vida prolongada y satisfacción personal en cumplimiento a las promesas divinas. Durante estos mil años, el rey Jesús regirá y gobernará en el trono de Su antepasado, el rey David, en la ciudad de Jerusalén. Y de allí fluirá este maravilloso reino de paz sobre todo el mundo tal como lo conocemos hoy. ¿Te lo imaginas? ¿No es interesante ver lo que Dios ha planeado?

Sin embargo, aquí está lo principal: todo esto no es más que un preludio al cielo. Es la obertura de la eternidad. Cada vez que vas a escuchar un musical elaborado, la orquesta comienza con una obertura de pocas líneas y fragmentos de todas las canciones del programa. Cuando los escuchas, te anticipas a lo que está por venir. El milenio es una obertura del cielo, un breve panorama que nos adelanta la eternidad con Cristo. La tierra milenial va a ser precursora de la nueva tierra. Nos es tan perfecta, maravillosa o espectacular como la futura, sino más bien un vistazo previo de algunas de sus características.

Jesús vino la primera vez para convertirse en nuestro Salvador, y viene la segunda vez para ser nuestro Rey. Su venida para instaurar Su reino será muy diferente a la anterior. Advierte el contraste entre Su primera y Su segunda venidas:

> La primera vez, entró al mundo en pañales;
> la segunda, reinará en majestuoso púrpura.
>
> La primera vez, llegó como un viajero cansado;
> la segunda, vendrá como el Dios incansable.
>
> La primera vez, no tuvo dónde recostar Su cabeza;
> la segunda, se revelará como el heredero de todas las cosas.
>
> La primera vez, fue rechazado por el pequeño Israel;
> la segunda, será aceptado por todas las naciones.
>
> La primera vez, fue un humilde salvador,
>   familiarizado con el quebranto;
> la segunda, será el Dios poderoso, ungido con aceite de alegría.
>
> La primera vez, lo golpearon con una vara;
> la segunda, gobernará a las naciones con vara de hierro.
>
> La primera vez, los soldados romanos doblaron
>   rodilla en tono de burla;
> la segunda, toda rodilla se doblará y toda lengua
>   confesará que Él es el Señor.
>
> La primera vez, recibió una corona de espinas;
> la segunda, recibirá una corona de oro.
>
> La primera vez, entregó Su espíritu a la muerte;
> la segunda, estará vivo por los siglos de los siglos.

La primera vez, fue puesto en una tumba;
la segunda, se sentará en un trono.

Cuando retorne otra vez, no habrá duda ni tardanza. Él será «REY DE REYES Y SEÑOR DE SEÑORES» (Ap 19.16). Necesitamos preparar nuestros corazones ahora y aceptarlo como Rey de nuestras vidas. La Biblia dice que un día todo sucederá «para que en el nombre de Jesús se doble toda rodilla de los que están en los cielos, y en la tierra, y debajo de la tierra; y toda lengua confiese que Jesucristo es el Señor, para gloria de Dios Padre» (Fil 2.10-11).

En ese día verdaderamente cantaremos con nuevo significado y euforia eternas:

¡Al mundo paz, nació Jesús!
Nació ya nuestro Rey;
el corazón ya tiene luz,
y paz su santa grey,
y paz su santa grey,
y paz, y paz su santa grey.

CAPÍTULO 29

EL JUICIO ANTE EL GRAN TRONO BLANCO

En el 2017, cuatro jóvenes adultas fueron a nadar en el río Waikato, de Nueva Zelanda. Las jovencitas se zambullían en su lugar preferido, ajenas a cualquier amenaza. Sin embargo, el peligro acechaba. Una central eléctrica, aguas arriba, abre las compuertas de la presa cada cierto tiempo para aliviar el exceso de agua. Cuando esto sucede, el caudal del río sube con rapidez y se convierte en un torrente furioso. Se colocan señales de advertencia por toda la orilla, y una sirena siempre suena cinco minutos antes de que ocurra para que los nadadores puedan salir del lugar.

Las jovencitas ignoraron las señalizaciones. Escucharon la sirena; pero, o no entendieron su significado o no se dieron cuenta de la magnitud del peligro. El agua subió a raudales y las cuatro estudiantes treparon a una roca en medio de la corriente. Aunque fue por poco tiempo: la crecida de inmediato las sumergió. Un hombre se paró en un peñón cercano y les gritó que avanzaran hacia él antes de que fuera demasiado tarde. Finalmente, tres de ellas nadaron con todas sus fuerzas y él las rescató del pavoroso caudal. Para la última, ya era demasiado tarde. Antes de que pudiera ponerse a salvo el diluvio la arrastró río abajo hacia la muerte.[1]

Demasiado tarde. ¡Qué frase tan triste! Habla de un final trágico, de decisiones irrevocables, de oportunidades perdidas para siempre. En este capítulo abordaremos la mayor tragedia que sufrirán aquellos que no acuden a Dios cuando aún tienen tiempo.

El apóstol Juan describió esta escena en su visión del juicio final de la humanidad: «Y el que no se halló inscrito en el libro de la vida fue lanzado al lago de fuego» (Ap 20.15). Este debiera ser el pasaje más escalofriante de la Escritura. Sin embargo, hoy la gente lo ignora o lo considera una fantasía. La mayor parte de los cristianos saben que todos en la tierra enfrentaremos un juicio final, porque la Biblia dice: «Está establecido para los hombres que mueran una sola vez, y después de esto el juicio» (Heb 9.27). Muchos creen que eso significa que el Señor evaluará nuestras vidas, sopesará las obras buenas y malas y decidirá si nos recompensa o nos condena.

Bueno, esa no es la imagen bíblica del juicio. Él no evaluará las pruebas para luego dictaminar, sino que la muerte sellará nuestro destino eterno. En realidad, habrá dos sentencias distintas por completo, en momentos y en tribunales diferentes. El primero se llama tribunal de Cristo; el segundo, es el Juicio ante el gran trono blanco.

Después del arrebatamiento, la primera corte juzgará a todos los cristianos auténticos. «Porque es necesario que todos nosotros comparezcamos ante el tribunal de Cristo, para que cada uno reciba según lo que haya hecho mientras estaba en el cuerpo, sea bueno o sea malo» (2 Co 5.10). Aquí no se determinará la culpabilidad o la condena; el juicio es única y exclusivamente para cristianos. Se les otorga el perdón porque la gracia cubre sus pecados. Este tribunal evaluará a cada creyente y lo recompensará de acuerdo con sus obras.

Prosigue la segunda corte, el juicio ante el gran trono blanco, para sentenciar a los incrédulos y seudocristianos. La calificación no se basará en un sistema de curvas o en opiniones culturales sobre lo correcto y lo incorrecto. Los medirá el estándar inflexible de la verdad de Dios y el Juicio no tendrá revocación alguna.

Ambas cortes sucederán a las dos resurrecciones que van a ocurrir en el futuro. Jesús mencionó las dos cosas: «No os maravilléis de esto; porque vendrá hora cuando todos los que están en los sepulcros oirán su voz; y los que hicieron lo bueno, saldrán a resurrección de vida; mas los que hicieron lo malo, a resurrección de condenación» (Jn 5.28-29).

Los adventistas del séptimo día, los testigos de Jehová y un número creciente de cristianos evangélicos están enseñando una doctrina llamada inmortalidad condicional, que desecha el concepto del infierno. Ellos afirman que los malos serán destruidos. Tal creencia contradice la enseñanza bíblica, la cual asegura que quienes hayan vivido resucitarán, serán juzgados, y los condenados sufrirán tormentos para siempre (Lc 16.19-31).

La primera resurrección, a la que Jesús llama la «resurrección de vida» (Jn 5.29), ocurrirá en dos etapas. La primera en el momento del arrebatamiento, cuando los salvos del presente siglo resucitan para encontrarse con Él junto con quienes son raptados. La segunda ocurrirá siete años después, cuando los santos martirizados durante el período de la tribulación resuciten para vivir en el milenio. Los santos del Antiguo Testamento también resucitarán en esta segunda etapa (Dn 12. 1-2; Is 26.19). Ello significa que la primera resurrección se completará cuando Jesús vuelva a reinar en el milenio. Todo creyente que haya existido en la tierra resucitará de los muertos.

En Apocalipsis 20, Juan describe la segunda resurrección, nombrada por Cristo la «resurrección de condenación» (Jn 5.29) porque todos los incrédulos muertos resucitarán para sufrir el castigo eterno.

> Pero los otros muertos no volvieron a vivir hasta que se cumplieron mil años... Y vi a los muertos, grandes y pequeños, de pie ante Dios; y los libros fueron abiertos, y otro libro fue abierto, el cual es el libro de la vida; y fueron juzgados los muertos por las cosas que estaban escritas en los libros, según sus obras. Y el mar entregó los muertos que había en él; y la muerte y el Hades entregaron los muertos que había en ellos; y fueron juzgados cada uno según sus obras. Y la muerte y el Hades fueron lanzados al lago de fuego. Esta es la muerte segunda. Y el que no se halló inscrito en el libro de la vida fue lanzado al lago de fuego. (Ap 20.5, 12-15)

Todos los muertos que no son salvos, desde la creación hasta el milenio, resucitarán para sufrir la condena final en esta segunda resurrección. Tendrá lugar mil años después de haber terminado la primera de ellas al final del período de la tribulación. Con esta resurrección todos los que vivieron ya habrán resucitado, unos para gloria imperecedera y otros para condenación eterna.

EL LUGAR DEL GRAN TRONO BLANCO

> Y vi un gran trono blanco y al que estaba sentado en él, de delante del cual huyeron la tierra y el cielo, y ningún lugar se encontró para ellos. (Ap 20.11)

No se nos dice cuándo ocurrirá el juicio del gran trono blanco, pero sí sabemos que no sucederá en la tierra porque cuando Cristo aparezca, la tierra y el cielo habrán «huido» (v. 11). Tampoco será en el cielo, ya que a los pecadores se les impide la presencia de Dios. John Walvoord sugiere que quizás ocurra en lo que llamamos otra dimensión: «No sucederá en el universo presente, ni en la tierra, ni en la atmósfera, o el cielo estelar o divino, ni en algún planeta de nuestro sistema solar. Es posible que ocurra en un lugar más allá del universo que no haya sido afectado por el pecado angelical. Resulta difícil aseverar que el sitio asignado existe hoy en día».[2]

LA PERSONA EN EL GRAN TRONO BLANCO

> Y vi un gran trono blanco y al que estaba sentado en él... Y vi a los muertos..., de pie ante Dios... (Ap 20.11-12)

Jesús dejó claro que Él será el juez en el gran trono blanco: «Porque el Padre a nadie juzga, sino que todo el juicio dio al Hijo... y también le dio autoridad de hacer juicio, por cuanto es el Hijo del Hombre» (Jn 5.22, 27). Pablo asevera la función legal de Cristo: «... Dios juzgará por "Jesucristo" los secretos de los hombres...» (Ro 2.16, énfasis añadido). Pedro enfatiza que el Señor puso a Cristo «... por Juez de vivos y muertos» (Hch 10.42).

Jesús será el Juez en los dos juicios finales de la humanidad. En el primero, evaluará a los redimidos; en el segundo, a quienes no lo son. Nadie está mejor calificado que nuestro Señor Jesús: le ofreció la salvación a la humanidad, así que es el más apropiado para sentenciar a quienes aceptan o rechazan Su generosa y costosa oferta.

LAS PERSONAS ANTE EL GRAN TRONO BLANCO

> Y vi a los muertos, grandes y pequeños, de pie ante Dios... Y el mar entregó los muertos que había en él; y la muerte y el Hades entregaron los muertos que había en ellos... (Ap 20.12-13)

En la visión, Juan vio que la muerte y el Hades convocaron a los cuerpos y las almas de los incrédulos de todos los tiempos para presentarse ante el gran trono blanco. La enorme multitud incluye a «grandes y pequeños», así que abarca todas las clases y estatus sociales, incluso, a las personas religiosas. Erwin Lutzer escribió:

> Comparecen los profesos de todas las religiones. Hay budistas, musulmanes, hindúes, protestantes y católicos. También están los devotos a muchos dioses (politeístas), y los fieles a un solo dios (monoteístas). Vemos a los que se negaron a creer en el Señor, a los ateos; a aquellos que practicaban la meditación para salvarse, a los que hacían buenas obras a fin de heredar la vida eterna. Observamos lo moral y lo inmoral, al sacerdote y al ministro, la monja y el misionero.[3]

Las personas religiosas delante del gran trono blanco se sorprenderán al oír su veredicto. Pero Jesús les dio una advertencia justa: «Muchos me dirán en aquel día: Señor, Señor, ¿no profetizamos en tu nombre, y en tu nombre echamos fuera demonios, y en tu nombre hicimos muchos milagros? Y entonces les declararé: Nunca os conocí; apartaos de mí, hacedores de maldad» (Mt 7.22-23). Tales palabras echan por tierra la opinión popular de que creer en tu propia «verdad» personal la hace real para ti. La Biblia lo aclara: existe una única y sola verdad: Jesucristo (Jn 14.6). Nuestra única opción es Cristo o la muerte eterna.

La riqueza, la clase, la fama o el logro pierden todo significado ante el gran trono blanco.

Tanto los pequeños como los grandes de esta vida (como ven los hombres a sus coterráneos) estarán allí: el banquero y el mendigo, el príncipe y el pobre, el estadista, el científico, el abogado, el médico, el profesor, el autor, el mecánico, el ama de casa, el albañil, el granjero y el criminal. En esta vida los hombres tienen una posición, pero delante de Jesús, no habrá parcialidad. Permanecerán allí en masa, aunque serán juzgados de manera individual.[4]

Sean ricos, pobres, famosos, desconocidos, bellos, comunes, fuertes, débiles, inteligentes, lerdos, religiosos o agnósticos, todos los presentes ante el gran trono blanco tendrán un aspecto en común: carecerán de toda esperanza porque murieron sin Cristo. En palabras de Donald Gray Barnhouse: «Solo habrá un grupo en este juicio, los muertos... los espiritualmente muertos».[5]

EL PROPÓSITO DEL GRAN TRONO BLANCO

> Y vi a los muertos, grandes y pequeños, de pie ante Dios; y los libros fueron abiertos, y otro libro fue abierto, el cual es el libro de la vida; y fueron juzgados los muertos por las cosas que estaban escritas en los libros, según sus obras. (Ap 20:12)

Cuando todos los muertos no regenerados se presenten ante el Señor, los libros se abrirán; lo cual significa que sus hechos pasados serán expuestos. Se alude a uno en particular: el libro de la vida. Los otros no se mencionan. Sin embargo, varias porciones bíblicas indican su propósito en el juicio final.

EL LIBRO DE LA LEY

Jesús y Pablo discutían constantemente con aquellos judíos que enseñaban la salvación por obedecer la ley. Hoy existen cristianos que creen tal error. Pablo revela lo ilógico de esta posición: si la ley es la norma, entonces para ser salvos la obediencia a ella debe ser perfecta. Pero el hombre es pecador, por tanto, le resulta imposible. «Por las obras de la ley ningún ser humano será justificado delante de él… por cuanto todos pecaron, y están destituidos de la gloria de Dios» (Ro 3.20, 23). El único camino a la salvación, asegura el apóstol, es aceptar la gracia de Jesucristo mediante la sumisión a Él, porque «… ninguna condenación hay para los que están en Cristo Jesús…» (Ro 8.1). Quienes reclaman la justificación por la ley firman su propia sentencia de muerte, debido a que la ley misma condenará a quienes no la sigan al pie de la letra.

EL LIBRO DE LAS OBRAS

Juan vio cómo los muertos no regenerados «… fueron juzgados cada uno según sus obras». (Ap 20.13). Pablo escribe «cuyo fin será conforme a sus obras» al referirse a ellos (2 Co 11.15). Jesús prometió: «… El Hijo del Hombre vendrá en la gloria de su Padre con sus ángeles, y entonces pagará a cada uno conforme a sus obras» (Mt 16.27). Dios poseerá un registro detallado de las acciones de cada persona en la tierra; allí se revelará todo sórdido pecado y eso acabará con las esperanzas de aquellos que confían en sus buenas acciones para ganar el cielo.

Los salvos recibirán su sentencia en el tribunal del Señor Jesús. Ellos no estarán exentos de pecado; pero el Señor tratará sus iniquidades de manera muy diferente: ni siquiera subirán ante el tribunal. Todos los registros de sus pecados serán borrados por haber aceptado la redención de Cristo, y comparecerán ante la corte con un registro vacío. La Escritura enfatiza esta verdad:

- «El que venciere será vestido de vestiduras blancas; y no borraré su nombre del libro de la vida, y confesaré su nombre delante de mi Padre, y delante de sus ángeles» (Ap 3.5).

- «De cierto, de cierto os digo: El que oye mi palabra, y cree al que me envió, tiene vida eterna; y no vendrá a condenación, mas ha pasado de muerte a vida» (Jn 5.24).
- «Ahora, pues, ninguna condenación hay para los que están en Cristo Jesús» (Ro 8.1).

EL LIBRO DE LOS SECRETOS

A Abraham Lincoln se le atribuye la frase: «Puedes engañar a todas las personas parte del tiempo y a algunas personas todo el tiempo, pero no puedes engañar a todas las personas todo el tiempo». Jamás podremos timar al Señor. «Porque nada hay oculto, que no haya de ser manifestado; ni escondido, que no haya de ser conocido, y de salir a luz» (Lc 8.17). Pablo agrega: «… Dios juzgará por Jesucristo los secretos de los hombres…» (Ro 2.16). Salomón escribió: «… Dios traerá toda obra a juicio, juntamente con toda cosa encubierta, sea buena o sea mala» (Ec 12.14).

Es como si hubiera una cámara de video empotrada en el corazón de cada persona, filmando a lo largo de la vida y registrando cada pensamiento o maldad secretos. El Juez verá el video en el juicio del gran trono blanco y se expondrá cada oscuro asunto o intención guardada como testimonio de condenación a los que no son salvos.

EL LIBRO DE LAS PALABRAS

Los físicos acústicos aseguran que ningún sonido desaparece por completo. Aunque las ondas sonoras disminuyen con la distancia, reverberan perpetuamente, disponibles para recuperarse en el futuro. Del mismo modo, cada palabra pronunciada estará a mano como evidencia contra los no salvos en el juicio del gran trono blanco. Jesús afirmó: «Mas yo os digo que de toda palabra ociosa que hablen los hombres, de ella darán cuenta en el día del juicio. Porque por tus palabras serás justificado, y por tus palabras serás condenado» (Mt 12.36-37). Ningún acusado podrá defenderse al abrirse ante él el libro de sus propias frases indolentes.

EL LIBRO DE LA CONCIENCIA

Pablo argumentó que la conciencia de las personas dará testimonio de sus pensamientos, «acusándolos unas veces y otras defendiéndolos, en el día en que... Dios juzgará los secretos de los hombres mediante Cristo Jesús» (Ro 2.15-16, LBLA). La conciencia es una guía incorporada que el Creador nos concedió para discernir lo bueno y lo malo; pero es falible, podemos manipularla, ignorarla, hacerla recapacitar o ahogarla. Quienes la manejan a su antojo, al igual que los falsificadores de evidencias en una investigación criminal, enfrentarán una condena por su deliberada represión de lo justo y lo injusto.

EL LIBRO DE LA VIDA

La Escritura contiene varias referencias al libro de la vida (Éx 32.32-33; Sal 69.28; Dn 12.1; Fil 4. 3; Ap 3.5; 13.8; 17.8; 21.27; 22.19). Las ciudades del primer siglo mantenían un registro obligatorio con los nombres de los nacidos dentro de sus muros. Todos los individuos que eran condenados por crímenes atroces se borraban del listado y se les expulsaba de ellas. Aunque el libro de la vida quizás no sea un escrito literal, la mente de Dios contiene un listado que funciona de la misma manera: Él apunta a todo humano que nace, pero elimina cualquier nombre sobre la base de Su justicia.

Henry M. Morris ofrece algunas hipótesis:

> Podemos especular que no solo se registra el nombre de cada persona en el preciso instante de su concepción, sino que, además, se anota la «edad de hacerse responsable», la fecha en que aceptó a Cristo como Salvador junto con las evidencias de una auténtica conversión. Pero, si al momento de la muerte no existe registro alguno de los dos últimos elementos, entonces toda la lista se borra en el acto (Ap 3.5), y un horrible espacio en blanco sustituirá a su nombre. Dicho borrón será la evidencia final y concluyente de que la persona encausada debe ir al lago de fuego.[6]

EL CASTIGO DESPUÉS DEL GRAN TRONO BLANCO

> Y la muerte y el Hades fueron lanzados al lago de fuego. Esta es la muerte segunda. Y el que no se halló inscrito en el libro de la vida fue lanzado al lago de fuego. (Ap 20.14-15)

En el pasaje vemos la fase final del juicio contra todos los seres humanos no regenerados que hayan vivido. Juan se refiere a ella como «la muerte segunda». Para explicar las dos muertes, debemos entender que la muerte siempre trae aparejada una separación. La primera ocurre cuando el cuerpo físico deja de funcionar: cesan los latidos del corazón y la respiración, se pronuncia su deceso, lo cual significa que el alma se ha separado del cuerpo. El cadáver permanece enterrado, pero el alma va obligatoriamente al Hades, un lugar donde espera para ser juzgada. En la última resurrección, los cuerpos de los no salvos se levantarán de la tumba y sus almas emergerán del Hades para ir a juicio. Después de la sentencia serán arrojados al lago de fuego, lanzados al infierno, allí estarán separados para siempre del Señor. Esta es la segunda muerte.

La separación final de Dios es irrevocable. El doctor Isaac Massey Haldeman escribió:

> No hay resurrección de la segunda muerte... el Señor destierra a los condenados al extenso universo, a la «oscuridad exterior». Serán como «estrellas errantes, a quienes está reservada para siempre la oscuridad de las tinieblas». Vagarán en la noche perenne sin la luz eterna como despojos de la humanidad, precipitados a un mar infinito y sin orillas; almas que han perdido el propósito de su creación: amistad y comunión con su Creador.[7]

La doctrina del infierno no es popular en una época que defiende a capa y espada el derecho individual de vivir según nuestras propias decisiones y sin sufrir consecuencias; incluso muchos cristianos la rechazan. Pero la

Escritura afirma constantemente la existencia del infierno. Por una palabra que Jesús dijo sobre el cielo, pronunció tres sobre el infierno. Por ejemplo: «Entonces [El Rey] dirá también a los de la izquierda: Apartaos de mí, malditos, al fuego eterno preparado para el diablo y sus ángeles [...] E irán éstos al castigo eterno...» (Mt 25.41, 46). Pablo reafirma las palabras de Jesús al escribir que los que rechazan a Dios «... sufrirán pena de eterna perdición, excluidos de la presencia del Señor...» (2 Ts 1.9).

La Biblia describe el infierno en términos espantosos. Es un lugar...

- de tormento y llamas (Lc 16.20-28).
- de «lloro y... crujir de dientes» (Mt 13.42).
- donde «el gusano... no muere, y el fuego nunca se apaga» (Mr 9.48).
- de «fuego y azufre» (Ap 14.10-11; 21.8).

La Escritura presenta este lago de fuego y azufre fundido como el destino final de quienes, en todas las épocas, se han rebelado contra Dios. Se tragará a la bestia y al falso profeta (19.20). Al final del milenio, se convertirá en el hogar eterno de Satanás (20.10). Junto con él estarán todos aquellos cuyos nombres no se encuentran en el libro de la vida (v. 15).

El infierno, además de ser horrible, será más difícil para unos que para otros. Existirán niveles de castigo; los peores estarán reservados para pecados más atroces. Al explicar su parábola de los fieles y los siervos malvados, Jesús dijo: «Aquel siervo que conociendo la voluntad de su señor, no se preparó, ni hizo conforme a su voluntad, recibirá muchos azotes. Mas el que sin conocerla hizo cosas dignas de azotes, será azotado poco; porque a todo aquel a quien se haya dado mucho, mucho se le demandará; y al que mucho se le haya confiado, más se le pedirá» (Lc 12.47-48). Hubo tres ciudades judías, Corazín, Betsaida y Cafarnaúm, en las que Cristo realizó milagros espectaculares para producir el arrepentimiento. Pero sus moradores lo rechazaron. Su castigo será más severo que el de Tiro, Sidón y Sodoma que fueron notorias por sus iniquidades (Mt 11.20-24).

Me duele ver cómo hoy las naciones occidentales rechazan al Señor Jesús. A pesar del enorme número de iglesias cristianas y de tener el evangelio al alcance de sus manos, las personas creen y obedecen a Dios cada vez menos. Me preocupa el castigo de los que le dan la espalda al Señor en una sociedad donde Él ya ha sido manifiesto y predicado.

Pastoreo una iglesia que está llena de enseñanza bíblica. Damos clases, ofrecemos becas y estudios bíblicos en grupos pequeños para todas las edades. Brindamos ministerios para mujeres y hombres; recreativos e internacionales; por la radio, por la televisión, a través de la Internet y también impresos. Una oportunidad así entraña compromisos. Aquellos que rechazan las oportunidades de escuchar y responder a Jesucristo se exponen a un grave peligro.

¿Quiénes terminarán en el lago de fuego? Veamos el listado de Juan: «Pero los cobardes e incrédulos, los abominables y homicidas, los fornicarios y hechiceros, los idólatras y todos los mentirosos tendrán su parte en el lago que arde con fuego y azufre...» (Ap 21.8). Aquí aparecen todos los malhechores que suponemos deben ir al infierno. Sin embargo, hay un tipo que puede sorprendernos: los «incrédulos». Ser incrédulo es rechazar al Señor, algo que te hace igual a quienes cometen los pecados más horrendos.

Amigo, tú que lees este capítulo, ¡eres realmente afortunado! Si no has aceptado a Jesucristo como Salvador y no has empezado a obedecerle, entonces la oportunidad está llamando a tu puerta. No es demasiado tarde. Todavía puedes librarte de la crecida antes de que te arrastre. Se acerca ese momento en que la muerte cerrará tus ojos y se sellará tu destino eterno. Escucha, te invito a volverte a Cristo hoy, ¡ahora mismo! Cristo afirmó: «El que en él cree, no es condenado; pero el que no cree, ya ha sido condenado, porque no ha creído en el nombre del unigénito Hijo de Dios [...] De cierto, de cierto os digo: El que oye mi palabra, y cree al que me envió, tiene vida eterna; y no vendrá a condenación, mas ha pasado de muerte a vida» (Jn 3.18; 5.24).

Ven a Cristo ahora, antes de que sea demasiado tarde, porque en Él está tu eterna salvación.

CAPÍTULO 30

UN CIELO NUEVO Y UNA TIERRA NUEVA

Utopía

El creador de este extraño vocablo fue Tomás Moro, un filósofo católico romano. Es el título de su libro de ficción donde describe una sociedad perfecta en una isla remota ubicada en alguna parte inexplorada del Atlántico. La palabra surgió de la combinación del término griego *ou*, que significa «no», y *tópos*, que denota «lugar» (como en topológico). Así que, utopía es un sitio imaginario, una sociedad irreal que solo existe en nuestros sueños.

La *Utopía* que concibió Tomás Moro no es un lugar perfecto, y los académicos no han podido determinar por qué escribió el libro o qué significaba. Sin embargo, es uno de los textos más famosos de la literatura occidental por el vocablo que Tomás Moro concibió: *Utopía*. Luego de publicarse la obra, esa palabra entró al léxico inglés (y al mundo) para describir el concepto de un lugar idílico donde las cosas son, hasta cierto punto, mucho mejores de lo que vemos en el presente.

La gente anhela un mundo perfecto. Lo escuchamos en las ensoñaciones de los poetas. Lo leemos en la literatura. Lo vemos en los lienzos de los artistas famosos cuyas obras llenan las paredes de los grandes museos del mundo.

Es como si, por instinto, entendiéramos que nuestro paraíso en el jardín del Edén era el estado normal de la humanidad; algo que perdimos después de que Adán y Eva pecaron contra Dios. Ahora ansiamos su restauración, queremos recobrarlo. En lo más íntimo, sabemos que las cosas deben ser diferentes de lo que son. Fuimos hechos para un mundo más perfecto.

Jesús nos enseñó a orar: «Venga tu reino. Hágase tu voluntad, como en el cielo, así también en la tierra» (Mt 6.10). Aunque tal plegaria no será del todo respondida en la época actual de la historia, sí representa la esperanza que hay en cada corazón. Conscientes o no, sentimos nostalgia por el jardín del Edén. En todo hombre que respira existe un deseo por lo que nuestros primeros padres disfrutaron: un paraíso perfecto en la tierra. Queremos recuperar aquello que perdimos. No podemos ayudarnos a nosotros mismos. Está programado en el software de nuestra humanidad. Tal deseo, que a menudo no expresamos, se corresponde con los planes de Dios para el futuro, ya que la Biblia aborda ampliamente en sus páginas las profecías y predicciones de la verdadera utopía de Dios: «cielos nuevos y tierra nueva, en los cuales mora la justicia».

LA PROMESA DE CIELOS NUEVOS Y TIERRA NUEVA

Si lees la Biblia con cuidado, verás que hay abundantes promesas sobre este glorioso tema. Escucha las increíbles palabras de Isaías 65:

> Porque he aquí que yo crearé nuevos cielos y nueva tierra; y de lo primero no habrá memoria, ni más vendrá al pensamiento. Mas os gozaréis y os alegraréis para siempre en las cosas que yo he creado; porque he aquí que yo traigo a Jerusalén alegría, y a su pueblo gozo. Y me alegraré con Jerusalén, y me gozaré con mi pueblo; y nunca más se oirán en ella voz de lloro, ni voz de clamor. (vv. 17-19)

En el siguiente capítulo, el profeta agregó:

> «Porque como los cielos nuevos y la nueva tierra que yo hago permanecerán delante de mí, dice Jehová, así permanecerá vuestra descendencia

y vuestro nombre. Y de mes en mes, y de día de reposo en día de reposo, vendrán todos a adorar delante de mí, dijo Jehová». (66.22-23)

Cuando leemos los últimos libros del Nuevo Testamento vemos el mismo énfasis, ampliado, resaltado y con más detalles. Por fortuna, Simón Pedro nos comparte estas verdades lleno de entusiasmo en 2 Pedro 3, y describe los trágicos eventos que condujeron al nuevo cielo y la nueva tierra:

> Pero los cielos y la tierra que existen ahora, están reservados por la misma palabra, guardados para el fuego en el día del juicio y de la perdición de los hombres impíos [...] Pero el día del Señor vendrá como ladrón en la noche; en el cual los cielos pasarán con grande estruendo, y los elementos ardiendo serán deshechos, y la tierra y las obras que en ella hay serán quemadas. Puesto que todas estas cosas han de ser deshechas, ¡cómo no debéis vosotros andar en santa y piadosa manera de vivir, esperando y apresurándoos para la venida del día de Dios, en el cual los cielos, encendiéndose, serán deshechos, y los elementos, siendo quemados, se fundirán! Pero nosotros esperamos, según sus promesas, cielos nuevos y tierra nueva, en los cuales mora la justicia. (vv. 7, 10-13)

Imagínalo, se parece a una de esas películas apocalípticas en las que el mundo y el universo desaparecen en una explosión ardiente y, de pronto, de la nada, surgen esperanzadores un nuevo cielo y una nueva tierra.

Hebreos 1.10-12 nos aporta más información: «Tú, oh Señor, en el principio fundaste la tierra, y los cielos son obra de tus manos. Ellos perecerán, mas tú permaneces; y todos ellos se envejecerán como una vestidura, y como un vestido los envolverás, y serán mudados; pero tú eres el mismo, y tus años no acabarán».

Aquí, el escritor de Hebreos cita el Salmo 102.25-27 y revela que un día Dios plegará el mundo y lo cambiará todo. ¡Asombroso!, es similar a quitarse un abrigo, doblarlo y guardarlo.

Los pasajes anteriores nos preparan para el más sublime: Apocalipsis 21-22. Observa cómo Juan empieza esta sección final de la

Escritura: «Vi un cielo nuevo y una tierra nueva; porque el primer cielo y la primera tierra pasaron, y el mar ya no existía más. Y yo Juan vi la santa ciudad, la nueva Jerusalén, descender del cielo, de Dios, dispuesta como una esposa ataviada para su marido» (21.1-2).

Nos resulta extremadamente difícil concebirlo; tratamos, a duras penas, de vislumbrarlo. Bueno, echa mano de la imaginación que Dios nos dio para que interiorices Sus palabras. Contémplalo: es el final de la era presente, el firmamento se derrumba igual que una antigua casa en llamas y, de golpe, del caos, emerge la tierra renovada. Entonces, desciende la nueva ciudad, refulgente y lista para guiarnos al hogar eterno, con Jesús entronado. ¡Utopía! Te confieso que esa palabra no basta para describir el lugar que el Señor nos está preparando. Es nuestra morada celestial, los dominios donde reina Cristo para siempre.

LA PURIFICACIÓN DEL CIELO NUEVO Y LA TIERRA NUEVA

Si examinamos a profundidad lo que aseveran dichos pasajes, nos encontraremos con varios datos interesantísimos que suscitarán algunas preguntas lógicas, entre ellas la siguiente: ¿cuándo entrarán en escena el nuevo cielo y la nueva tierra? Bueno, nota el orden de los acontecimientos en Apocalipsis.

La mayor parte de los capítulos intermedios, del 6 al 18, describe los sucesos del próximo período de la tribulación, con sus siete sellos, siete trompetas y siete copas de ira, que conducen a la batalla de Armagedón, la última en la historia del mundo. En el capítulo siguiente, Apocalipsis 19, las huestes angelicales prorrumpen en alabanzas cuando Cristo regresa a la tierra para derrotar a las fuerzas del anticristo y rescatar a Su pueblo.

La primera parte de Apocalipsis 20 describe el reino milenial que Jesús establecerá en Su venida y la última del mismo capítulo, presenta el juicio del gran trono blanco, donde todos los que rechazan al Señor Jesús son condenados.

Luego volteamos la página, por así decirlo, y Apocalipsis 21.1 anuncia la creación del cielo nuevo y la tierra nueva. Entonces, cronológicamente, estamos ante un acontecimiento que ocurrirá después del arrebatamiento de la Iglesia, de la tribulación, del Armagedón, de la segunda venida de Cristo, del reino milenial y del juicio del gran trono blanco.

Tras concluir los sucesos finales de la historia, se cierra el telón, en el tiempo establecido y comienza la eternidad.

Regresemos a 2 Pedro 3.10-12 y veamos cómo describe este momento:

> Pero el día del Señor vendrá como ladrón en la noche; en el cual los cielos pasarán con grande estruendo, y los elementos ardiendo serán deshechos, y la tierra y las obras que en ella hay serán quemadas. Puesto que todas estas cosas han de ser deshechas, ¡cómo no debéis vosotros andar en santa y piadosa manera de vivir, esperando y apresurándoos para la venida del día de Dios, en el cual los cielos, encendiéndose, serán deshechos, y los elementos, siendo quemados, se fundirán!

Yo creo que es aquí donde aparecerán el nuevo cielo y la nueva tierra; ahora bien, eso trae aparejadas otras interrogantes: ¿cómo surgirán? ¿Qué significa la frase: «Los cielos y la tierra pasarán»? Antes, en mi ministerio, creía que Dios destruiría por completo la tierra y el universo actuales. He escuchado a otros enseñar que Él borrará cada vestigio del cosmos antiguo y comenzará de cero.

A lo largo de los años, he experimentado una mayor comprensión de dicho suceso; y después de bastante tiempo de estudiar el tema, me parece claro que el Señor creará cielo y tierra nuevos a partir de una progresiva renovación, examen y reacondicionamiento. En lugar de aniquilarlos, Él limpiará el cielo y la tierra que conocemos. Los glorificará y preparará para nuestro uso eterno.

Diversas frases y enfoques lo sugieren:

«QUEMADAS»

Tomemos, por ejemplo, la palabra *quemadas*. Nota otra vez lo que Pedro afirmó: «... la tierra y las obras que en ella hay serán quemadas... los cielos, encendiéndose, serán deshechos...» (2 P 3.10, 12).

Quemadas significa literalmente «descubiertas» o «expuestas». Pedro escogió un vocablo griego que transmite la idea de sacar a la luz, destapar o exponer a la vista. No se trata de una destrucción total, sino de remover todo y restituir los elementos originales. La gran conflagración universal que él describe será una purificación del cosmos, una quema de los elementos asociados al pecado, la muerte, la maldición y lo temporal. El apóstol no usa una palabra que denota aniquilación, sino más bien una que expresa renovación.

Dios no destruirá los materiales básicos de la estructura del planeta, sino que los desintegrará. Cualquier rastro de decadencia oculto en la corteza terrestre, en especial los fósiles, los cementerios y todos los demás monumentos que pertenecen a la larga marcha de la muerte, serán aniquilados. En la medida en que los elementos materiales del cosmos anterior se derriten en el intenso calor, el Señor ejercerá una vez más Su poder creativo para recrear el universo, y hacer los cielos nuevos y la tierra nueva. Como Dios creó a Adán del polvo, así va a recrear el firmamento y el mundo a partir de los elementos que queden después de que el universo sea destruido por fuego.

En uno de sus inimitables sermones, el doctor W. A. Criswell lo expresó de esta manera:

> Dios algún día purgará la tierra y el universo de todo pecado, injusticia, oscuridad y muerte. Todo se disolverá en fuego abrasador. Los elementos volverán a su forma primigenia, y cada átomo de la creación arderá en llamas (2 Pedro 3.10, 12). El Creador la depurará y la purificará. No dejará el más ínfimo rastro de transgresión o pecado. Entonces la revelación postrera y definitiva de Apocalipsis 21 tendrá su cumplimiento. Él tomará la nueva masa, inmaculada, de Su obra creadora y la rehará, forjará nuevos cielos y tierra. No habrá más destrucción de lo creado, solo renovación, renacimiento, regeneración. ¡Ah!, Dios crea nuevamente (Ap 21.1-5).[1]

«NUEVAS»

Apocalipsis 21.5 nos brinda otra pista, cuando el Señor declara: «He aquí, yo hago nuevas todas las cosas». La palabra *nuevas* es muy importante.

El apóstol Juan escribió el Libro de Apocalipsis en el idioma griego de su época, y había dos voces para «nuevo»: *néos*, que expresa la idea de crear algo de la nada, reciente en el tiempo; y *kainós*, que sugiere novedad en términos cualitativos.

El apóstol empleó el segundo vocablo para describir la nueva creación al final de los tiempos: no es destrucción total, sino transformación absoluta.

«PASARON»

Otro indicio es la voz griega para «pasar», en Apocalipsis 21.1: «Vi un cielo nuevo y una tierra nueva; porque el primer cielo y la primera tierra pasaron». Aquí no significa dejar de existir, sino cambiar de forma; transformarse de un estado a otro. «Son los mismos cielos y tierra, pero rejuvenecidos en gloria, sin maleza, sin espinas, sin cardos».[2]

Nosotros usamos una terminología idéntica. Cuando yo hablo de un ser querido que fallece, no quiero decir que ya no exista. No ha dejado de existir porque «Dios no es Dios de muertos, sino de vivos» (Mt 22.32). Solo ha cambiado de un estado a otro.

COMO EL DILUVIO

Otro indicador que apoya con fuerza la perspectiva de una transición de la antigua a una nueva naturaleza es que Pedro la comparó con el diluvio de Noé. ¿Recuerdas lo que asevera 2 Pedro 3.5-7?

> En el tiempo antiguo fueron hechos por la palabra de Dios los cielos, y también la tierra, que proviene del agua y por el agua subsiste, por lo cual el mundo de entonces pereció anegado en agua; pero los cielos y la tierra que existen ahora, están reservados por la misma palabra, guardados para el fuego en el día del juicio y de la perdición de los hombres impíos.

Fíjate en la analogía. ¿Fue destruido el mundo antediluviano? No, más bien Dios lo limpió. Lo purificó con los torrentes del diluvio. Su juicio vino sobre el planeta, y la topografía cambió por completo cuando las aguas cayeron, subieron y se disiparon. Sin embargo, los elementos esenciales que componen la tierra no desaparecieron. El Señor no hizo pedazos su núcleo interior, ni exterminó lo creado, ni redujo todo a la nada; sino que la renovó.

La restauración final será mucho más extensa y milagrosa. El universo pasará a través de la fragua ardiente del juicio de Dios y emergerá en una nueva forma original, pleno de gloria, transformado, imperecedero y listo para la eternidad. Pedro nos ayuda a entender qué significa la purga final del cielo y de la tierra al describir la purificación anterior en los días de Noé. Sí, el diluvio fue una catástrofe, pero no acabó con el mundo. Dios preservó a Noé y su familia para que habitaran en la tierra que Él les había preparado después de limpiarla y purificarla con inundaciones.

De la misma manera, Dios no arrasará nuestro planeta por medio del fuego que vendrá en épocas postreras. Las llamas serán mucho más purificadoras que las aguas. Sin embargo, no acabarán con el mundo.

SIMILAR A LA RESURRECCIÓN DEL CUERPO

Observa cómo se parece este proceso a la resurrección del cuerpo humano. Cuando Jesús murió y resucitó, Su antiguo cuerpo no fue borrado y recreado desde cero. El cuerpo que se levantó de nuevo fue el mismo que había muerto en la cruz; pero en el maravilloso destello de poder de resurrección, fue glorificado, transformado y preparado para la eternidad. Nuestros cuerpos experimentan un proceso similar. Se descomponen en el polvo. No obstante, Dios sabe dónde fue a parar cada molécula; y de alguna manera en Su omnipotente energía, los cuerpos físicos que tenemos ahora serán resucitados, instantáneamente glorificados y provistos para la vida eterna. Sí, tendremos nuevos cuerpos, no nuevos en términos de tiempo, sino de calidad o esencia.

PARA DESACREDITAR A SATANÁS

Permíteme sugerir una última razón para entender cómo los cielos y la tierra del fin serán «renovados». No creo que Dios le permita al diablo alegrarse de haber dañado irreparablemente la creación divina. En el relato de Génesis 1.31, dice que el Señor se sintió muy complacido cuando creó los cielos y la tierra: «Y vio Dios todo lo que había hecho, y he aquí que era bueno en gran manera». No hay evidencia de que Él haya cambiado de opinión al respecto. Su propósito de redimir al mundo no era abandonar Su creación, sino restaurarla.

Anthony Hoekema escribió:

> Satanás habría alcanzado una enorme victoria si Dios tuviera que aniquilar el cosmos actual. Significaría que el diablo fue capaz de corromper de manera tan devastadora el universo y la tierra presentes, que al Creador no le quedaría más remedio que borrarlos por la eternidad. No obstante, Lucifer no triunfó de esa manera. En cambio, ha sido derrotado decisiva y contundentemente. El Señor revelará las dimensiones de tal fracaso cuando renueve la misma tierra en la que Satanás engañó a la humanidad y al fin elimine todos los resultados de sus maquinaciones diabólicas.[3]

Para resumir, después del arrebatamiento de la Iglesia, de los siete años de tribulación, del Armagedón, del regreso de Cristo, del milenio y del juicio ante el gran trono blanco, Dios correrá las cortinas de la historia humana y someterá al universo a Su llama purificadora. Allí va a arder todo rezago de enfermedad y cualquier indicio de desobediencia se evaporará. Dios destruirá los remanentes y las secuelas del pecado, la tristeza y el sufrimiento para recrear una nueva realidad física y fundar un universo, un cielo y una tierra nueva.

LAS CARACTERÍSTICAS DEL NUEVO CIELO Y LA NUEVA TIERRA

Hasta aquí hemos abordado las promesas y la purificación del cielo y la tierra nuevos, ahora volvamos a Apocalipsis 21 para descubrir algunos principios sorprendentes sobre el cosmos renovado. Anhelo contarte cómo será todo. Cuando la nueva creación esté terminada y Dios la haya purificado, seguirá siendo la misma tierra y el mismo cielo, pero serán diáfanos y puros: todo estará nuevo, y no quedará la más ínfima mancha de pecado, evidencias de muerte o signos de enfermedades. Entonces, ¿cómo será el mundo? De las cosas gloriosas en el Libro de Apocalipsis hay tres que me intrigan en lo profundo: se elimina el mar, se revoca la maldición y se restaurarán todas las cosas.

LA ELIMINACIÓN DEL MAR

El primer encontronazo es con la cuestión de los océanos del mundo. Apocalipsis 21.1 dice: «Vi un cielo nuevo y una tierra nueva; porque el primer cielo y la primera tierra pasaron, y el mar ya no existía más». Si amas el mar, como yo, quizás te pase igual que a mí cuando escuché tal afirmación por primera vez: quedé desconcertado. Vivo en el sur de California, cerca del océano. Por las tardes, me encanta ver la puesta del sol; parece una esfera al rojo vivo que se hunde en el Pacífico. Quienes amamos los océanos hacemos una mueca amarga al toparnos con la última frase del versículo uno.

Sin embargo, la Biblia no dice que no existirán hermosas extensiones de agua. Si lo analizamos con detenimiento vemos que la superficie de nuestro planeta es, en su mayor parte, acuosa, alrededor del 71 %. Los océanos contienen más del 96 % de toda el agua de la tierra, y estos vastos terrenos baldíos de agua salada son inhabitables para los humanos. Nuestra mente no alcanza a imaginar la belleza de la nueva tierra; será muy superior en hermosura a cualquier lugar en el que hayamos estado. Por supuesto que habrá masas de agua, como explicaré en breve; pero, es evidente que, no habrá enormes terrenos estériles de mares salados.

La composición del planeta será tan distinta y la naturaleza de nuestros cuerpos glorificados tan superior, que la ecología de la nueva creación será otra por completo.

Con certeza, a lo largo del mundo venidero, fluirán aguas frescas y cristalinas, inimaginables hoy. En sus orillas habrá árboles cargados de frutos, los cuales aportan hermosura y proveen una calidad de vida superior a la realidad que conocemos. Así que no te preocupes por la frase: «Y el mar ya no existía más». Déjaselo a Dios, amigo. Si Él hizo los mares tan magníficos y agradables, estoy convencido de que diseñará el nuevo mundo con niveles de portento y magnificencia muy superiores.

LA REVOCACIÓN DE LA MALDICIÓN

Descubrimos otro aspecto imponente del nuevo mundo en las palabras de Apocalipsis 22.3: «Y no habrá más maldición; y el trono de Dios y del Cordero estará en ella, y sus siervos le servirán».

¿Qué maldición es esa? A veces cuando escuchamos esta palabra, pensamos en algo obsceno o profano; quizás en una de esas frases que la gente dice en nuestros trabajos, en la escuela o tan frecuentemente en la televisión. Pero Juan la usó para referirse al juicio que Dios llevó a cabo en el jardín del Edén en Génesis 3, después de que Adán y Eva se rebelaron y trajeron el pecado y la vergüenza al mundo.

En Génesis 3.17-19, el Señor le dijo a Adán:

> «Por cuanto obedeciste a la voz de tu mujer, y comiste del árbol de que te mandé diciendo: No comerás de él; maldita será la tierra por tu causa; con dolor comerás de ella todos los días de tu vida. Espinos y cardos te producirá, y comerás plantas del campo. Con el sudor de tu rostro comerás el pan hasta que vuelvas a la tierra, porque de ella fuiste tomado; pues polvo eres, y al polvo volverás».

Las cosas salen mal en el mundo, la vida es una constante pelea, la humanidad siempre corre cuesta arriba, y la naturaleza, a menudo, se nos opone precisamente por la maldición; ella es la causante.

La tierra se deteriora a nuestro alrededor y lo apreciamos de mil maneras. Los campos estériles, en vez de producir flores y jardines coloridos, se llenan de malezas y abrojos. Fíjate en nuestros cuerpos: comienzan a deteriorarse, envejecen, se enferman y, al final, se descomponen. Observa el planeta: abundan los estragos, sequías, terremotos, huracanes, tornados, incendios e inundaciones; sin mencionar los males perpetuados por la naturaleza pecaminosa de la raza humana. Todo se resume en esa única palabra: *maldición*.

Pero, ahora, medita en el poder de la frase de Apocalipsis 22.3: «Y no habrá más maldición».

Cuando aparezcan los cielos nuevos y la nueva tierra Dios va a revertir la maldición, la anulará y la destruirá por siempre. ¿Te lo imaginas? Jamás volverás a recordar el cansancio que provoca el trabajo. La naturaleza funcionará a la perfección, el clima siempre estará a nuestro favor, y el suelo producirá flores con la misma fuerza que hoy genera espinos y cardos por doquier. Los hombres no volverán al polvo por la muerte, porque nunca morirán.

Dios no solo envió a Su Hijo al mundo para salvar nuestras almas, sino también para redimir la creación de las consecuencias del pecado. La magnífica obra de Cristo va más allá de salvar a un sinnúmero de personas compradas con sangre. El objetivo final es redimir a toda la creación de los efectos del pecado. Tal propósito no se logrará hasta el momento en que Él traiga la nueva tierra, cuando el paraíso perdido se convierta en el paraíso recobrado. ¡Pero sí lo alcanzará!

LA RESTAURACIÓN DE TODAS LAS COSAS

Eso nos lleva a la característica final que quiero mencionar sobre el nuevo cielo y la nueva tierra: la restauración de todas las cosas. Apocalipsis 21.4-5 expresa: «... porque las primeras cosas pasaron. Y el que estaba sentado en el trono dijo: He aquí, yo hago nuevas todas las cosas...».

Randy Alcorn lo explicó así:

> El cielo es el hogar de Dios, la tierra es el nuestro. Jesucristo, el Dios-hombre, une por siempre a Dios y a la humanidad, y, por lo tanto, reúne para siempre al cielo con la tierra. Lo terrenal se integra con lo celestial, como lo demuestra Efesios 1.10; es un hecho bíblico. Cristo hará de la tierra un paraíso y del paraíso una tierra. De la misma forma en que Jesús derribó el muro que separaba a Dios de la raza humana, Él para siempre echará abajo la muralla que separa al cielo y a la tierra. Habrá un universo, en el cual todas las cosas del orbe celeste y terreno coexistirán bajo una sola cabeza: Jesucristo.

Alcorn, además, expresó: «El plan de Dios es cerrar definitivamente el abismo entre el mundo espiritual y el físico. No habrá más lealtades ni reinos divididos. Existirá un cosmos, un universo unido bajo un Señor, para siempre. Este es el plan indetenible de Dios y a su cumplimiento marcha la historia».[4]

Por eso Apocalipsis 21.3 es imponente: «Y oí una gran voz del cielo que decía: He aquí el tabernáculo de Dios con los hombres, y él morará con ellos; y ellos serán su pueblo, y Dios mismo estará con ellos como su Dios».

¡Piensa por un momento! Este nuevo paradigma no solo nos aporta un sentido de aventura en cuanto al futuro, sino también un aprecio renovado por el mundo en el que vivimos hoy. Por eso, los cristianos son, o deberían ser, de forma adecuada, los mejores ecologistas en la faz de la tierra. Entendemos que Dios ama el mundo que ha creado, y desde el principio, en Génesis 2.15, se lo entregó al hombre, a la humanidad «para que lo labrara y lo guardase».

David Haney en su narración de lo celestial describe una visita a su restaurante favorito en Dallas, Texas, donde ofrecen platos innovadores del suroeste. La oferta más famosa del menú es un bistec de costilla que se elabora de una manera bastante especial. Pero el lugar también es prestigioso por su extenso menú de aperitivos exóticos. Un día, David se sentó a la mesa, leyó el menú y pidió un maravilloso aperitivo de fajitas de camarón que no se parecía a nada que hubiera probado en su vida. «Descubrí papilas gustativas que ni siquiera sabía que tenía —dijo—. No podía creer que alguien pudiera hacer que algo tan extraño supiera tan bien».

Cuando el camarero vino para tomar la orden del plato principal, David le dijo que no quería comer nada más en toda la noche. Estaba fascinado con las fajitas de camarón y ni siquiera planeaba lavarse los dientes después porque quería mantener el recuerdo del maravilloso sabor. Pero el camarero le dijo: «Si cree que está delicioso espere a probar las costillas».[5]

Al recordar la conversación David reflexionó sobre la idea de «anticipar». En cierto sentido, las bellezas de nuestro planeta (las colinas, las llanuras, las montañas, los océanos, la bóveda del cielo) son solo aperitivos; abren nuestro apetito para degustar el plato fuerte: la nueva creación de Dios.

De estas realidades solo sé lo que la Biblia revela; ella es nuestra única fuente de verdad sobre la vida futura. Sin embargo, basado en sus aseveraciones, creo que el mismo Dios que con tanta magnificencia creó el mundo presente, se está preparando para el momento en que renovará todas las cosas. La escena en Apocalipsis 21 y 22 no es ni utópica ni ilusoria: es una realidad absoluta, que el Señor nos reveló en Su Palabra. Él, en Su corazón, la diseñó y nos la concedió a través de Su Hijo amado.

CAPÍTULO 31

LA CIUDAD SANTA

En junio del 2016, la revista *Business Insider* le pidió a un equipo de reporteros de tecnología que determinaran: las ciudades más pobladas de la historia, la más grande del mundo hoy en día y el ambiente de las megaciudades del futuro. Concluyeron que en el 2100 a. c. la ciudad más importante del mundo era Ur, con un estimado de cien mil habitantes. Varios siglos más tarde, Yinxu la superó con cerca de 120.000 personas.

En la época de los reyes de Israel, la población más extensa del planeta era Nínive, adonde Jonás fue a predicar en los días de los profetas. Cuando Cristo nació, Roma tenía un millón de habitantes, eclipsando así a las demás urbes que la habían precedido.

Pasó el tiempo y, en 1825 Londres se convirtió en la más grande del mundo con casi 1,5 millones de personas; pero después de la Primera Guerra Mundial, otra población, Nueva York, llegó a la cima con unos 7,8 millones. Finalmente, Tokio ascendió al podio en 1968 con 20,5 millones de habitantes, y en la actualidad mantiene la distinción de ser la más poblada de la historia con más de 38 millones.[1]

Sin embargo, el propósito de este capítulo, es hablar sobre una ciudad que supera con creces a todas las del pasado, del presente y del futuro. La Biblia se deleita en contarnos sobre esa que a veces llamamos la Ciudad Celestial, Monte Sion o nueva Jerusalén. Los dos últimos capítulos de la Biblia usan la palabra *ciudad* once veces para describir nuestro hogar eterno, y no creo que sea una metáfora. Es un sitio concreto, palpable. Dado que los cuerpos de los salvos serán físicos, reales y tangibles, necesitarán un espacio, un hogar, una ciudad material y evidente.

El Libro de Apocalipsis es el que nos muestra una visión completa de esta ciudad. Empieza con la promesa de los mismos labios del Cristo glorificado en Apocalipsis 3.12: «Al que venciere, yo lo haré columna en el templo de mi Dios, y nunca más saldrá de allí; y escribiré sobre él el nombre de mi Dios, y el nombre de la ciudad de mi Dios, la nueva Jerusalén, la cual desciende del cielo, de mi Dios, y mi nombre nuevo».

El apóstol Juan nos habla de la creación del nuevo cielo y la nueva tierra, y luego nos dice que la gran ciudad, la nueva Jerusalén, descenderá del firmamento para convertirse en la capital del reino eterno de Dios.

Es importante comprender que ella no es el cielo en sí, sino su capital. El pasaje, uno de los más importantes de la Biblia, describe cómo, ya diseñada y construida, desciende a la tierra:

> Vi un cielo nuevo y una tierra nueva; porque el primer cielo y la primera tierra pasaron, y el mar ya no existía más. Y yo Juan vi la santa ciudad, la nueva Jerusalén, descender del cielo, de Dios, dispuesta como una esposa ataviada para su marido. Y oí una gran voz del cielo que decía: He aquí el tabernáculo de Dios con los hombres, y él morará con ellos; y ellos serán su pueblo, y Dios mismo estará con ellos como su Dios. Enjugará Dios toda lágrima de los ojos de ellos; y ya no habrá muerte, ni habrá más llanto, ni clamor, ni dolor; porque las primeras cosas pasaron. Y el que estaba sentado en el trono dijo: He aquí, yo hago nuevas todas las cosas. Y me dijo: Escribe; porque estas palabras son fieles y verdaderas. (Ap 21.1-5)

La descripción sugiere que Dios diseñó, construyó y preparó la ciudad santa para la nueva tierra. El apóstol no vio la creación de la nueva Jerusalén; él dice que la contempló, ya construida y en su descenso desde «los cielos de los cielos». En otras palabras: la nueva Jerusalén es una ciudad real y física que ahora está ubicada en el tercer cielo. Jesús se refirió a la misma en Apocalipsis 3.12 como la «ciudad de mi Dios». Aquí en Apocalipsis 21, Juan la observó bajando hasta posarse en la nueva tierra. Algunos eruditos de la Biblia creen que esta ciudad flotará sobre el mundo durante el milenio, y que después descenderá durante el estado eterno para convertirse en la capital perpetua del universo renovado y glorioso de Dios.

El lugar que Jesús está preparando para nosotros es la nueva Jerusalén y la Biblia, ya casi al concluir, aporta una descripción impresionante de sus dimensiones, su estructura y una advertencia sobre lo único que podría impedirnos entrar en ella: el error de no aceptar a Cristo como nuestro Salvador.

LAS DIMENSIONES DE LA CIUDAD

Las páginas finales de la Biblia nos revelan las dimensiones de la ciudad. Sus límites sobrepasan infinitamente el diseño y la imaginación de los ingenieros y políticos del mundo. A veces me preguntan: «¿Pastor, de qué manera van a caber en el cielo todos los redimidos de todas las edades?, ¿hay espacio suficiente?».

Bueno, en primer lugar, asumo que la totalidad del nuevo cielo y la nueva tierra serán habitables. Pero si solo nos enfocamos en la nueva Jerusalén, quedaremos aturdidos ante su inmensidad. Apocalipsis 21.15-16 declara: «El que hablaba conmigo tenía una caña de medir, de oro, para medir la ciudad, sus puertas y su muro. La ciudad se halla establecida en cuadro, y su longitud es igual a su anchura; y él midió la ciudad con la caña, doce mil estadios; la longitud, la altura y la anchura de ella son iguales».

Si usamos las medidas actuales significa que la nueva Jerusalén tendrá, alrededor de 1.500 millas (2.414 kilómetros) de ancho, 1.500 millas (2.414 kilómetros) de largo y 1.500 millas (2.414 kilómetros) de alto. ¡Entonces en el «primer piso» ya tiene más de 2.000.000 millas cuadradas (3.218.688 kilómetros cuadrados)! Y como la ciudad es cúbica y se eleva por encima de la estratósfera, la cual comienza más o menos a 11 millas (18 kilómetros) sobre la superficie de la tierra; la nueva Jerusalén asciende a 1.500 millas (2.414 kilómetros), suponemos que de alguna manera tendrá varios niveles. Para este fin contará con estructuras verticales.

F. W. Boreham fue un brillante pastor y ensayista que examinó cuidadosamente el tamaño y la capacidad de la gran ciudad. En uno de sus escritos relata cómo compartió el tema con un miembro de su iglesia llamado Tammas, el cual era un ingeniero australiano. Después de señalarle las dimensiones de la Ciudad Celestial le preguntó: «¿Alguna vez pensaste en el tamaño de la ciudad que Dios ha preparado?» y Tammas respondió:

> Hermano, es increíble, es asombroso. ¡Jamás había escuchado algo así! Juan dice que cada uno de sus muros mide doce mil estadios. Ahora, cuando lo calculas... ¡Da un área de 2.250.000 millas cuadradas (3.621.024 kilómetros cuadrados!). La única «ciudad cuadrangular» que he visto en mi vida es Adelaida, en Australia Meridional. El barco que me sacó del viejo país hizo escala allí por unos días y me pareció una magnífica urbe. Pero, usted sabe muy bien que Adelaida cubre solo una milla cuadrada (1,6 kilómetro cuadrado). Cada uno de los cuatro lados tiene una milla (1,6 kilómetro) de largo. Londres ocupa un área de 140 millas cuadradas (225 kilómetros cuadrados). Pero esta metrópoli, ¡la Ciudad Cuadrangular!, pastor, ¡es 2.250.000 veces más grande que Adelaida! ¡Supera 15.000 veces a Londres! ¡Es veinte veces más amplia que toda Nueva Zelanda! ¡Diez veces más extensa que Alemania y Francia! ¡Supera a toda Inglaterra cuarenta veces y su área es superior a la de la India, porque, en sí misma, es un enorme continente! Lo descubrí hace poco cuando me tomé el asunto en serio y empecé a revisar y sacar cuentas.

Pero Tammas no había terminado.

> ¿Sabe qué? He estado estudiando el tema de la población y es aún más extraordinario. ¡Escuche! Si sacamos la cuenta basados en el número de personas por kilómetro cuadrado en la ciudad de Londres, la población de la Ciudad Cuadrangular rebasa en cien mil millones, que es setenta veces la población actual del mundo.[2]

Otro escritor ha comparado la superficie de la nueva Jerusalén con el tamaño de Estados Unidos, y asevera que:

Si comparas la nueva Jerusalén con Estados Unidos, debes medir toda la línea costera del Océano Atlántico hacia el oeste. Eso es una ciudad que se extiende desde el Maine más remoto hasta la Florida más alejada, y desde la costa del Atlántico hasta Colorado. Equivale a ocupar espacio desde la costa del Pacífico hacia el este, cubriendo nuestro país desde más allá del río Mississippi, siguiendo la línea que se extiende hacia el norte a través de Chicago y continuando en la costa oeste del lago Michigan, hasta llegar a la frontera con Canadá.[3]

Para mí, una de las cosas más sorprendentes sobre las dimensiones de esta urbe tiene que ver con su altura. Según Apocalipsis 21.16, mide lo mismo de alto, de largo y de ancho; por lo tanto, se eleva a 1.500 millas (2.414 kilómetros) en el aire. Ahora, solo para teorizar, supongamos que la ciudad esté dividida en pisos con techos muy altos, por ejemplo, 20 pies (6 metros) de alto por piso. Hay 5.280 pies (1.609 metros) en 1 milla (1,61 kilómetros), así que, si la ciudad de la nueva Jerusalén llega a las 1.500 millas (2.414 kilómetros) de altura, eso equivale a 7.920.000 pies (2.414.016 metros). Digamos que cada piso tuviera 1 milla (1,61 kilómetro) de altura. Bueno, eso es una ciudad de 1.500 pisos que tienen el tamaño de un continente. ¡Y es solo la capital! No olvides lo que la rodea: el nuevo cielo y la nueva tierra.

Algunas personas se sobrecogen al preguntarse cómo nos moveremos en un entorno así. Estamos acostumbrados a la congestión y los embotellamientos en la tierra. Pero recuerda lo que dijimos sobre nuestros nuevos cuerpos: tendremos la capacidad, como Cristo, de viajar al instante y por los impulsos del pensamiento. El transporte no será un problema. No quiero ser demasiado especulativo; pero sí quiero que compartas mi entusiasmo por el tamaño gigantesco, descomunal, de la ciudad. Dalo por hecho: supera con creces nuestra imaginación.

Hay otro aspecto interesante de las dimensiones. Obviamente la ciudad tiene forma cúbica: 1.500 millas (2.414 kilómetros) de largo, alto y ancho. El lugar santísimo dentro del tabernáculo y, más tarde, dentro del templo, también tenía la forma de un cubo. Mucha gente cree que la nueva Jerusalén es como un inmenso lugar santísimo que es la habitación de Dios en el templo de Su nuevo universo. De hecho, Apocalipsis 21.3 dice sobre ella: «He aquí el tabernáculo de Dios con los hombres, y él morará con ellos; y ellos serán su pueblo, y Dios mismo estará con ellos como su Dios».

LA DESCRIPCIÓN DE LA CIUDAD

Las dimensiones de esta metrópoli sirven solo como el punto de inicio de nuestras observaciones. Cuando nos adentramos más en la lectura de Apocalipsis 21 y 22 nos quedamos boquiabiertos con las versátiles descripciones de la misma. Te invito a leer los dos últimos capítulos de la Escritura y a convertirlos en objeto de estudio continuo. Para ayudarte, quisiera señalar la representación séptuple que estos segmentos nos dan de la nueva Jerusalén.

Así que, sobre esa base, veamos las siete características maravillosas de esta urbe.

LA CIUDAD SANTA

Primero, será una ciudad santa. Nota el énfasis en Apocalipsis 21:

- «Y yo Juan vi la santa ciudad, la nueva Jerusalén» (v. 2).
- «Y me llevó en el Espíritu a un monte grande y alto, y me mostró la gran ciudad santa de Jerusalén, que descendía del cielo, de Dios» (v. 10).

La principal característica de esta ciudad es su santidad. El libro *The Wycliffe Bible Commentary* [Comentario bíblico Wycliffe]: «Una ciudad santa será aquella en la que no se pronuncie una mentira en cien millones de años, no se pronuncie una blasfemia, o se discuta un negocio turbio, no se vean imágenes impuras ni se manifieste corrupción alguna en la vida. Será santa porque todos sus moradores son santos».[4]

Sin pecado, no habrá muerte. En el cielo no habrá cárceles, ni tribunales, ni prisiones, ni hospitales, ni funerarias. Es un lugar santo para los santos, para aquellos que han sido santificados por la gracia infinita de Dios a través de la sangre de Jesucristo.

LAS PUERTAS DE PERLAS

La Biblia también describe un muro amplio, alto y ancho que rodea la nueva Jerusalén, y que tiene doce puertas, cada una de las cuales es una perla. Apocalipsis 21.17-21 declara:

> Y midió su muro, ciento cuarenta y cuatro codos, de medida de hombre, la cual es de ángel. El material de su muro era de jaspe; pero la ciudad era de oro puro, semejante al vidrio limpio […] Las doce puertas eran doce perlas; cada una de las puertas era una perla. Y la calle de la ciudad era de oro puro, transparente como vidrio.

¡Quizás te estás preguntando qué tipo de ostra se requiere para producir una perla tan gigantesca! Pero ¿crees que Dios está limitado a usar ostras para hacerlo? El Señor puede hacer una perla con solo decirlo. Si Él creó las estrellas por el poder de Su palabra, amigo, te aseguro que puede formar perlas monumentales. ¿Sabes?, no estoy seguro de cómo lo hará Dios; pero cada una de las doce puertas será tan hermosa y deslumbrante como una perla gigante, y cada una tendrá el nombre de una de las tribus de Israel.

Piénsalo. La pared está hecha de jaspe, que en tiempos bíblicos era una piedra de cristal parecida al diamante; y las formidables puertas están hechas de perla sólida. ¿Te imaginas contemplarla desde lejos? Refulgirá y resplandecerá mientras gira en su descenso a la tierra, y todos los tonos de Su gloria serán deslumbrantes. Te quedarás pasmado.

Uno de mis mentores, el doctor W. A. Criswell, tuvo una visión interesante de las puertas de perla. En un sermón expresó:

> Las puertas de perlas entrañan un mensaje; porque entramos al cielo por medio del sufrimiento y el dolor, a través de la redención y la sangre, mediante la agonía de la cruz. La perla es una joya que produce un animalito herido; sin dolor, jamás se formará.[5]

Cuando entremos por ellas, recordaremos que estamos allí gracias al sufrimiento y al dolor del Señor Jesús, quien fue herido para redimirnos.

LOS CIMIENTOS DE PIEDRAS PRECIOSAS

El tercer elemento descriptivo de la ciudad es su fundamento. Esta parece ser una característica muy importante porque con anterioridad Hebreos 11.10 se refiere a ella al afirmar que tiene «fundamentos, cuyo arquitecto y constructor es Dios».

Apocalipsis 21.19-20 lo describe de esta manera:

> Los cimientos del muro de la ciudad estaban adornados con toda piedra preciosa. El primer cimiento era jaspe; el segundo, zafiro; el tercero, ágata; el cuarto, esmeralda; el quinto, ónice; el sexto, cornalina; el séptimo, crisólito; el octavo, berilo; el noveno, topacio; el décimo, crisopraso; el undécimo, jacinto; el duodécimo, amatista.

Los nombres de las gemas se han traducido del griego que usó Juan y es posible que no coincidan con las piedras que en la actualidad llevan tales nombres. Pero, con certeza, describen un conjunto que brilla con los colores y tonos del arco iris.

¿Te imaginas acercarte a la capital del cielo y verla desde lejos? Admiraremos con nuestros propios ojos esta magnífica ciudad, que se yergue 2.414 kilómetros sobre la atmósfera, construida sobre piedras preciosas, con cada puerta espléndidamente elaborada a partir de una perla. Avanzaremos hacia ella tambaleantes de asombro, con nuestros ojos desorbitados de perplejidad, porque los lugares más hermosos del planeta ni se acercan a lo que Dios ha preparado para nosotros.

LAS CALLES DE ORO

¡Pero eso no es todo! Apocalipsis 21 también señala que la ciudad es de oro, e incluso, el bulevar en medio de ella está hecho de macizos adoquines de este material: «Las doce puertas eran doce perlas; cada una de las puertas era una perla. Y la calle de la ciudad era de oro puro, transparente como vidrio» (v. 21).

¿Te fijas en el detalle? El oro de la nueva Jerusalén es «transparente como vidrio», resulta un detalle bastante curioso. El oro terrenal que hoy llena nuestras bóvedas no es transparente. Sin embargo, el oro del cielo será tan puro que dará la impresión de que al mirarlo veremos sus límpidas profundidades al caminar sobre él. Algunos eruditos lo interpretan como un espejo finamente pulido y, por lo tanto, no transparente, sino translúcido. Pero recuerda: andaremos con cuerpos glorificados, y podemos asumir que nuestra vista mejorará a tal punto que veremos las cosas como nunca las hemos percibido.

EL CORDERO QUE ES LA LUZ

Lo siguiente en Apocalipsis 21 y 22 tiene que ver con las fuentes de luz y energía de la nueva Jerusalén. ¿Dónde estarán su central eléctrica y sus generadores? ¿Cómo iluminar una ciudad tan inmensa? Cuatro versículos diferentes abordan el tema:

- «Su fulgor era semejante al de una piedra preciosísima, como piedra de jaspe, diáfana como el cristal» (Ap 21.11).
- «La ciudad no tiene necesidad de sol ni de luna que brillen en ella; porque la gloria de Dios la ilumina, y el Cordero es su lumbrera» (Ap 21.23).
- «Y las naciones que hubieren sido salvas andarán a la luz de ella» (Ap 21.24).
- «No habrá allí más noche; y no tienen necesidad de luz de lámpara, ni de luz del sol, porque Dios el Señor los iluminará» (Ap 22.5).

Allí no habrá postes de luz, ni faroles, ni reflectores, ni linternas, ni lamparitas de noche. Del trono de Dios y del Cordero emanará una luz diáfana que brillará en todas partes. El resplandor de la luz brotará de la misma gloria del Señor Jesús, y llenará la ciudad de luminosidad. Quedaríamos ciegos si no fuera por nuestra nueva visión glorificada; pero no nos lastimará las pupilas porque nuestros ojos estarán perfectamente hechos para esa luz. La verdad, no puedo imaginarlo, pero sí anticiparlo.

Así es la nueva Jerusalén que describe la Escritura. Es el cumplimiento de una profecía hecha cientos de años antes del nacimiento de Cristo, en

Isaías 60.19: «El sol nunca más te servirá de luz para el día, ni el resplandor de la luna te alumbrará, sino que Jehová te será por luz perpetua, y el Dios tuyo por tu gloria».

EL ÁRBOL DE LA VIDA

Bueno, ya examinamos su santidad, sus dimensiones, sus puertas, sus cimientos, sus calles y su fuente de luz; pero nos queda otra característica asombrosa por descubrir: la presencia del árbol de la vida. En Apocalipsis 22.2 leemos: «En medio de la calle de la ciudad, y a uno y otro lado del río, estaba el árbol de la vida, que produce doce frutos, dando cada mes su fruto; y las hojas del árbol eran para la sanidad de las naciones».

Una de las características topográficas de la nueva Jerusalén es un río que fluye desde el trono de Dios. Sus aguas son cristalinas; y a ambos lados del río están los árboles de la vida, no solo uno, sino varios. Nota que el versículo 2 dice: «… y a uno y otro lado del río…». Parece indicar que son muchos y no uno solo, aunque se usa el singular. Los árboles darán sus frutos cada mes, y será como comer frutas del Edén.

Observa la frase sobre las hojas que se usan para la sanidad de las naciones. La palabra «sanidad» en griego es *dserapeía*; de ahí deriva, por ejemplo, *terapéutico*. Podremos comer las hojas del árbol, y ellas nos darán un mayor sentido de nuestras vidas y de nuestra presencia en el cielo. Esta «terapia» no mejorará nuestra santidad, porque seremos completamente santos; pero de alguna manera nos dará un mayor sentido de disfrute y satisfacción. Será la terapia del cielo para nuestro creciente bienestar.

EL RÍO DE LA VIDA

Nos encontramos entonces con la última característica de nuestro recorrido por la nueva Jerusalén. Otra vez lee Apocalipsis 22.1-2: «Después me mostró un río limpio de agua de vida, resplandeciente como cristal, que salía del trono de Dios y del Cordero. En medio de la calle de la ciudad, y a uno y otro lado del río, estaba el árbol de la vida, que produce doce frutos, dando cada mes su fruto; y las hojas del árbol eran para la sanidad de las naciones».

Creo que este es el mismo río del Salmo 46.4: «Del río sus corrientes alegran la ciudad de Dios, El santuario de las moradas del Altísimo».

Casi todas las grandes ciudades del mundo poseen un río que las atraviesa: El Cairo tiene el Nilo; Bagdad, el Tigris; Budapest, el Danubio; Londres, el Támesis; París, el Sena, y Roma, el Tíber. Si visitas Nueva York puedes viajar en bote por el Hudson; y si estás en Washington, navegarás por el Potomac. Ahora, si viajas a Jerusalén en este momento, verás una de las pocas metrópolis del mundo que no tiene uno. Pero un día, el río de aguas purísimas y diáfanas que fluyen del trono de Dios atravesarán la nueva ciudad de Jerusalén, la Sion celestial. Será el torrente más hermoso de los tiempos o la eternidad.

Este es nuestro destino, nuestro hogar eterno. El paraíso es una ciudad cuadrada de 1.500 millas (2.414 kilómetros) de ancho, de largo y de altura (o sea, un cubo). Tiene suficiente espacio para acoger a todas las personas que confiaron en Dios desde el principio de los tiempos.

Mira, piensa en el lugar más hermoso que hayas visto en la tierra. Para mí Santorini es el más lindo. Donna, mi esposa, y yo nos tomamos un pequeño descanso hace unos años y visitamos Grecia y Turquía. Santorini es una de las islas griegas en el sur del mar Egeo; es de origen volcánico y tiene solo setenta y tres kilómetros cuadrados. Nos paramos en la cubierta del bote y divisamos una pequeña ciudad de blanco cegador, con sus techos redondeados y su pintoresca simplicidad, asentada sobre los acantilados encima del mar añil y sobresaliendo hacia el claro cielo; parecía flotar en el espacio.

«Sorprendente —dijimos—, ¡qué lugar tan hermoso!».

Pero no se compara con lo que Dios ha previsto para aquellos que confían en Él.

EL ACCESO DENEGADO

No quiero terminar el capítulo con una nota negativa, pero Apocalipsis 21 y 22 advierte de forma reiterada que Dios puede denegar el acceso a la ciudad. Hemos presentado las dimensiones de la misma y la hemos descrito, pero debo aclararte que tu acceso puede ser denegado.

El Señor no admitirá a todas las personas en dicho lugar. Observa cómo lo enfatizan los siguientes versículos:

- El que venciere heredará todas las cosas, y yo seré su Dios, y él será mi hijo. Pero los cobardes e incrédulos, los abominables y homicidas, los fornicarios y hechiceros, los idólatras y todos los mentirosos tendrán su parte en el lago que arde con fuego y azufre, que es la muerte segunda. (Ap 21.7-8)
- Sus puertas nunca serán cerradas de día, pues allí no habrá noche. Y llevarán la gloria y la honra de las naciones a ella. No entrará en ella ninguna cosa inmunda, o que hace abominación y mentira, sino solamente los que están inscritos en el libro de la vida del Cordero. (21.25-27)
- Bienaventurados los que lavan sus ropas, para tener derecho al árbol de la vida, y para entrar por las puertas en la ciudad. Mas los perros estarán fuera, y los hechiceros, los fornicarios, los homicidas, los idólatras, y todo aquel que ama y hace mentira. (22.14-15)

Por supuesto que todos nosotros somos pecadores. Todos hemos practicado la mentira. Muchos cristianos anduvieron en la hechicería, la inmoralidad, la idolatría o, incluso, cometieron asesinatos en el pasado. Si la sangre de Cristo nos ha redimido, no hay problemas. Pero si no nos hemos arrepentido de nuestros pecados ni hemos puesto nuestra fe en Cristo, entonces los pecados nos impedirán caminar por las calles de oro.

Si estás viviendo en pecado sin buscar el perdón de Dios, y si aún no has aceptado la gracia de Su invitación en el evangelio, no participarás del nuevo cielo, la nueva tierra o de la nueva Jerusalén. Las únicas personas que entrarán son aquellas cuyos nombres están escritos en el libro de la vida del Cordero. No hay excepciones. No tendrás argumentos para ganarte la entrada, las mentiras no funcionarán, no podrás colarte ni sobornar a alguien. Escucha: si no has aceptado el plan de Dios para tu vida, ni recibido Su perdón, no podrás entrar a la ciudad que te he descrito cuando llegue la hora. ¡No quiero que eso te suceda!

Creo que la razón por la que Dios nos da salud, vida y energía como Su pueblo es para que podamos ser Sus embajadores, yendo por todo el mundo, dentro y fuera de las ciudades, hablando en la radio y la televisión, distribuyendo literatura cristiana, compartiendo nuestros testimonios, contribuyendo con nuestros recursos y repartiendo el evangelio, todo para que podamos llevar con nosotros al cielo a la mayor cantidad posible de personas.

Permíteme terminar con este análisis de Apocalipsis 21-22 del gran predicador escocés de épocas pasadas, Horatius Bonar. Él dijo que la nueva Jerusalén era una gran ciudad, bien construida, bien iluminada, bien irrigada, bien abastecida, bien custodiada, bien gobernada, bien poblada, una ciudad santa, una ciudad gloriosa.

«¡Bendita ciudad! —escribió Bonar—. Ciudad de paz, amor y canción! Perfecta compañera de los nuevos cielos; incomparable metrópolis de la nueva tierra, donde habita la justicia! ¡Con cuánta ansiedad debemos buscarla! ¡Cuán dignos de ella debemos vivir!».[6]

¿Ya hiciste tu reservación para la ciudad santa? ¡Te exhorto a que la hagas ahora! La última invitación en el Libro de Apocalipsis dice:

«Y el Espíritu y la Esposa dicen: Ven. Y el que oye, diga: Ven. Y el que tiene sed, venga; y el que quiera, tome del agua de la vida gratuitamente».
(22.17)

EPÍLOGO

El bombardeo nazi en Londres comenzó a fines de 1940. La gente tuvo que soportar los chillidos aterradores de las bombas al caer, el rugido de los aviones sobre sus cabezas, los estallidos de las antiaéreas y el estridente sonido de las explosiones.

Una niña regresaba de la escuela en el momento en que las sirenas comenzaron a sonar; dejó caer sus libros y corrió directamente rumbo a su casa. Una bomba explotó a una cuadra de distancia. Cuando por fin llegó, su padre, desesperado, la recogió y llevó a la familia al refugio más cercano. Se acurrucaron en la oscuridad mientras el rugido aterrador de la guerra resonaba furioso afuera.

La niña, abrazándose a su padre, musitó: «Papá, ¿podemos ir a algún lugar donde no haya cielo?».

Después de ahondar tanto en las «Treinta y una profecías indiscutibles del Apocalipsis», es posible que desees lo mismo. Pero mi esperanza es que permanezcas del todo despierto y más consciente de las «señales»; que te mantengas alerta, vigilante, siempre atento, con un ojo en las noticias y el otro en los cielos del oriente. Porque así estarás con expectación, consciente de que es importantísimo saber los sucesos del futuro que, aun cuando a veces resultan aterradores, también nos muestran que Dios es el autor de la historia. Él está en control. El regreso de Cristo es seguro, y creo, será pronto.

Además de permitirnos vivir con esperanza sobre nuestro mundo y su futuro, el estudio de la profecía tiene un valor aún más alto y práctico. Proporciona una motivación auténtica para desarrollar la vida cristiana. La cercanía de los acontecimientos proféticos muestra la necesidad de mantenernos a toda hora apercibidos en nuestro cristianismo. En el momento en que escuchamos y entendemos la verdad de la venida de Jesús, no podemos seguir viviendo igual que antes. Los eventos futuros tienen implicaciones presentes que no debemos pasar por alto. Al saber que Él vendrá de nuevo a esta tierra, no podemos seguir siendo las mismas personas. Necesitamos causar un impacto positivo en el mundo.

¿QUÉ DEBEMOS HACER?

Sinceramente, espero que hayas aumentado tus conocimientos sobre el fin de los tiempos al leer este libro. Pero conocer no es suficiente; de hecho, solo nos ayuda si lo llevamos a la práctica, a la acción.

Por tanto, basado en mis lecturas de las epístolas del Nuevo Testamento, te presento diez maneras en las cuales nosotros, como cristianos, debemos ser diferentes debido a nuestro conocimiento profético. En cada uno de los siguientes pasajes puse en cursivas las palabras que relacionan la amonestación con la promesa del regreso de Jesús.

1. **Abstenerse de juzgar a otros**: «Así que, no juzguéis nada antes de tiempo, *hasta que venga el Señor*, el cual aclarará también lo oculto de las tinieblas, y manifestará las intenciones de los corazones; y entonces cada uno recibirá su alabanza de Dios» (1 Co 4.5).
2. **Recordar la Santa Cena**: «Así, pues, todas las veces que comiereis este pan, y bebiereis esta copa, la muerte del Señor anunciáis *hasta que él venga*» (1 Co 11.26).
3. **Responder a la vida espiritualmente**: «Si, pues, habéis resucitado con Cristo, buscad las cosas de arriba, donde está Cristo sentado a la diestra de Dios. Poned la mira en las cosas de arriba, no en las de la tierra. Porque habéis muerto, y vuestra vida está escondida con

Cristo en Dios. *Cuando Cristo, vuestra vida, se manifieste*, entonces vosotros también seréis manifestados con él en gloria» (Col 3.1-4).

4. **Relacionarse los unos con los otros en amor:** «Y el Señor os haga crecer y abundar en amor unos para con otros y para con todos, como también lo hacemos nosotros para con vosotros, para que sean afirmados vuestros corazones, irreprensibles en santidad delante de Dios nuestro Padre, en *la venida de nuestro Señor Jesucristo con todos sus santos*» (1 Ts 3.12-13; Jud v. 21).

5. **Restaurar a los afligidos:** «Tampoco queremos, hermanos, que ignoréis acerca de los que duermen, para que no os entristezcáis como los otros que no tienen esperanza. Porque si creemos que Jesús murió y resucitó, así también traerá Dios con Jesús a los que durmieron en él. Por lo cual os decimos esto en palabra del Señor: que nosotros que vivimos, que habremos quedado *hasta la venida del Señor*, no precederemos a los que durmieron. Porque el Señor mismo con voz de mando, con voz de arcángel, y con trompeta de Dios, descenderá del cielo; y los muertos en Cristo resucitarán primero. Luego nosotros los que vivimos, los que hayamos quedado, seremos arrebatados juntamente con ellos en las nubes para recibir al Señor en el aire, y así estaremos siempre con el Señor. Por tanto, alentaos los unos a los otros con estas palabras» (1 Ts 4.13-18).

6. **Comprometerse de nuevo con el ministerio:** «Te encarezco delante de Dios y del Señor Jesucristo, que juzgará a los vivos y a los muertos *en su manifestación* y en su reino, que prediques la palabra; que instes a tiempo y fuera de tiempo; redarguye, reprende, exhorta con toda paciencia y doctrina» (2 Ti 4.1-2).

7. **No descuidar la iglesia:** «Y considerémonos unos a otros para estimularnos al amor y a las buenas obras; no dejando de congregarnos, como algunos tienen por costumbre, sino exhortándonos; y tanto más, *cuanto veis que aquel día se acerca*» (Heb 10.24-25).

8. **Permanecer firmes:** «Por tanto, hermanos, tened paciencia hasta la venida del Señor. Mirad cómo el labrador espera el precioso fruto de la tierra, aguardando con paciencia hasta que reciba la lluvia

temprana y la tardía. Tened también vosotros paciencia, y afirmad vuestros corazones; porque *la venida del Señor se acerca*» (Stg 5.7-8).

9. **Renunciar al pecado en nuestras vidas:** «Y ahora, hijitos, permaneced en él, para que *cuando se manifieste*, tengamos confianza, para que en su venida no nos alejemos de él avergonzados. Si sabéis que él es justo, sabed también que todo el que hace justicia es nacido de él» (1 Jn 2.28-29).

10. **Alcanzar a los perdidos:** «Conservaos en el amor de Dios, *esperando la misericordia de nuestro Señor Jesucristo* para vida eterna. A algunos que dudan, convencedlos. A otros salvad, arrebatándolos del fuego; y de otros tened misericordia con temor, aborreciendo aun la ropa contaminada por su carne» (Jud vv. 21-23).

Quizás has llegado a las páginas finales de este libro sin saber qué te depara la eternidad. Si ese es el caso, me gustaría llevarte al inicio del mismo, donde te pedí que recordaras la última vez que manejaste por una carretera interestatal o una autopista. Ahora, quisiera que te imagines haciéndolo. ¡Eso es! Conduces por la carretera hacia un destino importante. Piensa también que estás recibiendo indicaciones del GPS o una aplicación en tu teléfono y que te has perdido en el camino. Vas en la dirección equivocada.

¿Cómo responde el GPS? ¿Te regaña con voz robótica? ¿Te pone membretes o desacredita tu inteligencia? ¿Te recuerda con sorna todas las otras veces que te extraviaste en la carretera?

No, tu navegador computarizado simplemente dice: «En el próximo cruce gira en U». Te informaría con suavidad, pero con firmeza, que necesitas dar la vuelta y recuperar el rumbo.

De igual modo, al leer este libro y obtener una comprensión más profunda de la Palabra de Dios, es posible que te hayas dado cuenta de que avanzas en la dirección equivocada en el sendero de la vida. No has visto las soluciones y las oportunidades que Él te ha brindado a través de las suaves indicaciones de Su Espíritu Santo, y vas por tu propio camino, uno que al final conduce a la destrucción.

Si ese es tu caso, entonces te animo humilde pero urgentemente a que escuches la voz del Señor ahora mismo. Amigo, «gira en U». Arrepiéntete. Aléjate del camino que conduce a la destrucción y elige el que lleva a la vida. Jesús habló de esa senda al expresar: «Yo soy el camino, y la verdad, y la vida; nadie viene al Padre, sino por mí» (Jn 14.6).

Elige recibir la salvación gratuita de Dios. Acepta a Jesús como la Verdad y permítele liberarte.

Si tomas esa decisión, encontrarás una última señal cuando termine el camino de tu vida. De pie ante Cristo en el día postrero, verás que la sostiene en Su mano mientras te invita a acompañarlo al sitio que ha preparado para ti. Es una señal que dice:

«Bienvenido a casa»

NOTAS

CAPÍTULO 1: ISRAEL

1. Romesh Ratnesar, «The Dawn of Israel», Time, 31 mayo 2003, http://content.time.com/time/specials/packages article/0,28804,1977881_1977887_1978201,00.html.
2. «Declaration of Establishment of State of Israel», Ministerio de Relaciones Exteriores de Israel, 14 mayo 1948: http://www.mfa.gov.il/MFA/ForeignPolicy/Peace/ Guide/Pages/Declaration%20of%20Establishment%20of%20State%20of%20 Israel.aspx.
3. «Israel Population 2018», World Population Review: http://worldpopulationreview.com/countries/israel-population/.
4. «The Major Religions in Israel», World Atlas: https://www.worldatlas.com/articles/the-major-religions-in-israel.html.
5. Pew Research Center, «A Portrait of Jewish Americans: Chapter 1: Population Estimates», Pew Forum, 1 octubre 2013: http://www.pewforum.org/2013/10/01/chapter-1-population-estimates/.
6. David Jeremiah, *Before It's Too Late* (Nashville, TN: Thomas Nelson, Inc., 1982), p. 126.
7. David Jeremiah, *The Jeremiah Study Bible* (Franklin, TN: Worthy Publishing, 2013), p. 23.
8. J. Correspondent, «Peace Won't Be Instant, but Dream Can't Be Dropped», The Jewish News of Northern California, 9 mayo 2003: http://www.jweekly.com/article/full/19844/ peace-won-t-be-instant-but-dream-can-t-be-dropped/.

9. J. F. Walvoord, «Will Israel Possess the Promised Land?» en *Jesus the King Is Coming*, ed. Charles Lee Feinberg (Chicago, IL: Moody, 1975), p. 128.
10. *2 Maccabees 9, Apocrypha* (Londres: Oxford University Press, 1953), p. 408.
11. «The Six-Day War», Comité para la Precisión en los Informes del Medio Oriente en EE. UU.: http://www.sixdaywar.org/content/israel.asp.
12. «Full Transcript of Netanyahu's Address to UN General Assembly», *Haaretz*, 2 octubre 2015: http://www.haaretz.com/israel-news/1.678524.
13. Tim LaHaye y Ed Hindson, *Target Israel: Caught in the Crosshairs of the End Times* (Eugene, OR: Harvest House, 2015), pp. 9-10.
14. Lidar Gravé-Lazi, «Israel's Population to Reach 20 Million by 2065», *Jerusalem Post*, 21 mayo 2017: https://www.jpost.com/Israel-News/Report-Israels-population-to-reach-20-million-by-2065-492429.
15. Milton B. Lindberg, *The Jew and Modern Israel* (Chicago, IL: Moody Press, 1969), p. 7.
16. Rufus Learsi, *The Jews in America: A History* (Nueva York: The World Publishing Company, 1954), p. 230.
17. David McCullough, *Truman* (Nueva York: Simon & Schuster, 1992), p. 620.

CAPÍTULO 2: EUROPA

1. Donald Goldsmith y Marcia Bartusiak, eds., *E=Einstein* (Nueva York: Sterling, 2006), p. 140.
2. Dr. Walter Veith, «The Mists of Time», Amazing Discoveries, consultado el 24 de septiembre del 2018: https://amazingdiscoveries.tv/media/1519/7720-the-mists-of-time/.
3. Tim LaHaye, Ed Hindson, eds., *The Popular Bible Prophecy Commentary* (Eugene, OR: Harvest House Publishers, 2006), p. 226.
4. «The European Union», *Time*, 26 mayo 1930: http://www.time.com/time/magazine/article/0,9171,739314,00.html.
5. William R. Clark, *Petrodollar Warfare: Oil, Iraq and the Future of the Dollar* (New Society Publishers, 2005), 198; ver también W. S. Churchill, *Collected Essays of Winston Churchill*, vol. 2 (Londres: Library of Imperial History, 1976), pp. 176-86.
6. «The History of the European Union», Europa.eu: https://europa.eu/european-union/about-eu/history_en.
7. «Countries», Europa.eu: https://europa.eu/european-union/about-eu/countries_en.

8. «Institutions and Bodies», Europa.eu: http://europa.eu/abc/panorama/howorganised/index_en.htm.
9. Citado en David L. Larsen, *Telling the Old, Old Story: The Art of Narrative Preaching* (Grand Rapids, MI: Kregel, 1995), p. 214.

CAPÍTULO 3: RUSIA

1. Sarah Rainsford, «Ukraine Crisis: Putin Shows Who Is Boss in Crimea», BBC.com, 19 agosto 2015: http://www.bbc.com/news/ world-europe-33985325.
2. «Russian Spy Poisoning: What We Know So Far», BBC News, 8 octubre 2018: https://www.bbc.com/news/uk-43315636.
3. John F. Walvoord, *The Nations in Prophecy* (Grand Rapids, MI: Zondervan, 1978), p. 108.
4. Mark Hitchcock, *The Coming Islamic Invasion of Israel* (Sisters, OR: Multnomah Books, 2002), pp. 31-32.
5. C. I. Scofield, *The Scofield Study Bible* (Nueva York: Oxford University Press, 1909), p. 883.
6. Mustafa Fetouri, «Libya Looks to Russia for Arms», *Al-Monitor*, 20 abril 2015: http://www.al-monitor.com/pulse/originals/2015/04/libya-us-uk-france-russia-uneast-west-armament-deal-morocco.html#.
7. John Phillips, *Exploring the Future: A Comprehensive Guide to Bible Prophecy* (Grand Rapids, MI: Kregel, 1983), p. 327.
8. Henry M. Morris, *The Genesis Record: A Scientific and Devotional Commentary on the Book of Beginnings* (Grand Rapids: Baker Book House, 1976), p. 247.
9. Mark Hitchcock, *The End: A Complete Overview of Bible Prophecy and the End of Days* (Carol Stream, IL: Tyndale House, 2012), p. 310.
10. Steven M. Williams, «How Israel Became the Startup Nation Having the 3rd Most Companies on the Nasdaq», Seeking Alpha, 27 febrero 2018: https://seekingalpha.com/ article/4151094-israel-became-startup-nation-3rd-companies-nasdaq.
11. Matan Bordo, «Israeli Tech's Identity Crisis: Startup Nation or Scale Up Nation?». *Forbes*, 14 mayo 2018: https://www.forbes.com/sites/startupnation-central/2018/05/14/israeli-techs-identity-crisis-startup-nation-or-scale-up-nation/#15a07a43ef48.
12. Roi Bergman, «Israel's Wealthy: 105,000 Millionaires and 18

Billionaires», Ynet News, 25 noviembre 2016: https://www.ynetnews.com/articles/0,7340,L-4884381,00.html.
13. John F. Walvoord y Roy B. Zuck, eds., *The Bible Knowledge Commentary* (Wheaton, IL: Victor, 1985), Logos Bible Software. [*El conocimiento bíblico: Un comentario expositivo* (Puebla: Ediciones Las Américas, 1998)].
14. Adoptado de Ray C. Stedman, *God's Final Word: Understanding Revelation* (Grand Rapids, MI: RBC Ministries, 1991), p. 123.

CAPÍTULO 4: BABILONIA

1. «Titanic Facts», *Titanic Facts*: http://www.titanic-facts.com/titanic-infographic.html.
2. Charles H. Dyer, *The Rise of Babylon* (Chicago, IL: Moody Publishers, 2003), p. 21.
3. Henry M. Morris, *The Revelation Record* (Wheaton, IL: Tyndale House, 1983), pp. 348-49, [*Babilonia, ¡Renace!* (Miami: UNILIT, 1991)].
4. Henry M. Morris, *The Revelation Record* (Wheaton, IL: Tyndale House, 1983), p. 351.
5. John Phillips, *Exploring Revelation: An Expository Commentary* (Grand Rapids, MI: Kregel Publications 2001), p. 222.

CAPÍTULO 5: ESTADOS UNIDOS

1. Adoptado de Newt Gingrich, *Rediscovering God in America* (Nashville, TN: Integrity, 2006), p. 130.
2. Peter Marshall y David Manuel, *The Light and the Glory* (Old Tappan, NJ: Revell, 1977), pp. 17, 18.
3. «President's Proclamation», *New York Times*, 21 noviembre 1982: https://www.nytimes.com/1982/11/21/us/president-s-proclamation.html.
4. «George Washington's First Inauguration Address, April 30, 1789», Archivos nacionales: https://www.archives.gov/legislative/ features/gw-inauguration.
5. Gordon Robertson, «Into All the World», Christian Broadcasting Network: http://www.cbn.com/spirituallife/churchandministry/churchhistory/Gordon_Into_World.aspx.
6. Luis Bush, «What Is Joshua Project 2000?" Mission Frontiers, consultado el 18 de octubre del 2018: http://www.missionfrontiers.org/issue/article/what-is-joshua-project-2000.
7. Abba Eban, *Abba Eban: An Autobiography* (Nueva York: Random House, 1977), p. 134.

8. «Freedom in the World 2018», Freedom House: https://freedomhouse.org/report/freedom-world/freedom-world-2018.
9. Ronald Reagan, «Inaugural Address, January 20, 1981», Archivos de la Biblioteca Presidencial Ronald Reagan, Archivos nacionales y Administración de registros, www.reagan.utexas.edu/archives/speeches/1981/12081a.htm.
10. Citado en Newt Gingrich, *Winning the Future: A 21st Century Contract with America* (Washington D. C.: Regnery Publishing, Inc., 2005), p. 200.
11. John Gilmary Shea, *The Lincoln Memorial: A Record of the Life, Assassination, and Obsequies of Abraham Lincoln* (Nueva York: Bunce and Huntington Publishers, 1865), p. 237.
12. Benjamin Franklin, «Speech to the Constitutional Convention, June 28, 1787», Biblioteca del Congreso: http://www.loc.gov/exhibits/religion/rel06.html.
13. William J. Federer, ed., *America's God and Country—Encyclopedia of Quotations* (St. Louis, MO: Amerisearch, Inc., 2000), p. 696.
14. Federer, *America's God*, pp. 697-98.
15. Tim LaHaye, «Is the United States in Bible Prophecy?" *National Liberty Journal*, 26:2 (febrero de 1997), p. 16.
16. Tim LaHaye, «The Role of the U.S.A. in End Times Prophecy», la perspectiva de Tim LaHaye, agosto de 1999: https://www.scribd.com/document/23562573/Tim-LaHaye-The-Role-of-the-USA-in-End-Times-Prophecy.
17. John Walvoord y Mark Hitchcock, *Armageddon, Oil and Terror* (Carol Stream, IL: Tyndale House Publishers, 2007), p. 67 [*Armagedón, petróleo y terror* (Carol Stream, IL: Tyndale House Publishers, 2007)].
18. «President Bush Meets with EU Leaders, Chancellor Merkel of the Federal Republic of Germany and President Barroso of the European Council and President of the European Commission», comunicado de prensa de la Casa Blanca, 30 abril 2007: https://georgewbush-whitehouse.archives.gov/news/releases/2007/04/text/20070430-2.html.
19. Walvoord y Hitchcock, *Armageddon*, p. 68.
20. Ed Timperlake, «Explosive Missing Debate Item», *Washington Times*, 5 marzo 2008, http://www.washingtontimes.com/news/2008/mar/05/explosive-missing-debate-item.
21. Timperlake, «Explosive».
22. Timperlake, «Explosive».
23. Walvoord y Hitchcock, *Armageddon*, p. 65.

24. Adaptado de Carle C. Zimmerman, *Family and Civilization* (Wilmington, DE: ISI Books, 2008), p. 255.
25. Herbert C. Hoover, *Addresses upon the American Road 1950-1955* (Palo Alto, CA: Stanford University Press, 1955), pp. 111-13, 117.
26. Mark Hitchcock, *America in the End Times*, boletín informativo, The Left Behind Prophecy Club.
27. Herman A. Hoyt, *Is the United States in Prophecy?* (Winona Lake, ID: BMH Books, 1977), p. 16.

CAPÍTULO 6: EL MATERIALISMO

1. Luisa Kroll y Kerry Dolan, eds., «Meet the Members of the Three-Comma Club», Forbes, 6 marzo 2018: https://www.forbes.com/billionaires/#5d4c2828251c.
2. CNBC Prime, «A Different Side of Warren Buffett, Told by Those Whose Lives He Has Changed», CNBC, 4 mayo 2018, https://www.cnbc.com/2018/05/04/the-warren-buffett-story-as-told-by-those-whose-lives-he-has-changed.html.
3. Mark Hitchcock, *Cashless: Bible Prophecy, Economic Chaos and the Future Financial Order* (Eugene, OR: Harvest House Publishers, 2009), p. 100.
4. Donagh O'Shea, «God and Mammon», Jacob's Well.com, http://www.goodnews.ie/jacobswelljuly.shtml.
5. Wilfred J. Hahn, *The Endtime Money Snare: How to Live FREE* (West Columbia, SC: Olive Press, 2002), p. 144.
6. Simon Critchley, «Coin of Praise», *New York Times*, 30 agosto 2009: http://happydays.blogs.nytimes.com/2009/08/30/in-cash-we-trust/.
7. John Piper, Desiring God (Sisters, OR: Multnomah, 2011), p. 156.
8. Eleanor Goldberg, «Legendary Shoe Shiner Who Donated All His Tips ($220,000!) Retires… but Not from Our Hearts», *Huffington Post*, 19 diciembre 2013: http://www.huffingtonpost.com/2013/12/19/albert-lexie-shoe-shiner_n_4474990.html.
9. C. S. Lewis, *Mero Cristianismo* (Florida: Editorial Caribe, 1977), pp. 92-93.
10. Tim Worstall, «Astonishing Numbers: America's Poor Still Live Better than Most of the Rest of Humanity», Forbes, 1 junio 2013: https://www.forbes.com/sites/timworstall/2013/06/01/astonishing-numbers-americas-poor-still-live-better-than-most-of-the-rest-of-humanity/#53f24e2054ef.
11. Citado en Randy Alcorn, *Money, Possessions, and Eternity* (Carol Stream, IL: Tyndale House Publishers, Inc., 2003), ubicaciones en Kindle 8750–70.

12. Samantha Grossman, «Allow This Man to Remind You that People Can Be Surprisingly Generous», *Time*, 21 abril 2015: http://time.com/3830073/new-york-city-subway-roses/.

CAPÍTULO 7: LA INMORALIDAD

1. Joan Tupponce, «Tony Bennett», *Richmond Times-Dispatch*, 7 diciembre 2014, https://www.richmond.com/entertainment/music/tony-bennett/article_32fca731-6e36-517f-b66e-ac027d39c188.html.
2. Erin Strecker «Amazon Music Q&A: Lady Gaga & Tony Bennett Talk "Magical" Duets Album, "Cheek to Cheek"», www.amazonfrontrow.com/post/100776560575/amazon-music-qa-lady-gaga-tony-bennett-talk.
3. William McBrien, *Cole Porter* (Nueva York: Vintage Books, 1998), pp. 394-95 [*Cole Porter: Una biografía*. (Barcelona: Alba, 1999)]. Ver también Dan Barker, «Cole Porter out of Both Closets?», Freedom from Religion Foundation, octubre 2004, ffrf.org/faq/feeds/ item/18440-cole-porter-out-of-both-closets.
4. McBrien, p. 395.
5. George Eells, *The Life That Late He Led: A Biography of Cole Porter* (Nueva York: G. P. Putman's Sons, 1967), p. 312.
6. David Jeremiah, *I Never Thought I'd See the Day!: Culture at the Crossroads* (Nueva York: Faith Words, 2011), pp. 126-27 [*¡Nunca pensé que vería el día!* (Nueva York: FaithWords, 2012)].
7. Charles R. Swindoll, *Growing Deep in the Christian Life: Essential Truths for Becoming Strong in the Faith* (Grand Rapids, MI: Zondervan, 1995), p. 204 [*Arraigados en la fe* (Miami: Vida, 1995)].
8. Philip Yancey, *Vanishing Grace: What Ever Happened to the Good News?* (Grand Rapids, MI: Zondervan, 2014), p. 154 [*La desaparición de la gracia* (Miami: Vida, 2015)].
9. Dave Breese, *Seven Men Who Rule the World from the Grave* (Chicago, IL: Moody Publishers, 1990), p. 153.
10. Ibíd., p. 170.
11. Ibíd., p. 175.
12. Ravi Zacharias, *Deliver Us from Evil* (Nashville, TN: Word Publishing, 1997), p. 23.
13. Albert Mohler, «Everything That Is Solid Melts into Air—the New Secular Worldview», Albert Mohler.com, 3 marzo 2016, http://www.albertmohler.

com/2016/03/03/everything-that-is-solid-melts-into-air-the-new-secular-worldview/#_ftn1.
14. D. M. Baillie, *God Was in Christ* (Nueva York: Scribner's Publishing, 1948), p. 52.
15. David Jeremiah, *The Jeremiah Study Bible* (Nashville, TN: Worthy Publishing, 2013), p. 1543.
16. Donald Grey Barnhouse, *Man's Ruin, God's Wrath: Romans Vol. I* (Grand Rapids, MI: W. B. Eerdmans Publishing Co., 1959), p. 271.
17. D. Martyn Lloyd-Jones, *Romans: Exposition of Chapter 1, The Gospel of God* (Grand Rapids, MI: Zondervan, 1985), p. 392.
18. Cornelius Plantinga, Jr., *Not the Way It's Supposed to Be: A Breviary of Sin* (Grand Rapids, MI: W. B. Eerdmans Publishing Co., 1995), p. 199.
19. Ibíd., p. xiii.
20. D. Martyn Lloyd-Jones, *Romans: An Exposition of Chapters 3:20–4:25, Atonement and Justification* (Grand Rapids, MI: Zondervan, 1970), p. 57.

CAPÍTULO 8: EL ISLAM RADICAL

1. Georges Sada, *Saddam's Secrets: How an Iraqi General Defied and Survived Saddam Hussein* (Brentwood, TN: Integrity Publishers, 2006), pp. 285-86.
2. Ibíd., p. 289.
3. Daniel Cox y Robert P. Jones, PhD, «Nearly Half of Americans Worried That They or Their Family Will Be a Victim of Terrorism», PRRI, 10 diciembre 2015: https://www.prri.org/research/survey-nearly-half-of-americans-worried-that-they-or-their-family-will-be-a-victim-of-terrorism/.
4. Sada, *Saddam's Secrets*, pp. 289-90.
5. John F. Walvoord y Mark Hitchcock, *Armageddon, Oil and Terror* (Carol Stream, IL: Tyndal House Publishers, 2007), p. 44.
6. Adoptado de «New Poll Shows Worry Over Islamic Terror Threat, to Be Detailed in Special Fox News Network Report», Fox News, 3 febrero 2007: https://www.foxnews.com/story/new-poll-shows-worry-over-islamic-terror-threat-to-be-detailed-in-special-fnc-report.
7. Reza F. Safa, Foreword to Don Richardson, *The Secrets of the Koran* (Ventura, CA: Regal Books, 2003), p. 10.
8. Michael Lipka, «Muslims and Islam: Key findings in the U.S. and around the world», Pew Research Center, 9 agosto 2017, http://www.pewresearch.org/fact-tank/2017/08/09/muslims-and-islam-key-findings-in-the-u-s-and-around-the-world/.

9. Abd El Schafi, *Behind the Veil* (Caney, KS: Pioneer Book Company, 1996), p. 32.
10. Winfried Corduan, *Pocket Guide to World Religions* (Downers Grove, IL: InterVarsity Press, 2006), pp. 80-85.
11. La información sobre los Cinco Pilares ha sido adoptada de Norman L. Geisler y Abdul Saleeb, *Answering Islam*, 2.ª ed. (Grand Rapids, MI: Baker Books, 2006), p. 301 [*Islamismo al descubierto* (Miami: Vida, 2002)].
12. Tony Blankley, *The West's Last Chance* (Washington D. C.: Regnery Publishing, Inc., 2005), pp. 21-23, 39.
13. Sada, *Saddam's Secrets*, p. 287.
14. Philip Johnston, «Reid meets the furious face of Islam», (Londres) Telégrafo, 21 septiembre 2006, http://www.telegraph.co.uk/news/uknews/1529415/Reid-meets-the-furious-face-of-Islam.html.
15. «Sharia law in UK is "unavoidable"», BBC News, 7 febrero 2008: http://news.bbc.co.uk/2/hi/uk_news/7232661.stm.
16. «Vatican: Muslims now outnumber Catholics», USA Today, 30 marzo 2008, http://www.usatoday.com/news/religion/2008-03-30-muslims-catholics_N.htm.
17. «Address by H.E. Dr. Mahmood Ahmadinejad President of the Islamic Republic of Iran before the Sixtieth Session of the United Nations General Assembly New York», 17 septiembre 2005, United Nations, http://www.un.org/webcast/ga/60/statements/iran050917eng.pdf.
18. «Roman Catholic Bishop Wants Everyone to Call God "Allah"», Fox News, 16 agosto 2007, https://www.foxnews.com/story/roman-catholic-bishop-wants-everyone-to-call-god-allah.
19. Stan Goodenough, «Let's Call Him Allah», *Jerusalem Newswire*, 21 agosto 2007.
20. Tom Gross, «Dutch Catholic Bishop Tells Christians to Call God "Allah"», *National Review*, 20 agosto 2007: https://www.nationalreview.com/media-blog/dutch-catholic-bishop-tells-christians-call-god-allah-tom-gross/.
21. «Roman Catholic Bishop», Fox News.
22. Adaptado de Dr. Robert A. Morey, *Islam Unveiled* (Shermandale, PA: The Scholar's Press, 1991), p. 60.
23. Edward Gibbon, *The Decline and Fall of the Roman Empire* (Londres: Milman Co., s. d.), p. 1:365.
24. «A Testimony from a Saudi Believer», *Respuestas al isalm: Un diálogo*

cristiano-musulmán apologético: http://answering-islam.org./Testimonies/saudi.html.

CAPÍTULO 9: LA PERSECUCIÓN

1. David French, «How the Atlanta Fire Chief's Christian Views Cost Him His Job», *National Review*, 25 febrero 2016: http://www.nationalreview.com/article/431859/kelvin-cochrans-christian-views-cost-atlanta-fire-chief-his-job.
2. J. Paul Nyquist, Prepare: *Living Your Faith in an Increasingly Hostile Culture* (Chicago: Moody Publishers, 2015), p. 14.
3. Ibíd., p. 14.
4. «Inside the Persecution Numbers», *Christianity Today*, 58, no. 2 (marzo 2014): p. 14.
5. Fay Voshell, «Persecution of Christians in America: It's Not Just "Over There"», *American Thinker*, 10 mayo 2015: https://www.americanthinker.com/articles/2015/05/persecution_of_christians_in_america_its_not_ju over_there.html.
6. «Christian Fired for Sharing God», WND.com, 28 marzo 2007: https://www.wnd.com/2007/03/40820/.
7. «Christian Fired», WND.com.
8. Sarah McBride, «Mozilla CEO Resigns, Opposition to Gay Marriage Drew Fire», Reuters, 3 abril 2014: http://www.reuters.com/article/us-mozilla-ceo-resignation-idUSBREA321Y320140403.
9. «ACLU vs. Civil Liberties», *National Review*, 10 diciembre 2013: http://www.nationalreview.com/article/365947/aclu-vs-civil-liberties-editors.
10. Nyquist, *Prepare*, p. 13.
11. Todd Starnes, «Christian Bakers Fined $135,000 for Refusing to Make Wedding Cake for Lesbians», Fox News Opinion, 3 julio 2015: http://www.foxnews.com/opinion/2015/07/03/christian-bakers-fined-135000-for-refusing-to-make-wedding-cake-for-lesbians.html.
12. Eugene H. Peterson, *Christ Plays in Ten Thousand Places: A Conversation in Spiritual Theology* (Grand Rapids, MI: Eerdmans, 2005), p. 288.
13. Gordon Franz, «The King and I: The Apostle John and Emperor Domitian», Parte 1, Asociados para la investigación bíblica, 18 enero 2010: http://www.biblearchaeology.org/post/2010/01/18/The-King-and-I-The-Apostle-John-and-Emperor-Domitian-Part-1.aspx.
14. Gemma Betros, «The French Revolution and the Catholic Church»,

HistoryToday.com, diciembre 2010: http://www.historytoday.com/gemma-betros/french-revolution-and-catholic-church.
15. Rev. Archimandrite Nektarios Serfes, «In Memory of the 50 Million Victims of the Orthodox Christian Holocaust», Serfes.org, octubre 1999, http://www.serfes.org/orthodox/memoryof.htm.
16. James M. Nelson, *Psychology, Religion, and Spirituality* (Nueva York: Springer Science and Business Media, 2009), p. 427.
17. Ver Open Doors, http://www.opendoorsusa.org/christian-stories.
18. «Persecution at a Glance», Open Doors: http://www.opendoorsusa.org/persecutionataglance.
19. John Ortberg, «Don't Waste a Crisis», *Christianity Today*: http://www.christianitytoday.com/le/2011/winter/dontwastecrisis.html?share=l0HlsPIanX8yIehpv%2fUKjdpWoSF01TBb.
20. A. W. Tozer, *Man: The Dwelling Place of God* (Seattle, WA: Amazon Digital Services, 2010), edición Kindle, ubicación 1404.
21. D. Martyn Lloyd-Jones, *Romans: An Exposition of Chapter 8:5-17, The Sons of God* (Grand Rapids, MI: Zondervan, 1974), p. 433.
22. Sabina Wurmbrand, «The Authentic Pastor Richard Wurmbrand Biography»: http://richardwurmbrandbio.info/.
23. Citado en John Piper, *Let the Nations Be Glad!* (Grand Rapids, MI: Baker Publishing Group, 2010), p. 101.
24. Adoptado de «John Chrysostom», *Christianity Today*: http://www.christianitytoday.com/history/people/pastorsandpreachers/john-chrysostom.html; y Justin Taylor, «Chrysostom: Nothing You Can Do to Harm Me», Gospel Coalition, 10 agosto 2009, https://www.thegospelcoalition.org/blogs/justin-taylor/ chrysostom-nothing-you-can-do-to-harm/.

CAPÍTULO 10: LA GUERRA ESPIRITUAL

1. Sun Tzu, *The Art of War* (Hollywood, FL: Simon and Brown, 2010), p. 11 [*El arte de la guerra* (Madrid: Librero, 2017)].
2. John Phillips, *Exploring Ephesians and Philippians: An Expository Commentary* (Grand Rapids, MI: Kregel, 1995), p. 187.
3. Billy Graham Evangelistic Association, «Answers», consultado el 12 de diciembre del 2018: https://billygraham.org/answer/ive-heard-the-bible-says-somewhere-that-the-devil-is-a-liar-and-im-sure-its-true-but-what-is-his-biggest-lie/.

4. Randy Alcorn, *If God Is Good: Faith in the Midst of Suffering and Evil* (Colorado Springs, CO: Multnomah Books, 2009), p. 51.
5. Erwin Lutzer, *How You Can Be Sure You Will Spend Eternity with God* (Chicago, IL: Moody Publishers, 2015), pp. 67-68.
6. Peter T. O'Brien, *The Pillar New Testament Commentary: The Letter to the Ephesians* (Grand Rapids, MI: Wm. B. Eerdmans Publishing Co., 1999), p. 480.
7. John MacArthur, *How to Meet the Enemy: Arming Yourself for Spiritual Warfare* (U.S.A.: Victor Books, 1992), p. 141 [*Cómo enfrentar a Satanás* (Barcelona: CLIE, 1994)].
8. Ray C. Stedman, *Spiritual Warfare: Winning the Daily Battle with Satan* (Portland, OR: Multnomah Press, 1985), p. 116.
9. Donald S. Whitney, *Spiritual Disciplines for the Christian Life* (Colorado Springs, CO: NavPress, 1991), p. 85.
10. Jack R. Taylor, *Prayer: Life's Limitless Reach* (Kent: Sovereign World, 2004), pp. 127-28.

CAPÍTULO 11: LA APATÍA

1. A. W. Tozer, *Man: The Dwelling Place of God* (Camp Hill, PA: Christian Publications, 1966), p. 151.
2. William Barclay, *The Gospel of Matthew, Volume Two* (Louisville, KY: Westminster John Knox Press, 2001), p. 370.
3. «On the Mountain's Brink», folleto del Departamento de Agricultura de los Estados Unidos, p. 25.
4. Row Findley, «St. Helens: Mountain with a Death Wish», National Geographic, enero 1981, p. 20.

CAPÍTULO 12: EL ARREBATAMIENTO

1. «Firefighters Gain Ground as Santa Ana Winds Decrease», *KNBC Los Angeles*, 24 octubre 2007: http://www.knbc.com/news/14401132/detail.html.
2. Mark Hitchcock, *The Complete Book of Bible Prophecy* (Wheaton, IL: Tyndale House, 1991), p. 70 [*El libro completo sobre profecía bíblica* (Miami: Unililt, 2002)].
3. Renald Showers, *Maranatha—Our Lord, Come!: A Definitive Study of the Rapture of the Church* (Bellmawr: Friends of Israel Ministry, 1995), p. 127.
4. «100 Nations' Leaders Attend Churchill Funeral», Churchill Centre, www.winstonchurchill.org/i4a/pages/index.cfm?pageid=801.

5. Dr. Arnold G. Fruchtenbaum, *The Footsteps of the Messiah: A Study of the Sequence of Prophetic Events* (San Antonio, TX: Ariel Press, 2004), p. 149.
6. Arthur T. Pierson, *The Gospel, Vol. 3* (Grand Rapids, MI: Baker Book House, 1978), p. 136.
7. Gig Conaughton, «County Buys Reverse 911 System», San Diego Union-Tribune, agosto 2005, https://www.sandiegouniontribune.com/sdut-county-buys-reverse-911-system-2005aug12-story.html; ver también Scott Glover, Jack Leonard, y Matt Lait, «Two Homes, Two Couples, Two Fates», Los Angeles Times, 26 octubre 2007, http://www.latimes.com/news/local/la-me-pool 26oct26,0,3755059.story.

CAPÍTULO 13: LA RESURRECCIÓN

1. Sarah Knapton, «World's First Anti-Aging Drug Could See Humans Live to 120», *Telegraph*, 29 noviembre 2015, https://www.telegraph.co.uk/science/2016/03/12/worlds-first-anti-ageing-drug-could-see-humans-live-to-120/.
2. Clive Cookson, «Bionic Advances to Defeat Death», *Financial Times*, 20 enero 2016: https://www.ft.com/content/ c6a4797c-a25b-11e5-8d70-42b68cfae6e4.
3. Amy Carmichael, *Thou Givest...They Gather* (Fort Washington, PA: CLC Publications, 2013), pp. 220-221.
4. Marie Monsen, *A Present Help: Standing on the Promises of God* (Shoals, IN: Kingsley Press, 1960), pp. 59-60.
5. Joni Eareckson Tada, *Heaven: Your Real Home* (Grand Rapids, MI: Zondervan, 1995), p. 53 [*El cielo: Su verdadero hogar* (Miami: Vida, 1999)].
6. Jack Welch con Suzy Welch, *Winning* (Nueva York: HarperBusiness, 2005), pp. 358-59 [*Ganar* (Barcelona: 2006)].
7. Matthew Henry, *Matthew Henry's Commentary*, BibleGateway: https://www.biblegateway.com/resources/ matthew-henry/1Cor.15.35–1Cor.15.50.

CAPÍTULO 14: EL CIELO

1. Jennifer Smith, «REVEALED: Grieving Boy Who Sent Heartbreaking Message in a Balloon to His Law Professor Father "in Heaven" Was by His Side When He Was Shot Dead in Street Mugging», *Daily Mail*, 8 diciembre 2016: http://www.dailymail.co.uk/news/ article-4013544/Little-boy-s-heartbreaking-note-dead-father-lands-woman-s-garden-balloon-child-hoped-reach-time-Christmas.html.
2. Sarah Knapton, «Mysterious "Supervoid" in Space Is Largest Object Ever

Discovered, Scientists Claim», *The Telegraph*, 20 abril 2015: www.telegraph. Ruthanna Metzgar, «It's Not in the Book!», Eternal Perspective Ministries, 29 de marzo del 2010: www.telegraph.co.uk/news/science/space/11550868/Giant-mysterious-empty-hole-found-in-universe.html.
3. Ruthanna Metzgar, "It's Not in the Book!," Eternal Perspective Ministries, 29 marzo 2010: https://www.epm.org/resources/2010/Mar/29/Its-Not-in-the-Book/.

CAPÍTULO 15: EL TRIBUNAL DE CRISTO

1. Erwin W. Lutzer, *Your Eternal Reward: Triumph and Tears at the Judgment Seat of Christ* (Chicago, IL: Moody Publishers, 1998), p. 116 [*Tu eterno galardón* (Grand Rapids, MI: Portavoz, 1999)].
2. Warren W. Wiersbe, *Be Victorious: In Christ You Are an Overcomer* (Colorado Springs, CO: David C. Cook, 2010), p. 176.
3. L. Sale-Harrison, *Judgment Seat of Christ* (Nueva York: Hepzibah House, Sale-Harrison Publications, 1938), p. 8.
4. J. I. Packer, *Knowing God* (Downers Grove, IL: InterVarsity, 1973), p. 138 [*Hacia el conocimiento de Dios* (Miami: Logoi, 1979)].
5. George Sweeting, *Who Said That?: More Than 2,500 Usable Quotes and Illustrations* (Chicago, IL: Moody Publishers, 1995), p. 283.
6. Hitchcock, *The End*, pp. 210-11.
7. J. Dwight Pentecost, *Prophecy for Today: God's Purpose and Plan for Our Future* (Grand Rapids, MI: Zondervan, 1961), p. 152 [*Profecías para el mundo moderno* (Miami: Unilit, 1990)].
8. Pentecost, *Prophecy for Today*, p. 158.
9. Jim Elliff, «The Starving of the Church», en *Reformation and Revival: A Quarterly Journal for Church Leadership 1* (1992), p. 115.

CAPÍTULO 16: LAS RECOMPENSAS

1. Bruce Wilkinson, *A Life God Rewards: Why Everything You Do Today Matters Forever* (Colorado Springs, CO: Multnomah, 2012), p. 25 [*Una vida recompensada por Dios* (Miami: Unilit, 2002)].
2. Brian Tracy, *No Excuses: The Power of Self-Discipline* (Nueva York: Vanguard Press, 2010), pp. 6-7.
3. Denis Lyle, *Countdown to Apocalypse* (Belfast: Ambassador, 1999), p. 21.
4. Samuel Smith, «100% of Christians Face Persecution in These 21 Countries», 11 enero 2017: Christian Post, www.christianpost.com/

news/100-percent-of-christians-face-persecution-in-21-countries-open-doorsworld-watch-list-2017–172850/.
5. Stoyan Zaimov, «12 Worst Christian Persecution Nations; US Makes List for First Time», Christian Post, 4 enero 2017: https://www.christianpost.com/news/12-worst-christian-persecution-nations-us-makes-list-for-first-time-172551/.
6. Charles Haddon Spurgeon, «The Fruits of Grace», 8 junio 1916, El Archivo de Spurgeon, http://www.romans45.org/spurgeon/sermons/3515.htm.
7. Manfred Koehler, «What Will I Do with a Crown?" *Discipleship Journal*, sept./oct., 2002.
8. Ray Stedman, «On Living Together», 15 septiembre 1968, transcripción publicada por Peninsula Bible Church: https://cdn.pbc.org/Main_Service/1968/09/15/0284.pdf.

CAPÍTULO 17: LA ADORACIÓN

1. Dr. V. Raymond Edman, «The Presence of the King», Chapel, Wheaton College, 22 septiembre 1967: www2.wheaton.edu/learnres/ARCSC/exhibits/edman/.
2. Vernon M. Whaley, *Called to Worship: The Biblical Foundations of Our Response to God's Call* (Nashville, TN: Thomas Nelson, 2009), pp. 323-24.
3. William Temple, *Nature, Man and God* (MacMillan and Co. Limited, 1940).
4. A. W. Tozer, *Whatever Happened to Worship?: A Call to True Worship* (Camp Hill, PA: Christian Publications, 1985), p. 12.
5. Whaley, *Called to Worship*, p. 327.

CAPÍTULO 18: LOS CUATRO JINETES

1. Caitlin O'Kane, «"Do You Think I Want to Shoot An 11-Year-Old?": Cop Confronts Boys Carrying BB Gun», CBS News, https://www.cbsnews.com/news/columbus-ohio-cop-confronts-two-black-boys-carrying-realistic-looking-bb-gun/.
2. Trevin Wax, «Rob Bell and the Judgmentless "Gospel": Holy Love Wins», 27 febrero 2011, The Gospel Coalition, http://thegospelcoalition.org/blogs/trevinwax/2011/02/27/rob-bell-and-the-judgmentless-gospel/.
3. World Food Programme, «2018 Global Report on Food Crises», WFP.org, 21 marzo 2018: https://www.wfp.org/content/global-report-food-crises-2018.
4. Departamento de Asuntos Económicos y Sociales de las Naciones Unidas, «World population projected to reach 9.8 billion in 2050, and 11.2 billion

in 2100», UN.org, 21 junio 2017: https://www.un.org/development/desa/en/news/ population/world-population-prospects-2017.html.
5. Charles R. Swindoll, *Swindoll's Living Insights New Testament Commentary: Revelation* (Carol Stream, IL: Tyndale, 2014), p. 113.
6. Liz Szabo, «"Nightmare" Bacteria, Resistant to Almost Every Drug, Stalk U.S. Hospitals», *USA Today*, 3 abril 2018: https://eu.usatoday.com/story/news/nation/2018/04/03/nightmare-bacteria-antibiotic-resistant-stalk-hospitals/482162002/.
7. Centros para el Control y la Prevención de Enfermedades, «Antimicrobial Resistance», CDC.gov, https://www.cdc.gov/drugresistance/index.html y la Organización Mundial de la Salud, «Antimicrobial Resistance», WHO.int, 15 febrero 2018: http://www.who.int/news-room/fact-sheets/detail/antimicrobial-resistance.
8. Adaptado de Steven J. Cole, «Lesson 110: A Deathbed Conversion (Luke 23:39-43)», Bible.org, 21 junio 2013: https://bible.org/seriespage/lesson-110-deathbed-conversion-luke-2339-43.

CAPÍTULO 19: EL ANTICRISTO

1. Erwin Lutzer, *Hitler's Cross* (Chicago, IL: Moody Publishers, 1995), pp. 62-63.
2. Tim LaHaye y Ed Hinson, *Global Warning* (Eugene, OR: Harvest House, 2007), p. 195.
3. Charles Colson, *Kingdoms in Conflict* (Grand Rapids, MI: Zondervan, 1987), pp. 129-30.
4. Arthur W. Pink, *The Antichrist* (Minneapolis, MN: Klich & Klich, 1979), p. 77 [*El anticristo* (Barcelona: Clie, 1984)].
5. Colson, *Kingdoms in Conflict*, p. 68.
6. Colson, *Kingdoms in Conflict*, p. 68.
7. Thomas Ice, «The Ethnicity of the Antichrist», Pre-Trib Research Center, https://www.pre-trib.org/articles/all-articles/message/the-ethnicity-of-the-antichrist/read.
8. Major Dan, «"Goddesses of Reason" Replace Catholic Church in France!», History and Headlines, https://www.historyandheadlines.com/goddesses-reason-replace-catholic-church-france/.
9. W. A. Criswell, *Expository Sermons on Revelation*, vol. 4 (Dallas, TX: Criswell Publishing, 1995), p. 109.
10. Gary Frazier, *Signs of the Coming of Christ* (Arlington, TX: Discovery Ministries, 1998), p. 149.

CAPÍTULO 20: EL FALSO PROFETA

1. «David Koresh Biography», Biography.com, https://www.biography.com/people/david-koresh-9368416.
2. Phillips, *Exploring*, p. 171.
3. W. A. Criswell, *Expository Sermons on Revelation*, vol. 4 (Grand Rapids, MI: Zondervan, 1962), p. 115.
4. Craig S. Keener, *The NIV Application Commentary: Revelation* (Grand Rapids, MI: Zondervan, 2009), p. 357 [*Apocalipsis: Del texto bíblico a una aplicación contemporánea* (Miami: Vida, 2013)].
5. J. A. Seiss, *The Apocalypse: A Series of Special Lectures on the Revelation of Jesus Christ*, ed. rev. (Nueva York: Charles C. Cook, 1901), p. 345.
6. Morris, *The Revelation Record*, p. 251.
7. Ibíd., p. 251.
8. Mark Hitchcock, *The End*, p. 275.

CAPÍTULO 21: LOS MÁRTIRES

1. Jared Malsin, «Christians Mourn Their Relatives Beheaded by ISIS», Time, 23 febrero 2015: http://time.com/3718470/isis-copts-egypt/.
2. Museo Estadounidense Conmemorativo del Holocausto, «Remaining Jewish Population of Europe in 1945», *Holocaust Encyclopedia*: www.ushmm.org/wlc/en/article.php?ModuleId=10005687.
3. Jacob Presser, *Ashes in the Wind: The Destruction of Dutch Jewry* (Nueva York: Dutton, 1969), p. 336.
4. Henry M. Morris, *The Revelation Record*, p. 119.
5. Richard Bauckham, *Climax of Prophecy: Studies in the Book of Revelation* (Edimburgo: T. & T. Clark, 1993), pp. 424-25.
6. W. A. Criswell, *Expository Sermons on Revelation*, vol. 3 (Grand Rapids, MI: Zondervan, 1962), pp. 106-107.
7. Louis T. Talbot, *The Revelation of Jesus Christ* (Grand Rapids, MI: Eerdmans, 1937), p. 99.
8. Donald Grey Barnhouse, *Revelation: An Expository Commentary* (Grand Rapids, MI: Zondervan, 1971), pp. 133-34.
9. John F. Walvoord, *The Revelation of Jesus Christ* (Chicago, IL: Moody Press, 1966), pp. 134-35.
10. Todd M. Johnson y Gina A. Zurlo, «Christian Martyrdom as a Pervasive Phenomenon», Gordon Conwell University, diciembre 2014: http://www.gordonconwell.edu/ockenga/research/documents/2Countingmartyrsmethodology.pdf.

11. Julia A. Seymour, «Counting the Cost: How Many Christians Are Actually Martyred?», World: https://world.wng.org/2013/11/counting_the_cohow_many_christians_are_actually_martyred.
12. «Frequently Asked Questions», Open Doors USA, 2018: https://www.opendoorsusa.org/about-us/ frequently-asked-questions/.
13. Linda Lowry, «Trump's Historic Opportunity to Press Kim Jong Un to Free 50,000 Christians from Auschwitz-Like Prison Camps», Open Doors USA, https://www.opendoorsusa.org/christian-persecution/.stories/trumps-historic-opportunity-to-press-kim-jong-un-to-free-50000-christians-from-auschwitz-like-prison-camps/.
14. Raymond Ibrahim, «Thousand Churches Destroyed in Nigeria», Gatestone Institute, https://www.gatestoneinstitute.org/4986/nigeria-churches-destroyed.
15. «How Christians Are Suffering in Iran», Open Doors USA, https://www.opendoorsusa.org/christian-persecution/ world-watch-list/iran/.
16. Anugrah Kumar, «Christians Face 2 Years in Prison for Evangelism in 8th India State to Pass "Anti-Conversion" Law», Christian Post: https://www.christianpost.com/news/8th-state-india- anti-conversion-law-christians-face-2-years-prison-for-evangelism-223463/.
17. «Urgent Prayers Needed: Hundreds of Iraqi Christians Are Fleeing for Their Lives», Open Doors USA, 12 junio 2014: https://www.opendoorsusa.org/christian-persecution/stories/urgent-prayers-needed-hundreds-iraqi-christians-fleeing-lives/.
18. «Their God Is My God», The Voice of the Martyrs Canada, 23 abril 2015: https://www.vomcanada.com/ly-2015-04-23.htm.

CAPÍTULO 22: LOS 144.000

1. Sam Roberts, «Dean Hess, Preacher and Fighter Pilot, Dies at 97», *New York Times*, 7 marzo 2015: https://www.nytimes.com/2015/03/08/us/dean-hess-preacher-and-fighter-pilot-dies-at-97.html.
2. «Fact Sheet: Col. Dean Hess», Museo Nacional de la Fuerza Aérea de los Estados Unidos, https://web.archive.org/web/20091006080639/ http://www.nationalmuseum.af.mil/factsheets/factsheet.asp?id=1913.
3. J. A. Seiss, *The Apocalypse: An Exposition of the Book of Revelation* (Grand Rapids, MI: Zondervan, 1965), p. 161.
4. Mark Hitchcock, *The End*, p. 291.

5. Eric Whitacre, «A Choir as Big as the Internet», Ted.com: https://www.ted.com/talks/a_choir_as_big_as_the_internet.
6. Jeremy Begbie, «The Sense of an Ending», 27 octubre 2001: http://veritas.org/talks/sense-ending/?view=presenters&speaker_id=1955.

CAPÍTULO 23: LOS DOS TESTIGOS

1. Seán Clarke, Paul Torpey, Paul Scruton, Michael Safi, Daniel Levitt, Pablo Gutiérrez y Chris Watson, «Thailand Cave Rescue: How Did the Boys Get Out?" *Guardian*, 9 julio 2018: https://www.theguardian.com/world/ng-interactive/2018/jul/03/thailand-cave-rescue-where-were-the-boys-found-and-how-can-they-be-rescued.
2. John C. Whitcomb, «The Two Witnesses of Revelation 11», Pre-Trib.org, https://www.pre-trib.org/articles/all-articles/ message/the-two-witnesses-first-or-second-half-of-the-tribulation/read.
3. Para más información sobre este tema, ver David Jeremiah, *Escape the Coming Night* (Nashville: Thomas Nelson, 2001), p. 122.
4. Timothy J. Demy y John C. Whitcomb, «Witnesses, Two», en *The Popular Encyclopedia of Bible Prophecy*, eds. Tim LaHaye y Ed Hindson (Eugene, OR: Harvest House, 2004), pp. 402-403.
5. William R. Newell, *Revelation: Chapter-by-Chapter* (Chicago: Moody Press, 1935), p. 152.
6. Henry M. Morris, *The Revelation*, p. 201.
7. Newell, *Revelation*, p. 155.
8. John Phillips, *Exploring Revelation*, p. 150.
9. Morris, *Revelation Record* p. 204.

CAPÍTULO 24: EL DRAGÓN

1. Adaptado de W. A. Criswell, *Expository Sermons on Revelation*, vol. 4, pp. 85-87.
2. Donald Grey Barnhouse, *Revelation: An Expository Commentary* (Grand Rapids, MI: Zondervan, 1971), p. 229.
3. Carolyn Arends, «Satan's a Goner», *Christianity Today*, 25 marzo 2011: www.christianitytoday.com/ct/2011/february/satansagoner.html.

CAPÍTULO 25: LA MARCA DE LA BESTIA

1. «Jakob Frenkiel», Holocaust Encyclopedia, 28 september 2018: https://encyclopedia.ushmm.org/content/en/id-card/jakob-frenkiel.

2. George Rosenthal, «Auschwitz-Birkenau: The Evolution of Tattooing in the Auschwitz Concentration Camp Complex»: https://www.jewishvirtuallibrary.org/the-evolution-of-tattooing-in-the-auschwitz-concentration-camp-complex.
3. John Brandon, «Is There a Microchip Implant in Your Future?" Fox News, http://www.foxnews.com/tech/2014/08/30/is-there-microchip-implant-in-your-future.html.
4. Chris Stein, «Meet the Humans with Microchips Implanted in Them», CBS News, 22 junio 2016: https://www.cbsnews.com/news/meet-the-humans-with-microchips-implanted-in-them/.
5. Maggie Astor, «Microchip Implants for Employees? One Company Says Yes», *New York Times*, 25 julio 2017: https://www.nytimes.com/2017/07/25/technology/microchips-wisconsin-company-employees.html.
6. Drew Harwell y Abha Bhattarai, «Inside Amazon Go: The Camera-filled Convenience Store that Watches You Back», *The Washington Post*, 22 enero 2018: https://www.washingtonpost.com/news/business/wp/2018/01/22/inside-amazon-go-the-camera-filled-convenience-store-that-watches-you-back/?noredirect=on&utm_term=.041dca4a888c.

CAPÍTULO 26: EL ARMAGEDÓN

1. Douglas MacArthur, «Farewell Address to Congress», American Rhetoric, 19 abril 1951: www.americanrhetoric.com/speeches/douglasmacarthurfarewelladdress.htm.
2. Ronald Reagan y Douglas Brinkley, ed., *The Reagan Diaries* (Nueva York: HarperCollins, 2007), p. 19.
3. Citado en Vernon J. McGee, *Through the Bible*, vol. 3 (Nashville: Thomas Nelson, Inc., 1982), p. 513.
4. John Walvoord y Mark Hitchcock, *Armageddon, Oil and Terror* (Carol Stream, IL: Tyndale, 2007), p. 174.
5. John F. Walvoord, «The Way of the Kings of the East», en Light for the World's Darkness, ed. John W. Bradbury (Nueva York: Loizeaux Brothers, 1944), p. 164.
6. Walter Scott y J. Wachite, *The Coming Great War: The Greatest Ever Known in Human History* (Toronto, Canada: A. Sims, Publisher, 1932), pp. 12-13.
7. Robert J. Morgan, *My All in All* (Nashville: B&H, 2008), lectura para el 16 de julio.
8. Randall Price, *Jerusalem in Prophecy* (Eugene, OR: Harvest House, 1998),

pp. 1179-1180 [*Jerusalén en la profecía bíblica* (Grand Rapidas, MI: Portavoz, 1997)].

CAPÍTULO 27: EL REGRESO DEL REY

1. Harry A. Ironside, *Revelation* (Grand Rapids, MI: Kregel, 2004), pp. 187-88.
2. Ironside, *Revelation*, pp. 189-90.
3. John F. Walvoord, *End Times* (Nashville, TN: Word Publishing, 1998), p. 171.
4. Vance Havner, *In Times Like These* (Old Tappan, NJ: Fleming H. Revell Company, 1969), p. 29.
5. Basado en Sir Ernest Henry Shackleton, «South! The Story of Shackleton's Last Expedition», 1914-1917, Project Gutenberg: http://www.gutenberg.org/ebooks/5199.

CAPÍTULO 28: EL MILENIO

1. Randy Alcorn, *Heaven* (Wheaton, IL: Tyndale, 2004), p. 226 [*El cielo* (Carol Stream, IL: Tyndale, 2006)].
2. J. Dwight Pentecost, *Things to Come: A Study in Biblical Eschatology* (Grand Rapids, MI: Zondervan, 1958), p. 476 [*Eventos del porvenir: Estudios de escatología bíblica* (Miami: Vida, 1989)].

CAPÍTULO 29: EL JUICIO ANTE EL GRAN TRONO BLANCO

1. Sinead MacLaughlin, «Chilling Moment Four Women Are Stranded on a Rock in the Middle of a River as a Dam's Flood Gates Open—Before One Is Washed Away and Drowned», *Daily Mail*, 8 febrero 2017, https://www.dailymail.co.uk/news/article-4202416/New-Zealand-woman-21-drowns-raging-Waikato-river.html.
2. Citado en Robert Glenn Gromacki, *Are These the Last Days?* (Old Tappan, NJ: Revell, 1970), p. 175.
3. Erwin Lutzer, *Your Eternal Reward*, p. 166.
4. Gromacki, *Are These the Last Days?*, p. 178.
5. Donald Grey Barnhouse, *Revelation*, p. 390.
6. Henry M. Morris, *The Revelation Record*, p. 433.
7. Isaac Massey Haldeman, *Ten Sermons on the Second Coming of Our Lord Jesus Christ* (Nueva York: Revell, 1917), p. 739.

CAPÍTULO 30: UN CIELO NUEVO Y UNA TIERRA NUEVA

1. Dr. W. A. Criswell, «The New Creation», W. A. Criswell Sermon Library, 16 septiembre 1984: www.wacriswell.com/sermons/1984/the-new-creation1/.
2. William Hendriksen, *More Than Conquerors* (Grand Rapids, MI: Baker, 1982), p. 198 [*Más que vencedores* (Grand Rapids, MI: Libros Desafío, 2005)].
3. Anthony A. Hoekema, *The Bible and the Future* (Grand Rapids, MI: William B. Eerdmans, 1979), p. 281 [*La Biblia y el futuro* (Grand Rapids, MI: Libros Desafío, 2000)].
4. Randy Alcorn, *Heaven*, p. 101.
5. Citado en Richard Leonard y JoNancy Linn Sundberg, *A Glimpse of Heaven* (Nueva York: Howard, 2007), p. 45.

CAPÍTULO 31: LA CIUDAD SANTA

1. Robert Johnson y Gus Lubin, «The 16 Greatest Cities in History», *Business Insider*, 21 enero 2013: http://uk.businessinsider.com/ largest-cities-throughout-history-2013-1?op=1&r=UK&IR=T.
2. F. W. Boreham, *Wisps of Wildfire* (Londres: Epworth Press, 1924), pp. 202-203.
3. J. B. Smith, *A Revelation of Jesus Christ* (Scottsdale, PA: Herald Press, 1961), p. 289.
4. Charles F. Pfeiffer y Everett F. Harrison, eds., *The Wycliffe Bible Commentary: A Phrase by Phrase Commentary of the Bible* (Chicago: Moody Publishers, 1962), p. 1522.
5. W. A. Criswell, *Expository Sermons on Revelation*, vol. 5 (Grand Rapids, MI: Zondervan Publishing House, 1969), p. 130.
6. Reverend William Jones, *New Testament Illustrations* (Hartford, CT: J. B. Burr, 1875), pp. 939-941.

ÍNDICE

11 de septiembre de 2001, ataques terroristas, (9/11), 63, 97, 309
144.000, los. *Ver capítulo 22*, «Los 144.000» (284-96); *también* 231, 267, 273, 321, 354
666 (el número), 326, 327, 328, 329
9/11 (11 de septiembre de 2001, ataques terroristas), 63, 97, 309

A

Aarón (sumo sacerdote), 262, 302
Abadón y Apolión, 129
aborto 112, 122
Abraham, Abrahámico, 4-8, 10, 11, 14, 34, 174, 215, 316
Abu Bakr, 100
ACLU (Unión Estadounidense por las Libertades Civiles), 112
Acta Única Europea, 23
Adán y Eva, 195, 315, 370, 390, 399
adoración. *Ver capítulo 17*, «La adoración» (218-230); *también* 92, 153, 204, 215, 253
   centro de la adoración en el cielo, 222-23
   del anticristo, 253-267 *passim*, 340-41
   en el cielo, 221-26
   fomentada por el falso profeta en todas las religiones no cristianas, 261-62
   no es sobre el ahora, 228-29
   no se trata de aquí (la tierra), 227
   no se trata de nosotros, 227
   no se trata de uno, 229-30
   para los chiítas musulmanes, cinco prácticas de, 101
   servicios, tres partes integrales, 219
   tres hombres hebreos y la imagen, 333

adventistas del séptimo día, 379
Afganistán, 32
afligidos, 419
Agustín, San, 158
Ahmadinejad, Mahmoud, 104
Alá, 96, 99, 100, 101, 105-106
«alas de la gran águila», 311, 321
Alcorn, Randy, 129, 366, 400
alegría, 79, 173, 215, 217, 294, 295, 296, 306, 367, 370
   milenaria 373-75
Alejandro Magno, 19, 255
Alemania Occidental, 23
Alemania, 9, 23, 33, 189, 246, 249, 323, 359, 406
Ali (yerno de Mahoma), 100
Altos del Golán, 10
Amán, (funcionario de la corte de Asuero), 271, 316
amantes, amadores
   de sí mismos, 75
   del dinero, 75-76
   de las profecías, 143
amenaza, la (de cristianos), 112
América (*también*, Estados Unidos, *en texto*). *Ver capítulo 5*, «Estados Unidos (55-67)»; *también* 1, 3, 4, 5, 15, 22, 23, 29, 33, 36, 71, 80, 83, 86, 88, 96-97, 98, 99, 102-103, 106, 109, 110-11, 113, 117, 118, 123, 150, 155, 168, 181, 186, 189, 209, 213, 216, 239, 242, 267-68, 327, 335, 345, 406-407
   razones por el favor de Dios sobre, 57-61
   silencio de la Biblia sobre el futuro, el, 61-67
   superficie de la Nueva Jerusalén con Estados Unidos, 406
Amin, Idi, 98
amor propio, 53, 75

amor
    al dinero, 72, 73-74
    propio, 53, 75
    relacionarse los unos con los otros en, 419
ángeles caídos, 315, 318. *Ver también* demonios
ángeles, 54, 141, 158, 161, 162, 173, 185, 206, 221, 222, 229, 244, 268, 285-86, 290-91, 302, 312-13, 315, 317, 318, 319, 328, 331, 336, 345, 351, 361, 366, 383, 387
anticristo. *Ver capítulo 19*, «Anticristo» (246-58); *también* 1, 26, 27, 36-37, 44, 62, 128, 143, 231, 236-37, 242
    adoración del, 340-41
    algunos de los alias del, 247
    es el jinete del caballo blanco (Ap 6.2), 236-37, 261-69, 272, 273, 285, 288, 289, 303, 304-305, 324-25, 327, 330, 337, 340-44, 357, 392
    origen étnico del, 253-54
    pacto entre Israel y el, 340
    perfil del, 251-55
    personalidad del, 248-51
    programa del, 256-58
    rebelión contra 341
Antíoco IV, 9, 271
antisemitismo, 5, 320
«apariencia de piedad», 74, 85
apatía. *Ver capítulo 11,* «La apatía» (139-52) *también*, 64, 358
apostasía, 128, 265, 292, 301, 358
árabes, 7, 9-10, 35, 57, 96, 107, 335, 345
Arabia Saudita, 7, 99, 108, 335
árbol de la vida, 412, 414
Arends, Carolyn, 321
armadura de Dios, 127, 130-36
Armagedón. *Ver capítulo 26,* «El Armagedón» (335-46); 27, 139, 231, 256, 350, 356, 392-93, 397
    lugar de la batalla de, 337-38
    origen y significado de la palabra, 337
    participantes en la batalla, 340-46
    preparación para la batalla de, 336-37
    propósito de la batalla de, 338-39
armas de nuestra milicia, 319. *Ver* armas espirituales
armas espirituales, 130-36
arpas, 224, 229, 293, 294-95
arrebatamiento. *Ver capítulo 12,* «El arrebatamiento» (155-67); *también* 66, 140, 141, 142, 153, 182, 194, 197, 199, 207, 216, 221, 236, 238, 240, 243, 248, 258, 273, 274, 275, 286, 292, 298, 307, 329, 352, 378, 379, 393, 397
    orden secuencial de los cinco aspectos del, 162-65

origen de la palabra, 155-56
    seis arrebatamientos en la Biblia, 164
    siete verdades importantes que podemos conocer sobre el, 157-67
    verdad más concisa y lógica sobre el, 156-57
arrepentimiento, 145, 245, 275, 301, 302, 307, 308, 387
«arrepentimiento en el lecho de muerte», 245
arte de la guerra, El (Sun Tzu), 125
ascensión, 162, 172, 175, 308, 312, 351
Asiria, 21
asistir con regularidad a la iglesia, no descuidar la iglesia 122, 419
Asuero, 271
Atalía, (reina) 316
Auschwitz, 272, 323-24
Austria, 24
autodisciplina, 209
autoengaño, 94, 148
aves del cielo, de los cielos, (Ap 19), 18, 355-56
aves y bestias, 39. *Ver también* aves de los cielos
Ayairga, Mathew, 282-83

B

Baal-zebub, 311
Babilonia. *Ver capítulo 4,* «Babilonia» (42-54); *también* 1, 9, 10, 17-19, 21, 26, 255, 274, 295, 332-33
    destrucción de
        carácter total y definitivo de la, 49-50
        nuestra respuesta a, 53-53
        razones para la, 46-49
        reacciones a la, 50-51
        regocijo por la, 50-53
    renacer de, 44-46
bacteria (resistentes a los antibióticos), 241-42
Baillie, Donald, 90-91
bancos, 45, 49, 50, 51, 72
Barnhouse, Dr. Donald Grey, 92, 278, 320, 382
Barroso, José Manuel Durão, 62
Batalla de Armagedón. *Ver* Armagedón.
Batalla de Gettysburg, 137
Batalla de Gog y Magog, 35, 336
Begbie, Jeremy, 295
Bélgica, 23, 168
bendiciones del sufrimiento, 118-20
Ben-Gurion, David, 3
Bennett, Tony, 83-84
bestia (de Apocalipsis), 46-50, 52, 127, 237, 247-48, 252-56, 260, 263-69, 280, 288, 305-307, 323-26, 329-33, 336-37, 341, 356-57, 387. *Ver*

también anticristo; falso profeta; marca de la
bestia; Satanás
   muerte de la, 357
bestias, las aves y las, 18, 39
Biblia
   presidentes pasados sobre la importancia de
      la, 59-61
   superioridad de la, 106-107
bitcóin, 330
Blaisdell, Russell L. (capellán), 284-85
Blankley, Tony, 102-103
blasfemias (cosas horrendas), 248, 254-55, 340
Bonar, Horatius (predicador escocés de épocas
   pasadas), 415
Boreham, F. W., 405
Breese, Dave, 87-88
Briand, Aristide (político francés), 22
Buffett, Warren, 71
Bulgaria, 24
Bush, George W., 62-63
Business Insider, 403

C

caída del Muro de Berlín, 23
Caleb (israelita), 302
calzados con la disposición para proclamar el
   evangelio de la paz, 130, 132, 136
calles de oro, 410, 414
carácter y sufrimiento, 118
Carmichael, Amy, 174
casco de la salvación, 130, 133-34
Casuccio, Peter, 233-34
CEE (Comunidad Económica Europea), 23
Centros para el Control y la Prevención de
   Enfermedades, 241-42
cielo nuevo y tierra nueva, 347. *Ver capítulo 30.*
   «Un cielo nuevo y una tierra nueva» (389-402)
cielo. *Ver capítulo 14,* «El cielo» (181-92); *también*
   4, 7, 18, 21, 46-48, 52, 53, 55, 66, 80, 81, 89, 123,
   135, 141-80 *passim,* 194-399 *passim,* 400-18
   passim
   adoración en el, 221-26, 229-30
   aves de, 355-56
   cántico nuevo en, 293-297
   dimensiones de, 405-408
   forma de llegar al, 180
   hermosura del, 187-92
   lugar del, 186-87
   nuevo. *Ver capítulo 30,* «Un cielo nuevo y una
      tierra nueva» (389-402)
   número de menciones bíblicas del, 183

   pluralidad del, 183-85
   primer (o, el atmosférico), 183-84
   segundo (el universo), 184
   tercer, 183, 184-85, 187, 404
cinturón de la verdad, (*o,* ceñirse los lomos)
   130-31, 136
ciudad de Nueva York, 45, 64, 82, 83, 216-17, 370,
   403, 413
ciudades más pobladas de la historia, 403
civilizaciones
   ocho etapas en el ciclo de las, 64
   once «síntomas de decadencia final»,
      observables en la caída de las civilizaciones
      griega y romana, 65
Cochran, Kelvin, 109-110
Cole, Steven (pastor), 244
Colón, Cristóbal, 55, 56
Colson, Charles, 249, 251
Comisión Europea, 24, 62
Comunidad Económica Europea (CEE), 23
conciencia, 88, 114, 122, 176, 224, 272, 303, 314,
   385
Conferencia del Benelux (1948), 23
conquista islámica, 102-105
Consejo de la Unión Europea, 24,
Consejo de Relaciones Americano-Islámico, 106
Coolidge, Calvin, 61
copas de ira (juicios), 236-42, 392
Corán, 98, 100, 104, 106, 107, 108
coraza de justicia, 130-31, 136
Corazín, Betsaida y Cafarnaúm, 387
Cordero, el. *Ver bajo* Cristo
Corduan, Winfried, 100
Corea del Norte, 64, 117, 281
corona del ganador de almas. *Ver* coronas
coronas disponibles para el creyente, cinco, 203
   corona de gloria, 214
   corona de justicia, 211
   corona de la vida, 212-13
   corona de regocijo (conocida como la corona
      del ganador de almas), 210-11
   corona del vencedor, 208
corporaciones, 45, 47, 50
creación
   acto de la, 89, 114, 122, 144, 146, 182, 184,
      311, 379
   del nuevo cielo y la nueva tierra, 392, 404
   melodías de la, música de la, 93, 94
   nueva, 394-95, 397, 398, 402
   obra de Cristo por la, 400
   señal del amor de Dios por su, 182
crescendo, 221, 225

Crimea, 28
cristianos coptos egipcios, martirio de veinte, 282
cristianos
    diez maneras en las cuales nosotros
        debemos ser diferentes debido a nuestro
        conocimiento profético, 418-21
    número asesinados, secuestrados, detenidos
        cada mes, 117
    persecución de
        en el mundo actual, 117
        en la Biblia, 114-16
        en la historia, 116
Cristo, Jesucristo, Señor Jesús
    ascensión de, 162, 172, 175, 312, 351
    autoridad de, 354-55
    Cordero, 72, 139, 167, 188, 190, 192, 222, 224,
        225, 229, 235, 243, 253, 268, 273, 289,
        290-94, 331, 353, 399, 411-12, 414.
    descripción del regreso de, 353
    encarnación de, 312, 353
    huestes de Jesucristo, 353
    Jesús nos advirtió contra una actitud
        indiferente, descuidada (en los últimos
        días), 144-45, 147-49
    muertos en, 157, 163, 166, 273, 419
    regreso/segunda venida de. *Ver* segunda
        venida
    resurrección de, 95, 115, 137, 166, 170, 171,
        172-73, 175, 179, 188, 256, 279, 317, 320, 396
    sucesos más trascendentes que definen el
        papel de, 312
    transfiguración, 171, 174, 300
    tres títulos importantes dados a, 352-53
    tribunal de. *Ver* tribunal de Cristo,
    venganza de, 355-56
Criswell, W. A., 255, 262, 276, 394, 409
Critchley, Simon, 76
Croacia, 24
Crónicas de Narnia, Las, 345
cuatro jinetes del Apocalipsis, los. *Ver capítulo 18*,
    «Los cuatro jinetes», 233-45
    jinete del caballo amarillo, 240-42
    jinete del caballo bermejo, 237-38
    jinete del caballo blanco, 236-37
    jinete del caballo negro, 239-40
cuerno pequeño. *Ver* Anticristo
cuernos, 22, 25, 249-50, 252, 254, 255, 260, 312,
    314, 328
cuerpos resucitados, la naturaleza de nuestros,
    163-64, 169-80
cultura albanesa, (*ref*: funerales), 349
cultura pop, 88

chiitas, 100
China, 36, 81, 86, 116, 117, 125, 176, 187
Chipre, 24
chips (microchips), 329
Christianity Today, 111
Churchill, Winston, 23, 161
Crisóstomo, Juan, 123

D

Daniel (profeta), 17-22, 25-27, 31, 36, 46, 69, 237,
    248-56 *passim*, 258, 265, 318-19, 340, 341
dar, 79-80, 82
Darwin, Charles, 87
darwinismo, 88
David (rey), 7, 13, 163, 166, 219, 294, 295, 301, 316,
    367, 368, 374
decadencia moral
    escape de nuestra, 93-95
    explicación para nuestra, 87-93
    expression de nuestra, 85-87
Declaración de Independencia, La, 110
demonios, 46, 126, 129, 137, 150, 311, 343, 381
Demy, Timothy, 301
Departamento de Asuntos Económicos y Sociales
    de las Naciones Unidas, 240
Departamento de Estado de Estados Unidos, 281
depravación (corrupción), 47, 49, 85-87, 91, 93,
    303, 305, 369-70
depravación total, 85-86
descalificado, origen y significado de la palabra,
    202
descanso (de los martirios del Apocalipsis),
    279-80
despotismo, 58
Dewey, John, 88
diablo, origen y significado de la palabra, el. *Ver*
    Satanás. 313-17
diezmo, 78
diluvio (tiempos de Noé), 85,141, 144-45, 169, 235,
    287, 373, 395-96
Dinamarca, 23
dinero
    amantes del, 75-76
    cambiar tu percepción del dinero, 77-78
    el amor al, 72, 73-74
Dios
    Estados Unidos se basó en, 59-60
    Estados Unidos y la soberanía de, 56-57
    ira de, 89, 199, 235, 245, 268, 280, 290, 291, 331
    nada nos puede separar de, 54
    señales de. *Ver* señales

verdadera seguridad en, 53
discriminación religiosa, tres países donde han alcanzado un nivel preocupante de, 213
discurso en el monte de los Olivos, 265, 274
disputa árabe-israelí, 27, 36-37
división (satánica), 128-29
«dolores de parto», 332
Domiciano, (emperador), 116, 226, 272
dos testigos (de Apocalipsis), los. *Ver capítulo 23,* «Los dos testigos» (297-309); *también* 164, 231, 267, 273, 354
   arrebatamiento de los, 307-308
   identidades de los, 300-302
   muerte de los, 305
   persecución de los, 304-306
   poder de los, 302-304
   profecías de los, 301-302
   resurrección de los, 307
   venganza de los, 308
doxologías, 225
dragón (del Apocalipsis). *Ver capítulo 24,* «El dragón» (310-22); *también,* 251-52, 260, 261, 263, 324, 336, 337. *Ver* Satanás
Dulles, John Foster, 58
Duodécimo Imán, 100, 104-105
duración de la vida (longevidad)
   de las civilizaciones más grandes, promedio, 64
   humana, 169
   prolongada durante el milenio, 373
Dyer, Charles H. (estudioso del Antiguo Testamento), 43

E

Eareckson Tada, Joni, 178-79
Eban, Abba, (politico y diplomático judío), 58
Ebbers, Bernard, 75
Edad Media, 10, 87
Edén, 53, 127, 195, 282, 313, 315, 389, 399, 412
Edman, Dr. V. Raymond (educador cristiano), 218-19
Edwards, Suzanne, 181-82
Egipto, 8, 32, 43, 117, 120, 235, 262, 270, 272, 282, 287, 305, 316, 321, 341, 345
Eich, Brendan, 112
Eichmann, Adolf, 272
Einstein, Albert, 16
«eje del terror», 98
El señor de las moscas (deidad), 310-11
El señor de las moscas, (Golding), 310
El señor de los anillos, 345

Elazar, David (jefe del Estado Mayor), 345
Elías, (profeta), 164, 174, 264, 276, 287, 299-301, 303-304, 321
Elliff, Jim, 203
encarnación, 312, 353
enfermedad(es) (epidemia), xi, xii, 38, 87, 169, 170, 241-42, 251, 304, 397
Enoc (patriarca), 164, 300, 353
Era de la Razón, 87
escudo de la fe, 130, 132, 136
Eslovaquia, 24
Eslovenia, 24
espada del Espíritu, 130, 134-35
España, 23, 100, 272
espinas, 363, 365, 375, 395
Estados Unidos de América. *Ver* América
«Estados Unidos de Europa». *Ver* Unión Europea
Esteban (diácono de NT), 115, 163, 166, 272, 277-78
Ester (reina), 316
estereotipado, el (de cristianos), 111
Estonia, 24
etapas de la civilización, 64
Etiopía, 32, 218
Eudoxia (Aelia Eudoxia, princesa consorte) 123
Éufrates, 7, 44, 342-43
euro, 24
Europa. *Ver capítulo 2,* «Europa» (16-27); *también* 1, 44, 62, 87, 96, 100, 102-104, 246, 271-72. *Ver también* Unión Europea
evolución (teoría), 87, 144
Ezequiel, (profeta), 1, 7, 12, 30-31, 32-38, 69, 98

F

falso profeta. *Ver capítulo 20,* «El falso profeta» (259-69); *también* 127, 231, 256, 324-25, 329, 330-31, 336, 337, 356-57, 387
   características del, 260-61
   castigo del, 268-69
   muerte de la bestia y el falso profeta, 357
   poder del, 262-66
   programa del, 267-68
   propósito del, 261-62
   tres señales hechas por el, 263-66
fatah (infiltración musulmana), 96, 103
Filipo II de Macedonia, 19
Finlandia, 24
Fitzsimmons, Cotton, 193
Forbes, 71, 80
Fox News, 98, 330
Francia, 23, 87, 103, 284, 406

Franja de Gaza, 10
Franja de Gaza, Ribera Occidental, 7, 10
Franklin, Benjamin, 60
Frazier, Gary, 257
Freedom House, 58
Frenkiel, Jakob, 323
Fruchtenbaum, Arnold, 164
fuego y azufre, 38, 127, 268, 331, 357, 387-88, 414
fuerzas aliadas, 137

G

Gadafi, Muamr, 33
García Herreros, Alejandro, 181-82
García Herreros, Carlos, 181-82
Gates, Bill, 81
generosidad, 77-79, 82, 97
Gibbon, Edward, 107
Gog, 31, 35, 36, 37, 39, 306, 336, 369
Golding, William, 310
Gomer, 33
Goodenough, Stan, 105-106
gozo
    de sufrimiento, 119
Graham, Billy, 128
Gran Bretaña, 29, 104, 137
Gran trono blanco. *Ver capítulo 29*, «El juico ante el gran trono blanco» (377-88); *también* 194, 347, 370, 392-93, 397
    castigo después del, 386-88
    lugar del, 380
    persona en el, 380
    personas ante el, 381-82
    propósito del, 382-85
Grecia, 19, 23, 255, 413
guerra civil, 33, 137
guerra de los seis días (1967), la, 9, 35
guerra de Yom Kipur, 345-46
guerra (batalla) espiritual, 69. *Ver capítulo 10*, «La guerra espiritual», 125-138
guerra, las tres formas comunes que el diablo usa para atacar, 128-30

H

Hades, 240, 241, 379, 381, 386
Hahn, Wilfred J., 76
Haile Selassie I (rey), 218
Haldeman, Dr. Isaac Massey, 386
Hamas, 98
hambre (hambrunas), 49, 54, 72, 73, 97, 117, 157, 235, 238-41, 325, 372

Haney, David, 401
Havner, Vance, 358
Henry, Matthew, 180
Herodes Agripa, 272
Herodes Antipas, 115, 276
Herodes, el rey, 114, 115, 272, 316
Heródoto, 19
Herzog, Isaac Halevi, 15
Hess, Dean, 284-85
higuera, 243
hijo de perdición, 128, 265
hijo varón (de Apocalipsis), 312, 320, 336
Hitchcock, Alfred, 355
Hitchcock, Mark, v, 32, 35, 72, 197, 267, 291
Hitler, Adolf, 9, 246-49, 251, 257, 271, 327
Hoekema, Anthony, 397
hojarasca (como un fundamento para la vida), 197, 200-201, 207
Holocausto, 10, 324
Hollywood, 88, 205
Hoover, Herbert, 65
Hoyt, Herman A., 66-67
Hubbard, Elbert, 209
Huffington Post, 82
Hungría, 24

I

Ice, Dr. Thomas, 253
idolatría, 9, 90, 265, 414
Iglesia católica romana, 104
Iglesia católica, 104
Ilustración, 87
Imperio
    babilonio, 18. *Ver* Babilonia
    bizantino, 22
    británico, 33
    griego, 19, 255
    medo-persa, 19, 255
    otomano, 116
    persa, 271
    romano, 10, 19-27, 62, 133, 213, 255, 337
    soviético, 32
incendios forestales de octubre 2007, 167
India, 100, 281, 406
industria del entretenimiento, 110, 205
infierno, 92, 108, 129, 150, 199, 226, 257, 269, 276, 306, 332, 343, 357, 379, 386-88
    descripción bíblica espantosa del, 387
ingratitud, 90
iniquidad(es), 46, 91-92, 383, 387
inminente, una exploración profunda de la

palabra, 157-58
inmoralidad, 9, 47. *Ver capítulo 7,* «La inmoralidad» (83-95), esp. 91
inmortalidad condicional, 379
Inquisición, 10, 272
intemperantes (autocontrol, dominio propio), 74, 85, 209-210
International Christian Concern, 213
Internet, xii, 57, 82, 294, 306, 330, 388
intimidación (de cristianos), 112-13
ira
   de Dios, 89, 199, 235, 245, 268, 280, 290, 291, 331
   significado de la palabra griega para, (Ap 12), 320
Irak, 7, 96, 97, 100, 270, 282, 342
Irán, 32, 33, 36, 64, 98, 117, 281
Irlanda, 23, 211
ISIS, 270–71, 282
islam (radical), 62, 64, 69. *Ver capítulo 8,* «El islam radical» (96-108); *también* 32-34, 62, 64, 69
   cinco pilares, 101
   dos sectas del, 100
   esperanzas del, 102-105
   historia del, 99-100
   objetivo final, 96-97
   odio del, 101-102
   respuesta a la amenaza del, 105-107
Israel. *Ver capítulo 1,* «Israel» (3-15); *también* 1, 18, 20, 21, 30-41, 57-58, 61, 62, 64, 69, 98, 102, 106, 173, 206, 237, 253, 256, 262, 264, 272, 273, 285-87, 293, 294, 301, 304, 305, 311, 312, 316, 320-21, 335-40, 342-46, 367, 368, 372, 375, 403, 409
   condición para el tratado del anticristo con, 26-27
   cuándo y dónde ocurrirá la invasión rusa de los últimos días, 34-35
   diez países mencionados en la futura coalición contra, 32-34
   dos profecías fundamentales con respecto a Israel que no se han cumplido, 13
   ejemplos más notables de la venganza de Dios contra un enemigo de, 9
   límites geográficos, 7-8
   logros nacionales de, 6
   nacimiento de la moderna nación de, 12-15
   número de millonarios y personas que poseen más de mil millones de dólares, 36
   población, 14
   por qué Rusia y sus aliados atacarán a, 34
   regreso al Dios de, 12-13
   regreso de los judíos a, 14-15
Italia, 23

J

Jacob (patriarca), 13, 174, 273, 301, 316, 338, 368
Jafet, 32, 33
Japón, 76, 116
japonés(a)(es), 284, 335
Jeremiah Study Bible, 5
Jeremías, (profeta), 46, 276
Jerusalén, 7, 9, 13, 31, 35, 44, 53, 54, 79, 115, 256, 266, 271, 276, 285, 288, 291, 299, 303, 305-308, 333, 337, 342, 344, 346, 350-52, 358, 371, 374, 390, 413. *Ver también* nueva Jerusalén, 403-15
Jesucristo. *Ver también* Cristo.
Jewish Virtual Library, 323-24
Jezabel (reina), 262, 276
jihad, yihadista 64, 96, 98, 101-104
jinete del caballo blanco, 236-37
jinetes del Apocalipsis. *Ver* Cuatro jinetes del Apocalipsis
Joel (profeta), 288
Jomeini, Ayatolá, 98
Jonás (profeta), 235, 354, 403
Jones, Jim, 259
Jordán, 342
Josafat (rey), 316
José (esposo de María), 316
José de Arimatea, 170
José, (hijo de Jacob), 235, 301
Josué (sucesor de Moisés), 126, 302
Josué, (sumo sacerdote), 299, 302
Joy to the World (villancico), 362-64
Juan (apóstol), 44-53, *passim,* 72-73, 115, 119, 143, 160, 163, 167, 176, 219, 221-223, 226, 227, 229, 240-410 *passim*
Juan el Bautista, 115, 276, 300
Judas (autor de la epístola), 353
judíos
   número de (en Israel, Estados Unidos), 5
   resumen de la preservación milagrosa de los, 10
Juegos Ístmicos, 208
juicio
   gran trono blanco. *Ver* Gran trono blanco
   primer. *Ver* tribunal de Cristo
   profecías del juicio, 235-36
   segundo. *Ver* Gran trono blanco,
   tribunal de Cristo. *Ver* tribunal de Cristo
juicios (*o,* los siete sellos de Apocalipsis), 235-36, 259, 392

cuarto sello, 240-41
primer sello, 236-37
quinto sello, 273, 277, 279
segundo sello, 237-39
séptimo sello, 236
tercer sello, 239-240
Juramento de lealtad, 61
juzgar a otros, 418

K

Kazajistán, 32
Khadija (esposa de Mahoma), 99
King, Stephen, 81-82
Kirguistán, 32
Kissinger, Henry, 345
Klein, Melissa y Aaron (panaderos cristianos), 113
Kopmeyer, M. R., 209
Koresh, David, 259
Kozlowski, Dennis, 75

L

Lady Gaga, 83
lago de fuego, 127, 268, 313, 357, 378, 379, 385-88
    quiénes terminarán en el lago, 388
LaHaye, Tim, v, 61-62
Lay, Kenneth, 75
Letonia, 24
Levantamiento de los bóxers, 272
Lewis, C. S., 79, 226
Lexie, Albert, 78
ley, la (mosaica), 299, 301, 383
Líbano, 7, 335
libertad(es), 13, 56, 58-59, 61, 64, 99, 110, 114, 117, 119, 121, 334, 369
Libia, 32, 33, 270, 282
libro de la vida del Cordero, 167, 190, 192, 253, 378, 379, 382, 383, 385-87, 414
libro de la vida, 167, 190, 192, 253, 378, 379-80, 382, 383, 385-87, 414
Libro de los mártires de John Foxe, 281
Lincoln, Abraham, 56, 60, 108, 266, 384
Lindberg, Milton B., 14
litigio, el (contra cristianos), 113
Lituania, 24
Londres, 45, 64, 103, 362, 403, 406, 413, 417
longevidad, milenaria, 373
Lopez, Maria, 82
Loring, Ian (misionero), 349
Lot (patriarca), 287

Lucifer (Lucero), 126, 187, 313, 397. *Ver* Satanás
Lutzer, Erwin (pastor), 131, 381
Luxemburgo, 23,
Lyle, Denis (pastor), 211-12
Lloyd-Jones, Dr. Martyn, 92, 94, 119

M

MacArthur, Douglas, 335
madera (como un fundamento para la vida), 197, 200-201, 207
Madoff, Bernie, 75
Magog, 31, 32, 35, 38, 336, 369
Mahdi, Al, 100, 105
Mahoma, 98, 99-101, 104, 107
Malaquías (profeta), 264, 299, 300
maldición, se revoca la, 398, 399-400
Malta, 24
Manasés (rey), 276
Manuel, David, 55, 56
mar, la eliminación del (nueva tierra), 398
marca de la bestia, la. *Ver capítulo 25*, «La marca de la bestia» (323-34); *también* 48-49, 52, 256, 267-68, 288, 357
    perplejidad respecto a la, 326-29
    personajes detrás de la, 324-26
    precursores de la, 329-31
    propósito de la, 325-26
Marduk (deidad principal de Babilonia), 19
marginalización (de cristianos), 112
marineros, 51, 53
Marshall, George (secretario de Estado), 58
Marshall, Peter, 55, 56
mártires. *Ver capítulo 21* «Los mártires» (270-83); *también* 48, 52, 123, 231
    en Apocalipsis 6, 275
    número estimado de muertos cada año, 281
        cinco consuelos de los, 278-81
        clamor de los, 277-78
        identidad de los, 273
martirio (persecución), 123, 213. *Ver capítulo 21*, «Los mártires» (270-83)
Mateo (escritor del Evangelio), 261, 345
materialismo, 69, 71. *Ver capítulo 6*, «El materialismo» (71-82)
    antídoto, 77
    definido, 72
Matthews, Chris, 112
Matusalén, 373
May, Theresa (primera ministra británica), 30
medo-persas, 19
Meguido, 337

Meir, Golda, 346
mente de Cristo, 134
mercaderes, 47, 50, 51, 53
mercado común, 23
Mercy Health Partners, 112
Merkel, Angela, 62-63
Mero cristianismo, 79
Mesec, Meshech, 31, 32
Mesías, El, de Handel, 354
metformina, 168
Metzgar, Ruthanna y Roy, 191-92
México, 189, 213
microchips, 329
Miguel (arcángel), 129, 300, 317, 318
milenio. *Ver capítulo 28*, «El milenio» (362-76); también, 6, 35, 254, 263, 280-81, 293, 347, 357, 379, 387, 397, 405
    cinco características del, 370-76
    cuatro objetivos del, 365-70
    definido, 365
Miller, William, 259
ministerio, comprometerse de nuevo con el, 419
misiones mundiales, la fuerza que ha impulsado las, 57
Mohler, Albert, 88
Moisés, 6, 9, 106, 120, 125, 171, 174, 185, 262, 271, 272, 294, 300-301, 302, 304, 316, 317
monarca(s), 50, 51, 53, 151, 214, 353
Monsen, Marie (misionera), 176-77
monte de los Olivos, 161, 186, 265, 274, 350-52
monte de Sion, 288, 289, 291, 293, 294, 403
monte Santa Helena, 151
Monumento a Washington, 55
Moro, Tomás, 389
Morris, Henry, 44, 45, 266, 274, 306, 308, 385
Morrison, Henry C., y esposa (misioneros), 216-17
Moscú, 32, 45
muerte segunda, 379, 386, 414
muertes
    cada año de bacterias resistentes a los antibióticos, 242
    de cristianos durante la historia del Imperio otomano, estimadas, 117
    en la Primera y Segunda Guerra Mundial, estimadas, 238
muertos en Cristo, 157, 163, 166, 273, 419
mujer vestida del sol, 311
multiculturalismo, 102
música, el poder de la, 295
Muskens, Martinus Petrus Maria (obispo católico holandés), 105, 106

musulmanes, 4, 97-104, 106, 107-108, 270, 381.
    Ver también islam
    número en Estados Unidos a nivel mundial, 99
    porcentaje del público que conoce las creencias y prácticas religiosas de los, 97

N

Nabucodonosor, 17-21, 46, 255, 291, 327, 332-33
Nadab y Abiú, 263
Napoleón, 137, 255, 337
National Review, 109, 112
Nazaret, proximidad de Meguido a, 337
nazis, 102, 251, 272
Nerón, 116, 213, 251, 257
Netanyahu, Benjamín, 10
Newell, William R., 302-303, 306
Nigeria, 281
Nínive, 235, 403
Noé, 32, 33, 85, 86, 89, 91, 141, 144, 145, 146, 235, 287, 373, 395, 396
«noticias del este», 342
nuestra ciudadanía en los cielos, 123, 142, 171, 189
nueva Jerusalén. *Ver capítulo 31*, «La ciudad santa» (403-15); también, 171, 175, 392
    acceso denegado a la, 413-15
    descripción bíblica de la, 408-13
    dimensiones de la, 405-408
    fuentes de luz y energía de la, 411-12
    principal característica de, 408
nuevo orden mundial, 26, 139
Nyquist, Dr. Paul, 110

O

O'Brien, Peter, 133
O'Shea, Donagh, 73-74
Ocozías (rey), 316
oración (como arma espiritual), 135-36
oro, 9, 18, 19, 34, 44, 45, 50, 53, 81, 197, 200, 201, 207, 223, 274, 332-33, 340, 375, 409, 410, 411, 414
Oscar (premio de la Academia), 205

P

Pablo, apóstol, 27, 53, 54, 69, 74, 75, 79, 80, 85, 89, 90-95, 114, 115, 118-36 *passim*, 142, 153, 156-66 *passim*, 169, 171, 174, 176, 178, 179, 183, 184, 186, 189, 195, 196, 199-201, 202, 208, 209, 210, 211, 228, 244, 248, 253, 265, 273, 285, 288, 289, 302, 313, 314, 315, 345, 380, 383, 384, 385, 387

Packer, J. I., 196
pacto
  abrahámico, (con Abraham), 4-11, 14, 15
  davídico, (con David), 368
  del anticristo (con Israel), 36, 237, 253, 256, 340
Países Bajos, 23
pájaros, Los (largometraje de Aldred Hitchcock), 355
Palabra de Dios, la, (como un arma espiritual),
  Ver espada del Espíritu, la
palabras, el juzgar de todas las, 384
palestinos, 9
Parker, Annise, 113
Parlamento Europeo, 24-26
paz, escrituras sobre el gobierno milenial de Cristo de, 371
pecado, un llamado a renunciar al, 420
Pedro (apóstol), 115, 119, 143, 146, 166, 203, 214, 302, 313, 380, 391, 393-96
película *Jesús*, 57
península del Sinaí, 10
Pentecost, J. Dwight, v, 198, 367
perdidos, los: alcanzar, 420
peregrinación (*hajj*), 99, 101
permanecer firmes, un llamado a, 419-20
persas, 9, 19
persecución. *Ver capítulo 9*, «Persecución»
  (109-124); *también* 52, 54, 69, 133, 189, 213, 226, 251, 256, 271-72, 277, 282, 298, 304-306, 308, 319, 326, 331-32, 336-37
  cristiana
    efectos secundarios de la, 118-20
    esencia de, 111
    etapas de la, 111-13
    historia de la, 113-17
    tres cosas que podemos hacer a fin de prepararnos, 121
  de cristianos
    en el mundo actual, 117
    en la Biblia, 114
    en la historia, 116
  número de cristianos que enfrentan «altos niveles» de, 213
  número de países en los que los cristianos se enfrentan a la persecución, 213, 281
pestilencia (pestes), 38, 157, 238, 241
Peterson, Eugene, 114
Petra (ciudad), 321
Phillips, John (conferencista bíblico), 33, 47, 127, 260-61, 307-308
piedad

«apariencia de», 74-75, 85
  sufrimiento y, 120
piedras preciosas, 44, 45, 51, 197, 200, 201, 207, 286, 340, 410
Pierson, A. T., 166
Pink, Arthur W., 250
Piper, John, 76
plagas (epidemias), 8, 49, 53, 241, 303-304, 328, 339
Plantinga, Cornelius, Jr., 93, 94
plata, 9, 18, 19, 34, 44, 45, 53, 197, 200, 201, 207, 274, 340
Plinio, 19
población, mundial estimada, 240
pogromos, 9, 10
Policarpo, 272
Polonia, 24, 323
Porter, Cole, 83
Portugal, 23
Price, Randall, 345-46
Primera Guerra Mundial, 98, 238, 403
príncipe de Persia, 318
Propuesta número ocho de California, 112
prosperidad y pureza, 372-73
Puertas Abiertas (organización), 213
puertas de perla, 409
Putin, Vladimir, 28-30

Q

Qin Shi Huang, 81
quemadas
  de la tierra, 393-94
  de las armas (Ezequiel), 39

R

Rahab (ramera), 287
Reagan, Ronald, 29, 55-56, 58, 335
rebelión judía de los Macabeos, 9
recompensas (en la industria de entretenimiento), 205
recompensas. *Ver capítulo 16*, «Las recompensas»
  (205-17); *también* 120-21, 153, 190, 194, 201-203, 366
  descripción de las recompensas celestiales, 208-14
  disponibles para el creyente, 203
  mayor recompensa de todas, 214-17
  muestra de versículos que hablan de las recompensas eternas, 206-207
  para los mártires del Apocalipsis, 280-81

para quienes soportan la persecución, 120
tipo de actividad religiosa que resultará en la pérdida de, 201-202
red global, mercado global, 50
redención, la (de nuestros cuerpos), 163-64. *Ver también capítulo 13*, «La resurrección» (168-80)
redes sociales, 182, 306
Reforma, 87, 272
regreso de Cristo (o, la segunda venida). *Ver capítulo 27*, «El regreso del Rey» (349-61); *también* x, xi, 14, 45, 74, 85, 139-40, 141, 146, 147, 149, 157, 160, 162, 211, 219, 223, 243, 279, 299, 312, 347, 351, 352, 354, 358, 363, 365, 374-75, 393, 397, 415, 418-19
    dos características que dominarán a la sociedad antes del, 76
Reid, John, 103
Reino Unido, 23, 24, 103, 104
relativismo moral, 83, 88
religión deísta, 87
República Árabe Unida (RAU), 9
República Checa, 24
República Islámica de Irán. *Ver* Irán.
Rescate cueva de Tham Luang, 297-398
restauración de todas las cosas, 397, 400-401
resurrección
    de Jesús, 95, 115, 137, 164, 166, 170, 171, 172-73, 175, 179, 188, 279, 317, 320, 396
    de los dos testigos, 307, 308
    de los muertos. *Ver capítulo 13*, «La resurrección» (168-80); 153, 162-63, 165, 216, 279, 378-80, 386
    del anticristo, 256, 340
    del cuerpo, 396. *Ver el siguiente*
reunión con los muertos en Cristo, 165
Revolución Francesa, 116, 254
revolución islámica, 96
Revolución Rusa, 116
«Rey de reyes y Señor de señores», 344, 352, 353, 354, 376
río de la vida, 412
Roma, 10, 19, 20, 23, 24, 25, 26, 44, 116, 236, 251, 255, 403, 413
Roosevelt, Theodore, 216
ropas (vestiduras) blancas, 223, 279, 292
Ros, 30
Rowley, Charlie, 30
Rubinstein, Amnon, 6
Rumania, 24, 121
Rusia. *Ver capítulo 3*, (28-41); *también* 1, 9, 62, 69, 86, 98, 213, 272, 342, 359

S

Sada, Georges, 96-97, 102, 104
Saddam Hussein, 96, 282
Sadrac, Mesac y Abed-nego, 274, 291, 333
Safa, Reza F., 98-99
Sale-Harrison, Leonard (teólogo), 195
Salomón (rey), 7, 185, 195, 384
salvación, 27, 60, 114, 130, 133, 134, 136, 142, 193, 202, 207, 210, 243-245, 273, 288, 293, 354, 374, 381, 383, 388, 421
Santa Cena, recordar la, 418
santa ciudad, la (nueva Jerusalén). *Ver* nueva Jerusalén
Santiago (apóstol/Jacobo), 143, 199, 272
santos, escrituras que prometen que Cristo descenderá con Sus, 344-45
Satanás (conocido como el diablo), 46, 53, 126-31, 133,134, 136-37, 150, 156, 178, 187, 212, 213, 231, 242, 246, 247, 250, 251, 254, 255, 256, 257, 261-63, 266, 267, 268, 276, 282, 300, 303, 308, 311, 312-22, 324, 325, 326, 332, 334, 336-37, 355, 357, 358, 369-70, 387, 396-97
    cómplices de, 315
    destruye, 129-30
    divide, 128-29
    engaña, 128
    otros nombres para, 129
    personalidad de, 313-14
    poder de, 314-15
    propósito de, 315-17
    significado de la palabra, 313
Scofield, C. I., 32
secretos, Dios juzgará por Jesucristo nuestros, 384
secta de los davidianos, 259
secuencia de los cinco eventos principales de los últimos días, 162-65
secularismo humanista, 88
secularismo, 88, 90
Segunda Guerra Mundial, 9, 23, 33, 57, 110, 137, 224, 238, 268, 317, 319, 335
segunda venida (o, el regreso de Cristo). *Ver capítulo 27*, «El regreso del Rey» (349-61); *también* x, xi, 14, 45, 74, 85, 139-40, 141, 146, 147, 149, 157, 160, 162, 211, 219, 223, 243, 279, 299, 312, 347, 351, 352, 354, 358, 363, 365, 374-75, 393, 397, 415, 418-20
    ángeles anunciaron la, 351
    aplicación de la segunda venida de Cristo, 358-61
    contrastes entre Su primera y Su segunda venidas, 375-76
    descripción bíblica de la gloria y la majestad

que Cristo va a manifestar en Su, 352
dos etapas de la, 156
el apóstol Juan profetizó la, 351
Jesús mismo anunció Su, 351
número de referencias del Nuevo Testamento a la, 156
profetas anunciaron la, 350-51
seguridad, la única fuente de la verdadera, 53
Seiss, J. A., 265, 286
sellar
de cristianos, promesas de, 288
de los 144.000, 286-87
ejemplos del Antiguo Testamento de cómo Dios, 287
señales (de Dios)
celestiales. *Ver en general* Parte 3, «Señales celestiales» (capítulos 12-17), 155-230
culturales. *Ver en general* Parte 2, «Señales culturales» (capítulos 6-11), 71-152
del fin. *Ver en general* Parte 5, «Señales del fin» (capítulos 27-31), 349-415
internacionales. *Ver en general* Parte 1, «Señales internacionales» (capítulos 1-5), 3-67
por qué estudiar, x, xi
tribulación, de la. *Ver en general* Parte 4, «Señales de la tribulación» (capítulos 18-26), 233-346
sequía, 300, 304, 399
Sermón del Monte, 73
Seven Men Who Rule the World from the Grave (Breese), 87-88
Shackleton, Sir Ernest, 358-59
sharia, 104
Shawshank Redemption, The (película), 111
Showers, Renald, 157
siete (el número), 327-28
Silas, 119, 302
Sinatra, Frank, 84
Siria, 7, 9, 33, 98, 335, 342, 345
sistema mundial, tan precario, 54
Skripal, Sergei (espía ruso), 29
Sodoma y Gomorra, 38, 263
Spaak, Paul-Henri (primer presidente del Parlamento Europeo), 26
Spurgeon, Charles Haddon, 214
Stedman, Ray (difunto pastor), 40, 135
Stewart, Martha, 75
Sturgess, Dawn, 30
Suecia, 24
sueños,
de Daniel, 18, 21-22, 26, 248, 249, 255

musulmanes, en sus sueños, reciben el evangelio, 108
sueño de Nabucodonosor, 17-21
sueños de Einstein, 16
suicidio, 65, 86 (adolescentes), 259
Sun Tzu, 125-26
sunitas, 100-101, 105
Sweeting, George (expresidente, Moody Bible Institute), 196
Swindoll, Charles, 86, 241

T

Tada, Joni Eareckson, 178-79
Talbot, Louis T., 278
tasa de divorcio, 86
tatuajes (para prisioneros judíos), 323-34
Tayikistán, 32
Taylor, Jack (pastor), 136
teísmo, 88
Temple, William (arzobispo de Canterbury durante la Segunda Guerra Mundial), 224
tercer cielo, 183, 184-85, 187, 404
terremotos (temblores), 38, 117, 152, 155, 157, 238, 308, 399
terrorismo, 59, 96, 97, 98, 103, 346
terroristas suicidas, 98, 103
tesoros (nuestros), en el cielo, 190
testigos (del Apocalipsis)
144.000 testigos judíos. *Ver* 144.000
dos. *Ver* dos testigos
testigos de Jehová, 379
«tiempo de angustia para Jacob», 338
Timoteo (protegido de Pablo), 69, 75, 121, 302
Timperlake, Ed, 63
tiranía, 58, 59, 305, 325
Titanic, 42, 48
Tito (santo), 158, 302
Tobolsk, 32
Togarma, 33
Tokio, 45, 335, 403
tolerancia, 47, 102, 103, 105, 110, 261
torre de Babel, 43
Tozer, A. W., 119, 139, 228
Tracy, Brian, 209
transfiguración, 171, 174, 300
Tratado de Paris, 23
Tratados de Roma, 23
tribulación. *Ver en general* Parte 4, «Señales de la tribulación» (capítulos 18-26), 231-346; *también*, xii, 1, 43, 47, 48, 52, 54, 63, 72-73, 118, 129, 139, 141, 156, 157, 160, 167, 182, 349, 351,

354, 355, 357, 379, 380, 392, 393, 397
tribunal (*béma*), 195
tribunal de Cristo. *Ver capítulo 15*, «El tribunal de Cristo» (193-204); *también* 153, 207, 214, 215, 378, 383
   cronología del, 199
   dos posibles resultados del, 201
   los criterios para el, 200-201
   tres pasajes centrales, 197-98
Truman, Harry S., 3, 15, 57,
Tubal, 31, 32
túnicas (ropas, vestiduras), 19, 223, 279, 292
Turkestán, 33
Turkmenistán, 32
Turning Point (programa de televisión), 107
Turquía, 20, 32, 33, 342, 413

U

UE (Unión Europea), 22-25, 28, 62-63
unificación de Europa, 23-24
Unión de Repúblicas Socialistas Soviéticas, 29. *Ver* Rusia
Unión Estadounidense por las Libertades Civiles, 112
Unión Europea (UE), 22-25, 28
Unión Soviética, 33, 61, 335. *Ver* Rusia
Ur (ciudad), 7, 403
US Food and Drug Administration, 168
utopía, utópico, 389-90, 392, 402
Uzbekistán, 32

V

Vale todo (canción de Porter), 83
valor y sufrimiento, 118-19
violación de mujeres cristianas, 117
visión
   del apóstol Juan, 46, 72-73, 219, 221-226, 229, 277, 285-88, 293, 356, 378, 381
   Nabucodonosor (sueño), 17-21
   de Pablo, 183
   de Zacarías, 236, 299
   segunda de Daniel, 17, 21-22, 25, 248, 249, 255
   primera de Daniel, 21, 22
Vuchetich, Yevgeny, 370

W

Walvoord, John F. (experto en la profecía, 7, 30, 38, 62, 63, 279, 341, 342, 357, 380
Wan, Alex (concejal de Atlanta), 109
Washington Times, 64, 102
Washington, D. C., 55, 56, 64, 71
Washington, George, 60
Watts, Isaac, 362-65
Welch, Jack (autor de *Winning*), 179-80
Whaley, Vernon, 220-21, 230
Whitacre, Eric, 294
Whitcomb, John, 301
Whitney, Donald (Seminario Teológico Bautista del Sur), 136
Wiersbe, Warren W., 194
Wild, Frank, 359-60
Wilkinson, Bruce, 208
Wilson, Woodrow, 56, 60
Williams, Rowan (arzobispo de Canterbury), 104
Wurmbrand, Richard, 121

Y

Yancey, Philip, 86
Yeltsin, Boris, 29
Yinxu (ciudad), 403

Z

Zacarías (profeata), 8, 236, 274, 299, 350-51
Zacharias, Ravi, 88
Zeus, 271
Zimmerman, Carle, 65
Zorobabel, (gobernador), 299, 302

AGRADECIMIENTOS

Desde finales de los años setenta y principios de los ochenta del siglo pasado, me fascinó el estudio de la profecía. Tengo la certeza de que mi amistad con el doctor Tim LaHaye tuvo algo que ver con mi deseo de comprender y predicar estas extraordinarias verdades que ocupan más de una cuarta parte de la Biblia.

Escribí mi primer libro sobre la profecía bíblica con la ayuda de Carol Carlson, coautora de *La agonía del gran planeta tierra* de Hal Lindsey. Desde mi primer sermón sobre el libro de Apocalipsis y la ulterior escritura de seis textos sobre la profecía, siempre he tenido un objetivo: abordar estos temas no enseñados, y a menudo confusos, y darles un significado en el corazón de mis oyentes y lectores.

A principios de este año, mi viejo amigo del mundo editorial Joey Paul me propuso una idea que dio como resultado el libro que acabas de leer. Sugirió: «¿Por qué no tomas los muchos capítulos que has escrito sobre temas proféticos y los organizas según el orden en que ocurren los eventos que describen? ¿Por qué no actualizas parte del material que ya tienes, escribes varios capítulos nuevos si es necesario, y luego lo combinas todo en una nueva y emocionante antología, acompañada de un minucioso índice? ¿Por qué no?».

¡Así lo hicimos! Y aquí está, ¡es uno de los proyectos más emocionantes y ambiciosos de mi carrera como escritor! Estoy en una etapa de la vida donde a veces pienso en proyectos que puedan quedar como legado, y estoy casi seguro de que este libro pertenece a ese grupo.

Como es lógico, no podría haberlo logrado solo. Necesité la ayuda de mi agente literario, Sealy Yates, para resolver todos los detalles con HarperCollins Christian Publishing. Nuestra editora comercial, Daisy Hutton, debía aprobar este proyecto, pero hizo mucho más que eso. Se puso al frente de él y nos mantuvo en movimiento cuando enfrentamos algunas dificultades en el camino. Y luego estaba Sam O'Neal, un nuevo amigo y un maravilloso editor literario. Tuvimos la suerte de tenerlo asignado a este proyecto.

Por último, quiero expresar mi profundo agradecimiento a Beau Sager, quien viaja conmigo en el asiento delantero de este esfuerzo editorial. Cuando decidimos hacer este proyecto, acabábamos de terminar nuestro último libro y estábamos en un período de recuperación. También habíamos acordado agregar una traducción adicional a nuestra colección de la Biblia de estudio y estábamos en el proceso de revisar y renovar nuestro libro sobre Daniel. Todos estos proyectos estaban en el escritorio de Beau cuando decidimos hacer *El libro de las señales*. Aunque Beau puede haberse preguntado: «¿Qué se imagina David?», aprovechó esta oportunidad con el mismo entusiasmo que pone en cada proyecto que hacemos. ¡Todo autor debe ser bendecido con alguien como Beau!

También hubo otras personas que nos ayudaron con los resúmenes y la edición: Tom Williams, Rob Morgan, William Kruidenier y Mary Hollingsworth y su equipo de Creative Enterprises Studio.

Donna es mi esposa y compañera. Todo lo hemos hecho juntos durante cincuenta y cinco años. Sé que desea que a veces yo no corriera tan rápido, pero nunca se queja y siempre encuentra una manera de ser mi animadora. (Por cierto, era animadora cuando la conocí en Cedarville College).

Hay otras tres personas cuyos nombres deben estar en esta página: mi hijo mayor, David Michael, es la fuerza impulsora detrás de todo lo que hacemos en los ministerios de Turning Point [Momento decisivo]. ¡Él los dirige! Y es su comprensión de las redes sociales y el marketing lo que nos ayuda a lanzar nuestros libros. Lo he dicho muchas veces, pero lo diré de nuevo: Paul Joiner es la persona más creativa que he conocido. Vive en un mundo de colores que yo visito solo ocasionalmente. ¡Nada en el ministerio mundial de Turning Point sería igual sin Paul Joiner!

En ocasiones la gente me pregunta: «Dr. Jeremiah, usted es pastor, locutor internacional y escritor. ¿Cómo lo hace todo a la vez?».Y les respondo con dos palabras: Diane Sutherland. Ella es la administradora y la directora de tráfico que aporta la cordura a todo lo que hacemos. Diane, todas las personas cuyos nombres aparecen en este documento se ponen de pie ahora y hacen una reverencia en agradecimiento a ti. ¡Eres fabulosa!

Para finalizar, quiero decirte cuán honrado y bendecido me siento de servir al Señor Jesucristo durante todos estos años. Gracias, Señor, por el deseo, la energía, la determinación y el entusiasmo que has puesto en mi espíritu. ¡Estoy completamente dedicado a ti porque primero Tú has estado completamente dedicado a mí!

David Jeremiah
San Diego, diciembre del 2018

ACERCA DEL AUTOR

David Jeremiah es el fundador de Turning Point [Momento decisivo], un ministerio internacional dedicado a proporcionar a los cristianos una enseñanza bíblica sólida a través de la radio y la televisión, Internet, eventos en vivo, materiales didácticos y libros. Es autor de más de cincuenta textos, entre los cuales se incluyen *Vencedores*, *Una vida más que maravillosa*, *¿Es este el fin?*, *The Spiritual Warfare Answer Book* [Libro de respuestas sobre la guerra espiritual], *David Jeremiah Morning and Evening Devotions* [Devocionario matutino y vespertino de David Jeremiah], *Airship Genesis Kids Study Bible* [Aeronave Génesis: Biblia de estudio para niños] y *The Jeremiah Study Bible* [Biblia de estudio Jeremiah].

El doctor Jeremiah se desempeña como pastor principal de la iglesia Shadow Mountain Community en San Diego, California, donde reside con su esposa, Donna. Tienen cuatro hijos adultos y doce nietos.

Mantente conectado a las enseñanzas del doctor
DAVID JEREMIAH
. . . .

Publicación | Radio | Televisión | En línea

OTROS MATERIALES DEL DOCTOR JEREMIAH

Vencedores

Descubre las herramientas para convertirte en un vencedor en todos los sentidos de la palabra; con plena confianza en que Dios te preparará para superar las pruebas y las tentaciones que puedan cruzarse en tu camino. En este libro inspirador y práctico, el doctor David Jeremiah utiliza la armadura de Dios que Pablo describe en su epístola a la iglesia de Éfeso para explicar el camino hacia la victoria.

Una vida más que maravillosa

Las noticias desalentadoras, la adversidad personal y el trabajo duro de la vida diaria a menudo nos impiden vivir la vida que Dios tiene para nosotros. En su libro *Una vida más que maravillosa*, el doctor David Jeremiah nos insta a superar estas cosas, y nos hace ver una vida de bendiciones más allá de nuestra comprensión. Comparte nueve rasgos, basados en el fruto del Espíritu, que la iglesia necesita hoy, y nos enseña que Dios desea que vivamos más allá de lo maravilloso mientras esperamos Su regreso.

www.ingramcontent.com/pod-product-compliance
Lightning Source LLC
Chambersburg PA
CBHW011343090426
42743CB00019B/3422